増補新版

ゴダール、わがアンナ・カリーナ時代

山田宏一

『アルファヴィル』撮影中の
ジャン＝リュック・ゴダール

『アルファヴィル』撮影スナップa

1965年2月5日、パリ9区のグランド・ホテルにて
エディ・コンスタンチーヌとアンナ・カリーナ

ラウル・クタールとゴダール

増補新版

ゴダール、わがアンナ・カリーナ時代

山田宏一

神話とは、人間たちが歴史（histoire）よりもっと長く記憶にとどめている物語（histoire）のことである。

クロード・ロワ（「ジュール・シュペルヴィエル」安藤元雄訳、思潮社）

目次

序に代えて――増補新版に向かって

一九七〇年に私の最初の映画評論集を上梓するにあたって、「ゴダールについて私が知っている二、三の事柄」という題名も決まったのだが（その年に日本で公開された一九六六年のジャン＝リュック・ゴダール監督の『彼女について私が知っている二、三の事柄』をモジった題名で、ブック・デザインをひきうけてくれた和田誠さんのアイデアによるものだった）、せっかくのチャンスなので、私としてはすでに書いたものの寄せ集めばかりの評論集ではなく、書下ろしの文章も加えることにしたものの、じつは間に合わず（一九六八年に脳動静脈瘤の手術後、入退院をくりかえしていた）、翌一九七一年になってなんとか刊行されたときには、本の題名も「映画について私が知っている二、三の事柄」に変え、その第一章にかろうじて「ゴダールについて私が知っている二、三の事柄」という当初の思いをこめたタイトルを残しただけだった。それから四十年後になって、こんどは書下ろしも加えて全面的に書き直し、単行本としてまとめることができたのは、その間に、ジャン＝リュック・ゴダール（いまやほとんど神がかった伝説的存在となって抽象的な「創造」あるいは「運動」としての姓名のイニシャルだけの記号と化したＪＬＧではなく、一九六〇年代の個としての「映画人間」ジャン゠リュック・ゴダールである）に最も深いかかわりのある女優／ヒロイン（アンナ・カリーナ）と撮影監督／キャメラマン（ラウル・クタール）が来日してインタビューをするチャンスに恵まれたからである。ジャン゠リュック・ゴダール本人にはパリで何度か会うチャンスがあったものの、とてもおそろしくて、おそれ多くて、ついにインタビューをすることができなかった（いや、何度かインタビューらしきものを試みたがうまくいかなかった）ものの、その代わりに——いや、もしかしたら、それ以上のすばらしい成果があったと思われる——このふたつの幸福なインタビューを二本の柱にして、一九六〇年代のゴダール作品、ポーリン・ケイルがいみじくも評した「豊饒な六〇年代ゴダール」について私が学んだ二、三の事柄を付け加えて私なりに心をこめて構成したのが二〇一〇年、さらにそれから十年後、アンナ・カリーナが亡くなったこともあって（二〇一九年十二月十四日）、文庫化されることになったのが増補新版の本書である。

なぜ「アンナ・カリーナ時代」なのか

1 豊饒な六〇年代ゴダール

なぜアンナ・カリーナなのか？　なぜならアンナ・カリーナなのだから！——というジャン゠リュック・ゴダールは言うのだ。ゆえに「アンナ・カリーナ時代」という一時代が映画史に築かれたのである。

ジャン゠リュック・ゴダールは長篇映画第一作『勝手にしやがれ』（一九五九）で衝撃的なデビューをし、賛否両論、毀誉褒貶渦巻くなかでヌーヴェル・ヴァーグ（新しい波）の寵児となり、『勝手にしやがれ』ではすれちがっただけだったが、「アンデルセンの国」デンマークの首都コペンハーゲンから一九五九年、十七歳のときにパリにやって来たアンナ・カリーナに出会うべくして出会い、彼女をヒロインにして、

『小さな兵隊』（一九六〇）
『女は女である』（一九六一）
『女と男のいる舗道』（一九六二）
『はなればなれに』（一九六四）
『アルファヴィル』（一九六五）
『気狂いピエロ』（一九六五）
『メイド・イン・USA』（一九六六）、

『未来展望』（オムニバス映画『愛すべき女《め》・女《め》たち』第6話『二〇〇一年愛の交換〝未来〟』、一九六七）

という長篇七本と短篇一本を撮る。結婚して名コンビを組み、「アンナ・カリーナ時代（LES ANNÉES KARINA）」としてくくられる――少なくともアンナ・カリーナなくしては考えられない――映画群が生まれたのである。ゴダールは『アルファヴィル』を彼なりのSF映画と定義し、エディ・コンスタンチーヌを主役に起用したのは「彼こそ真の火星人だから」と言ったが、アンナ・カリーナをヒロインにしたのはもちろん彼女が「アンナ・カリーナだから」なのだった。「彼女の魅力は彼女自身なのだ（広報誌「ユニフランス・フィルム」一九六五年十一月号）。

ゴダールは批評家時代――一九五二年――に「映画とはなにか？」という美しい文章を書いているが、そのなかで「女たちと同様、思想は流行に対しては、自らを醜く見せることに同意してしまうのである。流行こそが若さを滑稽なものにし、美を危ういものにするのである」と述べ、「映画とはなにかという疑問に対し、私はまずこう答えたい。美しい感情の表現である、と」と結んでいる（「ゴダール全評論・全発言Ⅰ」、奥村昭夫訳、筑摩書房）。

一九六〇年代の、「アンナ・カリーナ時代」の、ゴダール映画の魅惑は、まさに、この定義どおりの「美しい感情の表現」だったと言えないだろうか。

2 思想の映画と感情の映画

ゴダールの作品には「主として彼の感情を描いた」映画の系譜と、「主として彼の思想を描いた」映画の系譜があるとフランソワ・トリュフォーは分類・分析したが（「現代のシネマ1　ゴダール」、竹内健訳、三一書房）、いま、映画がつくられた時代の状況から遠く離れて、作品そのものを見ると、「思想は流行に対しては、自らを醜く見せることに同意してしまう」「流行こそが若さを滑稽なものにし、美を危ういものにする」というゴダールの批評そのままに、残されたもの、生きつづけているものは思想よりも感情であり、その意味では、アンナ・カリーナをヒロインにした作品はすべて、何よりもまず「感情の映画」としての美しさと真実にかがやいているかのようだ。ゴダール自身も「一人の女優と一緒に仕事をし、その女優を映画に出演させ、しかもその女優と一緒に暮らしていた」ことを彼の映画にとって最も重要なこととして述懐し、「アンナとぼくのこと」「そしてある日、一人が涙を流している」としたら「その涙をそのあとの映画のなかで見てとることができた」ことを告白している（「ゴダール全評論・全発言I」、前出）。

ゴダールの「思想の映画」よりも「感情の映画」を愛したトリュフォーも、ゴダールの「逆説的で独断的な」発言や「傲慢なまでに奔放な」スタイルの奥底に「苛酷なまでに悲痛な」「自伝的要素」を一九六〇年代のゴダール映画に見出しているのである。

ドゴール政権下のフランスで公開禁止になった『小さな兵隊』以来、政治（「戦闘的活動」ともゴダールは言う）と愛（「通俗的なメロドラマ」ともゴダールは言う）のあいだを「混沌」とともにゆれてきたかに見える一九六〇年代のゴダール映画だが、その「ゆれ」こそ――「アンナ・カリーナ時代」の――ゴダール映画の魅力でもあった。

一九六八年の「五月革命」以後のゴダールは「通俗的なメロドラマ」を捨てて「戦闘的活動」に突っ走ることになる――映画の仲間たちとも決別し、その仲間たち（とくに盟友フランソワ・トリュフォー）によって代表される「映画」とも決別し、ある種の明晰さ（あるいはむしろ、ゴダール自身が言うように「絶対の混沌」）に向かって。

一九六四年、ジャン゠リュック・ゴダールが愛妻でありヒロインでもあるアンナ・カリーナとともにプロダクション「アヌーシュカ・フィルム」を設立し（アヌーシュカはゴダールがアンナ・カリーナにつけたニックネームだった)、その第一回作品『はなればなれに』の製作発表を兼ねて、フランス映画海外普及機関「ユニフランス」にこんなメッセージを書き送ったことがある(私はその当時、「ユニフランス」極東代表部に――大学に通うかたわら――勤務してフランス映画の新作情報などについての小さな広報誌「ユニフランス・フィルム」の編集をしていたのである)。
ゴダールのメッセージは九行の書き文字で、各行の中央の大文字をタテに綴り合わせるとUNIFRANCE(ユニフランス)になるというものだった。「観客に作品をゆだね、観客とともに歓びを味わい、喜怒哀楽を分かち合うという姿勢」を、観客と対話しようとする「謙虚さ」を失わず、「映画」を信じていた一九六〇年代の――「アンナ・カリーナ時代」の――ゴダールの映画の夢が率直に表現されているかと思われる一文なので、以下に引用してみよう。

むかしむかし、映画をつくって生きていきたいと死ぬほど思っていたフランス人がいました。しかし、映画を売り、市場を獲得するための巧みな宣伝による広報活動も必要でした。つまり、自由な人間たちの希望の遺産であるこの文化と夢の分け前を普及させるために、たたかい、未来を開拓していかなければならなかったのです。

商業主義とたたかいつつも映画の夢に賭ける「自由な人間」の心意気のようなものが率直に感じられるようだ。

ゴダールが自ら根底的《ラジカル》に「変革」と「変貌」に向かう一九六八年の「五月」――「五月革命」――以前の一九六〇年代、つまりは一九六〇年から六七年に至る「アンナ・カリーナ時代」には、もちろん、アンナ・カリーナの出ない作品もあった。『カラビニエ』（一九六三）、『軽蔑』（一九六三）、『恋人のいる時間』（一九六四）、『男性・女性』（一九六六）……アンナ・カリーナは出ていないが、いずれも「映画」についての、あるいは「映画」にこだわった映画群だ。ゴダール自身も、のちのちまで、一九六八年以前は「映画のなかにいた」ことを認め、こう述懐する――ヌーヴェル・ヴァーグの「仲間たちと親しく付き合い」、「映画について論じ合った」時代だった、と。批評家時代からの拠点である映画研究誌「カイエ・デュ・シネマ」の編集部にしょっちゅう顔を見せていた。

あそこはぼくの本当の家だったんだ。アンナ〔・カリーナ〕にはそれが不満だった。というのも、ぼくがいつも、ほかの男たちがカフェや玉突き場に出かけるのと同じように〈カイエ〉に出かけていたからだ。でもぼくはそのことに大いに執着していた。そしてそれは、こう言ってよければ、《渦中にある》ためだったんだ。（「ゴダール全評論・全発言Ⅰ」、前出）

《渦中にある》——つまりは映画そのもののなかにあること、「映画がすべて」であり、「映画以外の主題はなかった」とすらゴダールは極言する。「映画それ自体と映画がものごとをとりあつかうやり方以外の主題はないんだ」と。それが「映画以外の主題」「映画でとりあつかわれないものを主題として取り入れる」ところから「解体」と「破産」がはじまるとゴダールは自ら分析する。一九六六年の『彼女について私が知っている二、三の事柄』でパリ首都圏という現実的な対象を主題としてあつかい、次いで一九六七年の『中国女』と『ウイークエンド』でも政治的事件、社会的現象を取り上げ、同じやりかたをつづけて「一九六八年五月とともに破産してしまった」というのである。そこでゴダールは「映画のなか」にまた戻るのではなく、映画の外に、映画以外の「どこかに」行ってしまう。少なくとも「感情の映画」を捨てて、純粋にラジカルに「思想の映画」に向かって疾走するのだ。商業的な「映画」から、「観客」

から、遠く離れて――ジョナス・メカス（『メカスの映画日記』、飯村昭子訳、フィルムアート社）の祝福と賞讃の言葉を借りれば、真の「自由な映画」つまりは「自主映画」に向かって「荒々しく、アナーキーに自分の殻を打ち破り、真に脱皮」し、「商業映画と縁を切り、アンダーグラウンドに加わった」のだ。それも「個人映画」としてのアンダーグラウンドでなく、集団としての、運動としての、状況としての、メッセージとしての、JLG映画に変貌していくのである。

3　人間の世界から遊離したダイヤモンド

一九六〇年、『勝手にしやがれ』の出現とともに、ゴダールとヌーヴェル・ヴァーグの勝利は、「内容」の新しさが古い「形式」を必然的に破壊してしまったことにあるとみなされた。しかるに、一九六八年の「五月革命」以後、映画という形式そのものを否定し、解体し、破壊するまでに至ったゴダールの「変革」と「変貌」が大きな問題になり、それは政治的かつ哲学的な深く複雑な思想を盛りこんだ「内容」が大きくふくらみすぎて、もはや従来の映画とよばれるような単純な「形式」にはおさまりきれずに、その殻を打ち破って別の何かを生みだし、たしかにそれは別の何かではあったとしても、それこそが最も前衛的な芸術の真の新しさなのだと評価されてきたきらいがある。映画の門外漢と思しき知識人が急にそのスキを狙うかのごとくゴダールを論じはじめた。難解なゴダール神話が横行した。

「『気狂いピエロ』のロマンチックなゴダールはどっかへ行っちまった」とジャン＝ポール・ベルモンドは言った。どこへ？『暗殺の森』（一九七〇）のなかで、心から敬愛していたゴダールとの決別を生々しく悲痛に描いた（主人公のジャン＝ルイ・トランティニャンが暗殺する恩師の電話番号は当時のゴダールの自宅の電話番号だった）ベルナルド・ベルトルッチ監督の次のような証言が最もよくその点を言い得ているように思われる。

一九六〇年代のゴダールは現実と直接、生《なま》に結びついていました。しかし、その後の彼はある種の謙虚さを失ってしまったように思われるのです。観客に作品をゆだね、観客とともに歓びを味わい、喜怒哀楽を分かち合うという姿勢をなくしてしまったのです。

いまも彼はすばらしい映画をつくっていますが、しかしそれはちょっと現実から、人間の世界から、遊離したダイヤモンドのようです。世界の涙にひたることも、世界の笑いに参加することもないダイヤモンド、無色無臭で自己完結し、透明で純粋なダイヤモンドのように、美の世界の内部だけで生まれてきて、生きて、死んでいくように思われるのです……（一九九一年、NHK教育テレビ、「ベルトルッチと語る」）、インタビュアーは兼子正勝）。

ゴダール自身は「家族と縁を切るように」映画の仲間たちとの関係を一切断って「映画の世界からはみだしたところに」いてもなお、「それ以前と同じくらい映画のことを考えていた」（「ゴダール全評論・全発言Ⅰ」、前出）と言うのだが――。

そしてまた、その後、こうも語るのだが……「かつてはトリュフォーと、それにリヴェットと、長期にわたって創造について語りあった。でもそれだけのことだ。ロメールとも、彼がまだロメールとは名のっておらず、ソルボンヌである講座をもっていたときに語りあった。でもそうしたことは、われわれが映画をつくりはじめたときに終わってしまった」。そう言いながら、「見事になされる映画的創造というのは、たえざる審査のことなんだ」とエリー・フォールの「美術史」やアンドレ・マルローの「東西美術論」に次ぐ壮大な芸術史としてのビデオ作品「映画史」（一九八八―九八）にとりかかる。「歴史にはノスタルジーは存在しない」（「ゴダール全評論・全発言Ⅲ」、奥村昭夫訳、筑摩書房）と豪語しつつ――あたかもすべてはこれからはじまる物語なのだと言わんばかりに。

4 ヌーヴェル・ヴァーグ伝説

ジャン＝リュック・ゴダール（Jean-Luc Godard）は、いまや、イニシャルのＪＬＧの称号で知られるひとつの伝説である。

「伝説という称号は、おそらくヌーヴェル・ヴァーグ全体に対して与えられたものなんでしょう。ヌーヴェル・ヴァーグは自由に向かっての驚くべき飛躍だったし、おぼろげな記憶を持っている人が少しはいますから。そして僕はその生ける想い出なんでしょうね」とジャン＝リュック・ゴダール自身は、二十世紀最後のインタビューのひとつ（「エル・ジャポン」一九九八年六月）で語っている。

ヌーヴェル・ヴァーグ（新しい波）とは一九五〇年代末に怒濤のごとく押し寄せたフランスの若い映画作家たちの総称だった。従来のように撮影所で助監督修行をへなくても、映画への愛さえあれば、映画をつくることができることの証明と若さの勝利だった。とくに映画研究誌「カイエ・デュ・シネマ」の批評家出身の三人、クロード・シャブロル、フランソワ・トリュフォー、そしてジャン＝リュック・ゴダールが、「ヌーヴェル・ヴァーグの三銃士」として脚光を浴びた。『美しきセルジュ』

（一九五七）が二十七歳のシャブロルの、『大人は判ってくれない』（一九五九）が二十七歳のトリュフォーの、そして『勝手にしやがれ』（一九五九）が、二十九歳のゴダールの、それぞれ長篇映画の第一作であった。とくに『勝手にしやがれ』は「自由奔放で大胆な」という評価とともに「映画のつくりかたも知らないデタラメな」という酷評もされた。よきにつけあしきにつけ、当時どんなに新鮮なおどろきをもって迎えられたか（あるいはまた、唾棄すべきインチキと嫌悪されたか）が察せられるが、その衝撃は決定的なものであった。

5　ゴダール以前・ゴダール以後

ヌーヴェル・ヴァーグからすでに五十年、いや、六十年をへて、世界の映画史上、ジャン＝リュック・ゴダールほどその実態を把握しがたく定義しにくい存在はないといわれる。単にフランスの映画監督、ヌーヴェル・ヴァーグの旗手というにとどまらず、そのラジカルな創造と革新への絶えざる挑戦は「映画芸術の父」D・W・グリフィス以来、セルゲイ・M・エイゼンシュテインとオーソン・ウェルズに次ぐ映画の変革者という評価を生むかたわら、映画の破壊者という汚名を着せられることにもなり、自ら解体をくりかえすその変貌ぶりは画家のピカソにも比較されてきた。

「ジャン＝リュック・ゴダールは映画の制度そのものを粉砕した――絵画におけるピカソのように、すべてを攪乱することによってすべてを可能にしたのである」と、すでに一九六六年、ヌーヴェル・ヴァーグの盟友であった（そしてゴダールの映画の共同プロデューサーでもあった）フランソワ・トリュフォーも書いている（『彼女について私が知っている二、三の事柄』プレスシート）。

シネマテーク・フランセーズの創設者であり館長であったアンリ・ラングロワや映画史家でヴェネチア映画祭の運営委員長であったルイジ・キアリーニは映画史を「ゴダール以前」と「ゴダール以後」に区分した。

それほど映画そのものの常識、通念、スタイル、作法、可能性のすべてを一変させた衝撃作が、一九五九年に撮影され、一九六〇年に公開されたゴダールの『勝手にしやがれ』だったのである。キャメラが現場で一瞬、一瞬すべてを創造していくかのような即興演出、アクションの連続的な流れに沿った「つなぎ」をまったく無視した大胆な編集（映像がスムーズにつながらずに「とぶ」のでジャンプ・カットなどとよばれることになる）、ドキュメンタリー的なインタビューをまじえた生々しい言語や多彩な映像の引用によるコラージュ的な構成など、すべてがかつてこれほど極端に体系的に試みられたことのない斬新なものだった。以後、そういったすべてが安易に稚拙に模倣されて使い古されただけで、ゴダールの鮮烈な「新しさ」は今日なおユニークで不滅だと言えよう。

6 五月革命まで

『勝手にしやがれ』に次いで、ジャン゠リュック・ゴダールは、

『小さな兵隊』（一九六〇）
『女は女である』（一九六一）
『女と男のいる舗道』（一九六二）
『カラビニエ』（一九六三）
『軽蔑』（一九六三）
『はなればなれに』（一九六四）
『恋人のいる時間』（一九六四）
『アルファヴィル』（一九六五）
『気狂いピエロ』（一九六五）
『男性・女性』（一九六五－六六）

『メイド・イン・USA』(一九六六)
『彼女について私が知っている二、三の事柄』(一九六六)
『中国女』(一九六七)
『ウイークエンド』(一九六七)

と一九六七年までに十五本の長篇映画を撮り、その間にオムニバス映画に参加する形で、

『怠けの罪』(『新・七つの大罪』第5話、一九六一)
『新世界』(『ロゴパグ』第2話、一九六二)
『立派な詐欺師』(『世界詐欺物語』第5話「モロッコ篇」として撮られたが、カットされた。一九六三)
『モンパルナスとルヴァロワ』(『パリところどころ』第5話、一九六五)
『未来展望』(『愛すべき女《め》・女《め》たち』第6話『二〇〇一年愛の交換〝未来〟』、一九六七)
『カメラ・アイ』/『カメラの眼』(『ベトナムから遠く離れて』第6章、一九六七)

『アモーレ（愛）』（『愛と怒り』第4話、一九六七）

という七本の短篇も撮り、一作ごとに話題をよび、一九六〇年代の最も独創的で最も豊饒な映画作家として活躍、「ゴダール現象」の名でよばれるほど注目もされ、模倣もされ、スキャンダルにもなった。最もかがやける時代のゴダールだったことは間違いない。『男性・女性』をのぞくこの時代のゴダールの長篇作品のすべての撮影を担当したキャメラマンがラウル・クタールだった（但し、短篇のほうは『立派な詐欺師』の撮影のみ担当）。

一九六八年五月の動乱、いわゆる「五月革命」を機に、ゴダールは彼自身の映画的キャリアを自ら葬り去るまでに「変貌」する。劇場用商業映画を一時は完全に否定し、ヌーヴェル・ヴァーグの仲間たち、とくにフランソワ・トリュフォーとは激烈なののしり合いの喧嘩状の交換のあと決別し、ヌーヴェル・ヴァーグが擁護顕揚してきた「作家主義」を廃棄し、個人としての映画作家ジャン゠リュック・ゴダールから、姓名のイニシャル（ジャンのJ、リュックのL、ゴダールのG）三文字だけの、集団的・芸術的・戦闘的創造の象徴、あるいはむしろ、最も純粋に抽象化された「創造」そのものの核としてのJLGになるのである。

7 ジャン＝リュック・ゴダールからＪＬＧへ

ジャン＝リュック・ゴダールは一九三〇年十二月三日、パリ在住のスイス人のブルジョワ家庭に生まれた（父はフランスとスイスに診療所を持つ医師で、母は銀行家の娘であった）。つい最近邦訳されたコリン・マッケイブによる評伝「ゴダール伝」（堀潤之訳、みすず書房）によれば、父の名はポール、母の名はオディール、四人の子供のうちジャン＝リュックは長男、姉（長女）ラシェル、弟クロード、妹ヴェロニクというのがゴダール家の家族構成であった。スイスで中等教育を受けたあと、高等教育はパリで、大学はソルボンヌ（パリ大学文学部）に入り、人類学を専攻。フランスの兵役を逃れるためにスイス国籍を選ぶ。大学よりもシネクラブやシネマテークに通いつめ、同じように映画狂のフランソワ・トリュフォー、ジャック・リヴェット、エリック・ロメール、クロード・シャブロルらと知り合い、ともにアンドレ・バザンの下に映画研究誌「カイエ・デュ・シネマ」（一九五一年創刊）の同人になり、批評家をへて監督になった。「カイエ・デュ・シネマ」誌の他の同人たちのように、批評家時代にすでに短篇映画を撮りはじめた。

『コンクリート作戦』（一九五四）
『コケティッシュな女』（一九五五）
『男の子の名前はみんなパトリックっていうの』（一九五七）
『シャルロットとジュール』（一九五八）
『水の話』（フランソワ・トリュフォーと共同、一九五八）

という五作品で、『コンクリート作戦』と『シャルロットとジュール』と『水の話』は日本でも公開された。『男の子の名前はみんなパトリックっていうの』はＤＶＤで発売されている。

一九八五年に出版されたアラン・ベルガラ編「ゴダールによるゴダール」（邦訳「ゴダール全評論・全発言Ⅰ／Ⅱ／Ⅲ」、前出）によれば、ジャン＝リュック・ゴダールの映画活動は――その変貌とともに――次の六つの時代に分けられる。

第一の時代は「カイエ・デュ・シネマ時代」LES ANNÉES CAHIERS（一九五〇―五九）――ヌーヴェル・ヴァーグの母体になる「カイエ・デュ・シネマ」誌の同人時代から長篇映画第一作『勝手にしやがれ』を撮る年まで。ジャン＝リュック・ゴダールの二十代である。

第二の時代は「アンナ・カリーナ時代」LES ANNÉES KARINA（一九六〇—六七）——長篇映画第二作『小さな兵隊』のヒロインに起用したアンナ・カリーナと一九六一年三月に結婚。六四年十二月には離婚するものの、『女は女である』『女と男のいる舗道』『はなればなれに』『アルファヴィル』『気狂いピエロ』『メイド・イン・USA』とこの時代の長篇映画十五本のうち七本と短篇映画『未来展望』（『愛すべき女《め》・女《め》たち』第6話『二〇〇一年愛の交換〝未来〟』、一九六七）が、ゴダール／カリーナ作品であり、アンナ・カリーナを中心に動いていたジャン゠リュック・ゴダールの三十代である。さらに、二十歳のジャン゠リュック・ゴダールが主演のエリック・ロメール監督『紹介あるいはシャルロットと彼女のステーキ』（一九五一）とゴダールとアンナ・カリーナの新婚記念出演とも言うべきアニエス・ヴァルダ監督『5時から7時までのクレオ』（一九六二）もゴダール／カリーナ作品の一部として加えてもいいかもしれない。『紹介あるいはシャルロットと彼女のステーキ』はエリック・ロメールが撮り捨てにしていたのを一九六〇年にゴダールが編集し、アンナ・カリーナとともにダビングもした。声だけの共演である。『5時から7時までのクレオ』にも共演しているのだが、声はなく、というのもコマ落とし気味のドタバタ調のサイレント・シーンで、ゴダールとアンナ・カリーナの結婚式の写真を撮ったアニエス・

ヴァルダが、彼女の監督作品に新婚夫婦を招いた特別出演である。

第三の時代は「毛沢東時代」LES ANNÉES MAO（一九六八―七三）――「五月革命」を契機にラジカルに「政治化」し、労働者とともに「シネ・トラクト（映画アジびら）」を撮り、『中国女』のヒロインを演じたアンヌ・ヴィアゼムスキー（一九六七年にゴダールと結婚、七〇年に離婚）を女闘士の役に『ワン・プラス・ワン』（一九六八）を、次いで、一九六九年には、『中国女』のときに知り合った毛沢東派の活動家ジャン゠ピエール・ゴランとともに「ジガ・ヴェルトフ集団」を結成し、ゴラン／ゴダール作品としてこれもアンヌ・ヴィアゼムスキー主演の『東風』を撮り、さらに『ブリティッシュ・サウンズ』『プラウダ』（ともに一九六九）などの「革命的闘争映画」を試みつつ、イヴ・モンタンとジェーン・フォンダを主演に「政治的」商業映画『万事快調』（一九七二）を撮るが興行的惨敗に至るまで。一九七三年にはジャン゠ピエール・ゴランと袂別、「ジガ・ヴェルトフ集団」も解散。三十代の終わりから四十代半ばに至るジャン゠リュック・ゴダールである。

第四の時代は「ビデオ時代」LES ANNÉES VIDÉO（一九七四―八〇）――パリから離れ、グルノーブルに、一九七四年、ビデオ工房「ソニマージュ（音響映像社）」を設立。『万事快調』のスチール写真を担当していたアンヌ゠マリー・ミエヴィルを

「公私にわたるパートナー」として、『ヒア&ゼア　こことよそ』（一九七五）、『パート2』（一九七五）、『勝手に逃げろ／人生』（一九七九）など、ビデオ作品の制作に専念。四十代後半のジャン＝リュック・ゴダールである。

第五・第六の時代は「一九八〇年代」LES ANNÉES QUATRE-VINGT（一九八〇―八五）とそれにダブって「天と地の間の時代」LES ANNÉES ENTRE CIEL ET TERRE（一九八〇―八八）――スイスのニヨンに移住。『勝手に逃げろ／人生』で劇場用商業映画に復帰して以来、ビデオとフィルムを混合させながら、『パッション』（一九八二）、『カルメンという名の女』（一九八三）、『ゴダールの探偵』（一九八四）、『ゴダールのマリア』（一九八五）、『映画というささやかな商売の栄華と衰退』（一九八六）、『ゴダールのリア王』（一九八七）、『右側に気をつけろ』（一九八七）等々、いよいよ精力的な五十代のジャン＝リュック・ゴダールである。

第七の時代は「回想の時代」LES ANNÉES MÉMOIRE（一九八八―九八）――『ゴダールの映画史・第Ⅰ部／第Ⅱ部』（一九八八―八九）を中心に、『ヌーヴェルヴァーグ』（一九九〇）、『ゴダールの新ドイツ零年』（一九九一）、『ゴダールの決別』（一九九三―九四）、『JLG／自画像』（一九九三―九四）、『フォーエヴァー・モーツアルト』（一九九六）。

そして二十一世紀に入って、『愛の世紀』（二〇〇一）、『アワーミュージック』（二〇〇四）、『ゴダール・ソシアリスム』（二〇一〇）、『さらば愛の言葉よ』（二〇一四）、『イメージの本』（二〇一八）……と、最後の（？）「成熟期」を迎えて独自のペースで撮りつづける七十代から八十代に入ったＪＬＧである。

「天と地の間」どころか、「地上」の映画を廃棄して「天上」の、神の、高みに昇りつめたものの、なお「地上」の映画にこだわりつつ、しかし、もはや「地上」には戻れないＪＬＧの映画的「悲惨と栄光」を怒りのテーマにすべての映画的記憶のデジタル処理による膨大なコラージュ、とはいえコラージュはコラージュだが、もはや「映画的な」イメージやエモーションとは異質の、むしろ形而上的デジタルコラージュとも言うべきか、そのなかでも、『ゴダールの映画史・第Ⅰ部／第Ⅱ部』が、自ら「遺言的」とよぶ、人生たかが百年の総決算に向かう「回想の時代」（あるいはむしろ「追憶の時代」）を代表する至高の名作になるだろう――と思われるが、不滅のゴダールの躍進は果てしなく、ただもう、いよいよ、遠くはるかに仰ぎ見るだけの存在になってしまった。健在とかかくしゃくとかいったありきたりの表現など甘ったるく陳腐に聞こえるくらい強靭でエネルギッシュなゴダールだ。『ゴダール・ソシアリスム』の耳をつんざかんばかりの怒声には、ただ、ただ、恐れ入るしかなかった。

勝手にしやがれ
A BOUT DE SOUFFLE

「この映画をモノグラム・ピクチャーズに捧ぐ」（献辞）

ジャン゠リュック・ゴダール作品（1959）。

白黒、スタンダード（1:1.33）。上映時間　1時間30分。

原案（オリジナル・シナリオ）フランソワ・トリュフォー。監修（技術顧問）クロード・シャブロル。監督・脚本・台詞　ジャン゠リュック・ゴダール。撮影　ラウル・クタール。音楽　マーシャル・ソラル、モーツァルト（「クラリネット協奏曲K 622」）。編集　セシル・ドキュジス、リラ・エルマン。製作　ジョルジュ・ド・ボールガール。

但し、画面にスタッフ・キャストのクレジットタイトルはまったく出ない。

撮影期間　1959年8月17日－9月15日。撮影場所　マルセイユおよびパリ（フランス）。

出演　ジャン゠ポール・ベルモンド（ミシェル・ポワカール）、ジーン・セバーグ（パトリシア・フランキーニ）、ダニエル・ブーランジェ（ヴィダル刑事）、ジャン゠ピエール・メルヴィル（作家パルヴュレスコ）、アンリ゠ジャック・ユエ（アントニオ・ベルッチ）、リリアーヌ・ダヴィッド（リリアーヌ）、クロード・マンサール（中古車の仲買人）、ジャン゠リュック・ゴダール（密告者）、アンドレ゠S・ラバルト（記者会見のジャーナリスト）、ミシェル・ファーブル（刑事）、ジャン・ドゥーシェ（事故を目撃する通行人）、ジャン・ドマルキ（トイレで殴られる男）、ロジェ・アナン、ジェラール・ブラッシュ、ヴァン・ドゥード。

1960年ベルリン国際映画祭監督賞。1960年ジャン・ヴィゴ賞。

フランス公開　1960年3月16日。日本公開　1960年3月26日。

1 ゴダール・ショック？

「この人からフランス映画は変わっちゃったのよ、この人の『勝手にしやがれ』から」と淀川長治さんは怒り、嘆いていたものだ。「この人」、ジャン゠リュック・ゴダール監督の長篇映画第一作『勝手にしやがれ』（一九五九）から、「それまでのきれいなフランスの匂いも、やわらかさも全部消しちゃって、ドアひとつあけて入ってくるのにしても、もうパッパッパッ、簡単に、ざっくばらんでね。あれで、いろんな若い監督、みんなまねしてさ、映画の文法なんか要らんと思ってね。でもあんたはゴダール好きなのよね（笑）。ゴダールはすごいことはすごい人だからね。ぼく、ゴダールはもう恨み重なる嫌いな監督なのよ。あの人がいなかったら、フランス映画はもっとよくなったの。『勝手にしやがれ』のゴダールから、きれいなフランス映画がなくなっちゃったのよ。もうガラガラッと変わっちゃったのね。前のフランス映画のセンチメンタルなところ、なくなってしまった。一切なくなったのね。ドライになった」というわけである（「映画は語る」、中央公論新社）。

双葉十三郎氏の「ぼくの採点表Ⅱ　1960年代」（トパーズプレス）では一刀両断を避けて、揶揄的に様々な視点による座談会形式の評。

司会者——自動車泥棒青年がパリを荒した末、恋人のアメリカ娘の密告でアウトになるスリラーです。
スリラーの愛好家——いや、喜劇です。
喜劇愛好家——いや、悲劇です。
悲劇愛好家——いや、人生劇です。
田舎親爺——わしにはなにがなんだか、さっぱりわからん。
映画青年——愚か者ども。これぞヌーヴェル・ヴァーグである。
定義愛好家——ハハア、わかったようでわからん映画のことをヌーヴェル・ヴァーグというんですか。
服飾家——なるほど、ヌーヴェル・ヴォーグか。
お婆さん——わたしゃ眼がまわったよ。
場末の映写技師——フィルムがだいぶちょんぎれてますね。
8ミリ狂——ちがいますよ。撮《うつ》しているうちにゼンマイがとまって、またまいて撮したんです。
助監督——そうじゃない、フィルムがなくなって買いに行ったんだよ。
坊や——木馬に乗ってるみたいだね。ウレチイな。

映画青年――ヌーヴェル・ヴァーグは若いひとのためにある。
ちんぴら――つべこべぬかすな。オレぁハンフリー・ボガートにあやかりてェあの兄チャンの気持ちよくわかる。イカスぜ。
アルバイト女学生――あたいも、アッチへいって、一しょにいいことしたいわョ。ウーン。
ボガート（墓石の下から）――勝手にしやがれ。

「ヌーヴェル・ヴァーグの映画体系」の著者でもある飯島正氏の体験的映画史「試写室の椅子　わが映画五〇年」（時事通信社）では、「はじめて見たジャン＝リュック・ゴダールの作品『勝手にしやがれ』（一九五九）は、やはり興味津々たるものであった」とこんなふうに分析、総括する。

これはまず題材からいえばアメリカ製のB級ギャング映画であった。おそらくゴダールは映画ファン時代に、ギャング映画をしょっちゅう見ていたにちがいない。彼はどこかで告白していたように、映画が彼自身の生活なのであった。B級ギャング映画で育った彼は、ごく自然にそれを映画作家としての創造的生活のなかにもちこんだ。またごく自然に彼の映画論がそのなかで一体となった。一種のこれは映画批評活動の具体的生活化であるといっていい。そこに『勝手にしやがれ』の最大の魅力がある。Ｂ級ギャング映画には心理や論理はあまり縁がない。したがって「偶然」がそこでは支配的である。これをゴダールはパリの街に移行させた。街の風景やそこに登場する人物は、要するにそこにただ偶然に存在するだけである。それだけ現実が露呈するわけだ。

そこに映画批評の師であったアンドレ・バザンのいう「現実の美学」の「ゴダール的展開があった」というのである。また、「ゴダール作品を見ていると、既成の映画作品を彼流になぞっている感じが強い」とも書いている。「これはヌーヴェル・ヴァーグ作家にはだれにも多少は見られる現象で、映画ファン→映画批評家→映画作家という経歴からそれはうなずけることなのだが、こういうことは文学志望の青年から作家になったひとたちにも共通の現象であるとおもう」と。

2 『市民ケーン』からＢ級犯罪映画まで

「オーソン・ウェルズが『市民ケーン』を撮ったのは二十五歳のときだった。それ以来、世界中の映画作家はみな、この年齢をこえる前に長篇第一作を作ることだけを夢見てきた」とジャン゠リュック・ゴダールは「カイエ・デュ・シネマ」誌一九五九年三月第93号に書いているが、ゴダール自身が長篇映画第一作『勝手にしやがれ』(一九五九)を撮ることができたのは二十九歳のときだった。

『勝手にしやがれ』は主人公のミシェル・ポワカールの死で終わるのだが、映画がはじまったとたんから死の予感にふるえ、おののき、ふてくされながらも、いらだっているかのようだ。無軌道な青春、死と背中合わせになった人生——死の予感にとり憑かれて生き急ぐ焦燥と不安が画面に息せききった、あえぐような緊迫感を与えている。

原題は『息切れ』(A Bout de Souffle)。冒頭、ジャン゠ポール・ベルモンド扮する主人公ミシェル・ポワカールが南フランスの港町マルセイユで自動車泥棒をやらかし、パリに至るハイウェイを突っ走りながら、「パ、パ、パ、パ、パ、パ、パ、パトリシア!」と拍子をつけて愛する女の名を歌うようによんだり、いろんな独り言《ひとごと》を言ったりしながら、突然キャメラに向かって、ということは私たち観客に対して直接、「もし海が嫌いなら……もし山が嫌いなら……もし都会が嫌いなら……勝手にしやがれ(Allez vous faire foutre)」と毒づくところから日本公開題名が付けられたかと思っていたところ、この日本公開題名の命名者で映画を最初に輸入した配給会社、

ＳＥＦ（フランス映画輸出入組合日本事務所）改め新外映の当時のパリ駐在員だった映画評論家の秦早穂子さんが『勝手にしやがれ』という題名を思いついたのは映画がまだ撮影中のラッシュ試写の一部を見たときだったとのことだから、逆にこの見事な邦題からスーパー字幕の名訳が生まれたのかもしれない。私自身、この映画のリバイバル公開のときにスーパー字幕の翻訳を担当し、その名訳を踏襲したつもりだったが、どの仏和辞典を引いてみても、「Allez vous faire foutre」の訳としては「出て行け」とか「消えちまえ」とか「とっとと失せろ」とかいう訳があるだけで、「勝手にしやがれ」という訳はなかったと思う。

死が待ち構えているパリで、ミシェル・ポワカールは、ロバート・アルドリッチ監督のハードボイルド・タッチの戦争サスペンス映画『地獄へ秒読み』（一九五九）のポスターが貼られた立看板の前を通る。すでに彼の死は秒読みの段階に入っているのだ。そして、実際、彼は、女といっしょにベッドにいるときですら、「しょっちゅう、死のことを考えている」のだ。女は恋人のパトリシア役のジーン・セバーグで、ベッドでウイリアム・フォークナーの小説「野生の棕櫚」の最後の一節を読むところがある——（「悲しみか無か、どちらかを選ばなければならないとしたら、私は悲しみを選ぼう。無は妥協だ」、井上謙治訳、「フォークナー全集14」、冨山房）。ゴダール流の唐突な引用のひとつだが、ゴダールの敬愛するニコラス・レイ監督の西部劇『大砂塵』（一九五四）では若い無法者が隠れ家の山小屋の外で見張りをしながら読書をしているくらいだからどんな引用も唐突とは言えないかもしれない。これ見よがしの暗示というわけではなさそうだ。とはいえミシェル・ポワカールは、フォークナーの名前を聞いて、パトリシアに「そいつはおまえと寝た男か」などと聞くのだ。冗談かギャグとしか思えない。ミシェル・ポワカールは、「妥協」というより、運命的に死を選ばざるを得なくなる。

　死の暗示は瞬間的だが、唐突というより鮮烈で印象的だ。パリの街を歩くと、自動車事故による男の死に立ち会う。モーリス・サックスの幻想小説「アブラカダブラ」のカバーのオビにレーニンの言葉として引用された（出典はもちろんゴダール自身の記憶やメモによるものだろうが、じつはロシア出身の革命家でドイツ共産党の政治家、オイゲン・レヴィーネが裁判のさいに発した言葉にもとづくものだという）「われわれは休暇中の死者だ」という一行が目にとびこんでくるところもある。死の予感と認識がずっとあったけれども、いわば就寝時刻が近づいているのにぐずぐずして死の床に就かない子供のようなものだというルイス・キャロル的な自覚は一九六〇年代のゴダール映画のすべての主人公に共通してあり、それはやがて『気狂いピエロ』

（一九六五）の主人公フェルディナン（ジャン゠ポール・ベルモンド）のダイナマイト自爆でひとつの結着をつけられることになるだろう。

　死の予感とともに生き急ぎ、青春を突っ走るさっそうたる不格好こそ一九六〇年代のゴダール映画の主人公たちに共通する不安であいまいな存在感と言えるかもしれない。『勝手にしやがれ』のミシェル・ポワカールが空港のテラスですれちがった作家のパルヴュレスコ（ジャン゠ピエール・メルヴィル）はその直後の記者会見で、ミシェル・ポワカールの生きかたを代弁するかのように、「不老不死になって死ぬこと」が人生の望みだと語る。もっとも、メルヴィル監督に言わせると不老不死（Immortel）になるとはアカデミー・フランセーズ（フランス翰林学士院）の会員になるという二重の意味もこめて、アカデミズム（保守的権威主義）を嘲笑したダジャレにすぎないというのだが、そんな自嘲気味のダジャレもこめて。

　刻一刻と迫りくるラストのミシェル・ポワカールの死の直前には、レコード・プレイヤーから流れるモーツァルトの「クラリネット協奏曲」が「死の音楽」として引用される。「モーツァルトにおけるクラリネットのあの死をもたらすほどの、耐えがたいほどの響きは、鋭く形而上的で、痛ましく、魅惑的」なのだとゴダールはのちに「カイエ・デュ・シネマ」誌一九六五年十月第171号に書いている。

アナーキーで虚無的な青春を、よろめきつつ、ぶざまに駆け抜けるミシェル・ポワカール／ジャン゠ポール・ベルモンドのアイドルはハンフリー・ボガートだ。ハードボイルド・ヒーローになる前は銃で撃たれて死ぬか死刑になるかという役の連続で、ずっと死のイメージをひきずってきたハンフリー・ボガートの遺作になった『殴られる男』（マーク・ロブスン監督、一九五六）の上映中の映画館のショーウィンドーのなかに飾られたスチール写真を崇めるようにじっと見入り（今日に至るハンフリー・ボガート崇拝《カルト》はここからはじまったといわれる）、ハンフリー・ボガートのように煙草のくわえかたにこだわり、まるで生命の火をたやすまいとするかのように吸いかけの煙草から新しい煙草に火をつけてすいつづける。

ホテルの寝室で、ジーン・セバーグがピエール゠オーギュスト・ルノワールの美しい少女の絵（「可愛いイレーヌ」とか「イレーヌ・カーン・ダンヴェール嬢」などの題で知られる）のポスターにまるで自分の似姿のように頰よせて「どう？　好き？」と聞く忘れがたいシーンがあり、それをまるめて望遠鏡のようにのぞき、その筒形の穴の向こうにジャン゠ポール・ベルモンドを見つめるところがある。ベルモンドも、物欲しそうに、せつなげに、じっとこちらを見つめているのだが、そのすぐあと、画面いっぱいにジーン・セバーグとベルモンドはキスをしているのだ。ゴダールが批評家時代に絶讃したサミュエル・フラー監督の『四十挺の拳銃』（一九五七）の銃口からのぞく印象的なカットの引用的再現である。ゴダールはすでに批評家時代にこんなふうに書いているのだ。

ジーン・バリーがうぶで美しいイヴ・ブレントに愛を告白している。〔……〕彼女は銃器店の娘で、一挺の銃をジーン・バリーに売ろうとして渡す。ジーン・バリーはふざけながら銃でイヴ・ブレントをねらう。キャメラはジーン・バリーの位置から、銃口をとおしてイヴ・ブレントを見つめ、彼女のクローズアップをとらえるまで寄っていく。次のカットは画面いっぱいに二人がキスしているというすばらしさだ。（「カイエ・デュ・シネマ」誌一九五七年十一月第76号）

ゴダールのこの一文は、ずばり撮影台本もどきの映画的分析と言ってもいいくらいで、まるですでに『勝手にしやがれ』のワンシーンを描いていたかのようだ。サミュエル・フラーの映画の銃口は死の予告でもあり、銃口をとおして結ばれた恋人たちが結婚式を挙げた直後の教会の出口で男（ジーン・バリー）が撃たれて死ぬように、『勝手にしやがれ』の恋人たちも一夜をすごしたあと、男は女に密告され、致命的な銃弾をうける。

ラストシーン、ジャン＝ポール・ベルモンドが腰骨を撃たれてよろよろと逃げていき、そして倒れて息絶えるところは、これもゴダールが批評家時代に、「最も映画的なジャンル」である西部劇を「発明し直しているのだ」とまで絶讃した（「カイエ・デュ・シネマ」誌一九五九年二月第92号）、アンソニー・マン監督の『西部の人』（一九五八）で強盗団の首領、リー・J・コッブが背中に一撃を浴びながらゴーストタウンの果てしなく長い坂道をよろよろと下り、最後の息切れの瞬間にひと声叫ぶ断末魔のシーンの引用的再現であったが、同時にラオール・ウォルシュ監督のギャング映画『彼奴は顔役だ！』（一九三九）のジェームズ・キャグニーが銃弾をうけながらよろよろと走りつづけ、教会の石段のところで息絶える感動的なラストシーンをも合わせた引用だった。ジェームズ・キャグニーを抱きかかえる情婦のグラディス・ジョージに警官がたずねる。「何者かね？」「顔役だった男よ」とグラディス・ジョージはつぶやく。「マイ・メランコリー・ベイビー」のせつなく美しいメロディーが流れる。

『勝手にしやがれ』のラストは素っ気ない。ジーン・セバーグはグラディス・ジョージのようにジャン＝ポール・ベルモンドを追いかけてくるが、舗道に倒れたベルモンドを抱きかかえるわけではない。「こいつは何者だね?」とたずねる刑事（ダニエル・ブーランジェ）にジーン・セバーグは何も答えない。ベルモンドが「まったく最低だ」とつぶやいて息絶える。「俺は最低だ」と言ったのかもしれない。「最低（dégueulasse）が最後の言葉だ。「なんて言ったの?」とジーン・セバーグ。「あんたは最低だってさ」と刑事は言う。「最低って、どういうこと?」と言って、ジーン・セバーグはくるりと背を向ける。

背を向ける前に、ジーン・セバーグは虚空を見つめるようにキャメラを凝視する。イングマール・ベルイマン監督の『不良少女モニカ』（一九五二）についてゴダールが書いたように（「アール」紙一九五八年七月三十日第680号、蓮實重彦・保苅瑞穂訳「ゴダール全集4」、竹内書店）、モニカ／ハリエット・アンデションが「当惑でうるんだような視線をじっとカメラに向け、自分の意志に反して天国よりも地獄を選んでしまう自己嫌悪の証人として観客をひき込む」瞬間を想起させる。

ジャン゠ポール・ベルモンド扮するミシェル・ポワカールという犯罪者のキャラクターも、マルセル・カルネ監督の『霧の波止場』（一九三八）の脱走兵、ジャン・ギャバンのイメージをはるかにひきずりつつ（「世界映画史」の著者、ジョルジュ・サドゥールは『勝手にしやがれ』という映画そのものを『霧の波止場』の焼き直しとみなしているくらいだ)、しかし同時に、ラズロ・コヴァックスというもうひとつの名前——クロード・シャブロル監督の『二重の鍵』(一九五九)でやはりジャン＝ポール・ベルモンドが当時演じたばかりの無国籍のアナーキーな浮浪青年の名前——のパスポートを持っている。ジャン・ルノワール監督の『素晴しき放浪者』(一九三二)でミシェル・シモンが演じた永遠の放浪者ブーデュや『ゲームの規則』(一九三九)で監督のジャン・ルノワール自身が演じた永遠のパラジット(寄食者／居候)オクターヴの後継者が、ラズロ・コヴァックスなのであった。ミシェル・ポワカールという人物そのものが二重国籍、二重の引用なのだ。

『勝手にしやがれ』は、どんな映画も必然的に映画史を記憶して生まれてくるという意味での映画的記憶を引用とコラージュという形で(あるいはむしろ表象として)意識的に、意図的に実践した最初の映画であったのだ。

一九六〇年のジャン・ヴィゴ賞(二十九歳で亡くなった天才監督、ジャン・ヴィゴの名のもとにフランスの最も先鋭的な映画に与えられる)を受賞したこの映画はまさしく「生まれながらの反逆児ジャン・ヴィゴの『アタラント号』(一九三四)の後継者的作品だ」とフランソワ・トリュフォーは絶讃した——「ジャン・ヴィゴの『アタラント号』は、ジャン・ダステとディタ・パルロがベッドのなかに消えてゆく場面で終わった。たしかに、その夜、彼らはひとりの子供をもうけたのだ、『勝手にしやがれ』のベルモンド坊やを」（ジャン・コレ「現代のシネマ1　ゴダール」、竹内健訳、三一書房）。

自由気ままで不敵に見えるけれども、じつは若さをもてあましているだけという感じのアナーキーな犯罪者（自動車泥棒の常習犯で警官を射殺してしまう）を屈託なくみえるけれども、じつはうんざりした風情で演じるジャン＝ポール・ベルモンドは、最も現代的な青春スターとして、魅力的なアンチ・ヒーローとして、フランスのみならず世界中の若者たちの共感をよんだ。

カッコいいのか、悪いのか。タフで非情な人殺しかと思いきや、公衆トイレで卑劣にも男を背後から殴って金を奪うといった最低の与太者で、愛する女に警察に密告されるや、その裏切りに怒るどころか、がっくりして、めそめそして、せつなくて悲しくて耐えきれず、「もう生きてはいけない」と嘆く。とてもハードボイルドどころではない。ハンフリー・ボガート的なタフ・ガイなどではない。筋金入りのアウトローなんかではないのだ。アンチ・ヒーローですらないのである。

ジャン＝リュック・ゴダール監督の長篇映画第一作『勝手にしやがれ』は、こうして、現代の、なさけないけれどもリアルで生々しくアナーキーな青春の息吹きを伝えて、ヌーヴェル・ヴァーグの金字塔的名作になったのだ。

原案（オリジナル・ストーリー）フランソワ・トリュフォー、監修（技術顧問）クロード・シャブロルというヌーヴェル・ヴァーグの精鋭が結集した作品として知られるが、映画の冒頭にも末尾にもスタッフ・キャストを記したクレジットタイトルはない。「この映画を〔アメリカのB級映画会社〕モノグラム・ピクチャーズに捧ぐ」という献辞に次いで、カール・ドライヤー監督の『奇跡』（一九五四）のようにメイン・タイトルだけが出てくる。

一九五九年五月のカンヌ映画祭でフランソワ・トリュフォー監督の長篇映画第一作『大人は判ってくれない』（一九五九）が監督大賞を受賞し、そのいきおいでパリ公開。すでにクロード・シャブロル監督の自主製作の長篇映画第一作『美しきセルジュ』（一九五七）と第二作『いとこ同志』（一九五九）も公開されて反響をよんでいた（『いとこ同志』はその年のジャン・ヴィゴ賞を受賞し、さらにベルリン映画祭グランプリに輝くことになる）。

フランス映画に新しい波――ヌーヴェル・ヴァーグ――がどっと押し寄せてきたという話題が連日のようにジャーナリズムを賑わせていた。そこに目をつけたプロデューサーのジョルジュ・ド・ボールガールが、宣伝効果と資金集めのために新進気鋭のトリュフォーとシャブロルの名前を借り、ジャン゠リュック・ゴダール監督の長篇第一作の製作をひきうける。フランス映画にまさに新しい波が打ち寄せてくる確かな手応えがあったのだろう。

フランソワ・トリュフォーが書いたという『勝手にしやがれ』のオリジナル・シナリオ（といっても梗概、つまりあらすじ）はフランスのシナリオ雑誌「ラヴァン゠セーヌ・デュ・シネマ」の『勝手にしやがれ』特集号に掲載されたことがあるのだが、トリュフォーは自分の書いたものとはまったく別物だと語り、こんなふうに述べている。

たしかに『勝手にしやがれ』のオリジナル・シナリオは、ある週末に起こったセンセーショナルな実話をもとに、わたしが書いたものでした。しかし、ジャン゠リュック・ゴダールは映画化にあたって、すっかり書き直し、撮影中にもどんどん変えていきました。とくに結末はまったく違ったものになった。わたしのシナリオでは、主人公の犯罪者の青年が街を歩いていくと通行人がみなスターを見るかのようにふりかえる。というのも、新聞という新聞の第一面に指名手配の彼の顔写真が大きく出ているからなのです。それだけで充分にサスペンスがあると思ったのです。ジャン゠リュック・ゴダールはもっと強烈なラストを選んだ。激烈で絶望的なラストシーンです。彼はとても不幸で失意のどん底にあった。そして、死ぬ瞬間を撮りたがっていた。このように悲痛なラストシーンをどうしても撮る必要があったのです……(「現代のシネマ1　ゴダール」、前出)。

ゴダールがそのころ、どのような「不幸」な状況に、どのような「失意のどん底」にあったのか、具体的には知る由もないのだが、逃げていく主人公を刑事が銃で撃つときに相棒の刑事が「早く、背骨をねらえ!」という「ひどい」台詞があり、それだけはカットしたほうがいいとトリュフォーが言ってカットさせたということだから、よほど「ひどい」、まさに最低(dégueulasse)の、不幸などん底にあったのだろう。『勝手にしやがれ』の主人公のようにゴダールはそのころ、泥棒をしながら飢えをしのいでいたともいわれる。エリック・ロメールが主宰していた「シネクラブ・デュ・カルチエ・ラタン」の常連からクロード・シャブロルの映画のシナリオライターになったポール・ジェゴーフ(のちに一九六〇年代のゴダールの最後の劇場用商業映画『ウイークエンド』に音楽行動のピアニストの役で特別出演する)は、金に困っていたゴダールをアパルトマンに住まわせていたとき、大事な蔵書(ジェゴーフは愛書家でもあったので、貴重な初版本などもたくさんあった）をごっそり売り払われてしまったことがあるとのことである。ゴダールにはもともと盗み癖があって、一九五二年にはスイスのチューリッヒの刑務所に入れられたこともあるとコリン・マッケイブの「ゴダール伝」（前出）は伝えている。だとしたら、不良少年時代のフランソワ・トリュフォーと同じようなことを、もしかしたらもっとひどい、最低のことを、やっていたということになる！

ミシェル・ポワカールのように大それた殺人を犯したわけではなく、コソ泥のようなものだったにしても、犯罪は犯罪、その意味では、『勝手にしやがれ』は犯罪者の映画、犯罪者による犯罪についての映画だったのだ。

ヌーヴェル・ヴァーグの新しさはアメリカのB級映画への偏愛から生まれたものだと、ジョルジュ・ド・ボールガールとならぶ、というよりも、戦前はジャン・ルノワールのプロデューサーとして知られ戦後はヌーヴェル・ヴァーグのプロデューサーとして活躍する、ピエール・ブロンベルジェは語っているが、アメリカのB級映画（アクションもの、スリラー、犯罪ものなどのジャンル）専門のモノグラム・ピクチャーズ（一九三〇年設立）に捧げられた『勝手にしやがれ』は、まさにB級映画精神で、B級映画なみの低予算と早撮りによってつくられた。B級映画への偏愛が『勝手にしやがれ』の原動力のひとつになったとすら言えるかもしれない。その後も「低予算で撮ること」が「映画を撮りつづけることができた秘訣」だとジャン゠リュック・ゴダールは自ら語っている。

ゴダールは、ヌーヴェル・ヴァーグの渦中で、自らを映画の冒険家と称したことがある。「冒険家はすでに知られた場所へは行かない。つねに未知の土地に行く。前人未踏の土地に挑むことが冒険家の人生の目的だ」(「ユニフランス・フィルム」一九六四年第54号、前出)。

しかし、「冒険家」ゴダールはその冒険心を、実験精神を、他方では彼の「天邪鬼」的な気質にもとづいていることを認め、たとえば批評家時代にも「失敗作」を擁護し、早撮りのためにしばしば撮影ミスが目立つアメリカのB級映画をこよなく愛し、パリのシネマテークやシネクラブで古典的名作を見る以上に場末の映画館で上映される二流、三流の作品を見て、「最高のものから学ぶ以上に最低のものからも学ぶ」ことをモットーにしていたと述べる。カットとカットのあいだでアクションがつながらなかったり、太陽光線など強い光が画面にはね返って散乱するいわゆるハレーションが多すぎたりするのを見て、それを従来の映画文法にもとづいて単に技術的なミスとしてかたづけずに、むしろその技術的ミスによる偶然の効果を積極的に評価することから「映画」にアプローチしていった。「失敗のなかにこそ、人間と映画の様相がよりよくあらわれる」とゴダールは言うのだ。

フランソワ・トリュフォーもまた、「失敗は才能である」と書いたが、失敗作（というよりも「できそこない」の映画）を擁護する点がヌーヴェル・ヴァーグのふたりの盟友にとくに共通していた。完璧な作品、そつのない映画、よく出来た「傑作」を嫌った。伝統的な良質のフランス映画を唾棄し、アメリカのB級映画を偏愛したのも、そんな理由からだった。

『勝手にしやがれ』がアメリカのB級映画専門会社モノグラム・ピクチャーズに捧げられているのも本心から、というよりも常識、良識、アカデミズムに対する意図的な挑発だったのだ。低予算のために短時間で撮られざるを得なかったB級映画のあらっぽく息せききったリズムをねらったものであった。『勝手にしやがれ』の撮影期間は四週間（一九五九年八月十七日から九月十五日まで、実動日数は二十一日間、つまり三週間）といわれる。当時の普通の劇場用映画の三分の一から四分の一ほどの低予算で、セット撮影はなくオールロケ、原則としてぶっつけ本番、NGなしの即興撮影だった。「ルポルタージュふうに主人公の行動を追う」という形でシナリオの順序通りの撮影——順撮り——だったが、コンテ（カット割りにもとづく撮影台本）はなかった。そして、もちろん、イタリアのネオレアリズモ方式にならって同時録音撮影ではなかった。

フィルムの節約ということもあったが、現場主義のために必要に迫られた長回しのキャメラの移動撮影では、移動車の代わりに車椅子を、隠し撮りの場合は――たとえばパリのシャンゼリゼ大通りで「ニューヨーク・ヘラルド・トリビューン」紙を売るジーン・セバーグといっしょにジャン゠ポール・ベルモンドが並んで歩くところなど――郵便配達用の手押し車を使い、キャメラを持ったラウル・クタールをそのなかにのせて、ほとんどの場合ゴダールが自ら押しながら移動の速度やリズムを決めていった。ホテルの部屋と新聞社のなか以外は照明機材をいっさい使わずにノー・ライトで撮影し、夜景（とくにシャンゼリゼ大通りの街頭に一斉に灯がともるところ）はイルフォードHPSという当時開発されたばかりの高感度の写真用フィルムを長くつないで初めて映画用に使って撮影するという実験をおこなっている。

3 ジャンプ・カットとは何か

長回しのキャメラによるワンシーン゠ワンカットが多いために、ラフカット（粗つなぎによる最初の編集版）が四時間に近い長さになった映画を公開版では一時間半以内におさめなければならないために、ゴダールは、いくつかのシーンを抜いて短くするというトーキー映画の常識的なやりかたではなく、サイレント映画ならではの、というのも、映画は全篇、同時録音撮影ではなく、サウンド・トラックを無視した映像だけの編集が可能だったので、カットごとにコマをつまむ、たとえば男と女が見つめ合うところをカットとカットでつなぐ切返しがあればその一方をつまみ、とばしていくという方法を考えつく。そのために、古典的なモンタージュの原理によるスムーズな流れがしょっちゅう断ち切られるかのように、イメージがとび、アクションつなぎが欠落した唐突な感じになる。英語で jump-cut（ジャンプ・カット）、フランス語で faux raccord（直訳すると「つなぎ間違い」）とよばれるゴダール映画の誕生である。この一見素人《アマチュア》っぽく、デタラメなつなぎ（じつはきちんとつながっていた映像をところどころむしりとった結果）による「ジャンプ・カット」から、激烈な、たたみかけるような、息せききったリズムが生まれた。それが映画そのものの、主人公の生きかたそのもののオフビートな青春の息吹きにぴったりマッチし、過激なまでの若さのシンボルになり、『勝手にしやがれ』は最も新しい青春映画の代名詞にすらなったのだった。

いまではほとんど無造作に、ごくあたりまえのように、たぶんそれと意識もせずに、はっきり言って下手くそに、若い映画監督たちの誰もが（と言ってもいいほど）その手を使っているけれども、ジャンプ・カットが『勝手にしやがれ』におけるいかに斬新な手法であったかを初めて指摘したのは、ごく初期の――一九六七年に出版された――ゴダール研究書の一冊、リチャード・ラウドの「ゴダールの世界」（柄谷真佐子訳、竹内書店）だったと思う。少なくとも、以下のような一文に見られるように、私はこのリチャード・ラウドの本の翻訳で初めてジャンプ・カットという表現を知った。

『勝手にしやがれ』が初めて世に出たとき、ゴダールが採用したカッティング（つなぎ／編集）の《すばやい》スタイルに、だれもが驚いたり、興奮したりした。当時彼はこう言った。「『勝手にしやがれ』で私は、二人のあいだの話し合いが退屈になったら、話のあいだに割りこんだっていいのだ、ということを発見した。それを一度試みると、とてもうまくいったので、映画全体を通して同じことを試してみた」。

ジャンプ・カットはたしかに映画のテンポを速め、不必要な時間推移《トランジシヨン》やそれに合わせたカットをみな排除してしまうことになった。彼はディゾルヴ（溶暗／フェイド・アウト、溶明／フェイド・インによるカットつなぎ）も取り払ってしまったが

（『勝手にしやがれ』では一回しかない）、それはテンポを速めるためでもあり、また彼が「事物を単に並置するほうを好む」からでもある。さらにフランク・タシュリンの一映画（『底抜けコンビのるかそるか』、一九五六）についてゴダールが発言したように（「カイエ・デュ・シネマ」誌一九五七年七月第73号）、「連続漫画《コミック・ストリップ》のカット割りは美学的には映画のカット割りより先んじている。コマごとにカットの変化が創造的な大胆さでもってなされているが、これはいまのフランス映画に欠けているものである」。

『勝手にしやがれ』をいま見ると、有名なジャンプ・カットが消えてしまっているように見えて面白い。ほとんど気づかないほどそれは現代映画の常態的、遍在的特徴になっているのである。

4 「生きた知性」へのインタビュー

「引用」がゴダール映画の出発点になった。なぜなら、「すべてが映画においてはすでに語られてしまって」おり、「映画はすべてすでに古典として存在している」からだ。新しく発見あるいは発明すべきものは何もない。引用だけが残された道なのだ……。

たとえばフランク・キャプラ監督のロマンチックな道中コメディー『或る夜の出来事』（一九三四）を洒落た股旅時代劇に翻案したといわれる山中貞雄監督のトーキー第一作『雁太郎街道』（一九三四）を「心ある踏襲」とよんだ岸松雄の批評的名言はゴダールの『勝手にしやがれ』の引用の方法にもあてはまるだろう――いや、すでに文学においてはバルザックが「創造とは伝統の新しい組み合わせにすぎない」と言っているではないか、絵画も模写によって受け継がれてきたではないかとゴダールは豪語する。こうして、引用とその「新しい組み合わせ」がゴダール映画の基本的な方法になる。それは古典としての映画（さらに言えば映画史そのもの、そしてもちろん映画だけでなく芸術のすべて、文化そのもの、伝統そのもの）へのオマージュ、敬意、心をこめた挨拶なのである。

すでに、ごく初期の――ジャン゠リュック・ゴダールがまだ二十二歳のころに、ハンス・ルカ（Hans Lukas）という、ジャン゠リュック（Jean-Luc）をドイツ語名にしたペンネームで書いた――評論「古典的カット割りの擁護と顕揚」（「カイエ・デュ・シネマ」誌一九五二年九月第15号）のなかに、こんな一節がある。

D・W・グリフィスが、女優の美しさに心をうたれて、その細部の表情をさらに瞳をこらして見つめようとした結果クローズ・アップを発明したというよくできた伝説は有名である。したがって逆説的に、最も単純なクローズ・アップは最も感動的なクローズ・アップでもあるのだ。クローズ・アップの瞬間に、映画という芸術は、その卓越した能力を最大限に発揮しうるのであり、徴し《シーニュ》の中に意味された《シニフィエ》ものの美しさを一挙に溢れ出させるのだ。慎ましさと淫らな感じでいっぱいのあの大きな瞳が細められる時、唇から血の気が失われてゆく時、瞳が示す混乱から、われわれはそこに何か邪悪な企みが含まれていることしか見はしないし、唇がふと洩らす言葉からは、ただそこに幻滅が隠されていることしか認めはしないのである。(「ゴダール全集4」、前出)

そう、それはD・W・グリフィスの引用からはじまるのだ。だからこそ、無数の映画的引用に彩られた映像(音声もふくめて)に脈打っている強烈な映画的衝動に私たちは心ときめくのだ。たとえばクローズアップが単に何かを大きく見せたり強調したりするというあたりまえの効果以上の純粋な映画的衝動たりうるためには、映画の父とも言うべきD・W・グリフィス監督がかつて女優、とくにグリフィス映画のヒロインを代表する女優としての、リリアン・ギッシュの顔の美しさに魅惑されて思わずキャメラとともに近づいた瞬間にクローズアップが生まれたという伝説化された映画的記憶をたどらざるを得ないという映画的必然。だからこそ、それはただ「美しい」としか言いようがないものなのだろう。

自分の手でまぶたを閉じて息絶える『勝手にしやがれ』の主人公ミシェル・ポワカール（ジャン゠ポール・ベルモンド）の死が感動的なのは、そこに、ゴダールとともに私たちもまた、D・W・グリフィス監督の『散り行く花』（一九一九）のあのリリアン・ギッシュの崇高なまでに美しい悲劇的な死――薄幸のヒロイン、ルーシー（リリアン・ギッシュ）が死にぎわに自分の指であのおちょぼ口を精いっぱい大きくひらいて「彼女に対してかくもきびしく冷たかったこの世に」最後の微笑みを送る、あの感動的な死――を見てしまうからではないだろうか。

「映画芸術の父」D・W・グリフィスからはじまる映画史的引用、そしてゴダール自身も初期の自作をすべて「映画狂の映画」なのだと言い、『勝手にしやがれ』は大好きなハワード・ホークス監督のギャング映画『暗黒街の顔役』（一九三二）や、フリッツ・ラング監督の犯罪悲劇『暗黒街の弾痕』（一九三七）や、リチャード・クワイン監督の犯罪映画《フィルム・ノワール》『殺人者はバッヂをつけていた』（一九五四）や、とくにオットー・プレミンジャー監督の犯罪映画《フィルム・ノワール》『堕ちた天使』（一九四五）をいわば本歌取りのように先行作品として下敷きにしたこと、そしてヒロインのパトリシア役のジーン・セバーグはオットー・プレミンジャー監督のメロドラマ（フランソワーズ・サガンの同名の小説の映画化）『悲しみよこんにちは』（一九五七）で彼女が演じたセシルという人物のつづきであること（「悲しみよこんにちは」はゴダールが愛し、映画のなかにもしばしば引用するポール・エリュアールの詩の一節――詩集「直接の生」所収の「わずかに歪んだ」という詩――にもとづくものであることも想起されよう）、それから「三年後」のセシルなのだという意味のことを語っている（「ゴダール／映画史Ⅰ」、前出）。

『勝手にしやがれ』の空港の記者会見のシーンで、特別出演のジャン゠ピエール・メルヴィル監督が、「ブラームスはお好き?」という、その年のフランソワーズ・サガンのベストセラー小説の題名をモジった質問に、「全然」と素気なく答えて笑わせるところがある。ヌーヴェル・ヴァーグとは関係ないというわけかと思いきや、じつはフランソワーズ・サガンこそヌーヴェル・ヴァーグだった。ヌーヴェル・ヴァーグという名称の由来は、一九五七年に週刊紙「レクスプレス」のフランソワーズ・ジルー（のちにミッテラン政権下のフランス初の女性大臣になる）が戦後のフランスの青春群像――第二次世界大戦末の一九四四年八月のパリ解放のときに未成年だった若者たち——におこなった一大アンケートのタイトルによるもので、シャルル・ペギーの詩句（「新しい波来たる《ヌーヴェル・ヴァーグ》」）からとられた言葉だった（因みに、ジャック・リヴェットは一九五九年の長篇映画第一作『パリはわれらのもの』の冒頭に、「パリは誰のものでもない」というシャルル・ペギーの詩の一行を引用している）。

「ヌーヴェル・ヴァーグの世代、すなわち今日（一九五七年の時点で）十八歳から三十歳未満までの世代が、十年後のフランスを左右する力になるだろう」というのがフランソワーズ・ジルー女史によるヌーヴェル・ヴァーグの定義で、当時二十二歳の「若いフランス女性」の旗手、フランソワーズ・サガンの発言も掲載されていた。とはいえ、もちろん、ジーン・セバーグはあのセシル・カットのままオットー・プレミンジャー監督の映画から『勝手にしやがれ』に「引用」されるのだが、じつはフランソワーズ・サガンという筆名も（本名はフランソワーズ・コワレだった）プルーストの「失われた時を求めて」のなかにゲルマント公爵夫人とならんで出てくるサガン大公夫人からの引用（というか、ずばりいただき）であり、デビュー作の小説のタイトルもポール・エリュアールの詩の引用という、話は飛ぶとしても福田耕介教授の興味深い論考（篠田勝英・海老根龍介・辻川慶子＝編「引用の文学史」、水声社、所収）もある。うっかりすると、単に「盗作の文学史」ということにもなりかねないが。

ゴダールは『勝手にしやがれ』を撮る数か月前に、「オットー・プレミンジャーの映画（『堕ちた天使』）のまるで水のなかをしゃにむに流れるようなキャメラの動きが好きだ」と書いている。「それが生々しく、物事の最も深い地点にたどりつく方法のように感じられるからである」（「カイエ・デュ・シネマ」誌一九五九年四月第94号）。その例として「人ごみをかきわけて急ぐヒロインのリンダ・ダーネルを必死に追うキャメラの前進移動を助けるために、助監督たちがエキストラの何人かの襟首をつかんでフレームの外に追い出すのが見えてしまう」ところを挙げているのだが、そうした「しゃにむに流れるようなキャメラの動き」そのものもまた、『勝手にしやがれ』には明確な方法論として自覚され、「引用」されているかのようだ。

同じように、人類学を大学で専攻していたゴダールが愛してやまなかった人類学者で映画作家であるジャン・ルーシュ監督の『私は黒人』（一九五八）の劇映画なのにドキュメンタリーのような撮りかたを称揚し（「虚構か現実か、演出かルポルタージュか、芸術か偶然か、厳密な構成か、ゆきあたりばったりの現場主義か、どちらかを選択するしかない。なぜか？　なぜなら、一方を選べば、不可避的に他方にたどりつくことになるからだ」、「カイエ・デュ・シネマ」誌一九五九年四月第94号、仲川譲訳）、その方法を見事に踏襲・引用することになる。

劇映画をドキュメンタリーのように撮る手法、ドキュメンタリーのなかに人間のドラマを生のままぶつけるという独自の映画的手法こそジャン・ルーシュ監督のやりかたで、ゴダールはその方法を『勝手にしやがれ』に流用したのである。特別出演のジャン゠ピエール・メルヴィル監督が「ナボコフを気取った」という小説家の役を演じてオルリー空港のテラスでおこなわれる記者会見も、フィクションを「ルポルタージュのように撮る」ことをめざして、ここはテレビ中継のように本物の記者会見がおこなわれたのであった。ゴダールの代弁者としてアンドレ゠S・ラバルト（「カイエ・デュ・シネマ」誌の同人で、ジャーナリスト、映画批評家、TVリポーターでもあった）が記者団のなかに混じっていて、ジャン゠ピエール・メルヴィル扮する作家パルヴュレスコに「ブラームスはお好き？」と質問する役である。

ジャン゠ピエール・メルヴィルはヌーヴェル・ヴァーグ前夜の革命的映画作家で、ジャズの愛好家でもあり、パリのサンジェルマン・デ・プレのジャズ・クラブでピアノを弾いていたアルジェリア生まれのマーシャル・ソラルをゴダールに紹介した。モダン・ジャズとヌーヴェル・ヴァーグの結びつきはよく知られているけれども、ルイ・マル監督の『死刑台のエレベーター』（一九五七）のマイルス・デイヴィス、ロジェ・ヴァディム監督の『大運河』（一九五七）のＭＪＱ（モダン・ジャズ・カルテット）、エドゥアール・モリナロ監督の『殺《や》られる』（一九五九）のアート・ブレイキー&ジャズ・メッセンジャーズとは違って、『勝手にしやがれ』のマーシャル・ソラルの「ジャズ風のピアノ演奏」はかならずしも美しく印象的に使われていなかった。映画音楽という以上に雑音のようにリアルなのだとでも言うべきか。カー・ラジオなどからもれるきれぎれの音楽など、即興的に反復される短い楽節《センテンス》（というより楽句《フレーズ》）は、そもそもは『勝手にしやがれ』のために作曲・演奏されたものではなく、マーシャル・ソラルがテレビのサスペンス・ドラマの追跡シーンなどのために作曲・演奏した音楽をゴダールが断片的につまんで引用し、モンタージュつまりは切り貼り／コラージュしたものだったという。

ミシェル・シオンは、その著「映画の音楽」（小沼純一・北村真澄監訳／伊藤制子・二本木かおり訳、みすず書房）において、こんなふうに分析、説明する——「ゴダールの作品で、マーシャル・ソラルのジャズ風のピアノ演奏が、強烈な印象を与えるのは、モンタージュがピアノの演奏を無理矢理中断させ、意外なときにふたたび鳴らすから」なのである。たとえばホテルの寝室でジャン＝ポール・ベルモンドとジーン・セバーグが長いやりとりをするところなどを例にとると、「つぎつぎに変化する感情は、音楽の変化、ふいにきわだったかと思うとかき消えることによって表現され、モンタージュの意図的な恣意性に従う」のだ、と。

「欲しい、いらない、愛してる、大嫌い」ということを音楽が意味するが、その意味は音楽の内容とジャンルにかかわらず、その中断や不意の出現によってもたらされている。

ゴダール的映画作法、つまりは「モンタージュ」、ゴダールならではの引用とコラージュの勝利ということだろう。実際、ゴダールはマーシャル・ソラルに自由に作曲・演奏させ、そこからフレーズを彼なりに自由に引用し、コラージュをした。「ゴダールは映画音楽について何のアイデアも持っていなかった」とマーシャル・ソラルは不愉快そうに語っているのだが――。

5 引用とコラージュ

そうなのだ、音楽もまた引用とコラージュということになるわけだが、その他すべてがまるで衝動的にそのときどきの思いつきで映画のあちこちに、隅々まで活用されているかのように多種多彩で、ジャン゠ピエール・メルヴィル監督の暗黒街映画『賭博師ボブ』（一九五五）に言及した台詞（「ダチのボブ・モンタニェはどうしてる？」「ヤツはムショだ」）もあり、ミシェル・ポワカール／ジャン＝ポール・ベルモンドが鏡に向かってしかめツラをするのも、「年をとった」とボヤきつつ鏡に向かって顔をしかめる『賭博師ボブ』のボブ・モンタニェ（ロジェ・デュシェーヌ）への挨拶だというのがわかる。

ダシール・ハメットのハードボイルド小説「ガラスの鍵」（小鷹信光訳、ハヤカワ・ミステリ文庫）から引用された台詞（「ツイードを着るときには絹の靴下をはくべきじゃない」「絹の肌ざわりが好きなんだ」）など、『全部が獣《けだもの》だ』（ベルナール・ボルドリー監督、一九五九）というフランス製ハードボイルド映画（『ゴリラ』シリーズの一本）からわざわざ「引用」されてゲスト出演しているロジェ・アナンとベルモンドとのあいだでかわされる、といったぐあいだ。

いかにもゴダールらしい才気走ったスノビズムと一部からは嘲笑されたとはいえ、ちょっと心おどる引用は、バッド・ベティカー監督の西部劇『決斗ウエストバウンド』（一九五八）を上映中の映画館のスクリーンから聞こえる台詞が、ジェシカという名の女と保安官のやりとりの形で、アラゴンの詩「エルザ、おまえを愛する」（「くちづけの斜面を／ころげ落ちる年月《としつき》の　速いこと／ふれるまい　ふれるまい／砕け

散った　思い出などには」、大島博光訳）とアポリネールの詩「狩の角笛」（「ぼくらの物語は高貴にして悲惨だ／まるで暴君のお面のようだ／どんな危うげで霊妙な悲劇も／どんなこまかな事の委細も／ぼくらの恋を感動的なものにしないのだ」、飯島耕一訳）を切り貼りしたコラージュであることだ。そして、その引用とコラージュの方法にも模範になった出典が見出される――『市民ケーン』（一九四一）である。

オーソン・ウェルズ監督の『市民ケーン』は主人公のチャールズ・フォスター・ケーンの死を伝えるニュース映画ではじまるのだが、そのナレーションの形で引用されたのが「ザナドゥにクーブラ・カーンは／壮麗な歓楽宮の造営を命じた……」ではじまるイギリスの詩人、コウルリッジの「クーブラ・カーンあるいは夢で見た幻想」（「対訳　コウルリッジ詩集」、上島建吉訳、岩波文庫）という詩であった。『市民ケーン』のケーン（KANE）も「クーブラ・カーン」のカーン（KHAN）に由来する命名といわれる。

また、ゴダールの敬愛するロバート・アルドリッチ監督のハードボイルド・ミステリー『キッスで殺せ』（一九五五）のはじまりも想起される。私立探偵マイク・ハマー（ラルフ・ミーカー）が深夜のハイウェイで拾った女（クロリス・リーチマン）のつぶやく謎の言葉として引用されたクリスチナ・ロセッティの詩「思ひ出」の一行目（「思ひいでよ　この吾を（Remember me）」、入江直祐訳、岩波文庫）から謎がはじまるのだ。

ゴダールの引用が、こうしたゴダール自身が心から愛したアメリカ映画にならったものだったことは間違いない。ヌーヴェル・ヴァーグとは、かならずしも新しがりの独走でも何でもなく、じつは古典へのナイーブなまでのオマージュにしかすぎなかったのではないだろうか。それが若さのあまりにストレートに過剰に表現されてしまったというだけのことではなかったのだろうか。

フランソワ・トリュフォーはジャン゠リュック・ゴダールと知り合った一九四八年ごろ（ふたりともまだ十代だった）の思い出を――のちに、一九六三年になってから――こんなふうに述べている。


当時のゴダールのことで最もおどろいたことは、彼の読書のしかただった。夜、みんなと友人の家へ招かれて行くと、彼はその家の本棚から四十冊もの本をひっぱりだして、一冊一冊、最初と最後のページだけを読んでいた。

すべての本を読み漁り、誰よりも早く読み、しょっちゅうメモをしていた。ゴダールはひどく短気で、いつもいらいらしていた。わたしたちみんなと同じように彼もまた映画に熱中していたが、毎日、午後から夜までに五本の映画をそれぞれ十五分ずつ見ていた。いまもそんな見かたをしていると思う。どんなに好きな映画でもそうなのだ。ロベール・ブレッソン監督の『スリ』(一九六〇)なども、ロードショー期間中、二十分ずつちょんぎって見ては何度も映画館に通っていた。(「現代のシネマ1　ゴダール」、前出)

ゴダールはそんなふうにして得た無数の、あるいはむしろ無限の知識を映画のなかに引用することになる。ノートも頭のなかもふくらんで爆発せんばかりのメモでいっぱいだったのだろう。

「人々はふだんの生活のなかで、よく、自分が気に入っているものを引用している。だから、われわれにも、自分が気に入っているものを引用する権利がある」とゴダールは言うのだ。「だからぼくは映画のなかで人物が引用するところを見せるわけだ。ただしその際に、ぼく自身も気に入っているものを引用させるようにしているというわけだ。ぼくは自分の映画につかえそうなものはなんでも書きとめておくノートをもっているんだが、そのノートには、気に入ればドストエフスキーの一節でさえも書きとめている……」(「ゴダール全評論・全発言I」、前出)

アラゴンの詩句はとくに印象的にゴダール映画に最も多く引用されているように思える。『勝手にしやがれ』がはじまってすぐ、ジャン＝ポール・ベルモンドがマルセイユで盗んだ車を走らせながら、小物入れをあけて拳銃を見つけて取りだすところで、カー・ラジオから「幸福《しあわせ》な愛はどこにもない」というジョルジュ・ブラッサンスの歌うシャンソンの一節が流れるのだが、それはアラゴンが一九四三年に書いた詩の最初の詩句だった。アラゴン自身も「ブラッサンスのシャンソンのおかげで大衆化した詩句」であると語っている。

ディラン・トマスの自伝的小説「仔犬のような芸術家の肖像」、画家のルノワール、ピカソ、ミロの絵のポスターや絵ハガキ等々、「自分の気に入ったものを引用する」ゴダールの多彩な記憶と覚え書のモザイクのような映画と言ってもいい『勝手にしやがれ』なのである。

こうした自由な引用に見られる、奔放で好き勝手なやりかたがいかにも新しい映画の撮りかたのようにみなされ、以後、世界中で無造作に、というのも引用についての映画史的教養もなく自覚もなく、気楽に模倣されることになるのだが（その影響の大きさはその後の世界の映画をほとんど支配することになる）、その功罪について、たとえば双葉十三郎氏は次のように、にがにがしく書いている。

場面の択《えら》び方と描き方も、従来の商業映画とはだいぶ違う。構成のバランスは二の次で、自分の描きたい場面を充分に描く。パトリシア（ジーン・セバーグ）の部屋で彼女がミシェル（ジャン゠ポール・ベルモンド）とおしゃべりをして愛し合う場面やパトリシアが有名作家にインタビューする場面など、常識的なバランスからすれば長丁場すぎる。実際には、長くする意味があるから長くなっているのだが、これも新しい自由な映画づくりの一つの現れである。

そこで大切なのは、意味があるからやっている、ということである。やがて私たちは、ヌーヴェル・ヴァーグの悪い影響を受けた若い監督たちが意味もないのにカメラをぶんまわしたりガタガタ移動撮影をやったり支離滅裂なドラマ展開に得意顔をしたりしているのに悩まされることになるのだ……。（レーザーディスク『勝手にしやがれ』ライナーノーツ、パイオニアＬＤＣ）

6 シュルレアリスムの手法

こうした多彩な、過剰な、引用の数々だけでも、こんなにも大胆で機知に富んだ自由奔放な映画を見たことがなかった。そんな「引用」など知る由もなく単純に見て文句なしにおもしろかった映画なのだが、そのおもしろさをファンとして――批評的にということではなく――分析しつつ追求していくと、それはシュルレアリスムの手法のひとつである「コラージュ」なのだということに思いあたる。「ゴダールとは現代芸術そのものなのだ」と詩人のアラゴンがのちに『気狂いピエロ』の本質的な手法としてのコラージュについて論じることになるのだが（「レ・レットル・フランセーズ」紙一九六五年九月第1096号）、その意味での「コラージュ」とは何か。

松浦寿輝氏による「コラージュ」の定義（「集英社　世界文学大辞典5／事項」）がじつにずばりゴダールの方法をも言い当てているように思われるので引用させていただくと――

コラージュ（collage）――現代芸術の一技法およびその作品を指す。糊（colle）で貼り付ける（coller）技法の意味で、1910年代のピカソやブラックによる〈パピエ・コレ〉（papier collé）を嚆矢《こうし》とするが、現代的な芸術手法としてのコラージュを決定的に確立したのはシュルレアリスムの画家マックス・エルンストである。〈コラージュ小説〉（romans-collages）と呼ばれる彼の『百頭女』（1929）や『慈善週間』（1934）は、前世紀の銅版画を自由自在に切り貼りし、てんでんばらばらの事物や人々を唐突に結合させ、そこに突飛なキャプションを添えて、あらゆる合理主義から逸脱した不可思議な物語を展開してみせた驚くべき作品であった。ここから発して、美術においてと同様に文学においても、自ら創造したものではない映像や物語の断片を無秩序に寄せ集め、引用というよりむしろ剽窃《ひょうせつ》によって、非個性的な匿名空間を創出する試みを、コラージュと総称するようになった。

同じ「集英社　世界文学大辞典5／事項」にある清水徹氏による「引用」の定義、「他者の言説の一部を自己の言説内で繰り返す行為」を創造的活動に転換するという意味での「引用」は、まさに、映画ではゴダールが初めて自覚的に、意図的に、体系的に試み、ひとつの方法論として確立したと言えるものだろう。しかし、それは音楽や美術とともに文学の伝統としては古くからあった作品行為であることがわかる。「引用の観念は、引用符なしの引用、模倣、改作、剽窃《ひょうせつ》、パロディー、さらには翻訳までも含むものとして大きく変貌《へんぼう》している」という、あたかも一九六八年五月以降のゴダールの変貌をも予告しているかのような清水徹氏による定義の一節もある。しかし、もちろん、ゴダールの「引用」は観念という以上に映像であり、とくに一九六〇年代のゴダール作品は映画的な力にみちあふれていたということを急いで先に言っておいてから、さらに清水徹氏による「引用」の定義を引用させていただくと――

例えばロートレアモンの「マルドロールの歌」には、暗黒小説その他からの模倣、改作、剽窃が多く認められ、「ポエジー」では全編が改作的剽窃という段階にまですすめられる。フロベールの「ブヴァールとペキュシェ」は、作者の膨大な読書ノートに基づく、ほとんどコラージュによる物語なのだが、さらに筆写を業とする2人の主人公がさまざまな転変ののち再び書記の仕事を始めたその後を語る未完部分で示されるのは、実はフロベールの書きためたノートの一部だという、奇怪な引用の堂々巡り、引用の一般化に達している。

ゴダールの映画にロートレアモンの「マルドロールの歌」が引用されるのは一九六七年の『ウイークエンド』から、フローベールの「ブヴァールとペキュシェ」が引用されるのは――山積みの本を前にして引用のリストを読み上げ、筆写するクロード・ミレール扮するブヴァール君とジャン゠パトリック・ルベル扮するペキュシェ君が登場する――一九六六年の『彼女について私が知っている二、三の事柄』からである。だが、「書くとはもう一度書くことだ、作家とは先行作品から寄せ集め細工を作る人だというボルヘスの思考」はすでに一九六二年の『女と男のいる舗道』と一九六三年の『カラビニエ』から作品の骨子として引用されているのだ。清水徹氏による「引用」の定義は以下のように結ばれている。

> やがてロラン・バルトやジュリア・クリステヴァによって、いかなるテクストも先行テクスト群を読み直し、強調し、凝縮し、ずらし、深めたいわば引用のモザイクであるという〈間テクスト性〉の主張となる。〈引用〉はそこに吸収される。

「間テクスト（intertexte）」あるいは「間テクスト性（intertextualité）」とはジュリア・クリステヴァの「意味生成《シニフィアンス》の記号学」によれば、「すべてのテクスト／作品には発生の起源」というか、もとがあって、現に存在する、つまり現象としての表層テクスト（phéno-texte）の背後にはこれを生みだす生成としての深層テクスト（géno-texte）が存在し、相互の交錯や衝突からテクストは増殖して、個性／単声を越える多声性を帯びる。したがって、テクスト／作品を単に作者の個性のメッセージに還元したり、作者の伝記的文脈と結びつけて解釈したり評価したりすることはできない――ということらしい。因みに、ジュリア・クリステヴァにはＪＬＧになってからの

「ジャン＝リュック・ゴダールの映画における女たち」というエッセイもある。

ゴダールは『アルファヴィル』（一九六五）では未来都市を支配するコンピューター、α60の声を自ら擬装しただけだったが、『右側に気をつけろ』（一九八七）では無垢で純粋な美しい心の持ち主ゆえにドストエフスキー的な「白痴」とよばれるキリストのような公爵閣下となり（実際にその役を演じてみせる）、『ゴダールのリア王』（一九八七）では「新しい芸術の発明」に取り組む狂った教授に、『ゴダールの映画史・第Ⅰ部／第Ⅱ部』（一九八八―八九）では新しい芸術史／博物誌としての映画史の編纂者に、『JLG／自画像』（一九九三―九四）ではついにジャン＝リュック・ゴダールのイニシャルJLGだけに抽象化されたこの世ならぬ自画自賛の映像記号学者となって、映画的に表現された、意味づけられた、固定した「作品」を超えた、「意味生産の活動」としての「テクスト」と対峙し、映画史（のみならず、美術史、哲学史、政治史）の「先行テクスト群」を読み直し、強調し、凝縮し、ずらし、深めた、いわば「引用のモザイク」に専念しているかのようである。

遠くへ行ってしまったゴダール！　もう単なるファンには絶対に手が届きそうにない、はるか遠くへ――なんと遠くへ！

しかし、一九六〇年代のゴダールはまだ、通俗的ながらみんなといっしょに――私たちとともに――いた（と思う）。ゴダール（Godard）のなかには神《ゴッド》（God）が宿るのだと自他ともに任じ、神格化されてしまう前のゴダール、「ぼくが地球人との間で苦労するのは、たぶんぼくが異星人に属しているからなんだ」（「ゴダール全評論・全発言Ⅲ」、前出）といよいよ神がかり的にご託宣のように豪語するに至るずっと以前のゴダール、である。とくに『勝手にしやがれ』で彗星のごとく現れたゴダールは、映画の主人公がキャメラに向かって語るように、私たちにじかに話しかけていたと思われるのだ。

ジャン゠リュック・ゴダール本人が密告者の役で（といっても、台詞はない）、アルフレッド・ヒッチコックばりにワンシーン、出演しているのも印象的だ。私たちに向かってちょいとめくばせして親しく挨拶しているかのようだ。

7 ジャン゠ポール・ベルモンドに聞く

一九七五年五月のカンヌ映画祭のあと、ジャン゠ポール・ベルモンドの新作『L'INCORRIGIBLE』（『手に負えない暴れん坊』『腕白小僧』といったところか――日本公開題名は『ベルモンドの怪盗二十面相』になった）の取材に行く。

セーヌ川ぞいのパリの中心部にあたるパリ四区ケ・ダンジュー一七番地にある

ローザン邸とよばれる古い大きな屋敷のプールのある庭で、ジャン＝ポール・ベルモンドは、新作の撮影の真っ最中であった。監督はフィリップ・ド・ブロカ。『大盗賊』（一九六二）、『リオの男』（一九六三）、『カトマンズの男』（一九六五）、『おかしなおかしな大冒険』（一九七三）に次いでベルモンドとは五度目のコンビ作品だ。いずれも軽妙洒脱なアクションものである。脚本はフィリップ・ド・ブロカとミシェル・オーディアール、それにベルモンドも一枚加わっている。「大ボラ吹きで、変装の名人で、二十五の名前をもち、二十五人の女とからみ、二十五の大事件に巻きこまれるわんぱく野郎のはちゃめちゃアクション」というのが、ド・ブロカ監督の語る映画のあらましである。

撮影合間に、ベルモンドは、セットを組んだ鉄パイプにぶらさがって、懸垂の練習に余念がない。「筋肉ってのはしょっちゅうきたえておかないと、すぐなまっちまうからね。アクション俳優としてはスポーツ選手なみにトレーニングが必要なんだ」とベルモンド。目下パリで公開中の『恐怖に襲われた街』（アンリ・ヴェルヌイユ監督、一九七四）の危険なアクション・シーンも全部スタントマンなしに自分でやったそうである。「やっぱり俳優自身が体を張ってやらないと、アクション・シーンにも迫力が出ないいんだよ」。

映画のなかのイメージよりもいっそう明朗で、親しみやすくて、気のおけない、じつに感じのいいスターであった。

――これまで五十本以上の映画に出演してきたわけですが、どれが自分の代表作だと思いますか？　いちばん愛着のある作品は？

ベルモンド　よく同じ質問をされるんだけど、いつも返答に困るんだよ。いちばん愛着のある作品は、やっぱり『勝手にしやがれ』（一九五九）かな。なんといっても、はじめて世に認められた真のデビュー作と言っていい作品だし、監督のジャン＝リュック・ゴダールも好きだからね。『気狂いピエロ』（一九六五）も大好きなんだ。いまのゴダールは別人になったようで、お手上げだけどね（笑）。『気狂いピエロ』のロマンチックなゴダールはどこかへ行っちまった。

――ゴダールといえばヌーヴェル・ヴァーグ（新しい波）の旗手とも言うべき映画作家であったわけですが、ヌーヴェル・ヴァーグとはいったい何だったのでしょうか？

ベルモンド　ヌーヴェル・ヴァーグというのは、要するに、当時の、一九五〇年代末から六〇年代の、若い映画人たちの出会いだった。ゴダールとかフランソワ・トリュフォーとかクロード・シャブロルとかいった若い連中が、俺みたいな若い俳優をつかって映画をつくろうとした。なかでもいちばん重要な存在が、ゴダールだったと思う。トリュフォーもいい映画をつくったし、もちろん俺はトリュフォーが大好きだけれども、ゴダールほどのオリジナリティーをもった映画作家はいなかった。ほんとうはだれもまねのできないユニークな映画作家だったわけだけれども、彼の影響で、世界中の若い映画作家が、とくにアメリカの若い映画人たちが、育ったんだ。ゴダールはその意味で一派《エコール》をなしていると言える。しかし、もちろん、ヌーヴェル・ヴァーグというのは、ただひとりの映画作家の動きではなく、ある全体の動向だった。いま思うに、ヌーヴェル・ヴァーグがあったからこそ、フランス映画はすばらしい躍進をとげたんだ。現在のフランス映画が沈滞気味なのは、ヌーヴェル・ヴァーグつまり若い映画が欠けているからなんだと思うね。当時、シャブロルやゴダールやトリュフォーが、ジャン゠クロード・ブリアリや俺なんかをつかって映画をつくろうとしたとき、フランス映画は完全なマンネリズムにおちいっていた。若さがその老化したマンネリズムを打破したんだ。ときどきそうした老化現象を破壊しないと、映画はだめになるんだと思うね。

——あなた自身もそのことを当時はっきりと意識してゴダール作品に出演したわけですか？

ベルモンド　いや、俺は当時まだかけだしの演劇俳優で、映画のことは大して知らなかったけれども、ただ、隠しキャメラで自由に街頭で撮影する新しい映画づくりに非常に興味をもっていた。そんなときにサンジェルマン・デ・プレで（サンジェルマン・デ・プレは若者の溜り場だった）、俺はゴダールと出会い、知り合った。

――そしておたがいに意気投合したわけですね？

ベルモンド　いやいや、最初は黒いサングラスの変な男にじろじろ見られて、あまりいい感じはしなかったんだ。カフェ・ド・フロールのテラスでその黒いサングラスの男に、うちに来ていっしょに映画を撮らないか、と声をかけられたときには、こいつはホモかと思ったもんだよ（笑）。そのまえに、『黙って抱いて』（マルク・アレグレ監督、一九五八）でいっしょにチョイ役で共演した女優のアンヌ・コレットから、あんたと知り合いになりたがってる男の子がいるわよって言われて、チラッと紹介されたことがあったんだが、何もしゃべらずに見つめるだけで、何を考えているのかわからず、うさんくさい男だと思ったよ。いつも汚い無精ひげでサンジェルマン・デ・プレ界隈をうろつきまわって、俺のことをただじろじろと見つめているだけなんだ（笑）。俺は当時すでに結婚していて、妻のエロディに変な男が俺と映画を撮りたがっているんだが、どうしたらいいかって相談した。「とにかく会って話してみたら？」

と言われて会ったわけなんだ。ゴダールは『シャルロットとジュール』（一九五八）という短篇映画を撮ろうとして、シャルロットの役はアンヌ・コレットがやることになっていた。いまは出演料《ギャラ》も払えないが、そのうちギャラもきちんと払える長篇映画を撮るから、そのときはかならず主役に起用するってゴダールは言うんだ。ほんとうに長篇映画を撮れるかどうかわからなかったが、彼の言うことの真摯さだけは伝わってきた。とにかく、俺は承諾した。ゴダールを信じたんだ。その甲斐があった。一年後、彼はほんとうに長篇映画を撮ることになり、約束どおり俺を主役に起用してくれた。それが『勝手にしやがれ』だったわけだけど、俺は感激した。当時、俺みたいなかけだしの俳優にこんなすばらしいチャンスを与えてくれる監督はほかにいなかっただろうからね。

――脚本も何もない行き当たりばったりの撮影だったとか？

ベルモンド　脚本は……あるにはあったが、タイプで二、三ページ。三ページもなかったな。二ページとちょっとだけ。車を盗んで逃げる、女と寝たいが拒否される、ラストは死ぬか逃げるか、選ぶこと。それくらいのことがタイプで打たれた脚本だった。脚本とも言えない代物だったな（笑）。一九五九年八月、シャンゼリゼ大通りの歩道でクランクイン。電話ボックスに入るところからだった。台本もないから、台詞もない。「何でもいいから、何か言ってくれ。電話をかける、それだけでいい」ってゴダールは言うんだ。

――ジーン・セバーグがアメリカの新聞「ニューヨーク・ヘラルド・トリビューン」の売り子で、あなたが近づいて口説きつづける長回しのシーンがありますね。キャメラマンのラウル・クタールが郵便の荷物を運ぶ手押し車のなかから隠し撮りで撮ったという有名なシーンですが、打合わせとかリハーサルなんかはどのようにされていたのですか?

ベルモンド　打合わせもリハーサルも何もなし（笑）。ぶっつけ本番だった。もちろん同時録音でもないからね。ゴダールがわきで、キャメラのフレームに入らないところで、台詞を口伝《くちづ》てで言うのを聞いて自分のしゃべりかたで台詞を言うわけなんだが、俺は短篇の『シャルロットとジュール』のときもそうだったから、台詞をしっかり暗記しなければならない演劇とは全然違うこのやりかたをおもしろいと思っていた。ジーン・セバーグのほうはこんなやりかたがはじめてで、すごく戸惑って、いやがっていたけどね。

とても、まともな映画の撮影には思えなかったな。せいぜい夏のバカンスのアマチュア映画の撮影ぐらいにしか見えなかっただろうな。

――ラストシーン、警察の銃弾を腰に受けて、よろめきながら細長い街路を逃げていくところも隠し撮りですか？

ベルモンド　あれはモンパルナスの近くのカンパーニュ・プルミエール街だったな。あれは隠し撮りですらなかった。だれも映画の撮影だなんて思って見てなかったようだ。ゴダールはこう言っただけだった。「背中に銃弾を一発喰らって、逃げるんだ。走れるだけ走れ。いやになったら倒れてくれ」。どこまで走って、どのへんで倒れるか、ゴダールは何の指示もしなかった。で、俺は街路を右へ左へよろよろしながら走った。まわりの連中は俺が朝から飲んでぐでんぐでんに酔っぱらってるぐらいに思ったらしい。俺が銃弾を受けて傷ついているなんて思いもしなかったようだ。俺は腰骨のあたりを手で押さえて、倒れそうなのをこらえながら、あっちへよろよろ、こっちへよろよろ、走りつづけた。ちょうど通りがかったのが女優のコリンヌ・ル・プーランだった。「まあ、なんて酔いかたしてんの！」と彼女は言った（笑）。撮影中だから立ち止まって挨拶をするわけにもいかず、俺はそのまま、よろよろ街路の終わりまで走りつづけてラスパイユ大通りまで出たが、大通りを通り越して行きたくなかったので、そこで倒れることにしたんだ。横断歩道のしるしのびょうのうえに倒れたんだ。大通りは車の行き来がはげしかったからね。車にひき殺されたくなかったというだけのことだったんだよ。

――映画のヒットは期待していたことでしたか？

ベルモンド　まったく期待してなかった。七か月後にシャンゼリゼの映画館、バルザック座で公開されて、ただ、やっぱり反応が気になってね、妻のエロディに見に行ってもらった。「超満員で入れなかった」と言うんだ。いろんな人から電話がかかってきて、「すばらしい映画だった」とお祝いを言ってくれた。それで俺も映画館に見に行ったら、もう長蛇の列なんだ。あの型破りの作品が大評判で、俺もたちまち有名になった。ありとあらゆる新聞雑誌に俺の写真が大きく載り、映画もあちこちで絶讃された。八か月を超えるロードショー上映で大ヒットになった。「フランスのマーロン・ブランド誕生」なんて絶讃されて、ミシェル・ポワカールという不良を演じた俺はヒーローあつかいだった。彫刻家だったおやじ（ポール・ベルモンド）は、息子の成功をよろこんではくれたが、映画そのものはあまり評価しなかった。せっかく国立高等演劇学校《コンセルヴァトワール》に入れてやったのにってね（笑）、あんな泥棒や人殺しにうつつをぬかす不良の役を演じたことにいい顔をしなかったよ。おふくろも「こんなふうにしつけたおぼえはないよ」って（笑）。そりゃ、そうだろう、ブルジョワの両親にとっては、俳優とはコメディーフランセーズの舞台に立つことだったから。

しかし、『勝手にしやがれ』の大成功のおかげで、このあと次々に映画出演の話が来た。（インタビュー集「映画はこうしてつくられる」、草思社）

8 ピエール・ブロンベルジェに聞く

一九〇五年九月二十五日生まれの八十二歳半、とピエール・ブロンベルジェ氏は言った。戦前はジャン・ルノワールの、戦後はヌーヴェル・ヴァーグの、育ての親として知られるプロデューサーである。一九八七年に来日したときにインタビューを試みた。

――ジャン＝リュック・ゴダールとはどのようにして知り合ったのですか。やはり〔トリュフォーと同じように〕一九四九年のビアリッツの「呪われた映画」のフェスティバルにおいてですか？

ブロンベルジェ　いや、わたしがゴダールと出会ったのは、もう少しあと、一九五五年のことです。マルク・アレグレ〔監督〕が連れてきて紹介してくれたのです。ゴダールの両親は敬虔なプロテスタントのスイス人で、マルク・アレグレの父親のアレグレ牧師の知り合いでした。そんなことから、ゴダールはパリに出て来た当初はマルク・アレグレの家に居候していた。ゴダールは二十四、五歳で、すでに二百五十ページものシナリオを書いていた。映画化したら五時間以上の作品になったでしょう（笑）。とても製作には踏みきれなかった。ある週末をすごす恋人たちの話で、いまから思うと、とてもゴダールとは思えない甘いメロドラマでしたが（笑）、すでにゴダールならではの天才的なアイデアがディテールにきらめいていた。わたしはひと目でこの若者の独創的な才能に惹かれました。アーヴィング・タルバーグ、ジャン・ルノワールに次ぐわが人生の第三の出会いとも言っていい衝撃でした。『男の子の名前はみんなパトリックっていうの』（一九五七）がわたしの製作した最初のゴダール映画です。それから、『シャルロットとジュール』（一九五八）ですが、ジャン＝ポール・ベルモンドが初めてゴダールの映画に出た。その意味では記念すべき作品です。この短篇がなかったら、『勝手にしやがれ』（一九五九）も生まれなかっただろうからね。ベルモンドをゴダールに推薦したのはわたしだった。国立演劇学校《コンセルヴァトワール》かどこかでモリエールの芝居をやっていたベルモンドを見て、男性的な、いい俳優だと思った。『シャルロットとジュール』は、撮影のあと、ベルモンドがすぐ兵役に出発してしまったので、ゴダールがベルモンドの声の吹替えをした。二十分足らずの短篇だが、いい映画だった。

――ベルモンドが、つまりゴダールの声で、ずっとしゃべりっぱなしなんですね。

ブロンベルジェ　そう、女に去られるのが怖くてね、女の前でしゃべりつづける。女はアンヌ・コレットが演じた。この映画の脚本にはトリュフォーも協力している。台詞のほとんどはトリュフォーが書いたものだ。

――それから、ブロンベルジェさんは、ゴダールとトリュフォーの共同監督作品として知られる短篇『水の話』（一九五八）を製作しておられますね。フランソワ・トリュフォーの語るところによれば、パリ郊外に洪水があり、それをネタに何か撮りたいと思い、ブロンベルジェさんにフィルムをもらって現場に行き、一日半ほど撮ってはみたものの、思いつきだけではろくなものも撮れず、映画にはならないと思って、ブロンベルジェさんにも「あきらめてほしい」とあやまったとのことですが、そのラッシュを見て、ゴダールが編集をひきうけ、あのような形にまとめたとのことですね？

ブロンベルジェ　そう、当時、ゴダールとトリュフォーはとても仲がよかった。真の親友同士でした。『水の話』のときも、完全な共同作業だった。雨がものすごく降って、新聞にパリ郊外の洪水の写真が大きく載った。「この洪水を利用して映画を撮るべきだ」と何気なくもらしたトリュフォーのひとことがきっかけになった。ゴダールが「それはいい。ぜひ撮るべきだ」とトリュフォーにすすめた。わたしの製作助手のロジェ・フレイトゥがたまたまそこにいて、「それなら、機材もフィルムもそろってますよ」と言った。そんな調子で、たちまちこの話は実現することになったのです。翌日、トリュフォーは撮影に出発した。一週間後には撮影分のラッシュが上がってきた。それをゴダールが編集した。出来はまあまあでしたが（笑）、トリュフォーとゴダールの完璧な共同作品として貴重なものですよ。

――ゴダールの長篇映画第一作『勝手にしやがれ』も、トリュフォーのオリジナル・シナリオによるものですね。

ブロンベルジェ　そう、『勝手にしやがれ』は本当はトリュフォーの監督作品としてわたしが製作するはずでした。しかし、そのころ、ゴダールがジョルジュ・ド・ボールガールの製作で長篇映画を一本撮る話があり、ゴダール自身の書いた脚本がどれもだめだったので、トリュフォーが友情から『勝手にしやがれ』の脚本をゴダールにゆずったのです。トリュフォーは『大人は判ってくれない』（一九五九）を撮っていましたから。

『大人は判ってくれない』も本当はわたしが製作するはずだったのですが、トリュフォーが当時フランスで最も重要な映画配給業者のひとりだったイニャス・モルゲンステルヌの娘のマドレーヌと結婚することになったので、モルゲンステルヌ氏に製作をゆだねることにしたのです。マドレーヌ・モルゲンステルヌにトリュフォーを紹介したのはわたしでした。一九五七年のヴェネチア映画祭のときでした。トリュフォーはそのころ週刊紙「アール」に映画時評を書いていて、モルゲンステルヌ氏の配給する映画をことごとく叩きのめしていた。マドレーヌは、最初、彼女の父の悪口を書くような批評家なんてといって、トリュフォーを紹介したわたしに腹を立てていたものだが、翌日にはもうふたりで仲よくゴンドラに乗っていたよ（笑）。もっとも、マドレーヌに言わせると、乗ったのはゴンドラじゃなくて蒸気船だったそうだけれども（笑）、ゴンドラのほうがいい。わたしの記憶が間違いでも、そのほうが美しくてロマンチックだ。モルゲンステルヌ氏は、もちろん、ふたりの結婚に大反対だった。「フランス映画の墓掘り人」とよばれていたトリュフォーごときにひとり娘をやるわけにはいかないってね。わたしは、トリュフォーがいかに純粋で、すぐれた才能のある青年であるかをモルゲンステルヌ氏に言ってやったものだ。彼はやっとふたりの結婚を承諾したが、その条件として、娘の婿になる男の長篇映画第一作は自分が製作したいと言った。それが『大人は判ってくれない』ですよ。そんなわけで、わたしはトリュフォーの長篇第一作の製作をあきらめざるをえず、第二作の『ピアニストを撃て』（一九六〇）を製作することになった。トリュフォーが書いた『勝手にしやがれ』のオリジナル・シナリオは、三面記事からヒントを得てはいるが、実質はアメリカのハードボイルド小説のまったくのいただきだった。それで、わたしはトリュフォーに『ピアニストを撃て』の原作になったデイヴィッド・グーディスの小説をすすめた。ヌーヴェル・ヴァーグの脚本はほとんどすべてアメリカの、それもほとんど二流の、ハードボイルド小説をもとにしたB級映画の模倣だったよ。どれがどれをネタにしていいただいていたかを公表してもいいが、それはわたしが死ぬまで待ってくれ（笑）。

――そんなふうにしてヌーヴェル・ヴァーグはアメリカのB級映画のスタイルをまねたわけですね。『勝手にしやがれ』ははっきりとアメリカのB級映画会社モノグラムに捧げられていますし、同じゴダールの『女と男のいる舗道』（一九六二）もB級映画（les films de serie B.）に捧げられていますね。

ブロンベルジェ　『女と男のいる舗道』はわたしの製作したゴダール映画です、売春のアイデアをゴダールに与えたのはわたしです。あの映画は模倣ではありません。《les films de serie B.》はB級映画ではなく、Bはブロンベルジェのイニシャルの B、つまりブロンベルジェ映画に捧げられたのですよ（笑）。

――なるほど、そうでしたか。ブロンベルジェ・シリーズの作品、ブロンベルジェ系映画ということだったんですね（笑）。
ヌーヴェル・ヴァーグはパニックだった、慣習に従わない自由奔放な若者たちの爆発的な出現に映画界全体が恐怖を感じたのだとジャンヌ・モローは述懐していましたが、やはりそうだったのですか？

ブロンベルジェ　それはそうです。爆発のようなものでしたからね。新しい高感度フィルムや明るいレンズが開発され、テレビジョンの技術が導入されて、いわば斬新なアマチュア的な映画づくりの爆発的な勝利だった。一九二五年から二八年にかけてロシアにエイゼンシュテインやプドフキンが突如出現したときの衝撃に似たものだったと言えるでしょう。しかし、ゴダールやトリュフォーがそんなに簡単に勝利を収めたわけではない。ヌーヴェル・ヴァーグの名において彼らの映画がうけいれられるまでには、いろいろな波瀾もあった。とくにゴダールは見境なくなんでもやるやつだとみなされて、シネマ・ダール・エ・デッセー（アート・シアター）でも上映に難色を示したものだった。わたしの評判もよくなかった。「ブロンベルジェ？　あいつは何かというとゴダールだ、トリュフォーだ！」と気狂いあつかいされたものだったよ（笑）。昔、ジャン・ルノワールにばかり夢中になっているというのでばかにされたのと同じことだった。

――ゴダールの『男の子の名前はみんなパトリックっていうの』やトリュフォーの『ピアニストを撃て』に出ている女優のニコル・ベルジェは、たしかブロンベルジェさんの義理の娘さんでしたね？

ブロンベルジェ そう、わたしの最初の妻、オデットの娘です。わたしがオデットを知ったのは戦争の前でした。戦後、再会したとき、彼女は小さい娘のニコルを連れて、未亡人になっていた。ニコルはすでに美しい娘《こ》でした。わたしは彼女の美しさに魅せられました。ニコルもわたしを好きになってくれ、彼女がわたしに父親になってくれとたのんだのです。

――ニコル・ベルジェのベルジェはブロンベルジェから採ったものだったのですね？

ブロンベルジェ そう、わたしの姓の半分をね（笑）。彼女の本名はニコル・グースペールでしたが、女優になりたいと思い、そのときわたしの姓を使いたがった。しかし、わたしの両親が反対したので、その半分だけ、ブロンベルジェのベルジェだけをあげることにしたのです（笑）。（インタビュー集「映画はこうしてつくられる」）

9 アンナ・カリーナに聞く（1）

一九九七年一月、ゆうばり国際冒険ファンタスティック映画祭の審査委員長としてアンナ・カリーナが招かれてやって来た。一九六五年にパリで彼女のアパルトマンを訪ねて、ほとんど念力だけで撮った写真の何枚かをたずさえて、三十二年ぶりの再会（!?）に心ときめかせて夕張に飛んだ。

インタビューの機会を与えてくれたゆうばり国際冒険ファンタスティック映画祭のチーフ・プロデューサー、小松沢陽一氏に心からの謝意を表したいと思う。

――映画の審査でお疲れのところを申し訳ありません。一日でもお会いできたらという思いで東京から駆けつけてきました（笑）。時間もあまりありませんので、ジャン＝リュック・ゴダールの映画でデビューするころのことから、ゴダール自身が「アンナ・カリーナ時代」とよぶ一九六〇年代のゴダール／カリーナ作品に質問をしぼらせていただきたいと思います。「アンナ・カリーナ時代」（LES ANNÉES KARINA）というのは、あなたが出演したジャン＝リュック・ゴダール作品の総称であるだけでなく、あなたがゴダールと出会ってその創作意欲を刺激し、インスピレーションを与え、いわゆる「詩神《ミューズ》」となった時代、ヌーヴェル・ヴァーグの金字塔的作品『勝手にしやがれ』（一九五九）ではすれちがっただけでしたが、それからゴダール／カリーナの最後の長篇『メイド・イン・USA』（一九六六）、そして短篇『未来展望』（オムニバス映画『愛すべき女《め》・女《め》たち』第6話『二〇〇一年愛の交換〝未来〟』、一九六七）に至るエポックの総称でもあるわけですね。

カリーナ　「アンナ・カリーナ時代」というのは、もしかしたら、「カイエ・デュ・シネマ」誌がそんなふうに名づけたのかもしれない……いや、ジャン゠リュックの命名でしょうね。ずっとあとになって、ジャン゠リュックと別れてから二十年後にいっしょにテレビに出ることになって、「一九六〇年代のヌーヴェル・ヴァーグ」「ゴダール／カリーナ時代」の思い出をジャン゠リュックと語るという番組だったんですけど、ジャン゠リュックが突然、『散り行く花』（一九一九）のD・W・グリフィスとそのヒロインのリリアン・ギッシュ、『上海から来た女』（一九四八）のオーソン・ウェルズとそのヒロインのリタ・ヘイワース、『嘆きの天使』（一九三〇）や『西班牙狂想曲』（一九三五）のジョゼフ・フォン・スタンバーグとそのヒロインのマレーネ・ディートリッヒ、『水の娘』（一九二四）や『女優ナナ』（一九二六）のジャン・ルノワールとそのヒロインのカトリーヌ・ヘスリング、『ストロンボリ　神の土地』（一九四九）や『イタリア旅行』（一九五三）のロベルト・ロッセリーニとそのヒロインのイングリッド・バーグマンの例を挙げて、映画史の最も美しいそのようなカップルを模範《モデル》にして自分も彼女（つまり、わたし）との幸福な映画的カップルを志したのだと告白したので、すごくびっくりしたんです。わたしといっしょのころはそんなやさしいことをついぞ言ったことがない（笑）。だから、五月革命以前の一九六〇年代を「アンナ・カリーナ時代」とよんでくれたのも、わたしたちがカップルとして、コンビとして訣別したあと、あの時代を懐かしむジャン＝リュックなりのノスタルジックなやさしさなのだろうと思います。その時代にわたしといっしょに撮らなかった作品もあるのですから。『軽蔑』（一九六三）とか……。

――『カラビニエ』（一九六三）とか、『恋人のいる時間』（一九六四）とか、『男性・女性』（一九六六）とか。そもそも、ジャン＝リュック・ゴダール監督は長篇第一作『勝手にしやがれ』のヒロインに本当はあなたを起用するつもりだったけれども、あなたがことわったというのが伝説になっていますね。

カリーナ　ことわったのは本当ですけど、ヒロインの役ではありませんでした。ヒロインはジーン・セバーグが演じたシャンゼリゼの歩道で新聞を売り歩く女の子でしょ。そうではなくて、サンジェルマン・デ・プレのアパルトマンでセーターをめくり上げて胸を見せるだけのほんの端役でした。その役は結局、リリアーヌ・ドレフュスが演《や》りました。当時はリリアーヌ・ダヴィッドという名前でした。その後、結婚して、ドレフュスという姓になったのです。

——ヒロインではなかったのですか。『勝手にしやがれ』でジーン・セバーグが演じたヒロインはパトリシアという名のアメリカ娘ですが、あなたが演じたとしたら、アヌーシュカとかいうような名のデンマーク娘になったのだろうかと、じつは想像していたのです。

カリーナ　いえ、いえ、ヒロインなんかじゃなくて、ほんのチョイ役。わたしがそのころ石鹸の広告写真やコマーシャル・フィルムに出ているのを見て、この娘なら裸を見せるのが平気だろうと思ったらしいんですよ（笑）。でもわたしは裸になったわけじゃなく、水着をつけて浴槽に入り、石鹸の泡のなかで背中と肩と腕と足の先をちょっと見せていただけ（笑）。背中はかなり露出していたけど……わたしは背中がとてもきれいだって言われたのよ（笑）。それで、ジャン゠リュック・ゴダールに電報で呼びだされて、プロデューサーのジョルジュ・ド・ボールガールのオフィスに行くと、「きみにはぬいでもらう」と黒眼鏡の男が言うんです。「いやです、ぬぎません」ってわたしは帰ってきました（笑）。わたしはまだ十七歳だったし、いまと違って当時は若い娘がぬぐことはそんなに簡単なことではありませんでした。でも、そのあと、ジャン゠リュックは「ぬぐ」娘を見つけたのね。

——それがリリアーヌ・ダヴィッドだったわけですね。パリのサンジェルマン・デ・

プレのアパルトマンでリリアーヌ・ダヴィッドは、たしかに、ジャン゠ポール・ベルモンドの目の前で着替えをしながらちょっと裸になって背中を見せますね。いずれにせよ、リリアーヌ・ダヴィッドのやった役をあなたは蹴ってしまって、また写真のモデルに戻り、映画から遠ざかってしまうわけですね。

カリーナ　コペンハーゲンからパリにやってきたばかりで、身寄りもなく、知り合いもなく、お金を稼がなくてはならなかったから、モデルをやっていました。小さなホテルに住み、朝食だけで生活するという毎日でした。

——フィルモグラフィーによれば、パリに出られる前に、デンマーク時代に、イブス・シュメーデス監督の『少女と靴』（一九五八）という短篇映画に出演しておられますね。すでにアンナ・カリーナの名前で仕事をなされていたのですか。

カリーナ　いいえ。アンナ・カリーナになるまでには長い話があります（笑）。わたしの母は何度も再婚しているので、わたしには決まった姓がないのです。ですから、姓は捨てて、Hanne-Karin（ハンネ゠カリン）という名だけを残してアン・カリンと名のってきました。ハンネはフランス語ではアンヌ、英語ではアンですね。わたしが生まれたあと、母はまた再婚したけれども、継父の姓はわたしの姓ではありませんでしたからね（笑）。

――アン・カリンをアンナ・カリーナにしたのはパリに来てからですか。

カリーナ そうです。

――ご自分で考えられたのですか。

カリーナ いいえ、ココが考えてくれたのです。ココ・シャネルが名付親です。

――ココ・シャネルというのは、あの有名な服飾デザイナーのシャネルですか。

カリーナ そうです。わたしは未成年で、お金がなくて、ジュニア向けの服の写真のモデルをやっていました。たしかサンジェルマン・デ・プレのカフェ、「ドゥ マゴ」で撮った写真だと思いますが、その写真を持ってエレーヌ・ラザレフに会いに行きなさい、何か仕事をもらえるかもしれないから、とカメラマンに言われました。エレーヌ・ラザレフは女性誌「エル」の女社長でした。わたしは黒いハイヒールに黒いワンピースという恰好で会いに行きました。冬だというのに、それしか持ってなかったのです。彼女に会いに行くと、そこに、もうひとり、とてもシックな黒いドレスの婦人がいて、わたしの名前をきくので、「アン・カリンです」と答えると、「アン・カリン？ よくないわね、語呂が悪い。アンナ・カリーナにしなさい」。それで即座に決まりました（笑）。その婦人がココ・シャネルだったのです。そして、すぐわたしのカラー写真が撮られ、「エル」のページを飾りました。アンナ・カリーナのKarina

がCarinaと間違って書かれたけれど、でもわたしの名前が載ったんです。

――シャネルの服を着たのですか。

カリーナ　いえ、いえ、ココ〔・シャネル〕はたまたまそこにいて、エレーヌ・ラザレフといっしょにいただけ。偶然の出会いだったんです。わたしはシャネルの店で仕事をしたこともありません。

10 ラウル・クタールに聞く（1）

「ヌーヴェル・ヴァーグとはゴダール・スタイルのことだ」とジャン゠ピエール・メルヴィルは言ったが、そのゴダール・スタイルの革新的な映像を創造したキャメラマンが、ラウル・クタールである。

一九五九年に撮影され、一九六〇年に公開されるや、世界中に衝撃を与えたジャン゠リュック・ゴダール監督の長篇映画第一作『勝手にしやがれ』から、一九六八年の「五月革命」を契機に根底的《ラジカル》に変貌していくゴダールがゴダール自身と決別する（以後ジャン゠リュック・ゴダールはＪＬＧになる）直前の『中国女』『ウイークエンド』（ともに一九六七）に至るまで、ゴダールの長篇映画十五本中十四本の撮影を担当した。いわば、ゴダールとヌーヴェル・ヴァーグの秘密をとくカギとも言うべきキャメラマンなのである。

その後、『パッション』(一九八二)、『カルメンという名の女』(一九八三)でコンビが復活したかにみえたが、ラウル・クタール本人の言うところによれば、ゴダールがすべてのキャメラマンに撮影をことわられ、やむなく「昔の交誼《よしみ》」で付き合わされただけとのこと。一九六〇年代の作品は「たしかに、真のコンビの仕事だったと言えます」。

一九九七年十月、川崎市市民ミュージアムと国際文化交流推進協会(エース・ジャパン)の主催でおこなわれた、ヌーヴェル・ヴァーグの推進者として知られるプロデューサー、ジョルジュ・ド・ボールガールの特集上映「レトロスペクティヴ/ジョルジュ・ド・ボールガール」の特別ゲストとして、ラウル・クタール氏が招かれ、来日した。その機会に三時間をこえるインタビューができたことは、私にとって僥倖と言うしかない。チャンスをつくっていただいた川崎市市民ミュージアム映画部門の川村健一郎氏、江口浩氏、国際文化交流推進協会の岩崎ゆう子さん、それに「ユリイカ」編集部の郡淳一郎氏に心から感謝したいと思う。

なお、インタビューの採録・構成にあたって、とくに映画技術用語については映画学校(東京藝術大学大学院映像研究科)の教授であり映画監督でもある筒井武文氏からの多大なご教示を得たことも、感謝の意とともに記しておきたい。

——クタールさんは一九五九年の『勝手にしやがれ』から一九六七年の『中国女』『ウイークエンド』に至る一九六〇年代のジャン゠リュック・ゴダール監督のほとんど全作品の撮影を担当されています。『男性・女性』（一九六六）をのぞくすべての長篇と短篇も一本（『立派な詐欺師』、一九六三）。監督とキャメラマンのこの切っても切れない親密な関係から「ヌーヴェル・ヴァーグ」の斬新な映像が生みだされたわけですが、クタールさんも、たしか、どこかで、映画づくりとは恋愛のようなものだ、キャメラマンは監督に惚れこみ、監督もキャメラマンに惚れてくれなければいいものはできないというようなことを述べておられたと思います。

クタール　たしかに、映画は恋愛であるときが最もうまくいく。しかし、恋愛がいつも幸福とはかぎらないし、いつまでもつづくものでもないけどね（笑）。

——一九六八年の「五月革命」以後、ゴダールの「変貌」ということもあって、その後、クタールさんとゴダールの関係は完全に切れてしまうわけですが、それから十五年後、『パッション』（一九八二）ではまたヨリを戻されたというか（笑）、やはり恋愛の再燃のようなものがあったのでしょうか。

クタール　いや、いや、もう恋愛なんてものとは関係ありませんでした。ゴダールはわたしに撮影をたのんでくる前に、じつはあの映画のために十人ものキャメラマンにことわられた（笑）。そのなかには、ヴィットリオ・ストラーロやリカルド・アロノヴィッチやアンリ・ドカやアンリ・アルカンといったキャメラマンがいた。みんな、ゴダールとはやりたくないとことわった（笑）。それで、しかたなく、ゴダールはわたしにたのんできたのです。ゴダール本人は、けろっとして、「世界中のすぐれたキャメラマンの手があいてなくてね」と言っただけ。それが十五年ぶりに再会したゴダールの最初の挨拶だった（笑）。それも、不機嫌な顔をして。まいったね。

——やはりゴダールは「変貌」したわけですね。

クタール　変貌どころじゃない。まるで別人だった。もっと謙虚で、繊細で、気の弱いところもある男だったんだけれども。だから、そのあと、ひきつづいてゴダールの『カルメンという名の女』（一九八三）の撮影もわたしがひきうけましたが、恋愛の再燃なんてものではまったくなかった。撮影中もひとことも口をきかなかった。ただひとつ、まったく変わっていなかったのは、ヌーヴェル・ヴァーグ的な撮りかたです。とくに『カルメンという名の女』は『パッション』よりもずっと低予算の映画だったこともあって、スタッフは撮影も録音も、そしてゴダールもわたしもふくめて、全員がすべての機材を一台の車にのせてロケ地に向かった。主役のカルメンの役はイザベル・アジャーニで、ジャン＝リュックは彼女を使えることで得意満面だった。本気で惚れていた（笑）。ところが、イザベル・アジャーニのほうはスター気取りで、実際、スターでしたが（笑）、彼女専門の美容師やら付人やらとともに二台の車でやってきた。

――二台の車で？

クタール　二台の車で。わたしたちは十人足らずの少数編成とはいえ、スタッフ全員で一台の車です（笑）。しかも、イザベル・アジャーニは、わたしが自分でキャメラや照明機具をかついでセッティングをしているのを見て、わたしを助手のひとりだと思ったらしく、撮影がはじまると、突然、大騒ぎをして（あのバカ女が！）、助手がキャメラを回すなんて、こんな素人の映画に出るのはいやだって（笑）、その場を立ち去って、映画から降りてしまった。そのあと、急きょ、ほとんど無名だったマルーシュカ・デートメルスをイザベル・アジャーニの代役に選んで撮影を続行できたものの、大変でした。思いだすのもいやなくらいですよ。ともかく、『パッション』も『カルメンという名の女』も、ゴダールはあらゆるキャメラマンに嫌われていて、撮影をわたしにたのむしかなかったのですよ。わたしならゴダールのいやな性格をよく知っているし、がまんできますからね（笑）。

――そのゴダールの「いやな性格」というのはどんなものなのかもふくめて（笑）、『勝手にしやがれ』から『ウイークエンド』に至る一九六〇年代のゴダール／クタールの幸福だった恋愛関係に絞って質問させていただきたいと思うのですが……。

クタール　いいでしょう。どうぞ。

――すでに何度も同じ質問をされたことかと思いますが、ジャン＝リュック・ゴダールとの出会いからやはりおうかがいしたいと思います。『勝手にしやがれ』で初めてゴダールと仕事をすることになるわけですね。

クタール　そうです。プロデューサーのジョルジュ・ド・ボールガールが『勝手にしやがれ』を製作することになり、わたしをキャメラマンとしてジャン＝リュック〔・ゴダール〕に紹介してくれたのです。わたしはすでにピエール・シェンデルフェール監督の『悪魔の通り道』（一九五七）などジョルジュ〔・ド・ボールガール〕が製作した三本の長篇映画の撮影を担当して信頼を得ていたので、ジャン＝リュックの長篇第一作のキャメラをまかされることになったのです。ジャン＝リュックは気に入らなかったようです（笑）。誰か別のキャメラマンを考えていた。名前は忘れましたが、若い新進のキャメラマンだったと思う。

――たぶん、ミシェル・ラトゥーシュというゴダールの短篇映画（『男の子の名前はみんなパトリックっていうの』一九五七、『シャルロットとジュール』一九五八）を撮影したキャメラマンですね。

クタール　そうかもしれない。結局、撮影スタッフに加わったような気がするけれども、よくおぼえていない。『勝手にしやがれ』のあと、『小さな兵隊』（一九六〇）にもキャメラ助手として働いていたかもしれない。よくおぼえていません。とにかく、ジャン＝リュックはそのキャメラマンと長篇第一作『勝手にしやがれ』をいっしょに撮る約束をしていたのでしょう。とても困った顔をしていた。で、わたしはジャン＝リュックに「迷惑なら、わたしは降りてもいい」と言ったのですが、プロデューサーのジョルジュがどうしてもわたしにやれと言う。プロデューサーとしては新人監督に新人キャメラマンというのでは心配だったのでしょう。経験のあるキャメラマンをつけなければならないということになり、わたしが撮影を担当するならという条件で、ジョルジュはジャン＝リュックの映画の製作をひきうけた。ジャン＝リュックはしかたなく承諾した（笑）。

――しかたなく？

クタール　そう、しかたなく（笑）。それが最初の出会いです。その前に、ジョルジュのオフィスで何度か見かけたことがあり、『悪魔の通り道』のときにも紹介されたことはあった。ジャン゠リュックはそのころパリの二十世紀フォックスの宣伝部で働いていた。『悪魔の通り道』は二十世紀フォックスが配給することになり、ジャン゠リュックがその宣伝担当だったのです。

――ジョルジュ・ド・ボールガールが語るところによれば、ジャン゠リュック・ゴダールはボールガールの前で『悪魔の通り道』をボロクソにけなしたそうですね。それで、こいつは骨のある若者だとボールガールはそのときからすでに目をつけていたとか……。

クタール　いかにもジョルジュらしい言いかたですよ（笑）。本当のところは、あの若造めが！　と腹を立てていたね（笑）。

――ジャン゠リュック・ゴダールが最初はクタールさんを撮影に押しつけられて不満だったということは、仕事にもさしつかえたのではありませんか。

クタール　仕事に入ったらすぐ理解し合えるようになりました。具体的な仕事をとおして意気投合したと言えるでしょう。そんなものですよ。

――『勝手にしやがれ』は、クタールさんのキャメラだけでなく、オリジナル・シナリオがフランソワ・トリュフォー、監修（技術顧問）がクロード・シャブロルというヌーヴェル・ヴァーグの精鋭が結集した作品なのですが、そのあたりの事情はごぞんじですか。ゴダールは脚本をきちんと書かないので、どれも企画が通らず、トリュフォーの書いた脚本でやっとボールガールがひきうけたというような話を聞いたことがあるのですが……。

クタール　事情はこうです。といっても、わたしがその場にいたわけではないので(笑)、人伝てに、そしてとくにプロデューサーのジョルジュから聞いた話ですが、ジャン゠リュックがカバンのなかからだしてジョルジュに見せたいくつかの企画のなかに、フランソワ・トリュフォーが「これはいいシナリオになる」とメモした「デテクティヴ」という新聞の切抜きがあった。「デテクティヴ」というのは血なまぐさい殺人事件とかスキャンダラスな情痴事件、犯罪の記事ばかり特集した週刊紙です。

――トリュフォーが愛読していた週刊紙ですね。『柔らかい肌』(一九六四)の脚本なども「デテクティヴ」の記事をヒントに書かれたものですね。

クタール　そう、その「デテクティヴ」の切抜きと「これはいいシナリオになる」というトリュフォーのメモが『勝手にしやがれ』のもとになったのです。フランス人の若いスチュワードがアメリカ娘に恋をして、窃盗を働き、殺人を犯すという当時フランスじゅうを騒がせた実話がもとになった。ジャン゠リュックはほかにもいくつかシナリオを持参してきたけれども、せいぜいあらすじを二、三ページほどタイプで打っただけのものだった。だから、たぶん、トリュフォーのメモにジョルジュはとびついた。「トリュフォーにシナリオを書いてもらえたら最高だな。トリュフォーの名前だけでもいい」とジョルジュは言った。そのとき、トリュフォーは、長篇第一作の『大人は判ってくれない』（一九五九）がその年のカンヌ映画祭で上映されて大反響を呼び、若いフランス映画の新しい才能として注目されていた。「トリュフォーはきみの友だちだ。シナリオを書いてもらえるか」とジョルジュは言った。「いいでしょう。書いてもらいましょう」とジャン゠リュックは答えた。トリュフォーがどんなシナリオを書いたのか、いや、実際に書いたのかどうかも、わたしは知らない。ただ、ジャン゠リュックは、いずれにしても、他人の書いたものは気に入らず、全部自分で書き直したと思う。紙の上には書かなくても、頭のなかで。

それから、ジョルジュはジャン゠リュックにこうも言った。「最初の映画には誰か技術顧問が必要だ。クロード・シャブロルもきみの友だちだろ。ひきうけてもらえないか」。ジャン゠リュックは「いいでしょう、たのんでみましょう」と答えた。クロード・シャブロルも、その年、自主製作の『美しきセルジュ』（一九五七）と『いとこ同志』（一九五九）が相次いで公開されて、若いフランス映画の旗手とみなされていた。

——『いとこ同志』はその年のジャン・ヴィゴ賞を受賞していますね。

クタール　そのときはまだ受賞が決まっていなかったかもしれないけれども、とにかく作品もシャブロルの名前も脚光を浴びていたと思う。ジョルジュはトリュフォーとシャブロルの名前があれば金が集まるといって大よろこびだった。こんなふうにして、『勝手にしやがれ』という低予算の映画はスタートしたのですよ。

——撮影期間はどのくらいだったのですか。

クタール　一九五九年の八月半ばにクランクインして、九月半ばにクランクアップ、きっちり四週間で撮り上げたと思う。

——ゴダールはシナリオなしで撮るというのが伝説になっていますが、本当にまったくシナリオなしで撮影したのですか。

クタール　たしかに、コンテ（撮影台本）のようなものはなかった。しかし、シナリオがまったくなかったわけではありません。スタッフ・キャストにはざっとどんな映画なのか、シノプシスというか、あらすじをメモした程度のものは配られていました。しかし、どんなシーンなのか、どんな台詞なのか、といったようなことはその日にならなければわからない。毎朝、ジャン゠リュックが撮影現場に持ってくるメモだけがその日のシナリオです。

——すると、俳優たちにはその日になって初めてシーンの台詞のメモが現場で渡されるのですか。

クタール　そうです。ときにはメモも渡されずに撮影に入る。

――台詞もおぼえられませんね。どうするのですか。

クタール　台詞はすべてジャン゠リュックが撮影本番中に俳優たちに直接教えてやるのです。

――舞台のプロンプターのように⁉

クタール　そう、プロンプターのように。

――ということは、同時録音撮影ではなかったわけですね。

クタール　もちろん同時録音撮影ではありません。録音なしの撮影だけ。

――『勝手にしやがれ』では、キャメラが回っているあいだ、ずっと、ゴダールはジャン゠ポール・ベルモンドやジーン・セバーグにつきっきりで台詞を耳打ちしていたのですか。

クタール　そうです。ジャン゠リュックが台詞を教える。それを俳優がくりかえすという方法です。

――シャンゼリゼ大通りの歩道で「ニューヨーク・ヘラルド・トリビューン」紙を売っているジーン・セバーグにベルモンドが声をかけて寄っていき、ふたりでゆっくり歩きながら会話する長いワンシーン＝ワンカットも、そのようにして撮られたのですか。リハーサルなしで……？

クタール　もちろん、リハーサルもテストもなしです。街頭ロケで、隠し撮りですから、リハーサルやテストは無理です。すべてぶっつけ本番でした。

――隠し撮りはどのようになされたのですか。撮影スナップを見ると、手押し車のようなもののなかから移動撮影されていますね。

クタール　当時、郵便物の運搬や配達に使われていた手押しの三輪車があって、車輪もタイヤで滑りがよく、振動も少なく、そのなかにわたしがキャメラとともに入り、ジャン＝リュックの指示でアシスタントが、ときにはジャン＝リュック本人が押して移動撮影をしたのです。

――移動の速度というか、リズムもゴダール自身が操作していたわけですね。同時にプロンプターとして俳優たちに台詞もつけていたのですね。

クタール　そう、すべてがジャン＝リュックのスタイルとリズムで支配されています。俳優たちが話すときに、いつも一瞬、不思議な間《ま》があることに気がつきましたか。よく見ると、ジャン＝ポール・ベルモンドとジーン・セバーグのふたりの対話にちょっと不自然な間《ま》があるのです。それというのも、ジャン＝リュックがわきで、キャメラにうってないところから、次の台詞を教えるので、俳優はその台詞を聴き取ってからくりかえして言う。その聴き取るときに間《ま》ができる。一瞬「死んだ時間」のように感じられる。『勝手にしやがれ』を見るたびに、わたしはこの奇妙な「間」が気にかかってしかたがない。

――ゴダールが画面の外から次の台詞を言ってくるのに俳優が耳を傾けて待つあいだ、ほんの一瞬、対話が途切れることになるわけですね。

クタール　そうなのです。じつに奇妙な感じなのです。

――しかし、その「間」が逆に不思議な臨場感というか、その場で時間の流れが感じられるような、ある種の緊張感を生んでいるような気もします。次はその「間」によく気をつけて見てみたいと思います。

　映画の冒頭、ジャン゠ポール・ベルモンドがマルセイユからパリに向かって運転しながら走る自動車のなかで、「ちくしょう、工事中だ」とか、ヒッチハイクの女の子を見て「ブスだな」とか、ぶつぶつ言う台詞も、ベルモンドの即興ではなく、ゴダールが先に台詞を言って、それをベルモンドがくりかえしただけなのですね。

クタール　もちろん、そうです。道路工事は演出ではありませんからね（笑）。ヒッチハイクの二人の女の子は演出で、道路わきに待機させていたと思いますが、いずれにせよ、ジャン＝リュックの即興はあっても、俳優の即興はありません。ジャン＝リュックの指示どおりに動くだけです。あのシーンも、運転するベルモンドのうしろの座席にキャメラのわたしといっしょにジャン＝リュックも乗りこんで、ああだ、こうだとプロンプターのようにベルモンドに耳打ちし、それをベルモンドが彼なりの台詞にして言うというやりかたでした。こういうジャン＝リュックの方法をベルモンドは、すでに短篇映画（『シャルロットとジュール』）の撮影でよく知っていたので問題はなかったのですが、ジーン・セバーグのほうはハリウッドのやりかたに慣れていたので、撮影の前にシナリオも読めない、せりふもおぼえられないというゴダールのやりかたにはすっかり面食らっていました。演技の準備もできない、自分の芝居をつくることもできないといっていらだち、ジャン＝リュックとしょっちゅうもめていました。結局、彼女は、どうしていいのか、最後までわからなかったようです。

ジャン＝リュックのこのプロンプター方式で一つだけ利点があったことを思いだします。ジャン＝リュックがキャメラの前で俳優に付き添って、つまり俳優のかたわらで、台詞をつけているときには、要するにジャン＝リュックがぎりぎり画面に入らないように撮ればいいので、自然に構図が決まるということでした（笑）。

『勝手にしやがれ』のこうしたプロンプター方式は同時録音撮影でなかったからこ

そ可能だったのですが、いずれにせよ、この映画の撮影に使用したカメフレックスというキャメラは回転音がうるさすぎて、同時録音は無理でした。軽量のキャメラで、手持ちの撮影には便利でしたが。

——街頭ロケでは徹底して隠し撮りをなされたわけですが、街のまんなかでかなり大胆な撮りかたをしているにもかかわらず、まったく誰にも気づかれなかったのでしょうか。ラストシーンで腰骨を撃たれたベルモンドがよろよろと走っていくときも、両側の歩道を歩く人たちはベルモンドのほうを見るだけで、ベルモンドを追うキャメラのほうは見ていませんね。

クタール　カンパーニュ・プルミエール街をよろめきながら走ってモンパルナス大通りに出るまでの移動撮影ですね。あのシーンは隠し撮りですらなかった。小型の自動車2CVを使っての移動撮影です。車の車蓋《ほろ》を取り除き、キャメラを三脚に据えて、堂々と撮影したのですが、ベルモンドの苦しそうな走りっぷりのほうが真に迫っていたということもあるのでしょう（笑）、誰も車のなかのキャメラに注意を向けなかった。当時はまだ街頭ロケなどに人々は慣れておらず、それが映画の撮影だということに気づかなかったのです。いまでは街を行くふつうの人たちもすれてしまって（笑）、隠し撮りをしていても、どこにキャメラが隠されているか、すぐ見つけようとするので、相当うまくやらないと、バレてしまう。いまは隠し撮りはとても困難です。しかし、当時はらくでした。ヌーヴェル・ヴァーグ以前にそんなことをする映画人はいなかったし（笑）、街のなかにキャメラを持ちだしたのはわたしたちが初めてだったからです。もちろん、ある種のドキュメンタリー、ニュース映画などは別です。しかし、劇映画を街のまんなかでドキュメンタリーのように撮るというのは誰も考えていなかったことでした。だから、シャンゼリゼ大通りでも、どこでも、それが映画の撮影とは誰も気づかなかったというのが本当のところです。もちろん、ベルモンドやジーン・セバーグがまだスターとして知られていなかったということもあります。たとえ知られていたとしても、映画を撮っているとは気づかれなかったでしょう。映画は撮影所のなかで撮るものであって、街頭のそのへんで撮るものではなかったのです。

――パリじゅう、どこでも、隠し撮りを中心に、正式の許可を取らずに撮影したのですか。

クタール　隠し撮りでも許可は取らないと撮影できませんからね。もちろん、かならず許可は取るようにしました。しかし、当時はどこでも撮影許可が簡単に取れました。ロケーションなんて誰もまだやっていなかったので、警察も交通整理や取締りなど全然考えていなかった（笑）。いまはどこでも撮影許可を取るのが大変です。

――地下鉄とか墓地などは撮影が禁じられているので大変だとフランソワ・トリュフォーも言っていました。

クタール　原則として、どこでも撮影は禁じられていると言えます。たとえ撮影許可を得ても、たとえば交通を妨げたりしたら撮影はすぐ禁じられるし、撮影が邪魔になると誰かが警察に通報したりすれば、ストップ、それでおしまいです。都会だけでなく、田舎でも同じです。庭園など許可が必要なだけでなく、金も払わなければならない。公園、広場、どこでも撮影は大変です（笑）。

――たとえば『はなればなれに』（一九六四）ではルーヴル美術館で、『恋人のいる時間』（一九六四）ではオルリー空港で撮っているシーンがありますね。

クタール　もちろん、撮影許可は取りましたよ。隠し撮りはやっていますが、撮影許可だけはかならずきちんと申請していました。ただ、当時は許可がらくに取れたのです。

――ヌーヴェル・ヴァーグの即興撮影が革新的なものとして話題になりましたが、たとえば『勝手にしやがれ』でジャン゠ポール・ベルモンドが交通事故の現場に居合わせるシーンもひょっとして偶然そこで事故が起こったので即興で撮られたのでしょうか。

クタール　いや、あれは演出です。偶然の事故ではありません。偶然は、むしろ、ベルモンドが刑事の尾行をまくためにシャンゼリゼ大通りの歩道の人ごみにまぎれて逃れていくシーンで大きなパレードに遭遇したところです。たしかアイゼンハワー大統領の歓迎パレードでした。あのシーンはベルモンドをキャメラで追いながら、歩道から大通りへうまくパンをしてワンカットでパレードをとらえたのですが、劇映画のなかで許可なしに現役の大統領の実写を使用することは禁じられていたので、残念ながら、そこはカットせざるを得なかった。検閲にひっかかってしまったのです。じつにうまく撮れていたのですが！

――何かあわただしく緊張した雰囲気だけは伝わってくるシーンですが……。

クタール　複雑なパンを駆使して、うまく撮ったんですけどね（笑）。

――ジャン゠ポール・ベルモンドがタクシーから降りて走っていき、いきなり歩道を行く若い女のスカートをめくるところをロングでとらえるところがありますね。本当にやったのですか。

クタール　もちろん、本当にやっていますが、歩道を歩いている若い女は素人でなく、女優です。でも、まわりの人がおどろいているでしょう。誰もそれが映画の撮影とは気づかなかったので、本当に女のスカートをめくる変な男が現れたと思ってびっくりしたようです（笑）。

――『勝手にしやがれ』を同時録音で撮影しなかったのは、ゴダールによればイタリアのネオレアリズモの方法を踏襲したとのことですが……。

クタール　そうかもしれません。出発点は、要するに、ルポルタージュを撮るというアイデアでした。ミシェル・ポワカールという主人公の言動をルポルタージュのようにキャメラで追ってとらえようということだったのです。最初から最後まで、原則としてライティングもなし、同時録音もなし、キャメラも手持ちで撮影するということでした。そのほうが安上がりということもありました。しかし、劇映画を全篇手持ちで撮影するなんてのは前代未聞でした。

――それがヌーヴェル・ヴァーグだったわけですね。従来の映画づくりの常識を破る大胆で斬新な試みだったわけですね。

クタール　そうです。まったく新しい試みでした。ジャン゠リュックと意気投合したのは、何よりもそうした実験精神というか、冒険の試みというか、新しい独創的なアイデアへの挑戦という点においてでした。

――イルフォードＨＰＳという高感度の写真用フィルムを『勝手にしやがれ』で初めて使ったのが、そうした実験の最初ですね。それまで映画のために使われたことはなかったフィルムだったわけですね。

クタール　そう、イルフォードＨＰＳはもともと映画用のフィルムではなく、スチール写真用のフィルムだからね。ロール一本の長さも映画には使えない短さで、せいぜい十五秒しかもたない。そこでこのフィルムを何本かつないで二十メートル巻きにして使った。ＡＳＡ４００という当時最も高感度のフィルムで、これを二倍に増感して使うと、夜のシーンもノー・ライトで撮ることができたのです。だから『勝手にしやがれ』でイルフォードＨＰＳを使ったのは、夜のシーンだけです。高感度ですから粒子が荒れるので、日中のシーンには使えない。夜のシーン、それもほんの二、三シーンに使っただけです。ただ、最初からイルフォードＨＰＳを使うことに決めていたので、そのために、イルフォードＨＰＳのパーフォレーション（フィルム送りの孔＝目）に合うキャメラを使わなければならなかった。さいわい、軽量のカメフレックスがなんとかＨＰＳのパーフォレーションに合う、というより、パーフォレーションに関係なく使えるキャメラだったのです。

――『勝手にしやがれ』は全篇ライティングなしで撮られたのでしょうか。ロケーションばかりでなく、いろいろ、屋内で撮られたシーンもありますね。たとえば、シャンゼリゼ大通りからジャン＝ポール・ベルモンドがビルのオフィスに入っていき、そのなかでかなり長い移動撮影もありますね。

クタール　航空会社《エールフランス》のなかを車椅子を移動車代わりに使って長い移動撮影をすると

ころ……あそこは必要最低限の報道《ニュース》用スポットライトを一つ車椅子の背にくくりつけただけで、もちろん全体のライティングはなしで撮りました。このシーンではなく、ちょっとライトをセットしたのは、ジーン・セバーグのホテルの部屋の奥の浴室が暗すぎたので、鏡をのぞきこんだりするでしょう、何もうつってないというのでは困るから、薄暗い天井の電灯の代わりに照明用のランプ、２５０Ｗのフォトフラッドをつけたところくらいです。それから、もう一か所、新聞社「ニューヨーク・ヘラルド・トリビューン」のなかがやっぱりちょっと暗すぎたので、そこは数台の照明機材を使った。しかし、あくまでも自然光を生かすための補助的な照明です。ジーン・セバーグのホテルの室内はかなりうまくいったと思います。昼下りのやわらかい自然光が、ジーン・セバーグとベルモンドのベッドシーンのシーツの白さをきわだたせて、とてもいい感じでしょう。自分でも気に入っているシーンです。

日中のシーンはコダックのダブルXかトライXを使って撮影しました。

獅子座
LE SIGNE DU LION

エリック・ロメール作品（1959）。

白黒、スタンダード（1:1.33）。上映時間　1時間43分。

監督・脚本　エリック・ロメール。台詞　ポール・ジェゴーフ。製作　クロード・シャブロル。

特別出演　ジャン゠リュック・ゴダール（パーティーのシーンの音楽狂の役で）。

フランス公開　1962年5月2日。日本公開　1991年8月24日。

エリック・ロメールとともに

それはエリック・ロメールからはじまった。「ロメールが最初に16ミリで短篇映画を撮りはじめた。そこからヌーヴェル・ヴァーグがはじまったのだ」とクロード・シャブロルは自伝「それでもわたしは撮りつづける」に書いている。

遺産相続で『美しきセルジュ』(一九五七)と『いとこ同志』(一九五九)という長篇映画二本を撮ってプロダクション「アジム・プロ」を設立していたシャブロルの製作で、エリック・ロメールは長篇映画第一作『獅子座』を撮るが、興行的には惨敗(公開も製作から三年後の一九六二年になってからだった)。その後、ずっと長篇映画を撮れずに自主製作の短篇映画を撮りつづけるのだが、『獅子座』には黒眼鏡のジャン゠リュック・ゴダールがパーティーのシーンに音楽狂の役で特別出演してロメールへの敬意を表しているように(ロメールが一九五四年に撮った『ベレニス』、五六年に撮った『クロイツェル・ソナタ』などの短篇ではゴダールが助監督として製作も担当している)、そのずっと前、すでに一九五一年、二十歳当時の、黒眼鏡もかけておらず、髪の毛もふさふさしていたゴダールが、『紹介あるいはシャルロットと彼女のステーキ』というエリック・ロメール脚本・監督の自主製作の短篇に出演もしていた。

小さな兵隊
LE PETIT SOLDAT

ジャン゠リュック・ゴダール作品（1960）。
白黒、スタンダード。上映時間　1時間28分。
監督・脚本・台詞　ジャン゠リュック・ゴダール。撮影　ラウル・クタール。音楽　モーリス・ルルー。編集　アニエス・ギユモ、リラ・エルマン、ナディーヌ・マルカン。記録　シュザンヌ・シフマン。製作　ジョルジュ・ド・ボールガール／カルロ・ポンティ。
撮影期間　1960年4月4日－5月初め（数度の中断があり、実働2週間）。
撮影場所　ジュネーヴとその近郊（スイス）。
出演　ミシェル・シュボール（ブリュノ・フォレスチエ）、アンナ・カリーナ（ヴェロニカ・ドライヤー）、アンリ゠ジャック・ユエ（ジャック）、ポール・ボーヴェ（ポール）、ラズロ・サボ（ラズロ）、ジョルジュ・ド・ボールガール（OASのリーダー）、ジャン゠リュック・ゴダール（駅にいる男）。
フランス公開（拷問のシーンなど検閲でカットあり）　1963年1月25日。
日本公開　1968年12月31日。

1 アンナ・カリーナ登場

「ひと目見たらキスしたくなる、レスリー・キャロンみたいなくちびるだ」と『小さな兵隊』（一九六〇）で十九歳になったばかりのアンナ・カリーナはまるで『リリー』（チャールズ・ウォルターズ監督、一九五三）のヒロインの少女のように紹介される。

のちに『はなればなれに』（一九六四）についての覚え書（「テレ＝シネ」誌一九六四年十月‐十一月第117号）でも、アンナ・カリーナが演じるヒロインのイメージとしてゴダールはまたもレスリー・キャロンに言及することになる――ジャン・ルノワールが「子供によくある無邪気な狡《ずる》さ」を持った女の子、「猫のような感じの娘」と評したこの女優のために書き下ろし、演出した舞台劇「オルヴェ」（一九五五）のレスリー・キャロンに。

「恋した女としか寝ない」と豪語していた『小さな兵隊』の主人公ブリュノ・フォレスチエ（ミシェル・シュボール）であったが、彼女に会って「五分で恋におちて」しまう。彼は報道写真家で、彼女の「真実」をうつそうと思う。しかも、一秒二十四コマ回転の映画なら「毎秒二十四倍も真実だ」とつぶやきながら。ゴダールの思いがそのまま出ているにちがいないナイーブな名言だ。ゴダールにとって、アンナ・カリーナは映画そのものになる。

「瞳はベラスケスの、あるいはルノワールの、灰色だったか」、その若々しい純粋さは「ジャン・ジロドゥの劇から抜け出てきたよう」だとブリュノ・フォレスチエは語りつづける。彼女が頭を左右にふると、ブルネットの長い髪が顔にかかる。クローズアップは「顔の裏にある魂までうつしとる」ことになるだろう。

ポール・エリュアールの詩さながら、「すべてが愛されるにふさわしく」、「愛は世界を忘れられるために生まれてくる」かのようだ。「すべてが永遠で、永遠でなく」、「その狂気の身振りのなかに吸い込まれて」いく。詩集「愛すなわち詩」（安東次男訳）そのままに、「彼女の魅力は彼女自身だ。肩の曲線、不安げなまなざし、謎の微笑……」。

ジャン゠リュック・ゴダールはもうアンナ・カリーナに夢中だ。

『勝手にしやがれ』（一九五九）の小さな役のオーディションで、ジャン゠リュック・ゴダール監督に裸になるだけでいいんだと言われて絶対にいやと泣き叫んで逃げだしたアンナ・カリーナに、ゴダールから五十本ものバラの花束とともに「アンデルセンの国の美しい少女に涙は似合わない」という「すてきな」愛の言葉が届く。「アンデルセンの国」デンマークの首都コペンハーゲンからパリに出てきたばかりだったアンナ・カリーナは涙をぬぐい、『小さな兵隊』を撮り終えたあと、ゴダールと結婚。そして一九六〇年代のゴダール映画の忘れがたいヒロインになるのである。

デンマーク映画の巨匠、『裁かる丶ジャンヌ』（一九二八）や『奇跡』（一九五五）の監督、カール・ドライヤーからその姓をいただいたヴェロニカ・ドライヤーがデンマーク生まれのアンナ・カリーナの演じるヒロインの役名である。アンナ・カリーナが十四歳のときにカール・ドライヤー監督の、撮影までには至らなかったものの、キリストの生涯を描く『ナザレのイエス』という映画で聖母マリアを演じるはずだったという想い出に由来するものだろう。のちにまたこの企画は再燃し、フランスでカール・ドライヤー監督の最後の作品となるはずだったが、ついに実現しなかった。

ヴェロニカという名は、もしかしたら、十字架を背負ってゴルゴタの丘に向かうイエス・キリストの血と汗にまみれた顔を布でふいてやった（そしてその布にはイエス・キリストの顔が映された）という伝説的聖女の名に由来するのだろうか。いや、そんな深読みをしなくても、フランス名ではヴェロニクで、エリック・ロメール脚本による短篇映画『男の子の名前はみんなパトリックっていうの』（一九五七）のヒロインのひとり、ニコル・ベルジェの演じたヴェロニク（『男の子の名前はみんなパトリックっていうの』の別題は『シャルロットとヴェロニク』だった）の名もひきずっていたのだろう。主人公ブリュノ・フォレスチエの名、ブリュノのほうも、プロデューサーのジョルジュ・ド・ボールガールのオフィスに自らオーディションを受けにやってきたかけだしの俳優ミシェル・シュボールのデビュー作『ジプシー、わがダチ公』（一九五九）の小さな役名をそのまま使うことになったということだから。

2 遅れてきた青年

アンナ・カリーナ／ヴェロニカ・ドライヤーは、恋のヒロインとなるのだが、アルジェリア戦争のさなかにつくられた映画のなかでは、またたくまに愛は失われ、アラゴンの詩句さながらに（大島博光訳による）、「とある夕べの短かい短かい魅惑」もすでに「砕け散った思い出」でしかなくなってしまう――アラゴンの詩（「美しき五月、傷つけられし六月……」あるいは「雲もなかった五月よ、匕首にえぐられた六月よ……」）も、ハイドンの音楽（「バッハは朝八時の音楽だ。モーツァルトは夜八時の音楽だ、ベートーヴェンは真夜中の音楽。いま、昼下りに聴くべきはハイドンだ」）も、そしてレーニンの言葉の名言として引用される（「倫理は未来の美学である」）も、「毛沢東語録」からの引用（「小さな火花も燎原の火となる」）も。

『小さな兵隊』の主人公にとって政治とはアルジェリア戦争のことなのだが、主人いた)、つまりは脱走兵である。暗殺と拷問と自殺が死と暴力の恐怖と妄執のように公は兵役忌避者(ゴダール自身も、フランスで兵役忌避のため、スイス国籍を選んでとり憑く。というのも、アルジェリア独立に反対する右翼的な秘密組織OAS(秘密軍事機構)の一員である彼はOASと敵対する組織FLN(アルジェリア民族解放戦線)のリーダーを暗殺するように指令をうけるのだが、確たる政治的信念もなく理想と現実のギャップに悩み、暗殺を決行できずにいるのだ——サルトルの戯曲「汚れた手」の主人公のように。

あるいはむしろ、これは政治というよりは政治的状況に巻き込まれた青年の物語と言ったほうがいいのかもしれない。ジャン・コクトーの小説「山師トマ」の主人公の「現実と虚構が一体になった」美しい死にあこがれる主人公ブリュノ・フォレスチエの姓のフォレスチエは、たぶんジャン・コクトーの「大股びらき」の「現実と非現実のさかいを生きる」主人公ジャック・フォレスチエからいただいたものにちがいない。

「死を告げる夜明けのラッパが鳴りひびく」瞬間を待つために暗い夜を眠らずにすごし、「ゲシュタポの拷問に耐えて使命に殉じた」レジスタンスの闘士、ピエール・ブロソレットのヒロイックな死を羨望しつつ、ブリュノ・フォレスチエは自分がぶざまに生きのびていることを自覚し、「死者の特権とは二度と死なないことだ」とつぶやき、アンドレ・マルローのように（ブリュノ・フォレスチエの部屋にはマルローの小説「人間の条件」が座右の書のように枕元に置かれ、マルローの映画『希望 テルエルの山々』〈一九三九〉のスチール写真が貼られているのだが）「人間の条件」を追求し、テルエルの山々の長い長い葬列を「悲劇の幻覚」とともに忘れまいとしても、戦列に加わって死に向かうことのできる「希望」もない。「休暇中の死者」を自認しつつも、休暇を終えて戻って死ぬべき戦場すらない、しがない小さな兵隊なのだ。

「一九三〇年代の若者たちには革命があった。マルローやドリュ・ラ・ロシェルやアラゴンには。だが、ぼくらには何もない。彼らにはスペイン戦争があった。だが、ぼくらには、ぼくら自身の戦争さえないのだ」と遅れてきた青年、ブリュノ・フォレスチエは慨嘆する。「汚れた手」の主人公は政治的な使命感とはまるで無関係な衝動から「暗殺」を遂行し、獄中生活を送ったあと、状況の変化とともに「転向」を強いられるが拒否して彼自身が「清算」されるといったある種のヒロイックな運命をたどるのだが、『小さな兵隊』の主人公にはそんな運命的なチャンスもなく使命感もなく、ただむなしく愛の逃避行を試みるだけである。

レジスタンスの精神的支柱となったこともあるというカトリック作家、ジョルジュ・ベルナノス（ロベール・ブレッソン監督が映画化した「田舎司祭の日記」や

「少女ムシェット」の作者でもある）の自伝的回想録「辱められた子供たち」のように「ぼくにとって、行動の時代は過ぎ去った。ぼくは年をとったのだ。思索の時代がはじまる」とつぶやく冒頭のモノローグから、愛する女ヴェロニカを失って、「あとはいつまでも悔いを残さず悲しまないことを学ぶことだった。だが、それでよかったのだ。なぜなら、ぼくの前には、まだたくさんの時間が残されていたからだった」というオーソン・ウェルズ監督の『上海から来た女』（一九四八）の主人公マイケル・オハラ（オーソン・ウェルズ）のように青春との決別を否応なくつぶやくラストのモノローグまで、人生の挫折感、生き残った者のやましさについての苦渋に満ちた饒舌な「思索」の連続である――それも早口に、語る相手もなく果てしのない独白のように。

ヌーヴェル・ヴァーグの衝撃作、一九五九年の『勝手にしやがれ』に次ぐジャン＝リュック・ゴダール監督の第二作であった。十九歳のアンナ・カリーナのデビュー作になるはずであったが、映画はアルジェリア戦争批判のかどで三年近く公開禁止になったため（主人公ブリュノ・フォレスチエがナイロンのストッキングを頭からかぶせられ、顔面にシャワーを浴びせられて呼吸ができないくらい苦しめられる拷問シーンなどかなりカットされていたといわれるが、すさまじく耐えがたいくらいだ）、ゴダールの長篇第三作『女は女である』のあと、一九六三年になってやっと陽の目をみることになった。日本ではさらにずっと遅れ、一九六八年末にやっと公開された。

3 アンナ・カリーナに聞く（2）

——ジャン゠リュック・ゴダール監督の『勝手にしやがれ』の小さな役をことわってから一年後にまた、「プロデューサーのジョルジュ・ド・ボールガールのオフィスにこられたし」という電報がゴダールから届くわけですね。

カリーナ　一年後でなく、四か月後でした。わたしに「ぬぐ」ことしか言わなかったあの黒眼鏡の男の印象がひどく悪かったので、もう二度と会いに行く気はなかったのですが、そのころ同じサンジェルマン・デ・プレ界隈に住んでいた仲間たちが、とくにクロード・ブラッスールが——クロード・ブラッスールはのちにジャン゠リュックの『はなればなれに』（一九六四）でわたしと共演するのですが——「ゴダールってのは天才だぜ、『勝手にしやがれ』という天才的な映画をつくった男だ」と言って、わたしにこのチャンスをのがすな、会いに行け、と強くすすめたんです。『勝手にしやがれ』はまだ公開されていなかったけれども、試写会で見た人たちはみな衝撃をうけ、噂の映画になっていたんです。わたしだけが知らなかった（笑）。

——その間にジャン゠リュック・ゴダールがアニエス・ヴァルダのところであなたの写真を見て、その美しさに魅せられて、もう一度あなたを呼びだしたとユニフランス・フィルムの作成したファイルの経歴には記されているのですが、写真家としても有名だったアニエス・ヴァルダがあなたを撮った写真があったのですか。

カリーナ　それは何かの間違いだと思います。わたしはジャン゠リュックの前にアニエス・ヴァルダと会ったことはありません。ジャン゠リュックといっしょにアニエス・ヴァルダの監督した『5時から7時までのクレオ』（一九六二）という映画のなかの寸劇に出演したのはもっとあとのことですから。アニエス・ヴァルダではなくて、もしかしたら、別の監督の映画のスチール写真をジャン゠リュックは見たのかもしれない。実際には撮影されなかった映画なんですが、クロード・マコウスキーの製作・脚本で、ピエール・ボーション監督の『ほかのどこにも《ニュルパール・アイユール》』という作品にわたしは出演するはずでした。テスト・フィルムやスチール写真は撮っていたのですが、プロダクションがつぶれてしまったのです。そのテスト・フィルムやスチール写真をジャン゠リュックが見たのかもしれません。クロード・マコウスキーは『はなればなれに』の冒頭の英語のクラスに生徒のひとりとして出演しています。

――あ、あの、たしか、あなたの隣にいる小太りの男ですね。

カリーナ　そう、そう。おたがいにカンニングしたりして（笑）。

――女教師に気に入られようとして「百万ドルの大作映画」というのは英語で何というのか、などと聞いたりするんですね（笑）。

『勝手にしやがれ』から一年後、いや、四か月後、二度目にジャン゠リュック・ゴダールとお会いになったときには、すべてがうまくいくわけですね。

カリーナ　「こんどはヒロインの役だ」と言われておどろきました。わたしが「またぬぐの？」と聞くと、「いや、こんどはぬがなくていい」（笑）。「どんな映画なの？」「政治映画だ」。でも、わたしは政治についてはまったくの無知。「何も知らなくていい。知らないほうがいい。アルジェリア戦争をあつかった映画になるが、ヒロインは何も知らずにその政治的陰謀に巻き込まれる」という説明でした。それが『小さな兵隊』（一九六〇）でした。

――その直後に、「ジャン゠リュック・ゴダール、主演女優兼恋人を発見す」という新聞記事が出て大騒ぎになるんですね。一九六〇年の「ル・フィルム・フランセ」だったか「ラ・シネマトグラフィー・フランセーズ」だったか、映画業界紙のバックナンバーに、ゴダールの手書きの文字で、「ジャン゠リュック・ゴダールは、『勝手にしやがれ』を撮り終えたばかりだが、次回作『小さな兵隊』を準備中で、その出演者および恋人として十八歳から二十二歳の娘を求む」という広告がのっているのを見たことがあります。

カリーナ　騒ぎのもとは、その広告をもとにして「フランス・ソワール」紙にフランス・ロッシュという有名な女性ゴシップライターが書いた記事でした。この記事が出たために、みんな、わたしのことをわたし以上に知っているという始末でした（笑）。わたしはジャン＝リュックに、もう絶対に映画には出ないと涙の抗議をしました。電話をかけて泣きながら大声でどなったんです。すると、またジャン＝リュックから電報が来て、「ハンス・クリスチャン・アンデルセンのおとぎの国の少女が涙なんか流してはいけない」。すてきでしょ。しかも、ドアをノックするので、あけてみると、ジャン＝リュックが赤いバラを五十本も持って、あやまりに来たんです。「主演女優兼恋人を発見す」というのは、『小さな兵隊』がまだ撮ると決まっていないときに宣伝文句として友人のフランソワ・トリュフォーが考えたもので、それをフランス・ロッシュが『小さな兵隊』の記事に使ったんだ、とジャン＝リュックは涙を流しながら一所懸命弁解してくれました。

――そういえば、『勝手にしやがれ』のオリジナル・シナリオを書いたのもフランソワ・トリュフォーでしたね。

カリーナ　そうです。ふたりはとても仲がよかった。ジャック・リヴェットやエリック・ロメールとも仲よしでした。彼らはいつもいっしょでした。

――『勝手にしやがれ』でヌーヴェル・ヴァーグの旗手となったジャン゠リュック・ゴダール監督の次回作『小さな兵隊』であなたはスター女優としてデビューするはずだったのに、アルジェリア戦争を批判的に描いた極左的な映画としてドゴール政権によって一時は公開禁止になってしまう。それから六年後にはジャック・リヴェット監督のもとにヒロインを演じた『修道女』（一九六六）が公序良俗を害するというドゴール政権の情報大臣ペールフィットのひとことで、またも公開禁止になる。ひとりの女優に二本も重要な主演作が公開禁止になるというのは不運ですね。

カリーナ　でも、わたしのせいじゃありませんから（笑）。監督たちにとってはすごく不運なことだったと思います。

――『修道女』から二十八年後に、ジャック・リヴェット監督が『パリでかくれんぼ』（一九九四）であなたのために、謎めいていて、歌も歌うというすばらしく美しい役を考えだしたのは、ひょっとして『修道女』に対するある種の償いのようなことからでもあったのでしょうか。

カリーナ　そのようなことはないと思います（笑）。『修道女』は映画化されるずっと前に、一九六二年に、ジャック・リヴェットがわたしを主役に舞台化したものでした。わたしにとって初めての舞台でした。大成功でした。客席全体がヒロインの運命に涙を流してくれ、毎晩、大きな拍手を送ってくれました。映画はその延長にすぎなかったのです。

――舞台のときと同じ配役で映画化されたのですか。

カリーナ　いいえ、まったく別です。わたしだけが同じで、あとは舞台の俳優たちでしたから。映画化は全然異なるキャストです。

――『小さな兵隊』では、スクリーン・テストのときに「この娘はダメだ、ものにならない」というスタッフ全員の反対を押し切って、ゴダールがあなたをヒロインに決めたという感動的な話が伝わっていますね。キャメラマンは『勝手にしやがれ』からずっとゴダールとコンビを組むことになるラウル・クタールですが、スクリーン・テストのときもラウル・クタールが担当だったのですか。

カリーナ　そうです。でも、わたしのことを「この娘はひどい、使いものにならない、やめたほうがいい」ってジャン゠リュックに耳打ちしていたのは、ラウル・クタールではなくて、助監督のジャック・ロジエでした。「こんな役立たずの娘なんか、さっさと帰したほうがいい」なんて。わたしは頭に血がのぼりました。結局、ジャック・ロジエは途中でスタッフから抜けてしまったけど（笑）。

――ジャック・ロジエは『アデュー・フィリピーヌ』（一九六〇―六二）というすばらしい映画をそのあと撮っていますね。

カリーナ　ジャン゠リュックも彼のことはとても高く買っていたみたい。親友という感じでした。

――『小さな兵隊』は、ジャン゠リュック・ゴダール監督からの、あなたへの、アンナ・カリーナへの、すばらしいオマージュではないかと思います。とくにミシェル・シュボール扮する主人公が「写真は真実を写す。映画は〔一秒二十四コマ回転で〕毎秒二十四倍もの真実を写すんだ」と言って、あなたにいろいろなポーズをつけながら、写真を撮るシーンは、その極致とも言える美しいシーンではないかと思います。

カリーナ　あのシーンはジャン゠リュック自身が写真を撮るブリュノという主人公の役になって、わたしにいろいろな質問をしたり、「両手で髪を上げて」とか「上目づかいでこっちを見て」とか「レコードのジャケットを取って顔の前に」とか指示したりしながら実際にカメラを構えて写真を撮ったんです。

――報道写真家のブリュノという主人公の役はミシェル・シュボールが演じていらっしゃいます

が……。

カリーナ　ミシェルはそのあと、ジャン＝リュックがやったように写真を撮るところを演じたんです。

――なるほど。あのアパルトマンのなかであなたがいろいろな質問に答えながら動いたりポーズをとったりして写真を撮られるところは、ミシェル・シュボールではなく、ジャン＝リュック・ゴダールを相手に演じられたわけですね？

カリーナ　そうなんです。

4 ラウル・クタールに聞く（2）

――『小さな兵隊』のなかで、ミシェル・シュボールの演じる主人公がアンナ・カリーナの写真を撮るシーンで、「ライトは必要ない、高感度フィルムだ。アグファ・レコードだから」と言う台詞がありますね。

クタール　そう、そのとおり、ライトなしで撮れる高感度フィルムでした。

――映画のなかで、「フランス最高のキャメラマンであるわが友ラウル・クタール……」という友情のめくばせのようなナレーションもありますね。

クタール　（笑）。

――『勝手にしやがれ』（一九五九）で使用された高感度フィルム、イルフォードHPSに次いで、『小さな兵隊』（一九六〇）ではやはり写真用のアグファ・レコードを映画用に初めて使用しておられますね。イルフォードHPSは『アルファヴィル』（一九六五）でもまた使われていますね。クレジットタイトルにも「ラウル・クタールによりイルフォードHPSで撮影」と出てきます。

クタール　『アルファヴィル』のときには、すでに映画用のフィルムがあったので間違いはありませんでした。『勝手にしやがれ』の成功で話題になり、イルフォード社が映画用のHPSを製造しはじめたのです。同じように、『小さな兵隊』で初めてわたしたちが使ったアグファ・レコードも、その後、映画用のフィルムとして製造されるようになった（笑）。いまでは名称も変わってアマチュア用のフィルムとして売られているけれども。

――『カラビニエ』（一九六三）ではコダックのダブルXという高感度フィルムを使われていますが、これはゴダール自身が「現在出まわっているもののなかで最もすぐれたフィルム、最も写真濃度の高いフィルムであり、粒子はかつてのプラスXと同じくらい細かく、感度はトライXと同じくらい高く……」（「ゴダール全評論・全発言I」、前出）と当時すでに分析していますが、高感度フィルムのことをよく知って使うことになったわけですね。

クタール　そうです。ジャン゠リュックはフィルムのこと、キャメラのこと、すべての技術的なことに精通していた。

――『小さな兵隊』はゴダールの祖国（というか出身地）、スイスのジュネーヴで撮影されましたが、最初からロケ地が決まっていたのですか。

クタール　そうです。ジャン゠リュックの故郷で、戦争中までそこで暮らしていた、勝手知ったる街ですからね。すでにロケハンをすませていたようなものでした（笑）。それに、アンナ・カリーナをパリのボーイフレンドから引き離そうとして（笑）……彼女にひと目惚れでしたからね。アンナ・カリーナのボーイフレンドが撮影現場にも来て彼女につきっきりという感じで（笑）。ジャン゠リュックはとてもうるさがっていた。彼女をなんとか男から引き離そうとしてパリから離れてジュネーヴにロケしたような感じさえあった。それでもけっこううるさく男はパリからやってきて、一時はジュネーヴに居を移していたようですが……。

紹介あるいはシャルロットと彼女のステーキ
PRÉSENTATION ou CHARLOTTE ET SON STEAK

エリック・ロメール作品（1951、未完）。
脚本・監督・台詞・撮影　エリック・ロメール。主演　ジャン゠リュック・ゴダール。
1960年、ジャン゠リュック・ゴダール監修によるダビング版（声）ジャン゠リュック・ゴダール、アンナ・カリーナ、ステファーヌ・オードラン。
上映時間　10分。

声だけの夫婦共演

一九五一年、二十歳当時のまだ黒眼鏡もかけておらず、髪の毛もふさふさしていたゴダールが、『紹介あるいはシャルロットと彼女のステーキ』というエリック・ロメール脚本・監督の自主製作の16ミリ短篇に主演。ひとりの男の人生の選択――ふたりの女のあいだで悩む男の迷いと決断――というエリック・ロメールならではの「教訓的物語」につらなる作品で、相手役のふたりの女の子はまったく無名の素人が演じているのだが、サイレントで撮ってそのまま打ち捨てられていたものを一九六〇年にゴダールが編集し、声や音を入れるダビングもした。『小さな兵隊』が公開禁止になり、『女は女である』が撮られる前のことである。ゴダール本人がゴダールの声を、女の子のひとり（ヴェロニクという役名ではなかったが）の声をアンナ・カリーナが吹き替えたので、声だけの夫婦共演になった。一九六六年（幸運にも私はパリに滞在していた）、エリック・ロメール特集上映がパリ十四区のユルム街のシネマテークの別館でおこなわれたときに、エリック・ロメールが会場に来て、口ごもりながら早口でいろいろ事情を説明しながら挨拶したあと、上映された。

『紹介あるいはシャルロットと彼女のステーキ』に次いで、エリック・ロメールは「シャルロットもの」の連作を撮るつもりで脚本を書いていた。のちに「六つの教訓的物語」シリーズに発展し、合流するものである。その脚本の一本を一九五七年にジャン゠リュック・ゴダールが映画化したのが『シャルロットとヴェロニク』の別題でも知られる『男の子の名前はみんなパトリックっていうの』で、ジャン・コクトーへの献辞からはじまり、シャルロットの役はゴダールの当時のガールフレンドだったというアンヌ・コレットが、ヴェロニクの役はヌーヴェル・ヴァーグのプロデューサーになるピエール・ブロンベルジェの姪のニコル・ベルジェ（ブロンベルジェの半分を姓にしたという）が演じた。ロメールのほうはニコル・ベルジェ主演の短篇『ヴェロニクと彼女の劣等生』（一九五八）を撮り、ゴダールは自らの脚本で短篇『シャルロットとジュール』（一九五八）を撮って、アンヌ・コレット主演の「シャルロットもの」とニコル・ベルジェ主演の「ヴェロニクもの」へとそれぞれ発展していく――と思っていたところ、のちにゴダールの姉弟妹のうち最も仲のいい妹もヴェロニクという名であることを知って（コリン・マッケイブ「ゴダール伝」、前出）、なんだか、こちらの思いだけが短絡的に突っ走りすぎたような気がして（天涯孤独で孤高のゴダールというイメージを勝手に描いて信じこんでいたのに、よくあるブルジョワ的なふつうの家族がいたなんて！）、とはいえ、ヴェロニクというのはゴダールにとっては身近で親しい名ではあったのだろう。

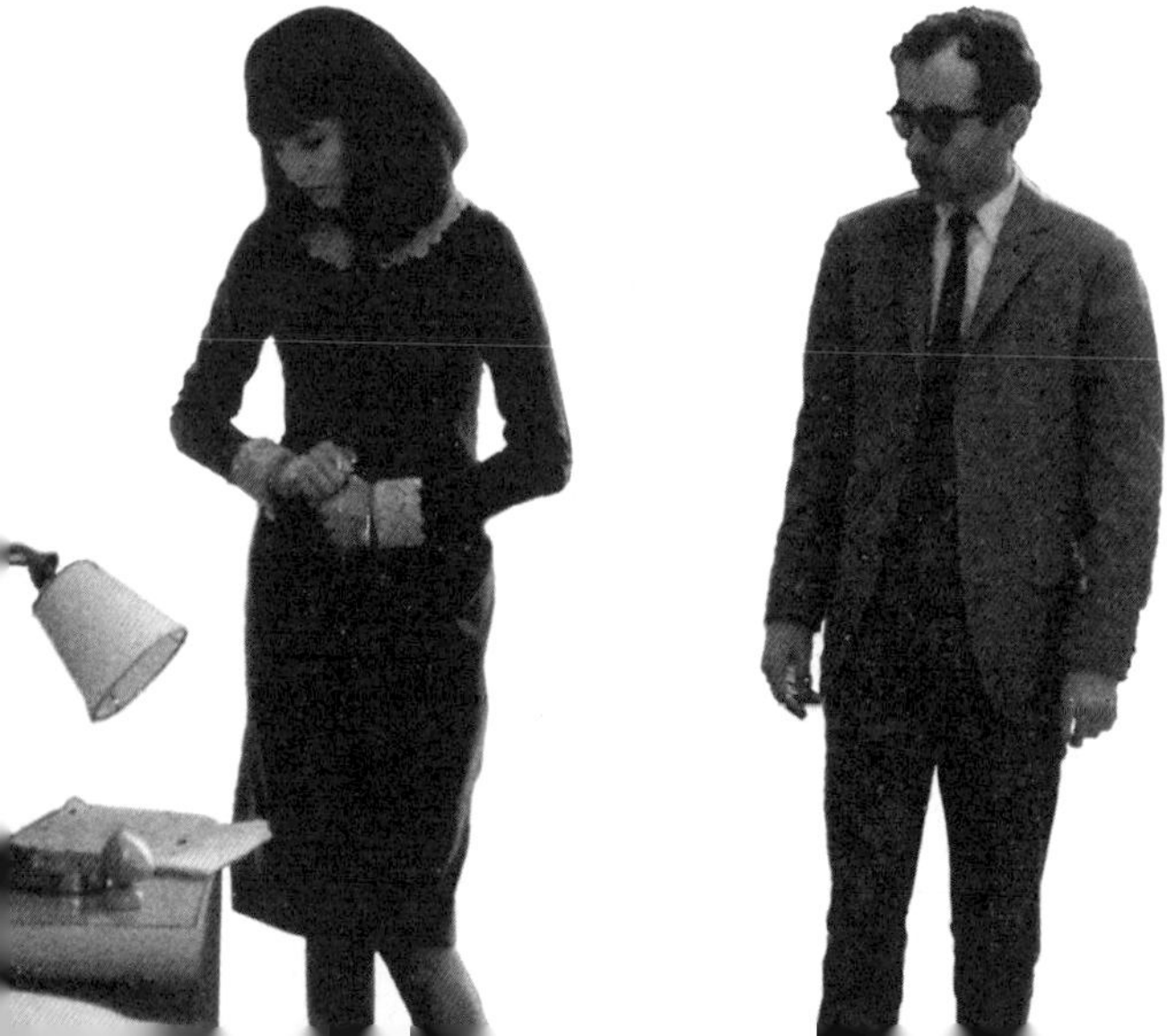

わがアンナ・カリーナ

1965年5月25日、パリの彼女のアパルトマンにて

ロウソクに火をつけて…「これで少しは明るくなるかしら」

女は女である
UNE FEMME EST UNE FEMME

ジャン＝リュック・ゴダール作品（1961）。
イーストマンカラー、フランスコープ。上映時間　1時間24分。
監督・脚本・台詞　ジャン＝リュック・ゴダール。原案　ジュヌヴィエーヴ・クリュニー。撮影　ラウル・クタール。美術　ベルナール・エヴァン。録音　ギー・ヴィレット。記録　シュザンヌ・シフマン。音楽　ミシェル・ルグラン。挿入歌　シャルル・アズナヴール「のらくらもの」。編集　アニエス・ギユモ、リラ・エルマン。製作　ジョルジュ・ド・ボールガール／カルロ・ポンティ。
撮影期間　1960年11月－1961年1月。撮影場所　パリおよびサンモーリス撮影所（フランス）。
出演　アンナ・カリーナ（アンジェラ）、ジャン＝クロード・ブリアリ（エミール・レカミエ）、ジャン＝ポール・ベルモンド（アルフレッド・ルビッチ）、マリー・デュボワ（シュザンヌ）、エルネスト・メンゼル（キャバレーの主人）、ジャンヌ・モロー（本人自身）、カトリーヌ・ドモンジョ（ザジ）、ドミニク・ザルディ（偽盲人1）、アンリ・アタル（偽盲人2）。
1961年ベルリン国際映画祭審査員特別賞およびアンナ・カリーナに最優秀主演女優賞。
フランス公開　1961年9月6日。日本公開　1961年12月23日。

1 映画は映画である

「これこそ映画なのだ！」とジャン＝リュック・ゴダールは、批評家時代に（すでに短篇映画を撮りはじめていたが）、一九六〇年代の、「アンナ・カリーナ時代」の、美しい映画群を予告するような、こんな一文を書いている（「カイエ・デュ・シネマ」誌一九五八年三月第81号）。

……〔マックス・オフュルス監督の『快楽』（一九五二）で〕ダニエル・ジェランがシモーヌ・シモンにこう語る場面がある。《ぼくは君が歩いているところを見るのが大好きだ。君が腰をおろすところを、君が鰯《いわし》を食べるところを見るのが大好きだ。君の動きはどれも素晴らしい》と。そして事実、オフュルスによって演技指導されたシモーヌ・シモンの動きはとてつもなく素晴らしいのである。まさにこれこそ映画なのだ！　ほれぼれするほど美しい女を出演させ、その相手役に《あなたはほれぼれするほど美しい》といわせるということ、これが映画なのだ。これほど単純なことがほかにあるだろうか！（「ゴダール全評論・全発言I」、前出）

ゴダールは長篇映画第一作『勝手にしやがれ』（一九五九）でも、ジーン・セバーグという「ちょっと変わった女の子」だが「ほれぼれとするほど美しい女優」をヒロインに起用し、その相手役のジャン゠ポール・ベルモンドにずばり「ほれぼれするほど美しい」と言わせていた。ピエール゠オーギュスト・ルノワールの美しい少女像「可愛いイレーヌ／イレーヌ・カーン・ダンヴェール嬢」のポスターの前にジーン・セバーグを立たせ、まさにその似姿をほうふつとさせる一瞬もある。

だが、思いはかなわない。「残念なるかな、無念なるかな、わが愛する女は、首すじがとても美しく、乳房がとても美しく、声もとても美しく、手首もとても美しく、額もとても美しく、膝もとても美しい……だが、その気がない」とミシェル・ポワカール（ジャン゠ポール・ベルモンド）は慨嘆した。

「俺と寝る気がない」「俺を愛してくれない」ということなのである。そんなつれないパトリシア／ジーン・セバーグにミシェル・ポワカール／ジャン゠ポール・ベルモンドは狂わんばかりになった。愛してほしい女に愛されない。「残念なるかな、無念なるかな」という嘆きもそこから生まれた。

『勝手にしやがれ』に次ぐジャン゠リュック・ゴダール監督の長篇第二作『小さな兵隊』（一九六〇）ではついにアンナ・カリーナという無条件に「ほれぼれするほど美しい女」をつかまえて出演させ、その相手役のミシェル・シュボールに映画のあいだじゅう「あなたはほれぼれするほど美しい」と言わせつづけたが、映画は——政治的な理由で——公開禁止になった。

そして、ついに、「これが映画なのだ。これほど単純なことがほかにあるだろうか!」という、ただそれだけの美しいエモーションそのものに炸裂したゴダール/カリーナ時代の真の開花が、そして、もしかしたらゴダール/カリーナの唯一の真に幸福な映画がジャン゠リュック・ゴダール監督の長篇映画第三作、『女は女である』(一九六一)なのである。

「女は女であることを証明しながら映画は映画であることも証明してみせる」という「きわめて心をそそる試みだった」とさらにジャン゠リュック・ゴダールは語る(『女は女である』のレコードより、「ゴダール全評論・全発言I」、前出)。

女は、もちろん、アンナ・カリーナ——真っ赤なセーターやストッキングが生地のやわらかさまで感じられるような着こなしでよく似合う。のっけから、あざやかで肌ざわりのようになめらかで濃厚かつ鮮烈な色彩に魅せられることになる。

フランスコープというフランス式シネマスコープの横長の黒地の画面いっぱいに、白と赤(人名は赤)で、ネオンサインのまばたきのように、いきなり次々と、

昔（白）
むかし（白）
ボールガール（赤）
イーストマンカラー（白）
フランシュマンスコープ（白）
ポンティ（赤）
ゴダール（赤）
コメディー（白）
フランセーズ（白）
クタール（赤）
ミュージカル（白）
ルグラン（赤）
演劇的（白）
エヴァン（赤）
感傷的《センチメンタル》（白）
ギユモ（赤）

とたのしいクレジットタイトルが出てくる。これは昔むかしではじまるおとぎ話で、製作はジョルジュ・ド・ボールガールとカルロ・ポンティ、監督はジャン゠リュック・ゴダール、撮影はラウル・クタール、音楽はミシェル・ルグラン、美術はベルナール・エヴァン、編集はアニエス・ギユモ、ミュージカル的作品で、フランス的な喜劇（たぶん国立劇場コメディーフランセーズ座とダジャレになっている）で、演劇的なセットで、感傷的《センチメンタル》な恋物語、そしてイーストマンカラー、フランシュマンスコープ――フランシュマン（じつを言うと）〔本物のシネマスコープではない〕フランス製スコープというダジャレになっている――で撮った作品であることを、いっきょに映画の内容とともに要約して予告してしまうのだ。

さらにつづけて、こんどは交互に白とブルーと赤で、

オペラ（白）
ルビッチ（青）
巴里祭（青）
シネマ（赤）

とつづいて、フランス国旗の三色（トリコロール）がそろい、映画そのものの出典というか、下敷きにした古典的作品が何かを明示して、これはオペラ、それもおそらく、というよりも、もちろんベルトルト・ブレヒトの「三文オペラ」（というのも、十八世紀のイギリスの劇作家ジョン・ゲイの「乞食オペラ」を本歌に取った、いわば改作の見本のようなものであり、歌はストーリーの流れをとめて解説になったり引用になったりするという意味で）とエルンスト・ルビッチ監督の、とくに一九三三年の『生活の設計』とルネ・クレール監督の『巴里祭』（一九三二）を先行作品として、それらをモデルにしてつくられた映画なのだといわんばかりに、ずばり、あっけらかんと手の内をバラし、クレジットタイトルらしいクレジットタイトルは以下、白文字で、ジャン゠クロード・ブリアリがうつる画面に「ブリアリ」、アンナ・カリーナがうつる画面に「カリーナ」、ジャン゠ポール・ベルモンドがうつる画面に「ベルモンド」と出るのに合わせて、「ライト！」「キャメラ！」「アクション！」のかけ声（アンナ・カリーナの声である）、そしてカフェの入り口をバックに『女は女である』というメインタイトルが赤い文字で出てくるときには、すでにファースト・シーンになっている。

真っ赤な傘をさした白いレインコート姿のアンナ・カリーナが歩いてくるのがカフェのガラスごしに見える。

〽可愛い娘にもどっておくれ／しあわせだったあの日のおまえに／そして時には昔のように……とせつせつと歌うシャルル・アズナヴールのシャンソン「のらくらもの」（カフェのジュークボックスから流れる曲であることがわかる）に迎えられて、アンナ・カリーナがカフェに入ってくる。

じつに心はずむ出だしだ。まさに、これこそが映画なのだ！　アンナ・カリーナの登場である。

映画の冒頭でとぎれとぎれに引用されるシャルル・アズナヴールの歌う「のらくらもの」は、映画の半ばごろになって、別のカフェのシーン——ジャン゠ポール・ベルモンドが「親友の妻」アンナ・カリーナをくどくシーン——でたっぷり全曲引用されるのだが（曲が流れてくるジュークボックスのなかには一九六〇年にシャルル・アズナヴールが主演した、しかしピアノを弾くけども歌わない、フランソワ・トリュフォー監督の『ピアニストを撃て』のサントラ盤のジャケットが見える。アンジェラ／アンナ・カリーナが「『ピアニストを撃て』のシャルル・アズナヴールはとっても素敵！」と称賛する台詞もある）、一九九三年二月に、ゆうばり国際冒険ファンタスティック映画祭の審査員長として来日したシャルル・アズナヴールに質問をしてみた。
――ジャン゠リュック・ゴダール監督が、『女は女である』のなかで、あなたの歌うシャンソン「のらくらもの」を、カフェのジュークボックスから流れるという形で、一曲まるまる使っていますね。
アズナヴール　たしかに、そのとおりだ。それも、許可なしでね。事後承諾ってわけ。なかなか狡猾なんだ。映画が出来上がったあと、ゴダールから電話があって、「きみのシャンソンを使っちまったんだけど、使用料がわからなくてね」とかなんとか言って、うまく値切ってね（笑）。しかし、さすがはゴダールでね、うまく使っている。（インタビュー集「映画はこうしてつくられる」、前出）
こうしてシャルル・アズナヴールのシャンソン「のらくらもの」（作詞作曲もシャルル・アズナヴール）は忘れがたい挿入歌として引用されることになった。

2　ミシェル・ルグランの音楽的役割

映画音楽の担当はミシェル・ルグランで、『女は女である』における音楽の効用については以下、『女は女である』（一九九八年に日本でリバイバル公開されたとき）のプログラムより中条省平氏の見事な分析を引用させていただきたいと思う。

〈ヌーヴェル・ヴァーグ〉の先頭に立って疾走するジャン゠リュック・ゴダールと共同作業をおこなうことで、ミシェル・ルグランの音楽の独創性は決定づけられる。すなわち、ゴダールの長篇第三作『女は女である』における一風変わった〈ミュージカル映画〉の試みである。

筆者のおこなったミシェル・ルグランへのインタビューによれば、ゴダールが『女は女である』の計画をルグランに持ちかけたとき、ゴダールの関心を占めていたのは、「登場人物が歌を歌わないミュージカル」というアイディアだった。実際、この映画音楽のオーケストレーションは、いかにもミシェル・ルグランらしい天鵞絨《ビロード》のように柔らかく豪奢なサウンドのつづれ織りになっていて、メロディを包みこむ彼のハーモニー感覚は、全盛期ハリウッドのミュージカル以上に優雅だといってよい。また、作中でアンジェラ（アンナ・カリーナ）は、「シド・チャリシーとジーン・ケリーの共演！　振り付けはボブ・フォッシー！」と、この映画のミュージカルとしての性格を高らかに宣言している。『女は女である』を初めて見て以来、筆者はしばらくのあいだ、この映画の登場人物が縦横に歌を歌いまくるという偽の記憶をいだいていたのだが、それほど『女は女である』の映画音楽は、ゴージャスで華麗なミュージカルに相応しい出来栄えだった。だが、この映画では、登場人物は歌を歌わない。すくなくとも、普通の歌は歌わない。

というのは、歌のシーンがないわけではないからだ。アンナ・カリーナが働くストリップ小屋の演《だ》し物の場面で、彼女は、赤い刺繍の縁どりをした純白のコルサージュに、青いストライプの入った白いセーラー服をはおり、帽子の赤いボンボン、襟もとの赤いスカーフ、赤いストッキングという具合に、赤のアクセントを施したトリコロールの衣裳を纏って、ミシェル・ルグラン作曲の、その名も「アンジェラ」という佳曲を歌う。しかし、この曲の構成が実に凝っている。ハーモニーを伴奏する音楽は存在しているのだが、アンジェラが歌を歌いはじめる瞬間にこの音楽がいきなり中断されてしまうので、アンジェラの歌だけがア・カペラになる、というより、舌足らずの鼻歌、いや、奇妙で官能的なささやきに変わってしまうのである。

この演目の最中には、照明も、アンジェラの合図を機に、赤や青といった原色に変化させられる。つまり、ここでは、後年のゴダール映画の特徴となる音声の中断という前衛的な手法がさりげなく導入されると同時に、『軽蔑』で絨毯に横たわるブリジット・バルドーの輝かんばかりの裸体を映しだす画面や、とりわけ、原色のフィルターで画面を覆いつくす『気狂いピエロ』のパーティーの場面でのように、色彩の実験が先駆的に試みられているのだ。

ゴダールとルグランの共同作業は、続く『女と男のいる舗道』と『はなればなれに』という計3作で終わってしまう。しかし、ルグランは『女は女である』の直後に、生涯の友情で結ばれる映画作家と最初のコラボレーションを実現する。ジャック・ドゥミ監督の『ローラ』である。

『女は女である』で照明が急に変わり、伴奏音楽が途切れてアンナ・カリーナのささやくような歌声だけがア・カペラになるところは、たぶん、ハリウッドのミュージカル・コメディーとは対照的に、劇中歌に特殊な照明を使ったり、歌が筋の流れをとめたりするブレヒト劇の方法のかなり意識的な踏襲かとも思われる。しかし、ゴダールは、もっと単純な理由から自然に生まれたものなのだと語る（「オブジェクティフ65」誌一九六五年、八月、九月合併号）。ここでもアンナ・カリーナをレスリー・キャロンに比較するイメージが出てくる。

『女は女である』のあのナンバー（「アンジェラ」）を演奏なしで、ひとりでリハーサルをくりかえしているアンナを見て、とても可愛らしいと思ったのです。彼女はストリッパーの役なのに、まるで『リリー』（チャールズ・ウォルターズ監督、一九五三）のレスリー・キャロンのようにういういしく清楚な少女のイメージだった。そこから、彼女が歌うところだけは伴奏の音楽なしでいこうと思ったのです。

ミシェル・ルグランの音楽とヌーヴェル・ヴァーグの結びつきは、ヌーヴェル・ヴァーグのプロデューサーとして知られるピエール・ブロンベルジェの製作によるフランソワ・レシャンバック監督（ブロンベルジェの甥であった）の「キャメラによるアメリカ紀行」、現実を不意打ちすることによって人間や社会の真実（ヴェリテ）をとらえる映画（シネマ）という意味で「シネマ・ヴェリテ」とよばれた新しいドキュメンタリーの代表的な一本である一九五八年の『アメリカの裏窓』からはじまり（同じ一九五八年にミシェル・ルグランはアメリカに渡ってマイルス・デイヴィスやジョン・コルトレーンやアート・ファーマーといったそうそうたるメンバーを率いて録音したアルバム「ルグラン・ジャズ」を発表している）、ゴダール、ジャック・ドゥミといったヌーヴェル・ヴァーグの一派が次々にルグランに映画音楽を依頼することになった。

ゴダールとのコラボレーションは、『女は女である』に次いで、短篇『怠けの罪』(オムニバス映画『新・七つの大罪』第5話、一九六一)、『女と男のいる舗道』(一九六二)、短篇『立派な詐欺師』(オムニバス映画『世界詐欺物語』第5話、一九六三)、そして『はなればなれに』(一九六四)とつづき(一九六五年につくられた『女は女である』のエピソードの続篇であるオムニバス映画『パリところどころ』の第5話『モンパルナスとルヴァロワ』もふくめて)、当初はとくに熱がこもっていたものだったと思われる。『女と男のいる舗道』でアンナ・カリーナがひとり踊りまくるとき、『はなればなれに』でアンナ・カリーナがクロード・ブラッスールとサミー・フレーと踊るとき、ジュークボックスから流れる音楽のすばらしさはミシェル・ルグラン以外に考えられないくらいだ。『女は女である』のア・カペラつまり楽器による伴奏なしでアンナ・カリーナが歌うところ以外の「アンジェラ」のナンバーの主旋律が高鳴る心ときめく軽快なホンキー・トンク・ピアノの演奏! それにアンナ・カリーナがひとり室内でその夜の夫婦のベッドをととのえたりして「科学的な正確さで妊娠と受胎の日を計測できる」小さな計算機を説明書とともに学ぶ前に、たのしいざわめきのように流れるチャールストンふうのジャズを歌うのはミシェル・ルグラン自身とのこと。

もっとも、ミシェル・シオンという、あきらかに、あからさまにミシェル・ルグラン嫌いの音楽評論家（「映画の音楽」、前出）の以下のようなおそろしく手厳しい批評もある。

むろんゴダールは、初期にはじつに多くのことを試み、〔ジャック・〕ドゥミの『シェルブールの雨傘』の四年前、ミシェル・ルグランとともにミュージカル・コメディ『女は女である』を製作さえしたほどだ。魅力的だが少々退屈なこの作品では、男女のあいだで歌わない台詞、果てしない論戦のために、音楽が支えと切断をかねるようにという構想で、作曲された。

だが映画では、話が進んでも、音楽はけっしてお互いを結びつけることはないし、別離を強調したりもしないように思える。たとえば、ジャン゠ポール・ベルモンドがカフェからアンナ・カリーナに電話をするとき、モンタージュによって、カフェとヒロインの部屋を交互に目にすることになる。音楽のスタイルや音色は、カフェの雰囲気とは噛み合わない。さらに音楽が響き出すのはベルモンドのショットで、カリーナのショットではすげなく途切れてしまうのだ。別の時には、監督はカリーナにアカペラで歌わせ、彼女の台詞の間にピアノのリトルネルロ〔歌の前奏・間奏・後奏として反復される器楽的な部分〕を挿入するが、声と楽器の伴奏もしっくりいかない。また別の場合には、とつとつとした音楽が、果てしない言葉の受け答えのピンポンゲームを区切るうえ、間投詞によって、二人の罵り合いを焚きつける役もする。音楽はこういった状況を十分に心得ているといえそうだ。ゴダールはたえずリズム上の急激な変化を使うが、その組織化の徹底ぶりは、ある種の単調さもかもし出す。

それにしても、「登場人物が歌を歌わないミュージカル」をめざしたという『女は女である』がミシェル・ルグランの音楽なしには考えられなかったであろうことは間違いない。

「ミシェル・ルグラン自伝　ビトゥイーン・イエスタデイ・アンド・トゥモロウ」（髙橋明子訳、濱田髙志監修、アルテスパブリッシング）にはこんな記述がある。

歌と色彩の映画というジャック・ドゥミの描いた夢を、私は彼に先がけてゴダールの『女は女である』において実現させた。しかし面白いのは、この映画がミュージカルになったのは、撮影が完了してからだった。最初の編集を見せられたとき、私はゴダールに小声で言った。「知らなかったよ。きみがミュージカルを撮っていたなんて。承知してくれるなら、全体に音楽を入れるよ。台詞のバックや台詞の間にも、それに人物たちが歩き回るシーンにも。きっとアンナ〔・カリーナ〕が通りを歩くと踊っているように見えるだろうし、彼女が話すと歌っているように見えるさ！」それは無茶苦茶な仕事だった。私はフィルムの一ミリごと、ほとんど一〇〇分の一秒ごとに手を入れた。ミキシングが終わったとき、驚くべき偶然だったが、ジーン・ケリーから電話があった。「パリに来ているんだ。ちょっと会わないか」。ゴダールと一緒に、私はジーンのために『女は女である』の試写を設定した。ジーンは面食らっていた。「きみたちはどうやって、一曲の歌も振付もなしにミュージカル・コメディを撮れたんだい？」私は彼に私たちの方法を説明した――どうやってハリウッド方式とは異なるミュージカルに、ラディカルな新しい概念を持ったモダンなミュージカルに、到達できたのかを。これこそが一つしかないミュージカルの奇跡的な原型になったのだと。ジーンは儀礼的に微笑んだが、彼の目は正直にこう言っていた。「きみたちの頭はいかれてる！」

『シェルブールの雨傘』（一九六四）のミシェル・ルグランの楽曲を『はなればなれに』に引用して、めくばせという以上に敬意を表したゴダールは、のちに（「カイエ・デュ・シネマ」誌一九六七年十月第194号所載のインタビューにおいて）、アンナ・カリーナが出演した最後のゴダール映画になる『メイド・イン・USA』（一九六六）について、何よりも『シェルブールの雨傘』に似せてつくった映画であること、「登場人物は歌っていないが、映画そのものが歌っているのだ」と、あたかも『女は女である』のミシェル・ルグランの音楽を未練がましくなつかしむかのように語ることも付け加えておこう。

3 ゴダールの色彩感覚

『女は女である』はジャン＝リュック・ゴダール監督の初のカラー（イーストマンカラー）、スコープ（フランスコープ）作品だが（ゴダールは白黒作品はスタンダード・サイズで、カラー作品はシネマスコープ・サイズで撮ることをモットーにしていたという）、カラーの鮮烈な印象は、ミシェル・ルグランの音楽以上と言ってもいいかもしれない。フランソワ・トリュフォーも、『女は女である』や『気狂いピエロ』（一九六五）のゴダールの色彩感覚を絶讃している（「トリュフォー最後のインタビュー」、「季刊リュミエール」一九八五年十二月第2号）。

ゴダールの映画のカラーは見事なものです。ゴダールはすばらしい造形的感覚の持ち主で、絵画からの刺激や影響をおそれず、強烈な原色を使うことをためらわない。彼はみずから壁や床にペンキを塗って、色彩を生みだしていく。撮影前にやってきて、彼は、「よし、ここはブルーに塗ろう」とか、「この壁はグリーンに塗ろう」とか決めるのです。そういった造形的感覚にもとづく色彩設計を、たぶん彼はマチスとかミロとかピカソといった画家たちの絵から直接、感覚的に学んで生みだした。そういったやりかたは、もちろんゴダールならではの独創的なやりかたで、ゴダール映画の色彩はゴダールみずからが生みだしたものなのです。

4　新婚おのろけ映画

『女は女である』は、ハワード・ホークス監督の『教授と美女』（一九四一）のように、「昔むかし……」ではじまるものの時代は現代の一九六一年で、『勝手にしやがれ』と同じように、すべてがいままさに起こりつつある現在進行形の映画というういきいきとした印象を与える。『勝手にしやがれ』とは違って同時録音撮影で、脚本も台詞もあらかじめきちんと書かれていたが、俳優たちがしゃべったり演じたりするのをドキュメンタリーのように、ルポルタージュのように、「決定的なものを偶然に獲得する」ために、長回しのキャメラで、ワンシーン゠ワンカットを原則に撮影されたという。ロベルト・ロッセリーニ監督と戦後のイタリアの生々しいドキュメンタリー・タッチの映画とその――ネオレアリズモ（新しいリアリズム）とよばれた――作風に言及しつつ、「ネオレアリズモふうのミュージカル」の試みだったともゴダールは語っている（「カイエ・デュ・シネマ」誌一九六二年十二月第138号所載のインタビュー）。

当時、ゴダールとカリーナはすでに同棲中で結婚を間近に控えて（映画は一九六〇年十一月から六一年一月まで五週間の撮影、ふたりが結婚するのは映画の完成後の六一年三月三日である）、進行中のふたりの愛の生活をそのまま撮っているような「おのろけ」映画でもあった。それをでれでれといちゃつく感じでなく、いや、いちゃついてはいるのだがすべてをまるで揶揄するように突っ放して故意にデタラメにドライに撮ったような感じなのだ。「幸福ほど語りにくいものはないのだ」とフランソワ・トリュフォーが代弁してくれるだろう。「だからといって、不幸を語ったら、きりがない。ただもう自虐的な悪趣味におちいるだけだろう」(「ある映画の物語」、草思社)。幸福と不幸はもちろん表裏一体なのだ。

赤ちゃんがほしい、すぐにでもつくってほしい、二十四時間以内につくってくれなきゃいや、と不意に駄々をこねるように言いだして、巴里の屋根の下に同棲中の未来の夫(ジャン゠クロード・ブリアリ)に可愛らしく迫るアンジェラ(アンナ・カリーナ)だが、それが女らしい、というよりも、まさに女は女であることの戦略のようだ。「タマゴは半熟がいいな」と男が言うと、「いいわ。でも、その前に赤ちゃんをつくって」といった調子。ところが、エプロンをつけて台所に立ったのはいいが、夕食用に一個しかなかった貴重なタマゴを落として割ってしまう。「笑うべきか、泣くべきか」。おまけに――彼女は外国人なので――フランス語のRの発音がうまくできない。「なぜいつも苦しむのは女なの」。

男は、もちろん、とても彼女を愛していて、いまは共稼ぎのふたりだが、もう少し経済的に余裕ができたら結婚して二年後くらいには子供をつくってもいいと思う。女はそれを我慢できない。すぐつくってくれなきゃ、いや。あなたがだめなら、ほかの誰の子でもいいと言う。そんな脅迫に負けじと男も虚勢を張って、かまわない、やれるものならやってみろと言う。そして、ここに、親友の妻に恋をする男(ジャン゠ポール・ベルモンド）がいる。その名もすけべな（と言うしかない）アルフレッド・ルビッチ。

一九三三年のエルンスト・ルビッチ監督の粋ですけべな艶笑喜劇《セックス・コメディー》『生活の設計』の行き過ぎた三角関係の、これはゴダール的リメークなのである。

アルフレッド・ルビッチのアルフレッドはアルフレッド・ヒッチコックから多少はいただいたものかもしれないが（ヒッチコックには一九四一年の『スミス夫妻』という、スクリューボール・コメディーの女王といわれたキャロル・ロンバードのために撮ったロマンチックなスクリューボール・コメディーの洒落た小品がある）、たぶん才気あふれるロマンチックな恋愛格言劇「戯れに恋はすまじ」の作者である十九世紀フランスの詩人で劇作家、アルフレッド・ド・ミュッセの名から採られたらしいことがのちに察せられる。いや、もしかしたら、このころすでに、ゴダールは、十九世紀末から二十世紀初頭にかけてのフランス文学の異端児でキュビスムやダダイスムやシュルレアリスムの先駆者ともみなされるアルフレッド・ジャリの不条理演劇のはしり「ユビュ王」の映画化を構想していたはずだから（その後、一九六三年の『カラビニエ』に結実するアイデアだ）、アルフレッド・ジャリの名が念頭にあったとしても不思議ではないだろう。アンナ・カリーナの夫になる同棲中の、ジャン゠クロード・

ブリアリが〈役名は十八世紀フランスの思想家ルソーの自然教育論の主人公の名と同じ、といっても、じつはヒントになった女優のジュヌヴィエーヴ・クリュニーの原案でもすでにエミールという名だったが〉、室内でも自転車を乗りまわすところなど、自転車を偏愛したという奇人アルフレッド・ジャリへのはるかな挨拶かとも思われるほどだ。

ジャン＝ポール・ベルモンド扮するアルフレッド・ルビッチは、ルネ・クレール監督の『巴里祭』のつつましい、というのは恋仲の男女の前に男の昔の恋人が出現してちょっといざこざが起こるという、いわばふつうの、というか、よくある三角関係でいえば、ポーラ・イルリのように片想いの女性と同じ立場の役ながら、一夜の思い出がどうしても忘れられず、くどきつづけているような気配もある。ああ、残念なるかな、無念なるかな、俺はこんなにきみに夢中で、きみと寝たくてたまらないのに、きみにはまったくその気がない、と嘆く『勝手にしやがれ』のミシェル・ポワカール（ジャン＝ポール・ベルモンド）と同じ想いなのだ。

5　戯れに恋はすまじ

アンジェラ／アンナ・カリーナは天使《アンジェラ》のような心で同棲中の夫になるエミール／

ジャン＝クロード・ブリアリに、たぶん社交界でどんな男に言い寄られても作家のシャトーブリアンに誠実な愛を捧げつくしたというレカミエ夫人のように、すべてをつくして結婚の夢に生きているので、男客を連れこんで稼いでいる隣人からは「レカミエ夫人」とよばれている。親しい友人にくどかれても容易には心動かされない。ジャン＝ポール・ベルモンドが「親友の妻」アンナ・カリーナをくどくカフェのシーンは深刻で滑稽、アルフレッド／ベルモンドがアンジェラ／アンナ・カリーナへの真実の想いを証明するために、突然、スラップスティック・コメディーのようにコマ落としで走ってカフェの向こう側の壁に頭をぶつけて（一九五八年のジョルジュ・フランジュ監督『壁にぶつけた頭』へのめくばせもあるのだろうが、なんとも無謀な計画だ）、戻ってくるところもある。突然、真っ黒なサングラスをしてステッキをつきながら、ふたり組のにせ盲人が「お恵みを」と出現するところもある。与太者コンビ（とキャメラマンのラウル・クタールがよんでいた）、アンリ・アタルとドミニク・ザルディである。『気狂いピエロ』（一九六五）や『男性・女性』（一九六六）にも出てくるコンビだが、小遣い稼ぎにプロデューサーのジョルジュ・ド・ボールガールをしょっちゅうおどしてはクロード・シャブロルやゴダールの映画に出演することになったという。

ゴダールはチャップリンの言葉として「人生はクローズアップで見れば悲劇だが、ロングで見れば喜劇になる」という定義をしばしば引用し、『女は女である』は「クローズアップで喜劇を撮ろう」としたために、大衆にうけいれられなかったと語っているが、たぶんそれゆえにさかしまにデタラメな映画という印象を与えることになったのだろう、興行的には惨敗だった。

しかし、なんといっても、これはアンナ・カリーナの、アンナ・カリーナのための映画なのだ。アンナ・カリーナの美しく幸福なクローズアップでいっぱいだ。アンナ・カリーナ讃歌と言ってもいいくらいである。

同棲中の男女が一度は気まずくなってまた元の鞘におさまる話は、『巴里祭』よりもむしろジャック・ベッケル監督の『エドワールとキャロリーヌ』（一九五〇）を想起させる。

結婚前に赤ちゃんがほしい、いや、子供をつくるのは結婚後にしようとすったもんだのあげく、同棲中の若いカップルが最後はいっしょにベッドに入って仲直りという「結婚の生理学」のバルザック的結論に至る愛の寓話である。最後の「教訓」は、ずばり、「女は女である」ということになる！

「ミュージカル・コメディーに出たかったのに！」とアンナ・カリーナが叫ぶ。すると、画面が転換し、彼女はミュージカル・コメディーのヒロインになっている。しかし、一九五〇年代のハリウッドの、「主演はジーン・ケリーとシド・チャリシー、振付はボブ・フォッシー」というミュージカル・コメディーの時代はすでに遠い過去の夢だ。

『女は女である』は「すでに失われた」ジャンルであるアメリカのミュージカル・コメディーへのノスタルジーなのだとゴダール自身も語っている。それどころか、すべてがすぎ去った映画史へのノスタルジーなのだとでもいわんばかりに、サイレント喜劇のようにコマ落としもあり、マジック／トリック映画のジョルジュ・メリエスのように「これからごらんにいれまするは……」といった調子でキャメラ（観客）に向かってウィンクしたり話しかけたり挨拶をしたり、あるいはサイレント映画の歌う画面に歌詞が出るように（あるいはむしろ漫画映画に文字と画が同時に出るように）心のなかで思っていることが画面にスーパー字幕で出てきたり、フライパンから目玉焼きをほうり投げたまま廊下に出て隣の電話を借りて長話をして帰ってきてフライパンをさしだすと目玉焼きが落ちてくるといったドタバタ調のギャグもあれば、トーキー初期のロシアのボリス・バルネット監督の『青い青い海』（一九三五）のように唐突に音声が途切れたり（じつはトーキー初期の技術的な問題によるものだったが、それがまるでできそこないのB級低予算映画ならではの秘かな愉しみでもあるかのように)、同一のシーンのなかでサイレントになったりトーキーになったりするのだ。

そんな知的なお遊びのような才気あふれる手法も、知ったかぶりの映画かぶれの未熟な技術のミスとか奇をてらった若気の至りのようにみなされた。しかし、もちろん、すべてが映画的記憶にもとづくゴダールならではの奔放な「引用」だったのだ。鏡のような一枚板のワードローブを通り抜けるだけで着がえのできる『忍術キートン(キートンの探偵学入門)』(一九二四)のバスター・キートン的ギャグもあるし、ロバート・アルドリッチ監督の『ヴェラクルス』(一九五四)のバート・ランカスターを「わが友バート・ランカスター」と言ってベルモンドが白い歯をぬっとだしてまねてみたり、フランソワ・トリュフォー監督の『ピアニストを撃て』(一九六〇)と『突然炎のごとく』(一九六一)の女優たち、マリー・デュボワとジャンヌ・モローの特別出演、テレビ放映中のアニエス・ヴァルダ監督の『オペラ・ムッフ』(一九六〇)のワンシーン(妊娠中の女性が坂道を上る)など、数々の引用、めくばせもあれば、ベルモンドが「今夜はテレビで『勝手にしやがれ』を見るんだ」という台詞をはく自己パロディー的ギャグもある、といったぐあいだ。ラストシーンで、ベッドからパン・アップするとカーテン越しに「FIN(終)」のネオンが見えるところは、ハワード・ホークス監督の『暗黒街の顔役』（一九三二）のラスト（「世界はあなたのもの」というネオンのまばたき）を想起させよう。

ジャン・ルノワール監督の『黄金の馬車』（一九五二）のアンナ・マニャーニをまねるかのように、アンナ・カリーナが外国語訛りのある、ちょっと舌足らずの可愛らしい発音で、アルフレッド・ド・ミュッセの格言劇「戯れに恋はすまじ」のこんな台詞――モノローグ――を詠むところもある。


……男はみんな嘘つきで、浮気で、贋《に》せもので、おしゃべりで、偽善者で、高慢かそれとも卑怯で、見さげはてたものであり、情感の奴隷だ。女はすべて裏ぎり者で、狡猾で、見え坊で、物見高くて性根《しょうね》が腐っている。

人は恋愛ではいくたびとなく欺かれ、いくたびとなく傷つけられ、いくたびとなく不幸になる。しかし人は愛するのだ。そして自分の墓穴のふちまで来た時、こしかたを振り返り、独り言をいうのだ、わたしはたびたび苦しんだ、時には考え違いもした、しかしわたしは愛した……。（進藤誠一訳、岩波文庫）

「そして退場」と彼女はキャメラに向かって言う。それはすでにゴダール／カリーナの恋の哲学の苦々しい結論でもあるかのようだ。まさに、戯れに恋はすまじ。とはいえ、ロマンチックに、おふざけいっぱいに、恋の戯れをミュージカル・コメディーふうの味つけで愉快に美味しく料理してくれた一篇だ。

なにしろ、アンナ・カリーナがすばらしく、はつらつとして魅力的だ。一九六一年の（第十一回）ベルリン国際映画祭で最優秀主演女優賞を授与されたのも宜なるかな、である。

6 アンナ・カリーナに聞く（3）

――一九六〇年にあなたはジャン゠リュック・ゴダール監督の長篇第二作、『小さな兵隊』でデビューするはずだったのに、映画が「政治的理由」で公開禁止になってしまう（公開は一九六三年になってからですね）。しかし、すぐゴダールはあなたのために『女は女である』（一九六一）を企画して撮るわけですね。

カリーナ　わたしのために？　そうではなかったんです。『小さな兵隊』は公開禁止になったけれども、試写会で映画を見たミシェル・ドゥヴィルという新人監督がわたしに注目してくれて、彼の処女作『今夜でなければダメ』（一九六一）に起用してくれた。主役はじつはすでにマリー゠ジョゼ・ナットに決まっていた。サミー・フレーが相手役、男の主役でした。ところが、ふたりともアンリ゠ジョルジュ・クルーゾー監督の『真実』（一九六〇）にブリジット・バルドーと共演していて、そのあとミシェル・ドゥヴィルの第一回監督作品に出る予定だったのが、前の作品の撮影が長引いて出られなくなり、わたしが急きょ、マリー゠ジョゼ・ナットに代わって主役に抜擢されたのです。男優のほうは、サミー・フレーに代わってクロード・リーシュが起用されました。

『今夜でなければダメ』は軽快で、さわやかな、いかにもフランス的なロマンチック・コメディーで、好評でした。ジャン゠リュックはこの映画を見に行って、わたしを『女は女である』のヒロインに使うことにしたのです。それまでは、わたしのことなどヒロインどころか端役にも考えてもいなかったと思います（笑）。

――そうなんですか。『小さな兵隊』でゴダール監督とあなたは意気投合して結婚もなされたあとですし、『女は女である』はゴダール／カリーナのカップルの私生活から生まれた美しいロマンチック・コメディーのようにみなされていますが……。

カリーナ　映画と私生活は全然別です。とくにジャン゠リュックは仕事と生活をいっしょにする人ではなかった。それに……実際、映画の幸福なコンビと私生活のカップルの幸福とはまったく関係がないのです。幸福の質が違うんだと思います。

――ゴダールが『女は女である』を企画したのはあなたのためにとばかり思っていました。

カリーナ　『女は女である』はまったくわたしのための企画ではなかったんですよ。ジャン゠リュックは『小さな兵隊』のあと、ミシェル・ドゥヴィルの映画でわたしがコメディーを演じることができると見て、『女は女である』のヒロインをわたしに決めたんです。ミシェル・ドゥヴィルの映画を見て初めてその気になったんです。『女は女である』はわたしのために構想された映画ではなかった。

――フランソワ・トリュフォーによれば、ジャン゠リュック・ゴダールはすべての映画をアンナ・カリーナ主演で撮ることしか考えていなかったと……。

カリーナ　とんでもない。ジャン゠リュックはすべての女の子に声をかけていた。撮影所という撮影所の女優たちに、わたし以外のすべての女の子に！（笑）。マリナ・ヴラディにも、ジャンヌ・モローにも、アネット・ストロイベルグにも、それにイギリス女優のジョーン・コリンズにも。『女は女である』のヒロインには、とくにジョーン・コリンズを最初は使いたかったみたい。

――ジョーン・コリンズはハリウッドにも招かれて、といってもヨーロッパ・ロケのハワード・ホークス監督『ピラミッド』（一九五四）に出ているセクシーなイギリス女優ですね。

カリーナ　ジャン゠リュックはとくに『気まぐれバス』（ヴィクター・ヴィカス監督、一九五七）のジョーン・コリンズが気に入っていたと思う。

――たしかに、『気まぐれバス』のジョーン・コリンズについては批評家時代にも絶讃の批評も書いていますね。エルンスト・ルビッチ監督の『ニノチカ』（一九三九）の脚本家たちに彼女のために構想されたコメディーの脚本を書かせたいような愛くるしい女優だ、と。

カリーナ　すごく人工的な美女（笑）。ジャン゠リュックはロンドンに電報を打ったりして一所懸命くどいていたわ（笑）。

――しかし、『女は女である』のアンジェラというヒロインは、あなた以外には考えられない役ですね。

カリーナ　たしかに、映画が出来上がってみると、そのとおりです。ジャン゠リュックとわたしの当時の結婚生活がそのまま反映しているからでしょう。もう口もききたくないので、おたがいに本棚から本を取りだして、その表紙の題名を見せ合って気持ちを伝えるところとか。

――ジャン゠クロード・ブリアリ扮する夫のエミールとあなたの演じる妻のアンジェ

ラが夫婦のダブルベッドに入るけれども、「もう口もききたくない」と、おたがいに代わるがわるベッドから出て、本棚から「人でなし」という題の本をさがしだしてきたり、二冊の本の題を合わせて「女を絞首刑に！」とかいった言葉にしたりして見せ合い、暗黙ののしり合い、夫婦喧嘩をするところですね。ユーモラスで、さりげなくせつなくて、微妙な、くすぐったいような、おのろけにもなっていて、忘れがたいシーンです。この映画のアンナ・カリーナさんは最高でした。

カリーナ　この映画でわたしはベルリン国際映画祭の主演女優賞を受賞しました。その意味ではジャン゠リュックには感謝しているし、忘れられない作品です。

——一九六一年のベルリン国際映画祭で、映画そのものも審査員特別賞を受賞しましたね。映画のなかから、あなたがキャメラに向かって、観客に向かって、ウィンクをしたりするという、サイレント時代のある種の映画のような、たとえばロシアのボリス・バルネット監督の『帽子箱を持った少女』（一九二七）のような、型破りな、もうトーキー以後のリアリズムの時代には誰も考えない、それだけに斬新な手法でおどろかせました。『女は女である』のあなたも、『帽子箱を持った少女』のアンナ・ステンのように、いや、それ以上にすばらしいと思います。『帽子箱を持った少女』はモノクロ作品ですが、アンナ・ステンの毛皮のコートをあなたが着ると、『女は女である』のように鮮烈な真紅のコートになるにちがいないと思われました。

カリーナ　『帽子箱を持った少女』はジャン゠リュックといっしょに見たことがあります。とても素敵で、たのしかった。『女は女である』はカラーがすばらしかったでしょ。当時のフランス映画はモノクロがほとんどでカラー映画がまだ少なかったけど、ジャン゠リュックはとても大胆な実験をした。真紅とか純白を大胆に使った。わたしに真っ赤なセーターを着せて、真っ白な壁の前に立たせたりしました。「これでは画面がぼやけてしまう」とキャメラマンのラウル・クタールは猛反対でしたが、ジャン゠リュックは「大丈夫だ」って。彼なりの感覚と計算があったのね、結果はすばらしいものでした。真っ白な衣裳もカラー映画ではブルーがかって見えたりするので嫌われていましたが、ジャン゠リュックは周囲のセットなどの色との対照やバランスをきちんと計算に入れたうえで、わたしに真っ白なコートやワンピースを着せたりしたんだと思います。それに、たとえ画面が真っ白になってしまうようなことがあったとしても、それは画面に何もうつっていないということではないのだと言って、彼は何もおそれていなかった。

——大胆に、しかも緻密に色彩設計ができていたというわけですね。

カリーナ　壁の色なんかもジャン゠リュックがすべて自分で塗っていました。衣裳もすべて彼が決めました。

――『女は女である』のなかで、「わたしはミュージカル・コメディーに出たかったのよ」と叫ぶアンナ・カリーナさんの台詞がとても印象的でした。

カリーナ　（にっこり笑って『女は女である』の台詞をつづける）「シド・チャリシーとジーン・ケリーの共演！　そして振付はボブ・フォッシー！」（笑）。

――ジャン゠リュック・ゴダールは、あなたがニューヨークにジーン・ケリーに会いに行って「ミュージカル・コメディーに出演したい」と申し込むけれども、「残念ながら、ミュージカル・コメディーの時代は終わってしまった。MGM撮影所のミュージカル用の巨大なステージも取り壊されてね」と答える、けれども、そのあと、街に出て、ふたりで歌い、踊るという映画を企画していたとのことですが、『女は女である』の続篇のようなものだったのですか。

カリーナ　それは『はなればなれに』（一九六四）のあとです。でも、企画というところまではいかなかった。たぶんジャック・ドゥミがそのころ『ロシュフォールの恋人たち』（一九六六年に撮影に入る）にジーン・ケリーの出演を予定していたこともあって、ジャン゠リュックはあきらめたんじゃないかと思います。ジャックのことをとても敬愛していたから。

――『女は女である』はエルンスト・ルビッチ監督の『生活の設計』(一九三三)やハリウッドのミュージカル・コメディーへのオマージュになっていますが、映画を撮る前にルビッチの喜劇やミュージカル・コメディーを参考試写のような形で見たりしたのでしょうか。

カリーナ わたしたち、ジャン゠リュックもわたしも、しょっちゅうシネマテークに行ってルビッチやいろいろなミュージカル・コメディーをたくさん見ていましたから、映画のために参考試写をする必要などありませんでした。とくにルビッチは、シネマテークでも映画館でも、上映するたびにかならず見に行っていましたから。もちろん、ジャン゠リュックといつもいっしょに。わたしたちがわざわざロンドンまで見に行ったのは、オットー・プレミンジャー監督の『カルメン』(一九五四)です。すべて黒人のキャストによるすばらしいミュージカルでした。フランスでは当時公開されなかったので、ロンドンまで見に行ったんです。

7 ラウル・クタールに聞く(3)

――『女は女である』は『勝手にしやがれ』『小さな兵隊』に次ぐジャン゠リュック・ゴダール監督の長篇映画第三作で、クタールさんにとってもゴダール監督との三本目の仕事になるわけですが、カラー（イーストマンカラー）・スコープ（フランスコープ）作品で、初めてのセット撮影ですね。
クタール　あの撮影は大変でした。セット撮影の利点というのは、たとえば壁を取り払ってキャメラをそこに据えたり、移動撮影のために家具をどけたり柱を取り払ったりすることができることです。ところが、ジャン゠リュックは本物のアパルトマンをつくらせてしまった。壁も窓も柱もドアもすべて本物です。まったく動かせない（笑）。ドアには鍵もかかる。その鍵をジャン゠リュックが持ち歩いていたので、彼がいないとドアもあけられない、誰もセットに入れないという状態でした（笑）。おまけに、天井もつくる。アンナ・カリーナがジャン゠クロード・ブリアリと夫婦のベッドに入って寝るときに、上に天井がないというのではアンナが気分に乗れない、彼女はいつも天井のある寝室で寝ているんだ、だから天井をつくって、いつも彼女がうちで寝ているように、同じ雰囲気で演技ができるようにしたい、というのです（笑）。『小さな兵隊』のあと、ジャン゠リュックはアンナ・カリーナと結婚したばかりでしたからね。正式に結婚したのは、もう少しあと、映画（『女は女である』）を撮り終えたあとだったかもしれないが、撮影中からすでにいっしょに棲んでいた。だから、おのろけのような感じもあった（笑）。天井は画面《フレーム》に入らないのにとわたしが言っても、天井がないとアンナがうまく演じられないんだと言って聞かなかった。撮影所のステージはセットの上に照明機材をそなえつけることができるようになっているのに、結局それも使えなかったのですよ（笑）。

――本物のアパルトマンを使うという考えはなかったのですか。

クタール　最初は本物のアパルトマンを使って撮る予定でした。ジャン＝リュックがすでに映画のために見つけてきたアパルトマンがあって、外から撮ったシーンは映画のなかでも使っています。

――テラスのブラインドが上がったり下がったりするシーンとか……。

クタール　そうそう、外から見たシーンは本物のアパルトマンです。ところが、そのアパルトマンに住んでいた夫婦が、映画の撮影中（三週間の約束でしたが）、アパルトマンを貸すあいだ、ホテル・リッツだったか、どこだったか、最高級のホテルに住みたいというようなことを急に言いだしてきて、そんな条件なら撮影所のステージにセットを組むほうが安上がりだということになったのです（笑）。ジャン＝リュックにしてみれば、やむなくセット撮影に踏み切ったわけですが、わたしは、ジャン＝クロード・ブリアリが室内で自転車を乗り回すところなどを移動車《ドリー》で撮るためにはセットのほうがらくだと思って、かえってよかったと思っていました。ところが、結局は同じことだったのです（笑）。

——結局は本物そっくりのアパルトマンのセットで撮ることになったわけですね（笑）。

クタール　それがジャン゠リュックのやりかたなんですよ（笑）。

——ジャン゠リュック・ゴダールはこの初のカラー作品で「白を白く撮りたい」というような意図を語っていたと思うのですが、たしかにアパルトマンの壁の白さが印象的で、真っ白な壁の前に真っ赤なセーターのアンナ・カリーナを立たせたりして、カラー映画では白がとんでしまってうつりにくいというような常識をひっくり返していますね。

クタール　ジャン゠リュックは白が大好きで、カラー映画における白は白紙と同じだと言っていた。そこに絵を描いたり字を書いたりするんだ、とね（笑）。

——『女は女である』にはふたりの女優、マリー・デュボワとジャンヌ・モローが特別出演して、フランソワ・トリュフォー監督の『ピアニストを撃て』（一九六〇）と『突然炎のごとく』（一九六一）にヌーヴェル・ヴァーグ的な友情のめくばせをするシーンがありますね。マリー・デュボワは『ピアニストを撃て』のヒロイン、ジャンヌ・モローは『突然炎のごとく』のヒロインで、どちらもクタールさんのキャメラで撮られた作品ですが、ひょっとして『突然炎のごとく』の撮影はまだ終わられていなかったのではありませんか。

クタール　いや、いや、もう終わっていました。『女は女である』の撮影は一九六〇年の十一月から十二月でしたからね。『突然炎のごとく』はその年の夏に撮った。すべて終わって、撮り残しなどもなかったと思います。

――クタールさんは、ジャン゠リュック・ゴダール作品を撮るかたわら、『ピアニストを撃て』『突然炎のごとく』からオムニバス映画『二十歳の恋』の「フランス篇」（一九六二）、『柔らかい肌』（一九六四）、そして『黒衣の花嫁』（一九六七）と一九六〇年代のフランソワ・トリュフォー監督作品のキャメラも担当されているのですが、ゴダールとトリュフォーというヌーヴェル・ヴァーグを代表するふたりの映画作家の違いをどのようにとらえられていますか。

クタール　フランソワ・トリュフォーとジャン゠リュック・ゴダールは、画家でいえばラファエロとピカソぐらいの違いはあるでしょう。古典的完成と破壊の衝動の対照《コントラスト》と言ったらいいか。

フランソワは、ヌーヴェル・ヴァーグとはいっても、きわめて古典的《クラシック》な映画監督です。たしかに、長篇映画第一作の『大人は判ってくれない』はアンリ・ドカのキャメラで、ジャン゠リュックの『勝手にしやがれ』の前にヌーヴェル・ヴァーグの先鞭をつけた作品だったけれども、それ以外の作品はすべて古めかしいものばかりです。もちろんすばらしい才能はあるけれども、ジャン゠リュックのようにつねに革新的なものを追求する映画作家ではありません。伝統的ないいものをうまくつかんで身につけてしまう、その意味ではきわめて順応性に富んだ監督です。物語を語ることにかけてはジャン゠リュックよりもずっとうまい。古典的なストーリー・テラーと言っていいでしょう。古典的な俳優を使い、古典的な撮りかたをする。破綻のない古典的な演出です。映画のつくりかた、撮りかたそのものが、ジャン゠リュックのように、新しいものに挑戦したり実験したりするようなことはなく、きわめて古典的です。ジャン゠リュックは危険をおかしてでも何でもやってみようという映画作家です。わたしが技術的にそれは無理だと言っても、いや、そんなはずはない、やってできないはずがないと自分の思いつきをとことん実践しようとする。失敗したら撮り直しをすればいいというのもジャン゠リュックの強みでしょう。撮影台本《コンテ》なしで撮る彼の映画でしかできないことですね。フランソワも撮影中に台詞を書いていくのですが、その場、その場の即興ではなく、前日の夜までにはきちんと書いて俳優に渡します。どんなシーンを撮るかもきちんと説明する。

――しかし、トリュフォーも『突然炎のごとく』などでは技術的に大胆な実験を試みたりしているのでは？　戦争のニュース映画《フィルム》をシネマスコープの画面のなかでスタンダード・サイズのまま使ったり横長に歪曲《デフォルメ》された映像で使ったりするというようなことをやっていますね。

クタール　あれは実験ではなく、やむを得ずあのように使ったのです。戦争のニュース映画はシネマスコープで撮られていませんからね（笑）。サイズの問題で、しかたがなかったのです。苦肉の策だったと思います（笑）。しかし、たしかに、『突然炎のごとく』はフランソワの最も意欲的な作品だと思います。とくにその主題の大胆さにはおどろかされます。

――ジャンヌ・モローが遅れてくる待ち合わせのテラスのカフェのシーンが、突然、シネマスコープの画面のなかでスタンダード・サイズになるのにもおどろきました。トリュフォーには聞きそこなってしまったのですが、スクリプターのシュザンヌ・シフマンの話では、あのカフェのシーンにジャンヌ・モローの最初の夫であったジャン〝ルイ・リシャールが客の一人になって特別出演しているので、それをきわだたせるためにシネマスコープの両面を現像処理であのように両側を黒くつぶしたということでした。

クタール　ずいぶんむかしのことでおぼえていませんが、そうでしたか……。もしかしたら、そこだけスタンダード・サイズで撮ったかもしれない。あのころはいろんなことをやりましたからね（笑）。いや、そんなことはないな、やっぱり、シネマスコープで撮りましたからね。現像処理でしょう、たぶん。

『突然炎のごとく』はフランソワの映画のなかでも最も好きな作品です。わたしがこれまでキャメラを担当した百本以上の映画のなかでも最もいい作品の一本だと思います。そのやさしさ、魅力……なんとも見事な作品です。映像の流れも最高です。少なくとも、書かれたシナリオを映像がしのいだ奇跡的な例として、わたしにとっては三本の指に入る作品です。

――あとの二本はどんな作品ですか。

クタール　あとの二本は……言わないほうがいいでしょう。映画のほうがよすぎて、あまりにもシナリオがひどかったので（笑）。そのシナリオを書いたのが友人でもあるしね（笑）。

フランソワの映画では、不当にもまったく評価されなかったけれども、いま見てもじつにすばらしいのが、『柔らかい肌』です。つい最近も久しぶりに見るチャンスがあったのですが、全然古びていないし、その美しさに感動しました。その肌理こまかさ、繊細な感受性は、愛のかたちをつねにフレッシュに微妙な感覚でとらえるフランソワならではのものです。ゆれ動く気持ち、などと言葉では言えても、それを映画的にとらえることはとてもむずかしい。フランソワはそんな恋愛感情をスクリーンに描き得た稀有な才能の映画作家だったと思います。

怠けの罪

LA PARESSE

オムニバス映画『新・七つの大罪』LES SEPT PÉCHÉS CAPITAUX 第5話

ジャン＝リュック・ゴダール作品（1961）。
白黒、ディアリスコープ。上映時間　15分。
監督・脚本・台詞　ジャン＝リュック・ゴダール。撮影　アンリ・ドカ。
録音　ジャン＝クロード・マルケティ、ジャン・デビュシェール。音楽　ミシェル・ルグラン。編集　ジャック・ガイヤール。助監督・製作進行　マリン・カルミッツ。
製作（仏伊合作）1962年作品。
撮影期間　1961年9月。撮影場所　パリ。
出演　エディ・コンスタンチーヌ（映画スター、エディ・コンスタンチーヌ）、ニコル・ミレル（女優の卵）
その他の監督と作品は第1話『怒りの罪』LA COLÈRE（シルヴァン・ドム監督）、第2話『羨みの罪』L'ENVIE（エドゥアール・モリナロ監督）、第3話『大食いの罪』LA GOURMANDISE（フィリップ・ド・ブロカ監督）、第4話『淫乱の罪』LA LUXURE（ジャック・ドゥミ監督）、第6話『傲慢の罪』L'ORGUEIL（ロジェ・ヴァディム監督）、第7話『貪欲の罪』L' AVARICE（クロード・シャブロル監督）
フランス公開　1962年3月7日。日本公開　1963年1月24日。

エディ・コンスタンチーヌの真実

まるでハワイアンのようなメロディー（音楽はミシェル・ルグランである）がのんびりと流れて、フランス語の原題『LA PARESSE』の文字が昼寝用のハンモックのようにゆれる。

主人公はエディ・コンスタンチーヌ。アメリカからフランスにやってきて、シャンソン歌手としてデビューした巴里のアメリカ人だが（一九五六年のレヴュー映画『巴里の不夜城』にはジジ・ジャンメールと共演して歌っている）、その特異な、いかつい顔のタフ・ガイのイメージで一九五三年から、英国のミステリー作家、ピーター・チェイニイ原作の米国連邦捜査局（ＦＢＩ）の局員（というより国際秘密諜報員のような捜査官）、レミー・コーションを主人公にしたハードボイルド小説のフランスにおける映画化シリーズに出演して大活躍、一九五四年のシリーズ第三作『そこを動くな』、六一年のシリーズ第七作『左利きのレミー』（ともにベルナール・ボルドリー監督）が日本でも公開された。女好き、ウィスキー好き、抜く手も見せぬすばやい拳銃さばき。一九六二年からはじまる『００７』シリーズで英国秘密情報部員ジェームズ・ボンドが出現するまではヨーロッパにおける――一九五〇年代の――最もポピュラーなスクリーンのスーパーヒーロー（というような表現はまだなかったかもしれないけれども）、荒唐無稽な活劇スターとして絶大な人気を誇っていた。

ごつい顔をして、無表情で、剛毅朴訥で、立派な体格の紳士で、「まるで石のかたまりのような感じ」とゴダールはエディ・コンスタンチーヌについてたのしそうに語っている（「ゴダール／映画史I」、前出）。タフでたくましく活発に動きまわるアクション俳優（エディ・コンスタンチーヌがエディ・コンスタンチーヌを演じる）がひどいなまけもので、靴の紐がほどけても自分で結び直すのが面倒で誰かにチップを払って結ばせようとしたり、若くてチャーミングな新人女優（ニコル・ミレル）がアパルトマンに誘い込んで全裸になって誘惑しようとしても、寝るために服を脱いでまた着るのが面倒くさいと言ってことわるというくらいである。怠惰であることは大罪どころか、美徳なのだという、ゴダール映画のなかでも最も単純で愉快な傑作として知られる短篇である。

「歌って殴って恋をする」というキャッチフレーズでも知られたダイナミックな活劇スターのパロディーとみなされたが、ゴダールは当時のフランス映画界きっての堅物としても知られた実物のエディ・コンスタンチーヌについてのドキュメンタリーのようなものだとうそぶいている。

『怠けの罪』は『女と男のいる舗道』の直前、一九六一年九月に撮られた作品だが、「火星人」エディ・コンスタンチーヌがアンナ・カリーナと共演することになる「レミー・コーションの不思議な冒険」を描くSF映画がつくられるのは三年半後の一九六五年、その意味ではすでに『アルファヴィル』（一九六五）のある種の予告篇になっているのである。

5時から7時までのクレオ
／マクドナルド橋の恋人たち
CLÉO DE 5 À SEPT
／LES FIANCES DU PONT MC DONALD

アニエス・ヴァルダ作品（1962）。

白黒。上映時間　1時間30分。

監督・脚本・台詞　アニエス・ヴァルダ。製作　ジョルジュ・ド・ボールガール。

撮影期間　1961年。

サイレントのドタバタ調の寸劇に新婚のアンナ・カリーナとともに若き日のジャン゠リュック・ゴダールが黒眼鏡なし、白塗りのメーキャップで出演。

共演　エディ・コンスタンチーヌ、サミー・フレー、イヴ・ロベール、ダニエル・ドロルム、ジョルジュ・ド・ボールガール、ジャン゠クロード・ブリアリ。

のちに『マクドナルド橋の恋人たち』（あるいは『黒眼鏡にご用心』ou MFIEZ-VOUS DES LUNETTES NOIRS）と題する5分の短篇作品にまとめられ、ビデオ化された（DVDおよびBD）。

寸劇『マクドナルド橋の恋人たち』（あるいは『黒眼鏡にご用心』）

ゴダール／カリーナの夫婦共演である。それも、新婚のゴダールとアンナ・カリーナがアニエス・ヴァルダ監督に招かれて出演した『5時から7時までのクレオ』（一九六二）のなかの映画館で上映される寸劇である。コマ落とし気味のサイレント・シーンで、スラップスティック・コメディーを模した寸劇に、白塗りのゴダールとお人形さんみたいな扮装のアンナ・カリーナがチョコマカしたスピーディーな動きではしゃぎまわる。アニエス・ヴァルダは映画監督になる前は国立民衆劇場（TNP）専属（だったと思う）の写真家で、ジェラール・フィリップの舞台写真などで知られていたが、一九六一年三月にパリでおこなわれたゴダールとアンナ・カリーナの結婚式の写真を撮ったあと、その年の夏に撮影する長篇映画『5時から7時までのクレオ』に幸福の絶頂にあったふたりのためのシーンを考えたという。アニエス・ヴァルダとゴダールの接点に友情出演しているエディ・コンスタンチーヌ、サミー・フレー、イヴ・ロベール、ジャン゠クロード・ブリアリといった顔ぶれもたのしく興味深い。

女と男のいる舗道
VIVRE SA VIE

「12景からなる映画（Film en douze tableaux）」（副題）
「B.シリーズ（ブロンベルジェ映画群）に捧ぐ」（献辞）。

ジャン゠リュック・ゴダール作品（1962）。
白黒、スタンダード。上映時間　1時間24分。
監督・脚本・台詞　ジャン゠リュック・ゴダール。原案　マルセル・サコット判事（「フランスの売春の現状」）。撮影　ラウル・クタール。記録　シュザンヌ・シフマン。音楽　ミシェル・ルグラン。挿入歌　ジャン・フェラ「マ・モーム」。編集　アニエス・ギユモ。製作　ピエール・ブロンベルジェ。
撮影期間　1962年2月－3月。撮影場所　パリ（フランス）。
出演　アンナ・カリーナ（ナナ・クライン）、サディ・レボ（ラウル）、アンドレ゠S・ラバルト（ポール）、ギレーヌ・シュランベルジェ（イヴェット）、ペテル・カソヴィッツ（若い男）、エリック・シュランベルジェ（ルイジ）、ブリス・パラン（哲学者）、アンリ・アタル（アルチュール）、ジャン・フェラ（ジュークボックスの前にいる男）、ジャン゠リュック・ゴダール（ポーの書物を読む若い男の声）、ジゼル・オシュコルヌ（管理人の女）、ラズロ・サボ（負傷してバーに駆けこむ男）、オディール・ジョフロワ（バーのホステス）。
1962年ヴェネツィア国際映画祭審査員特別賞。
フランス公開　1962年9月20日。日本公開　1963年11月19日。

1 ブレヒト劇のように

ジャン・コレ著「現代のシネマ1　ゴダール」（竹内健訳、三一書房）に、『女と男のいる舗道』の公開にあたってジャン＝リュック・ゴダールのつくった宣伝文（予告篇にも使われた）が収録されている。

これは／売春に／関する／映画であり／若く／可愛い／パリの／売春婦が／いかにして／彼女の／肉体を／売りながら／彼女の／魂を／守り／通すかを／表面《うわべ》だけ／描いた／もので／ある／これは／いくつもの／冒険の／連続した／物語で／彼女に／人間的な／深い／感情を／すべて／知らせる／監督は／ジャン＝リュック／ゴダール／主演は／アンナ／カリーナ／女と／男の／いる舗道

脚本はプロデューサーのピエール・ブロンベルジェの提案で、一九五九年に刊行された判事マルセル・サコットの「フランスの売春の現状」を資料としてつくられたとのことだが（その長い引用朗読によって出典が明示される）、そして売春のテーマは『彼女について私が知っている二、三の事柄』（一九六六）、短篇『未来展望』（一九六七、オムニバス映画『愛すべき女《めめ》・女《めめ》たち』の第6話）までつらなるとはいえ、そのような「世界最古の職業」に関するドキュメンタルな面よりも、『女と男のいる舗道』は、何よりもまず、アンナ・カリーナの映画であり、クローズアップの映画だ。クローズアップとは何かを見事に定義した映画だと言ってもいいくらいだ。

「グリフィスが、女優の美しさに心をうたれて、その細部の表情をさらに瞳をこらして見つめようとした結果クローズアップを発明したというよくできた伝説は有名である」と若き日のゴダールも書いている（「古典的カット割りの擁護と顕揚」、「カイエ・デュ・シネマ」誌一九五二年九月第15号所載、蓮實重彦・保苅瑞穂訳「ゴダール全集4　ゴダール全エッセイ集」所収、竹内書店）。その意味では『女と男のいる舗道』は「映画芸術の父」であり「アメリカ映画の父」であるD・W・グリフィス監督に捧げられた映画でもあり、グリフィスのヒロイン、とくに『散り行く花』（一九一九）のリリアン・ギッシュへのオマージュでもある。

クローズアップを映画的手法として体系化した最初の映画監督として知られるD・W・グリフィス監督の、とくに『散り行く花』のリリアン・ギッシュのイメージをほうふつとさせる白黒《モノクロ》ならではの光輪のように美しい逆光でとらえられたアンナ・カリーナの横顔の大写しに、『女と男のいる舗道』の原題である『VIVRE SAVIE』（『彼女の生きかた』『彼女なりに思いのままに生きようとする〔が人生はなるようにしかならない」』『彼女の人生の運命』というぐらいの感じだろうか）というメインタイトル――。

副題のように「十二景からなる映画」という説明が付く。情景描写や、とくに心理描写を省いて、「第一景―カフェ。ナナはポールと別れ話をする。ピンボール」、「第十景―舗道。最初の客。幸福はたのしくない」といった各景の字幕で簡潔に素っ気なくすませてしまう。「景」に相当するフランス語はタブロー（tableau）。額縁に入った絵や芝居の場をさす言葉で、ゴダールは「演劇的な」、それも「ブレヒト劇のような」面を強調したかったのだと語っている（「カイエ・デュ・シネマ」誌一九六二年十二月第１３８号所載のインタビュー）。ブレヒトが「三文オペラ」についての覚え書に述べている、各「景」のタイトルをあらかじめ幻灯でパネルに映写する「文書化《リテラリジールング》」という舞台構成法の流用であり映画的実践であった。

2 楕円形の肖像

ゴダールはまた、「人間の存在を顔に集約した」肖像画のような映画を撮りたかったのだと語っている。なぜなら、「絵画《タブロー》のなかで最もすぐれたもの」が肖像画なのであり、たとえばベラスケスのように「顔の表情を描こうとすれば必然的に人間の外面、全体的な存在を描くことになる」のだが、それでも「そこには何か別のもの、内面的なものが浮き上がってくる」のであり、それこそ「神秘的」で「冒険のようなもの」なのだからというのである。「映画は知的な冒険」であり、「思考の歩みをフィルムにおさめること」にほかならないのだ、と。

肖像画とはクローズアップなのである。その秘密が明かされる『女と男のいる舗道』の「第十二景」は、ゴダール本人が――画面には出てこないがゴダール自身の声で――エドガー・アラン・ポーの「不思議物語」（ボードレールのフランス語訳で知られる「怪異譚」）のなかの「楕円形の肖像」の最後の一節を朗読する「告白のような」シーンである（ポーの本のカバーが題名とともにうつり、ページをひらいて読む若い男の内面の声のように「これはぼくらの物語だ。愛する妻の肖像画を描く画家の物語なのだから」というナレーションが入る）。「アンナ・カリーナ時代」のゴダールのすべての秘密が明かされると言ってもいいくらい感動的な引用だ。河野一郎訳（「ポオ全集」第2巻、東京創元社）を参照しつつ引用させていただくと――

一枚の絵が眩ゆい明かりの中に浮き出てきたのが見えた。それはようやく女として成熟しかけた、若い娘の肖像であった。わたしはその絵をちらと見やり、あわてて目を閉じてしまった。考えるための衝動的な反応だった。目の錯覚でないことを確かめ、より冷静に的確に見つめようとする動作だった。わたしはすぐまた肖像画をじっと見つめた。

それはたしかに若い娘の肖像だった。肩から上だけを描いた、専門語ではビネットとよばれるもので、〔十九世紀のアメリカの画家〕トマス・サリー好みの画風だった。腕も胸も美しい髪も背景の影のなかに溶けこんでいた。芸術作品としてこれほどすばらしいものはなかろうと思われた。しかし、わたしの心をかくもゆさぶったのは、絵の仕上がりでもなく、描かれた顔のこの世ならぬ美しさでもなく、ましてや、わたしの幻想が生きた女の顔と思い誤ったからでもなかった。やがて、絵の持つ効果の秘密に心を満たされて、わたしは寝台に身を横たえた。絵の魔力が、まったく生けるがごとく描かれた表情にあることがわたしにも分かったのだ。

創造の秘密は愛にほかならないのだといわんばかりに、愛妻アンナ・カリーナについてのこれ以上にない感動的なほとんど狂ったようなおのろけとも思えるほどだ。

事実、その肖像画を見た人々は、生き写しそっくりの出来栄えを、大いなる不思議として囁き合い、これほどすばらしく描き得たのは画家の力量と言わんよりも、その妻への深い愛情のなせる証拠と噂し合った。だが、やがて労作も完成に近づくにつれ、画家はもはや誰も近づけず、閉じこもってしまった。画家は仕事に没頭のあまり狂気に近くなり、めったにカンバスから目を離さず、妻の顔を見ることさえ稀れであった。画家は気づかなかったのだ――カンバスの上に塗りひろげた色合いは、かたわらに坐した妻の両頬から引き出されたものだということを。

やがて、数週間がすぎ、あとはただ口もとに一筆と、目のあたりに一色を残すばかりとなったとき、女の魂はランプの芯まで燃えつきた炎のように、最後にぱっと燃え上がった。最後の一筆は加えられ、最後の一色もカンバスに塗られた。そして一瞬、画家は出来上がった作品の前に、恍惚として立ちつくしていた。だが、次の瞬間、彼はおどろきに身をおののかせながら、「これはまるで生き身そのままだ！」と叫び、ふと、かたわらの愛する妻のほうをふりむいた。妻は死んでいた。

まさに狂ったように、愛する妻の魂を、生命を、抜き取ってカンバスの上に塗りこめる「楕円形の肖像」の画家のように、ゴダールもまた、アンナ・カリーナを「生き写しそっくり」に、「生き身そのまま」に、スクリーンに描きだすかのようである。

実際、アンナ・カリーナはその魂を見事に抜き取られたのだ。少くとも彼女の、女優としての、本質とも言える魅力はゴダールの映画にのみ輝きつづけることは間違いない。あえて言うまでもないことだろうが、一九六〇年代のアンナ・カリーナの出演作はゴダールの映画だけではなかった。だが、ロジェ・ヴァディム監督の『輪舞』(一九六四)もヴァレリオ・ズルリーニ監督の『国境は燃えている』(一九六五)もマルチェロ・マストロヤンニと共演したルキノ・ヴィスコンティ監督の『異邦人』(一九六七)も、ゴダールが企画したジャック・リヴェット監督の『修道女』(一九六六)も、彼女の代表作にはなり得なかった。アンナ・カリーナはただジャン=リュック・ゴダールの映画のヒロインとしてのみ記憶されるのである。アンナ・カリーナの肉体も魂もただゴダール映画にのみ宿るのだ。

『女と男のいる舗道』は、「めんどりは外側と内側があります。外側を取りさると内側が残ります。内側を取りさると魂が見えます」という八歳の少女の作文(じつはプルーストだったか誰だったか、有名な作家の八歳のときの作文)が「第一景」の末尾に引用されるところから、ゴダール自身がゴダール映画の創造の秘密——愛するヒロインの魂を抜き取る術——を自ら解き明かすかのようである。

「第一景」ではナナ(アンナ・カリーナ)と夫のポール(アンドレ=S・ラバルト

――『勝手にしやがれ』のジャン＝ピエール・メルヴィル特別出演のインタビューで「ブラームスはお好き？」と質問する記者の役を演じていた「カイエ・デュ・シネマ」誌の同人であった――）がカフェのカウンターで話し合っているのだが、うしろ姿、というよりも後頭部――顔の裏側――だけがとらえられる。「顔の裏側にある魂」は、カウンターの向こうにある大きな鏡にうつっている顔以上の真実を語ることになる。

アンナ・カリーナが初めてゴダール映画のヒロインを演じた『小さな兵隊』（一九六〇）で、彼女の写真を撮るブリュノ・フォレスチエ（ミシェル・シュボール）の「顔を撮ることはその裏側にある魂を撮ることだ」というせりふが想起されよう。と同時にD・W・グリフィス監督によるクローズアップ誕生の伝説と、「肖像画家はクローズアップの技法を使う」というグリフィス監督の名言も。

そして、「第三景」では、クローズアップの名作として知られるカール・ドライヤー監督の『裁かる、ジャンヌ』（一九二八）を映画館で見ながら涙を流すアンナ・カリーナのクローズアップが、まさに彼女の顔の「裏側にある内面の魂」をもうつしとったかのように美しく感動的で、死によってしか救済されない薄幸のヒロインの受難の人生を運命的に予告し、要約する引用になる。『小さな兵隊』のアンナ・カリーナの役名がヴェロニカ・ドライヤーだったことが想起されると同時に、カール・ドライヤー監督の『裁かる丶ジャンヌ』がクローズアップの名作として決定的に印象づけられることになったのは『女と男のいる舗道』に引用されたこのシーンによるものかと思われるほどだ。

3 ナナの冒険、人生哲学、メイティング・ダンス

『パンドラの箱』『淪落の女の日記』（ともにG・W・パプスト監督、一九二九）のルイズ・ブルックスのような断髪のアンナ・カリーナの演じるヒロインの名は、ナナ。ジャン・ルノワール監督の『女優ナナ』（一九二六）からいただいた名にちがいない。プロデューサーのピエール・ブロンベルジェに敬意を表して（『女優ナナ』をふくむ戦前のジャン・ルノワール監督作品からヌーヴェル・ヴァーグを支えることになるプロデューサーである）、『女と男のいる舗道』は「B.（ブロンベルジェのイニシャル）映画群に捧ぐ」という献辞からはじまるのである。

ナナ（Nana）はアンナ（Anna）の一般的な愛称でもある。

情婦（maîtresse）の意味でも使われる。「女」の俗称で、「すけ」などという訳語があてられている仏和辞典もある。愛人の意味で「女」という俗称にもなる。要するに『女と男のいる舗道』のヒロイン、ナナは「ある女」であり、それはまさにアン

ナ・カリーナにほかならないのだ。

モデルから女優になることを夢みながら、娼婦に転落するヒロイン、ナナ／アンナ・カリーナの生々しく美しく悲劇的な「肖像画」とその「人間の存在」、彼女の生きかた、売春とは何か、人生とは何かを冷徹に問う「形而上的なリアリズム映画」でもある。ゴダールがチャップリンの言葉としてしばしば引用するように、「喜劇がロングでとらえられた人生である」とすれば、「悲劇とはクローズアップでとらえられた人生」なのである。

引用に次ぐ引用が、ある女の短い一生を語る。「他人に対して自己を貸すことは必要であるが、自己自身に対してしか自己を与えてはならない」というモンテーニュの「随想録（エセー）」（松浪信三郎訳）からの引用の字幕とともに映画ははじまり、たとえば「第二景」ではレコード店の売り子が読むセンチメンタルな恋愛小説の一節（「愛欲の袋小路から抜け出す唯一の道だった……」）が引用され、「第四景」では、「私とは他者なのです」というアルチュール・ランボーの有名な言葉が引用され、「第五景」ではD・W・グリフィス監督の『散り行く花』のリチャード・バーセルメス扮する中国人と同じポーズでアンナ・カリーナが同じ壁に寄りかかるカットが引用再現され、「第六景」でアンナ・カリーナがカフェで女友だちに「あるがままにすべてを見れば、それだけで人生はすばらしい。顔は顔、お皿はお皿、人間は人間、人生は人生……しかたがない」「……右を見る、それも自分の責任……何をやるのも自分の勝手、それも自分の責任」とモンテーニュのようにその人生論、幸福論を語るシーンでは、『女は女である』のカフェのシーンのシャルル・アズナヴールのシャンソン「のらくらもの」のように、ジャン・フェラの歌うシャンソン「マ・モーム」が一曲まるまる引用され（そのとき、ジュークボックスにコインを入れる客の役で歌手のジャン・フェラ自身が特別出演する）、「第十景」の字幕にはマックス・オフュルス監督の『快楽』（一九五二）の結びの言葉（「幸福はたのしくない」）が引用され、そして「第十一景」には「生きた知性」として特別出演してヒロインのナナ／アンナ・カリーナとの対話の形で言語によるコミュニケーションのむずかしさについて語る哲学者ブリス・パラン（人はなぜ話すのかというテーマをめぐって「言語の本質と機能に関する試論」などの著書がある）が引用される。ブリス・パランにインタビューをしているのはゴダールで、いまだったらワイヤレスで簡単にできるところなのだろうが、当時はコードを床に這わせてキャメラにうつらないようにしてマイクとレシーバーを使い、ゴダールがマイクでアンナ・カリーナに質問を伝え、アンナ・カリーナが画面にうつらない左の耳に付けたレシーバーでその質問を聞き取り、彼女なりの言葉にしてブリス・パランと話し合っているように即興的に——同時録音で——撮ったシーンだった。ゴダールは当初『ナナの冒険』というタイトルも考えていたということだが、すべてがヒロインのナナの生きかたをめぐる「自己」と「他者」のかかわりについての省察である。とくにこの哲学者ブリス・パランとの対話のシーンは、『勝手にしやがれ』の空港のテラスにおけるジャン゠ピエール・メルヴィルの特別インタビューをしのぐすばらしさで、いわば、アンナ・カリーナをヒロインに映像と音で綴る十二章から成るジャン゠リュック・ゴダールの随想録（エセー）といった趣の作品の白眉だ。あるいはむしろ、アンナ・カリーナとジャン゠リュック・ゴダールが一体になって生み出した哲学的思索のすばらしい一章と言うべきか。

白眉以上に圧巻とも言うべき、最も忘れがたいシーンは「第九景」のビリヤード室で、ジュークボックスから流れるミシェル・ルグランの音楽（キネマ旬報増刊「世界映画音楽大事典」のなかの河原晶子氏の解説によれば「ロックンン・ロール風の速いテンポのワルツ」で「ブラス・セクションがジャジーなスリルをも感じさせる曲」）に合わせてアンナ・カリーナが彼女自身の振付で（一九六〇年代にツイストに取って代わって流行したスイムという腰を激しく振りながら泳《スイム》ぐように踊るダンスのリズムに合わせて）ひとり踊りまくるところ。ダグラス・サーク監督の『風と共に散る』

（一九五五）でドロシー・マローンがひとりレコードをかけ、「テンプテーション」のメロディーにのって孤独に狂ったように淫らに踊りまくるシーンの引用的再現で、ヒロインの孤独や悲しみや生きる歓びのすべてがそこに凝縮されたような印象的なシーンであり、そしてじつに美しく淫らなほどセクシーな踊りだ。ひとり踊りまくるというものの、ビリヤード室の片隅ではふたりの男（サディ・レボとエリック・シュランベルジェ）が小声で何やら密談しており、中央に設置された玉突き台ではのちにエドガー・アラン・ポーの本を持ってナナの客になる若い男（ペテル・カソヴィッツ）が黙々とひとりビリヤードをやっているのだが、その目前で愛想を振り撒きながらストリップショーさながら（中央の柱《ポール》につかまって巧妙にポールダンスなどもやって）エロチックなナンバーを見せる。リチャード・ラウドの「ゴダールの世界」（前出）では「メイティング・ダンス」とよばれているが、メイティングとは交尾の意味である。しかもダグラス・サークの映画におけるドロシー・マローンよりも感動的に、下品に堕さずに踊るこの美しくセクシーなシーンを見るだけでも、ゴダールは最高の女優を得たのだという思いがする。

『女は女である』（一九六一）のように、『女と男のいる舗道』もまた、ゴダールがアンナ・カリーナに捧げたある愛の詩ではあるにちがいないのだが、このビリヤードでアンナ・カリーナがひとり踊りまくるシーンだけは逆にアンナ・カリーナがゴダールに捧げた名場面と言いたいくらいだ。至福の映画的瞬間とすら言えるだろう。

すでに見てきたように、BはB級映画のBでなく、プロデューサーのピエール・ブロンベルジェの姓のイニシャルのBとのこと。ブロンベルジェはジャン・ルノワール監督からヌーヴェル・ヴァーグへの橋渡し的存在とも言えるプロデューサーであった。ジャン゠リュック・ゴダール監督の短篇映画、『男の子の名前はみんなパトリックっていうの』（一九五七）、『シャルロットとジュール』（一九五八）、『水の話』（フランソワ・トリュフォーと共同、一九五八）を製作し、フランソワ・トリュフォー監督の長篇映画第二作『ピアニストを撃て』（一九六〇）のプロデューサーでもあった。

ヌーヴェル・ヴァーグ的な仲間意識にもとづくめくばせは、『女と男のいる舗道』の「第十二景」でフランソワ・トリュフォー監督の『突然炎のごとく』（一九六一）を上映中の映画館の前を車で通過するといったような、ちょっとしたシーンにも見られる。楽屋落ち的におもしろいのは、アンナ・カリーナが、「第七景」と「第八景」で、ヒモになるサディ・レボに「女優になれるようないい女だ」とおだてられ、「エディ・コンスタンチーヌの映画に出たことがあるのよ」と言うところ。アンナ・カリーナがエディ・コンスタンチーヌと共演する『アルファヴィル』（一九六五）はその三年後の作品だが、すでにゴダールはふたりの共演を具体的に考えていたのだろう。

4 アンナ・カリーナに聞く（4）

――『女と男のいる舗道』では哲学者のブリス・パランと語り合うシーンがありますね。同時録音の即興的な、というか、台詞などは即興的に考えなければならない対話が進行するままのナマの撮影かと思われますが、どのようにして撮影されたのでしょうか。

カリーナ あのシーンがどんなふうにして撮られたか、説明しましょう。カフェの奥の席で、ブリス・パランとわたしが向かい合ってすわり、わたしがブリス・パランに、哲学者に、いろいろな質問をするというシーンですね。じつはわたしはキャメラに見えない側の左の耳に小さなレシーバーをつけて髪で隠していました。まだワイヤレスではなくコードがキャメラの見えないところに床をつたってつながっていて、ジャン＝リュックがキャメラのわきでわたしたちの対話を聞いて、次の質問をマイクロフォンで小声でそっとわたしに伝える。わたしはそれをレシーバーで聴き取って（カフェのなかの雑音やいろんな話し声がけっこううるさくて大変だったけど）、わたしなりに自分の言葉に変えてブリス・パランに質問し、ブリス・パランがそれに答えるというやりかたでした。長いワンカットの同時録音で、ブリス・パランの言っていることをきちんと聞きながら、ジャン゠リュックの伝えてくることも同時にレシーバーで聴き取るという緊張感のある撮影でした。

――ジャン゠リュック・ゴダールと一体になっての即興インタビューだったのですね。

カリーナ　そうです。即興といっても、完璧に準備され、演出された即興インタビューでした。

――ビリヤード室で、ジュークボックスから流れてくるミシェル・ルグランのビートのきいた音楽（〽スイム、スイム、スイム……と拍子を取りながら歌って演奏しているのがクリスチャンヌ・ルグランとミシェル・ルグランの姉弟ですね）に合わせてあなたがひとり踊りまくるシーンもすばらしく、『女は女である』の「アンジェラ」のナンバーに次いで忘れがたいシーンです。あのダンスの振付も、たしか、カリーナさんですね。

カリーナ　そうです。振付といっても、ただわたしが踊るだけ。わたしは踊るのが大好き。

――『女と男のいる舗道』には映画館でカール・ドライヤー監督のサイレント映画『裁かる、ジャンヌ』（一九二八）を見て涙を流すという美しいシーンがありますね。

娼婦ナナが聖女ジャンヌと一体化すると言ってもいいような、クローズアップにクローズアップを対決させた美しく感動的なシーンです。

カリーナ　わたしは『裁かる、ジャンヌ』をシネマテークで三回見て、そのたびに泣いてしまいました。〔ジャンヌ・ダルクを演じる〕ファルコネッティのクローズアップが画面いっぱいに出てくると、もう涙がとまらないのです。『女と男のいる舗道』の撮影のときも、ジャン゠リュックに「きみはファルコネッティを見ているつもりで涙を流すんだ」と言われただけで、キャメラの前で泣いてしまいました。

――ジャン゠リュック・ゴダールもいっしょに（三回とも）、『裁かる、ジャンヌ』を見たのですか。

カリーナ　ええ、もちろん。ジャン゠リュックがわたしをシネマテークに連れて行ってくれたのです。

――映画館などにもいつもいっしょに映画を見に行かれたのですか。

カリーナ　いつもいっしょにというわけではありません。ジャン゠リュックは毎日、映画を見ていたし、同じ映画を何度も見ていたので。好きなシーンだけを見に映画館に入って途中で出てくるといったような見かたをしていましたから。『裁かる、ジャンヌ』だけはいつも最初から最後まできちんと見ていましたけど（笑）。

――『裁かる、ジャンヌ』がクローズアップの連続という映画史的な評価は、『女と男のいる舗道』のあのシーンでとくに決定的になったような気がします。ファルコネッティのクローズアップとあなたのクローズアップが交互に画面に出てきて、いっそうドラマチックに、映画的に、強調されて、クローズアップそのものが神話化されたように思います。ゴダール自身が「アンナ・カリーナ時代」とよぶ一九六〇年代のゴダール／カリーナ映画の最も美しく印象的な名場面のひとつですね。

カリーナ　あのシーンは、わたしたち、ジャン゠リュックとわたしがカール・ドライヤーに捧げた心からのオマージュなんです。わたしはパリに出てくる前から、カール・ドライヤー本人を知っていました。映画監督として、というよりも、近所に住んでいたんです。わたしの母は裁縫店をやっていたんですが、カール・ドライヤーに招かれて『ゲアトルーズ』(一九六四)の衣裳を担当しています。

――それはまったく知りませんでした。『ゲアトルーズ』はカール・ドライヤー監督の最後の作品ですね。

カリーナ　最後の作品は『ナザレのイエス』になるはずでした。フランスで撮るつもりで、プロデューサーたちとの打合せでパリにやってきたとき、わたしが通訳をしたんですよ(笑)。わたしは『ナザレのイエス』で聖母マリアの役をやることになっていたのですが、残念ながら、カール・ドライヤーはその前に（一九六八年三月二十日）亡くなりました。

――『女と男のいる舗道』のラスト・シーンで、あなたが射殺されて倒れると、その頭すれすれに車が走り去ります。このシーンを見るたびにあなたが轢かれてしまうのではないかと怖くなるくらいリアルなシーンですね。さりげなく撮られていて、すぐエンドマークが出るのですが……。

カリーナ　わたしもとても怖かった（笑）。ただ、あまりにも怖くて身体が動かなかったのね。ほんとの死体のように倒れていた。動けなかった。あぶないと思って動いたりしたら、車に轢かれていたかもしれない（笑）。

5 ラウル・クタールに聞く（4）

――『女と男のいる舗道』の冒頭のタイトルバックのアンナ・カリーナの美しいクローズアップ、逆光でとらえられているのでほんのりと光の輪で囲まれた感じの横顔のクローズアップがじつに印象的です。このようなクローズアップを撮る場合、ゴダールはクタールさんにどのようなことを要求するのでしょうか。たとえばD・W・グリフィス監督の『散り行く花』（一九一九）のリリアン・ギッシュのクローズアップのようにとかいうような指示があるのでしょうか。

クタール　そんなふうに気持ちを伝えてくることもありますが、もっと具体的な指示をしてきます。ジャン゠リュックは映画を技術的にじつによく知っていますからね。抽象的になんとなくこんなクローズアップを、などとは言いません。一メートル五十センチの距離から、とか、何ミリのレンズで、とか、技術的に明確に指示してくるのです。キャメラのファインダーもかならずのぞいて、これはだめ、あれはだめ、このサイズの寄りでいきたいとかいうふうにはっきり言います。

――ゴダール自身がどのくらいのサイズで撮るか、フレームやキャメラの位置まで決めるのですか。

クタール　いや、キャメラの位置を決めるのはわたしです。わたしがフレームをつくってみせる。ジャン゠リュックがキャメラをのぞいて、これがいい、これはだめ、というように構図を選んで決めていきます。

――女優のクローズアップ、アンナ・カリーナのクローズアップを撮るときに、とくにクローズアップ用のメーキャップとかライティングなどもゴダールは要求したのでしょうか。

クタール　そのようなハリウッド的な、古典的なやりかたは一切やらなかった。女優の、アンナ・カリーナの、クローズアップを「美しく」撮るためには、キャメラの位置を変えて、ライトがよく当たるようにするとか、どのアングルからクローズアップをとらえるかとか、演出のスタイルをむしろ変えるというやりかたでした。

――『女と男のいる舗道』のカフェの二階にあるビリヤード室で、ジュークボックスから流れるミシェル・ルグランの曲に合わせてアンナ・カリーナが踊るすばらしいシーンがありますね。あそこはアンナ・カリーナ自身が振付を考えたとのことですが……。

クタール　そうです。彼女自身の振付です。

――『はなればなれに』でアンナ・カリーナとクロード・ブラッスールとサミー・フレーの三人がカフェでやはりジュークボックスから流れるミシェル・ルグランの曲に合わせて踊るシーンも、彼女の振付ですか。

クタール　マディソン・ダンスのシーンですね。そう、彼女の振付です。プロの振付師がついたのは、『気狂いピエロ』（一九六五）のときです。当時テレビでよく知られたダンサーで振付師でした。

――アンナ・カリーナの兄（じつは愛人）の役で出演もしていましたね。ダーク・サンダースですね。

クタール　かもしれない。名前はよくおぼえていませんが。
——『女と男のいる舗道』や『はなればなれに』のジュークボックスから流れる曲は、前もってすでに作曲されていて、撮影中、実際にその曲が流れていたのですか。
クタール　そうです。
——『女と男のいる舗道』で、アンナ・カリーナがカフェのなかにいると、急に外から機関銃の掃射の音が響き、それに合わせてキャメラがコマ落としを思わせるようなパンをするところがありますね。
クタール　タタタタタタタ……と（笑）。
——あれは現像処理によるものですか。
クタール　いや、いや、あれは手持ちの撮影ですよ。タタタタタタと機関銃の掃射に合わせてキャメラをふった。
——それはすごい（笑）。キャメラを機関銃のように手に持って⁉
クタール　そう、タタタタタタ……とね（笑）。あそこはよくおぼえていますよ。直接キャメラでやった。ちょっと回転スピードを上げたかな。アンナ・カリーナがあわてて立ち上がり、出口に急ぐ。キャメラが追いかけるようにパンする。機関銃の掃射の響きに合わせてね。そこへ血みどろの男が駆けこんでくる。

——ラズロ・サボが血にまみれた顔を手でおさえながら。

クタール ラズロ・サボだったな。そうだ。

——『女と男のいる舗道』のラスト近く、車からの移動撮影で、『突然炎のごとく』を上映中の映画館をとらえてみせますが、あれは偶然ですか。

クタール 偶然ではありません。もちろん、意図的なものです。当時のヌーヴェル・ヴァーグの仲間同士のめくばせです。『勝手にしやがれ』でも、街頭で若い娘がジャン゠ポール・ベルモンドに「カイエ・デュ・シネマ」誌の最新号を見せるところがあるでしょう。

——「若者に寄付を」と娘が言うと、ベルモンドが「俺は老人が好きだ」と（笑）。

クタール そう、そう。

——フランソワ・トリュフォー監督の『ピアニストを撃て』でも（この映画のキャメラもクタールさんでしたが）、「カイエ・デュ・シネマ」誌の大きなポスターを貼り付けたトラックが走っていたり……。

クタール そう、そう。同人誌「カイエ・デュ・シネマ」に、あるいは仲間の映画に、エールを送るというか、めくばせをしたりしたのです。

新世界

IL NUOVO MONDO（イタリア語題名）／LE NOUVEAU MONDE

オムニバス映画『ロゴパグ』ROGOPAG 第2話

ジャン゠リュック・ゴダール作品（1962）。

白黒。上映時間　20分。

監督・脚本　ジャン゠リュック・ゴダール。撮影　ジャン・ラビエ。音楽　ベートーヴェン「弦楽四重奏」。編集　アニエス・ギユモ。

撮影期間　1962年11月。撮影場所　パリ（フランス）。

出演　アレクサンドラ・スチュワルト、ジャン゠マルク・ボリー、ジャン゠アンドレ・フィエスキ、ミシェル・ドラエ、ジャン゠リュック・ゴダール（錠剤を飲む通行人）。製作　アルフレード・ビーニ（イタリア）。

ナレーション（フランス語版）アンドレ゠S・ラバルト。

題名の『ロゴパグ』は監督のロベルト・ロッセリーニ（第1話）のイニシャル「ロ」、ゴダール（第2話）のイニシャル「ゴ」、ピエル・パオロ・パゾリーニ（第3話）のイニシャル「パ」、ウーゴ・グレゴレッティ（第4話）のイニシャル「グ」を組み合わせたもの。

イタリア公開　1963年2月21日。フランス未公開。日本公開（ビデオ発売のみ）。

『アルファヴィル』に向かって

世界の終末をテーマにしたイタリアのオムニバス映画で、ゴダールは、『カラビニエ』の直前、イタリアのプロデューサー、アルフレード・ビーニからの依頼で、一九六二年十一月、パリで『新世界』を撮影した。イタリア映画なので、イタリア語吹替え版になったが、ナレーションをアンドレ゠S・ラバルトが読むフランス語版をパリのシネマテークで見たことがある——ような記憶があるものの、じつはアンドレ゠S・ラバルトからそんなフランス語版をつくる予定だという話を聞いただけだったかもしれない。

パリ上空で核爆発があり、その影響で世界の終わりに向かう見えざる変化が起こる。主人公（ジャン゠マルク・ボリー）は、恋人（アレクサンドラ・スチュワルト）の異常な変化におどろく。鎮静剤らしい錠剤をしょっちゅう呑んだり、短刀を身につけるようになっていたり（プールで泳ぐシーンがあるのだが、ビキニ姿の腰には短刀を差していて、夜、ベッドに入って寝るときも短刀を肌身離さずつけている）、「愛してる」と言わずに「愛していた」と過去形で言ったり、見知らぬ男に抱きついてキスをしたり、感情や倫理観《モラル》がまったく失われた状態になってしまっているのである。

『アルファヴィル』（一九六五）をすでに明確に予告する二十分の短篇映画であった。

カラビニエ
LES CARABINIERS

ジャン・ヴィゴに（献辞）

ジャン゠リュック・ゴダール作品（1963）。
白黒、スタンダード。上映時間　1時間20分。
監督　ジャン゠リュック・ゴダール。脚本・台詞　ジャン゠リュック・ゴダール、ジャン・グリュオー、ロベルト・ロッセリーニ。原作（ロベルト・ロッセリーニ演出による戯曲）ベニャミーノ・ヨッポロ（「イ・カラビニエーリ」）。撮影　ラウル・クタール。音楽　フィリップ・アルテュイス。挿入歌　童謡「ぼくの小さなクラリネット」。編集　アニエス・ギユモ。製作 ジョルジュ・ド・ボールガール／カルロ・ポンティ。
撮影期間　1962年12月－1963年1月。撮影場所　パリ郊外（フランス）。
出演　マリオ・マーゼ（ユリシーズ）、アルベール・ジュロス（ミケランジェロ）、ジュヌヴィエーヴ・ガレア（ヴィーナス）、カトリーヌ・リベロ（クレオパトラ）、バルベ・シュレデール（自動車販売店の店主）、ジャン゠ルイ・コモリ（兵士）、オディール・ジョフロワ（パルチザンの少女）、パスカル・オードレ（自動車のなかの女）、ロジェ・コッジオ（自動車のなかの男）、ジャン・グリュオー（赤ん坊の父親）。
フランス公開　1963年5月31日。日本公開　1970年11月7日。

1 映画以上のもの

アンナ・カリーナの出ないゴダール映画はごつごつして、唐突で、ぶっきらぼうで、うるおいがない。

こんなものが映画とよべるか？——混沌、支離滅裂、退屈きわまりない、とパリ公開のときには批評で罵倒されたが（「カラビニエを撃て」、「カイエ・デュ・シネマ」誌一九六三年八月第146号）。たしかに、それもやむを得ないと言いたいくらい、故意に攻撃的で、強烈だ。

すでに述べたように、フランソワ・トリュフォーは一九六〇年代のゴダールの映画を「感情（あるいは心）の映画」と「思想（あるいは観念）の映画」に分類したが、『カラビニエ』はまさに思想の映画、観念の映画の極致と言うべきか。感情がない、愛がない、やさしさがない、ただもう、容赦なく突き刺してくるような映画だ。ニューヨークから、いちはやくアンダーグラウンド映画の作家であり批評家であるジョナス・メカスがゴダールの映画を擁護することになる。

ゴダールの映画は理性《アイデア》である。映画はいままであまりにも情感だけに依存してきた。ゴダールはイメージと理性《アイデア》にかかわっている。彼は映画と観念に固執する。

理性《アイデア》の映画はまだ存在しない。ゴダールはこの種の映画の前衛である。彼は前進しながら、多くのものを自分で発明しなければならない。前を行く人はほとんどいない。ゴダールの映画は新しい映画の一部である。彼は不可能なものはないと言っている。彼は映画言語を拡大している。彼は生きている。（「メカスの映画日記」、飯村昭子訳、フィルムアート社）

モノクロの、それもカラーというものが考えられない、それどころか灰色《グレー》のような中間色のニュアンスすらない、黒と白だけのコントラストのきつい、まるで16ミリから（あるいは8ミリから）デュープ（複製／複写）したかのような、ザラザラした粒子のあらい画面である。実際、しょっちゅう挿入される戦争を記録したニュース映画のデュープに画質を合わせるために、コダックのダブルXという当時最も高感度のネガフィルムで撮影された――『勝手にしやがれ』（一九五九）のイルフォードHPS、『小さな兵隊』（一九六〇）のアグファ・レコードのように。そして「ポジはコダックのいわゆる《ハイ・コントラスト》の特殊なフィルムに、単純なやり方で焼き付けられた」（「ゴダール全評論・全発言I」、前出）。

戦争映画のパロディー、諷刺、ゴダールによれば「寓話」である。あるいはコント・ド・フェ contes de fées（お伽噺）に語呂を合わせてコント・ド・フェ contes de faits（事実の物語）ともよぶ。

黒板に白墨《チョーク》で書いたような黒地に白抜きの文字で（ジャン＝リュック・ゴダール自身による書き文字である）、いきなり、以下のような引用からはじまる――アルゼンチンの作家、ホルヘ・ルイス・ボルヘスが一九六三年にパリでインタビューをうけて語った言葉である。マドレーヌ・シャプサル編「作家の仕事場」（朝比奈誼訳、晶文社）によれば――

> 今では、ますます簡素なものの方に進んでいます。もっとも使い古された比喩を活用していますが、実はそれこそが永遠であり、誰にも面白いのです。たとえば、星は目に似ているとか、あるいは、死とは眠りのようなものだとか……。

ずばり映画の製作意図というか、精神を映画の冒頭に要約したマニフェストとも言うべきものだが、パリでロードショー公開されたときには、映画はそう単純にうけいれられず、「簡素」で「誰にも面白い」どころか、韜晦、難解、スノビズムとすら罵倒された。神の御託宣のごときか、悪魔の呪文のごときか、いや、超インテリ気取りのふざけた妄言だ、と熱狂的ファンも一方にはいて毀誉褒貶渦巻くゴダール神話が頂点に達しつつあったかにみえる。

　ローマ・パリ・フィルムという製作会社の名前のあと、これも黒地に白抜きで（もちろん白紙に黒いペン書きをネガ出しにしたものだろうが）画面いっぱいにこまごまとゴダール自身による書き文字のメインタイトルとクレジットタイトルがいっぺんに出てくる。なかに「ジャン・ヴィゴに」という献辞もあり、あたかもあらかじめ「呪われた」映画であることを自覚していたかのようでもある！

「軍隊マーチ、第一回！」という録音スタジオで音楽ダビング中の作曲家、フィリップ・アルテュイスの声がひびく。ミュージック・コンクレートの創始者ピエール・シェフェールの研究グループＧＭＣＲに属して映画音楽はまだロベルト・ロッセリーニ監督の『インディア』（一九五九）やジャック・リヴェット監督の『パリはわれらのもの』（一九六〇）ぐらいしか担当してなかった新進気鋭の前衛音楽家だった。

　のちにフランソワ・トリュフォー監督の『アメリカの夜』（一九七三）で、音楽ダビング中の作曲家ジョルジュ・ドルリューの声とともにクレジットタイトルが流れることが想起される。撮影本番の「スタート！」のかけ声とカチンコの音とともにはじまるジャン・コクトー監督の『美女と野獣』（一九四六）――ヌーヴェル・ヴァーグの監督たちが心から愛した映画作家の作品だ――の冒頭のタイトル（ジャン・コクトー自身が黒板にチョークで題名、スタッフ・キャストを書いては消していく）をヒントにしたものであることがわかる。

ぎくしゃくとした調子っぱずれのようなオルガン演奏のメロディーがひびき、パリのセーヌ川沿いの自動車道路のトンネルを次々にくぐりぬけると、そこは郊外の殺風景な荒れ地だ。

小さな掘立小屋が一軒あるだけ。アヒルやニワトリが二、三羽、豚が一頭。薄明のなかを遠くから、片目のヘッドライトをつけたジープが現われ、ぬかるみの道なき道をガタピシゆれながらやってくる。カラビニエ――カービン銃を持った憲兵――がふたり、ジープから下りてくる。一軒家の住人たち、母クレオパトラ、娘ヴィーナス、それにふたりの息子、長身のユリシーズと小柄なミケランジェロは、逮捕されまいと逃げまどう。どうやら四人は、空き地とはいえ、そこに勝手に、不法に、小屋を建てて住んでいるらしい。

だが、逮捕状を持ってきたのではなかった。カラビニエたちは兄弟をつかまえると召集令状を見せ、「王のために戦え」と伝えに来ただけだと言う。戦争に行けば家賃も税金も払う必要はないし、それどころか、やりたい放題、何でもほしいものが手に入るから、と。人殺しも強盗も密告も女を犯すことも、食い逃げだって自由だし、土地や建物はもちろん、自動車も飛行機も女も金も、自由の女神だって、ピラミッドだって、世界中の何だって手に入れることができるんだ。「なにしろ、戦争だからな」というのである。

それならば、とユリシーズとミケランジェロの兄弟は勇んで戦争に行くのだ。すでに、どこもかしこも戦闘中で、兄弟はまず倒すべき敵としてアパルトマンの管理人を殺すのだが、ここでパリの観客（数は少なかったが）は拍手喝采であった。

ユリシーズ（イタリア人の新人俳優、マリオ・マーゼが演じている）の夢はイタリア製の高級車、マセラティで、脚本段階ではマキアヴェリという名だったというユリシーズは、ほしい車を買うためには大金が要ると言われて当然のように人を殺して金を奪うといった、単に目的のためには手段を選ばずというだけの、短絡的な、衝動的な、「君主論」の権謀術数《マキアヴェリズム》からはあまりにも程遠い、直接的な暴力に訴える始末だ。

ユリシーズとミケランジェロの兄弟は戦場でも暴虐のかぎりをつくして、その冒険と活躍ぶりを母と妹に手紙で報告する。その手紙の数々（いろいろな時代のいろいろな戦争で実際に戦場から送られた兵士たちの手紙から引用されたもの）がゴダールの手書きで字幕として挿入され、『女と男のいる舗道』（一九六二）の十二景の字幕のように、つまりはむしろブレヒト劇の「文書化《リテラリジールング》」のように、シーンを予告し、要約する。

「年代記の、物語詩の、新聞の、風俗画の、題字の文体」によって話の筋を要約し、ドラマの生起する時と場所を予告して故意にサスペンスを中断するスライド字幕映写方式を使って、観客が対象に同化することを妨げて対象への批評的距離を持つように促すというわゆる異化効果を表現や演出の手法として提唱・実践したことで知られる劇作家、ベルトルト・ブレヒトの方法の映画的実践である。

「初めて映画を見に行った」という手紙（字幕）のあとは、小さな映画館（観客は二、三人しかいないのだが、実際、最初の映画上映、リュミエールのシネマトグラフの初日の観客は三人だったということで、『カラビニエ』の興行もそんな結果になる）のなかに入ったチビのミケランジェロが、暗がりのなかをうろついてやっと客席につき、スクリーンを見つめるシーンである。ここでゴダールは、初めて映画を見た観客の素朴な（？）反応を揶揄的に描く。リュミエールの『列車の到着』（一八九六）が上映されたときには、遠方からみるみる画面を圧して迫る列車に観客は轢きつぶされるのではないかとあわてふためいたというような、まことしやかに伝えられている逸話を（いや、それが実際、観客の率直な反応だったというのは、のちにルイ・リュミエールがその効果をさらに強化して観客をおどろかそうとして3D——立体映画——として『列車の到着』をリメークすることからも察せられよう）、ミケランジェロが片手で、次いで両腕で目をおおい、列車が襲ってくるのをよけようとするポーズをとってこわがるといったふうに再現してみせる。ミケランジェロ（シナリオ段階から同じミケランジェロの役名だった）を演じるのは「カイエ・デュ・シネマ」誌の批評家、リュック・ムレのいとこ、アルベール・ジュロス（本名パトリス・ムレ）で、のちにミュージシャンになり、四人の一家の母親役クレオパトラを演じるカトリーヌ・リベロ（シンガー・ソングライターになる）と組んでシャンソンとロックのアルバムを出すことになる。

『列車の到着』に次いで、これもリュミエールの、世界最初のホーム・ムービーとして知られる『赤ん坊の食事』（一八九五）のパロディー——かなりグロテスクなパロディーで、ほほえましい家族の団欒どころか、父親（シナリオライターのジャン・グリュオーが演じている）が母親（というよりもお手伝いさんらしい）の運んできたパイを子供に「お食べ」と言っても「いや《ノン》」と子供はダダをこねるだけなので、「このファシストのガキめ！」とののしってパイを投げつけ、子供も投げ返し、食卓はたちまちスラップスティック・コメディーばりのパイ投げ合戦の修羅場と化してしまう。

まるでアルフレッド・ジャリの「ユビュ王」の食卓の情景のようでもある。

リュミエールにつづいて、見世物《スペクタクル》としての映画の創始者、ジョルジュ・メリエスの――世界最初のストリップ映画として知られる――『舞踏会の後の入浴』（一八九七）のパロディーである。女の裸が見られるので大よろこびのミケランジェロのニヤニヤ笑いは『軽蔑』（一九六三）のアメリカ人のプロデューサー（ジャック・パランス）が試写室でラッシュ（未編集のプリント）の女の裸を見てよろこぶときのニヤニヤ笑いと奇妙に似ている。

バスローブを羽織った若い女の動きを追って、ミケランジェロは客席を右往左往する。ついに女がバスローブをぬいで全裸になり、浴槽に入ると、ミケランジェロはもうがまんできずに、なんとか浴槽のなかをのぞきこもうとして、客席をまたいでスクリーンに近づき、ピョンピョンとびあがったりするが、もちろん見えっこない。女の肌にさわろうとしてスクリーンをじかに撫でさすってみるが、肌触りはない。イメージはイメージでしかない。映画は表象つまりはイメージ化されたものにしかすぎないというわけである。イメージの語源どおり、本物そっくりだが本物ではないイミテーションでしかないのだ。ミケランジェロはついに浴槽のなかにとびこもうとして、スクリーンをひきちぎってしまう。ここは、フランスのリュミエール兄弟とともに映画の発明者として知られるアメリカのトマス・A・エジソンの——のぞき箱方式のキネトスコープではなく——映写式のヴァイタスコープ時代のエドウィン・S・ポーター監督作品『活動ショウでのジョシュおじさん』（一九〇二）のパロディーになる。

引き裂かれたスクリーンとともに、夢は消えて、現実が露呈される。スクリーンの裏には薄汚れた壁があるだけ。そしてなお映写がつづき、そこに影のようにイメージがうつる。映像は影像でもある——影にすぎない——ということなのだろう。呆然としてたたずむミケランジェロ。映画への同化の失敗とか不可能とか言ってしまえばそれまでだが、いかにナイーブな映画観客とはいえ、こんなにこっぴどく愚劣に戯画化されたことはないだろうと思われるくらいである。といっても、ウディ・アレン脚本・主演の『ボギー！　俺も男だ』（ハーバート・ロス監督、一九七二）のように単純すぎて笑えない諷刺という感じでなく、むしろ、ハワード・ホークス監督の『赤い酋長の身代金』（オムニバス映画『人生模様』第4話、一九五二）や『紳士は金髪がお好き』（一九五三）に近い。笑いがのどにつかえそうである。映画は生まれながらにして幻想とともに当然ながら幻滅を描く装置であったことをゴダールはシニカルに暴露してみせるかのようである。

兄のユリシーズの暴力行為と同様に弟のミケランジェロの傍若無人なナイーブさ

ときたら、自由の女神を仰ぎ見て姿勢を正して敬礼し（兄のユリシーズとならんで）、レンブラントの自画像の複製に向かって礼儀正しく挨拶するといったぐあいだ。これまた「ユビュ王」の衛兵さながら、「兵隊は芸術家に敬礼する」と素直に、大まじめに宣言もする。小さな兵隊は大芸術家を敬わなければならないというわけである。傍若無人であるばかりでなく無知で無教養なのかと思いきや、戦場で、あるいはパルチザンとの攻防戦のさなかに、わずかな合間を利用して熱心に本を読むシーンもある。まるでニコラス・レイ監督の西部劇『大砂塵』（一九五四）のなかで無法者のひとり（ロイヤル・ダノ）が山中の隠れ家で、あるいは追っ手がこないかどうかを外で見張る最中に、暇《ひま》を盗んで読書をしているという、西部劇らしからぬ異様な光景さながらといった感じだ。

ニコラス・レイの映画を偏愛し、崇めた「カイエ・デュ・シネマ」誌の批評家らしく（ならではの、と言うべきか）、ゴダールは、「いまや、映画とはニコラス・レイのことである」と『にがい勝利』（一九五七）についての批評（「カイエ・デュ・シネマ」誌一九五八年一月第79号）で絶讃したことがある。

映画の登場人物たちがこれほどわれわれの近くにいると同時に遠くにいると感

じられるというのはかつてなかったことである。ベンガジの人気《ひとけ》のない通りや砂丘を前にして、われわれは突然、束の間のあいだ、まったく別のことを考える。シャンゼリゼのスナックバーのことか、自分がかつて愛した娘のことか、あれやこれやのことを考える。嘘のこととか、女たちの臆病さのこととか、男たちの軽薄さのこととか、〔カフェにおける〕フリッパーの勝負のこととかを考える。そしてそれは、『にがい勝利』は人生の反映ではなく、映画《フィルム》の形をとった人生そのものだからである。映画《フィルム》によって鏡のなかに捕えられ、その鏡の裏側から見つめられた人生そのものだからである。この映画は映画のなかで最もあからさまな映画であると同時に最も内に秘めた映画である。最も繊細な映画であると同時に最も粗野な映画である。これは映画《フィルム》ではない。映画以上のものなのだ。（「ゴダール全評論・全発言I」、前出）

すでにゴダール自身の究極の映画をめざして語っているかのようである。『カラビニエ』のゴダールの野心、あるいは少くとも、そのめざすところ、つまりは観念の映画、思想の映画、理性《アイデア》の映画とは、まさに、「映画ではない」「映画以上のもの」だったのかもしれない。

2 アンナ・カリーナは？

『カラビニエ』の原作になったのはベニャミーノ・ヨッポロというシチリア生まれのイタリアの劇作家の一九四九年の同名の戯曲（「イ・カラビニエーリ」）では、四人の登場人物は母ルチア、娘アンナ、息子ミケランジェロとレオナルドで、ロベルト・ロッセリーニが一九六二年に演出、イタリアのスポレトで催された演劇祭で初演、とはいえ、すぐ上演禁止になり、その後映画化を考えたもののロッセリーニにチャンスはなく、フランスでは原作の戯曲が翻訳出版されていなかったらしく（イタリア本国では発禁になったとのこと）、当時失業中で金に困っていたロッセリーニがシナリオを売るつもりで口伝でテープ録音したものをジャン・グリュオー（一九六一年にロベルト・ロッセリーニ監督の『ヴァニーナ・ヴァニーニ』の脚本を執筆していた）がフランス語に翻訳して採録し、ゴダールと共同で映画用の脚本を書いた。もっとも、ゴダールは「シナリオもロッセリーニが書いたもので、私はシナリオに少しも手を加えていません。私は撮影し、いくつかの台詞を加えただけで、構成も、二人のごろつきふうの農民というアイディアも（あの二人が具体的にどういう人物なのかはよくわかりません）、シナリオのままです」と語っているのだが（「ゴダール／映画史Ⅱ」、前出）、女たちの役は母ルチアがクレオパトラに（脚本段階ではローマ皇帝ネロの母になるアグリッピナという名だった）、娘アンナがヴィーナスになり（脚本段階ではルネサンスのボルジア家のルクレチアという名だった）、歴史的あるいは神話的な人物の名が引用されることになったものの傍役で活躍の場はなく、ヴィーナスの役を演じるジュヌヴィエーヴ・ガレア（歌手のギー・ベアールと結婚し、女優のエマニュエル・ベアールの母になる）にアンナ・カリーナの面影というか残像のようなものがチラっと認められもするが、もしアンナ・カリーナが演じていたら、もちろん、ヒロインになっていたことだろう。『カラビニエ』にもアンナ・カリーナはチラっと出てくるのだが、生身の彼女ではなく、そのころピエール・ガスパール＝ユイット監督のコスチューム史劇の大作『シェラザード』（一九六三）に出演していたために『カラビニエ』には出演できなかったので、彼女の絵葉書大のスチール写真だけの出演（？）である。

『シェラザード』の撮影中にはゴダールがひそかにエキストラにまぎれこんでアンナ・カリーナを見張っていた（!?）という。乞食の恰好をしたエキストラのひとりが逆立ちをして石段を降りてきたので、「ジャン＝リュックだとわかった」とアンナ・カリーナは笑いながら、あっけらかんとして言った。「ジャン＝リュックは逆立ちが得意なのよ」。

ゴダールは、そのあと、アンナ・カリーナのために、ドニ・ディドロの小説「修道女」の舞台化をアントワーヌ・ブールセイエ（パリの小劇場のいくつかの運営をまかされていた）に依頼し、二月六日から三月五日まで上演。演出は、最初はロベルト・ロッセリーニの予定だったが、そのころロッセリーニは映画界からも演劇界からも信頼がなく結局はジャック・リヴェットに交替し、そのまま——ジャック・リヴェット監督、アンナ・カリーナ主演で——これもゴダールの企画とも言える強い後押しがあってジョルジュ・ド・ボールガール製作により一九六五年に映画化されるのだが、「公序良俗に反する」として一時公開禁止になったため、公開は一九六七年になる。一九六三年十一月には、またも、というか、もちろん、アンナ・カリーナのために、プロダクション「アヌーシュカ・フィルム」を設立——アヌーシュカはゴダールがアンナ・カリーナのために付けたニックネームであることはすでに述べたとおりだ。アヌーシュカ・フィルムの製作第一回は一九六四年のゴダール／カリーナ映画『はなればなれに』になる。

一九六二年、ゴダールは、フランス文学史上の天才的異端児アルフレッド・ジャリが一八八八年、十五歳のときに「ギニョル（操り人形）劇」の台本として書いたという（アルフレッド・ジャリの言葉によれば、「人形のために」書かれた芝居ではなく、人形になって演ずる「役者のために」書かれたもので、もちろん「これは同じことではありません」ということになるのだが）、不条理演劇のはしりとして知られる、「ユビュ王」（シェイクスピアの「マクベス」をモジったナンセンス劇）の映画化を企画していたということだから、『カラビニエ』のまるで人形仕立てのキャラクターには その実現しなかった企画の名残りのような影響もあるのかもしれない――いや、その痕跡がはっきり残っていると言っていいだろう。『カラビニエ』は王の悲劇ではなく、王のためにたたかった小さな兵隊たちの悲劇だが、悲劇とはいえ、滑稽で残酷な寓話だ。残酷さが寓意そのものといった感じなのである。

戦場から帰還したユリシーズとミケランジェロの兄弟は戦利品として「世界中の富と宝」を持ち帰ったと女たちに自慢する。だが、それは小型のトランクひとつに詰めこまれた世界各地の絵葉書である。古代から中世、ルネサンス、近代、現代に至るまでの歴史的記念物、交通機関、百貨店、美術品、産業、地下資源、自然の驚異、地理、動物、植物、人間、等々に分類され、たとえば歴史的記念物の部門ではピラミッド、アンコールワット、ピサの斜塔（絵葉書を見ながら、みな首を斜めにかしげる）、交通機関の部門では蒸気機関車、ロールスロイス、黄金の馬車（もちろんジャン・ルノワール監督の一九五二年の映画でアンナ・マニャーニが乗っ取った馬車である）等々、百貨店の部門ではパリのギャルリー・ラファイエット、ニューヨークのティファニー等々、自然の驚異の部門ではゴビ砂漠、ナイアガラ瀑布等々、動物の部門ではバファロー、ペンギン、カンガルー、猫のフェリックス（パット・サリヴァンのサイレント・アニメーション）、名犬リン・ティン・ティン（ダリル・F・ザナックの脚本からはじまった映画シリーズ）等々、女の部門ではモディリアーニの絵の裸婦、ハリウッド女優のエヴァ・ガードナー、フランス女優のブリジット・バルドー、ローラ・モンテス（マックス・オフュルス監督の遺作になった一九五六年の映画『歴史は女で作られる』のヒロイン、マルチーヌ・キャロルの写真だ）、そしてシェラザード（もちろん、アンナ・カリーナが演じた一九六三年のフランス映画のヒロインだ）等々といった無数の絵葉書。「世界中の富と宝」の表象のカタログである。

兄弟と母娘はこれらの絵葉書を雨あられと降らせて快哉を叫ぶが、絵葉書もまた、映画館のスクリーンにうつる映像以上のものではないということになる。『カラビニエ』はイメージ＝イミテーションに夢中になってギニョル（操り人形）のように踊らされた愚かな夢想家たちの痛切なコメディーなのである。

戦争は終わり、次いで政府がかわり、当然ながら戦争責任者は告発され、断罪され、兄弟はあっさり始末される（「ふたりはなにも理解しなかったのです……」）。

黒地に白抜きの文字で（もちろんジャン゠リュック・ゴダール自身による書き文字である）、映画は以下のようにしめくくられる。

そこでふたりの兄弟は永遠の眠りについた。頭脳は分解しつつも死を超えて機能すると、また彼らの夢こそが天国をつくり上げるのだと、信じて。

一九〇七年に三十四歳で亡くなったアルフレッド・ジャリが死の一年前に、親友――唯一の女友だち――の作家で文学サロンの女主人であったラシルド夫人に宛てた遺言（最後の手紙）からの引用である（学習院大学教授でフランス文学者・評論家の中条省平氏のご教示による）。ラシルド夫人による評伝「超男性ジャリ」（宮川明子訳、作品社）に収録されているその手紙から引用させていただくと――

ユビュおやじ（とアルフレッド・ジャリは自称していた）は眠ろうと努めます。彼は頭脳は分解しつつも死を超えて機能すると、また〈彼の夢〉こそが天国なのだと信じています。ユビュおやじは、留保つきではありますが〔……〕おそらく〈永遠の〉眠りにつくでしょう。

3 アンジャンプマンからジャンプ・カットへ

パルチザンの若い娘（オディール・ジョフロワ）が捕えられ、顔に白いハンカチをかぶせられて銃殺されるときに、「兄弟よ……兄弟よ……」とうめくようにつぶやくので、銃を構えたカラビニエたちが一瞬撃てなくなるところは、『戦艦ポチョムキン』（セルゲイ・M・エイゼンシュテイン監督、一九二五）で反乱を起こした水兵たちが甲板で銃殺されるときに、士官の命令で銃を構える仲間の水兵たちに向かって「兄弟よ、いったい誰を撃とうとしているのか」と叫ぶので、銃殺隊の水兵たちは銃の引き金を引くことができなくなるという有名なシーンのパロディー／引用として知られるが、そこでゴダールは、銃殺されるパルチザンの若い女性の帽子《キャスケット》をカラビニエのひとりが取ると長い金髪がこぼれるように垂れ下がるところを、最初はロングでとらえ、次いでアップで同じ女性の金髪がこぼれるように垂れ下がるところを見せるので、同じアクションが重複し、故意につなぎ間違い（ということは演出のミス）をしでかしたような印象を与える。

ハリウッド的な正確なアクションつなぎがつねにキャメラ目線に沿って、キャメラのポジションやアングルを感じさせない自然に快く流れるメロディーのような技法なら、逆に、そのような「旋律的《メロディック》統一性」をこわすドラマチックな強調のための「不協和音」のような「エイゼンシュテイン的なつなぎ」があり、それはあたかも「音楽における短調から長調への、あるいは逆に長調から短調への移行」と同じで、変調もまた韻律的な効果を上げる詩の「押韻」のようなものだとゴダールは言うのである（「カラビニエを撃て」、前出）。ゴダールが批評家時代に「映画の虫」とよんだフランク・タシュリン監督の『ハリウッドか破滅か（Hollywood or Bust）』という原題の喜劇『底抜けコンビのるかそるか』（一九五六）について書いた文章（「カイエ・デュ・シネマ」誌一九五七年七月第73号）のなかで、「一つの画面の内部での画面転換は創意ある大胆さで行われており」「魅力的なものと滑稽なものとが交互に姿を見せ、尽きることのないつぼをこころえた表現に収まっている」かと思えば、「メカニックなものが思考に変貌」して「真実のドキュメンタリーが持つ高貴さと入り交じる瞬間がある」と讃え、「フランク・タシュリンはアメリカ喜劇を革新しはしなかった。それ以上のことをしたのである」（「ゴダール全集4　ゴダール全エッセイ集」、前出）と結んでいたことを思いだす。

　ゴダールもまた、すべてを革新したのではなく、「それ以上のこと」つまり創造したのだ――ジョナス・メカスがゴダールはつねに「前進しながら、多くのものを自分で発明」したのだと言ったように、引用とコラージュの名目でさまざまな種類の文化的な依拠と言及をならべたてながら。

ブロンドの若い女性兵士は、銃殺される前にレーニンの「ブルジョワ資本主義害虫説」を引用し、レーニンのロシア革命を「私の革命」とみなして社会主義革命への期待と称讃をうたったロシアの未来派の詩人、マヤコフスキーの寓話（マヤコフスキーの義妹、エルザ・トリオレがフランス語に訳したもの）の一節を引用するのだが（因みにエルザ・トリオレは一九三〇年、マヤコフスキーが自殺する年に、フランスの詩人、アラゴンの夫人になる）、エイゼンシュテインがマヤコフスキーの詩について、詩句の意味が一行におさまらずに次の行にまたがるという意味の「アンジャンブマン（またがり）」というフランス語を使って映画的な、独特のモンタージュ論を展開していることを、当然ながら、ゴダールは念頭に入れていたのだろう。長くなるけれども、要約はとても不可能なので、以下に引用させていただこう。

詩において行から行へ、場面＝句がまたがることを、「アンジャンブマン」と言う。「韻が句と一致しないとき『またがり』（アンジャンブマン）と名づけられるものがあらわれる……『またがり』の最大の特徴はその詩の行のはじめと終わりにあるよりも重要な措辞的休止が、行の内部にあることである……」と『韻律学概論』で〔作詩法理論の研究家〕ジルムンスキーが書いている。

このジルムンスキーは、このタイプの構成を次のように作詩的に解釈しているが、私たちの視聴覚的構成にとっても興味深い。「措辞句と韻のあらゆる不一致は、芸術的に計算された不協和音であり、一連の不一致のあと、措辞的休止がリズム系列の境界と一致するところで解決される……」。

〔……〕

普通は詩を書くとき、韻に、つまり行に従って配分された節の記述を守る。ところが別の書き方をする力強い代表者・マヤコフスキーがいる。彼の「こまかく刻んだ文」では、行の境界ではなく、「画面」の境界にしたがって分解される。マヤコフスキーは次のように、行に従って分けはしない。

「虚空だ。飛んで行け。
　星をつらぬいて」

「画面」に従って次のように分ける。

「虚空だ……
　飛んで行け、
　星をつらぬいて」

マヤコフスキーはまるで経験ゆたかな編集者が典型的な衝突の場面（註――エイゼンシュテインの定義「モンタージュは衝突である」が想起されよう）を打ち立てようとするときと同じように、その行を切る。最初に一つ。次に別の一つ。それから両者の衝突。

（1）虚空（もしこの「画面」を撮影するとすれば空間を強調し、それとともにある星を感じさせるため、画面のなかに必ず星を入れなければならない）。
（2）飛んで行け。
（3）ようやく第三の断片で、衝突の状況において第一と第二の内容が示される。
（『エイゼンシュテイン全集7』、エイゼンシュテイン全集刊行委員会訳、山田和夫監修、キネマ旬報社）

『カラビニエ』でロングからアップへイメージ（アクション）がダブってくりかえされるところは「アンジャンブマン」、つまりイメージ（アクション）がまたがるということなのだろう。

というのも、アクションが視覚的に自然につながるためには、同じ目線で同じアクションがまたがってダブらないようにカットしなければならないのだ。カットすることつまりカッティング（cutting）とはつなぎそして編集の意味にもなり、つなぐことはカットすることなのだ――とあたかもゴダールは彼のジャンプ・カットの必然性を説き明かしてみせるかのようである。

『カラビニエ』は挑発の映画だ――見る者の神経をあえて逆撫でするような挑発。技術的なつなぎの問題ばかりではない。「これは意地の悪い映画になるはずだ。というのも、二人の農夫／カラビニエの愚鈍な頭に考えがうかぶこともあるものの、それらはどれも意地の悪いものだ」とゴダールが語るように（「ゴダール全評論・全発言Ｉ」、前出）、次のようなブレヒトの言葉を想起せずにはおかないだろう。

観客は、自分の見たくないものをもいくらか見せられる。つまり、自分の希望が実現されるのを見るだけでなく、それが批判されるのをも見る（自分を主体としてだけでなく、客体としても見るのだ）。（『三文オペラ』のための註、千田是也訳、岩波文庫）

すでに述べたように、『カラビニエ』は「ジャン・ヴィゴに」捧げられている――フランス映画史上最も「呪われた」映画作家、ジャン・ヴィゴに。

「反逆の詩」として知られるジャン・ヴィゴの自主的な短篇劇映画第一作『新学期・操行ゼロ』（一九三三）は検閲にひっかかって公開禁止になり、さらに、初めて注文をうけた長篇映画第一作『アタラント号』（一九三四）は、かろうじて撮影を終えたものの、肺結核に冒されていたジャン・ヴィゴは、編集にとりかかる前に、二十九歳でこの世を去った。毎年フランスの最もすぐれた新人監督に授与されるジャン・ヴィゴ賞が一九五一年に制定され、ゴダールの長篇第一作『勝手にしやがれ』も一九五九年に受賞している。

興行的に惨敗した（パリのロードショーで初日に十八人の観客しか入らず、二週間でわずか二千八百人という不入りのために上映打ち切りになった）『カラビニエ』はゴダールの最も「呪われた」映画になったが、つづく『軽蔑』はカラー・スコープで撮影され、肉体そのものと言ってもいいフランスのセックス・シンボル、ブリジット・バルドーの主演でヒットする。『軽蔑』は九週間上映されて二十三万四千人を動員することになる——ブリジット・バルドー主演の映画としては大ヒットとは言えない数字だったにしても。

4 ラウル・クタールに聞く（5）

——一九六三年の『カラビニエ』は、ジャン゠リュック・ゴダール監督の長篇映画第五作ですが、白黒のクレジットタイトル用のコントラストの強いポジフィルムに焼き付けてプリントを起こしたことはすでにおうかがいしました。この映画のなかで、主人公のひとり、アルベール・ジュロス扮するミケランジェロが初めて映画館に入って映画を見るシーンがありますね。リュミエールの最初の映画、一八九五年から九六年にかけて、パリのグラン・カフェのインドの間で初めてスクリーンに上映された映画、『列車の到着』や『赤ん坊の食事』を模した映画がそこで上映中なのですが、このリュミエール作品のパロディーもタイトル用の白黒のコントラストの強いフィルムに焼いたものですか。

クタール　もちろん。あの映画館で見る映画は、シネマテークで見る古い映画を模して撮ったものです。そのためにタイトル用のハイコントラスト・フィルムを使ったのです。

――『カラビニエ』は主人公の兄弟がユリシーズとミケランジェロ、女たちがヴィーナスとクレオパトラという名前からしてパロディーというか、寓話というか、お伽噺になっているのですが、脚本にイタリアのネオレアリズモの巨匠、ロベルト・ロッセリーニが参加しているんですね。

クタール　ロベルト・ロッセリーニが？

――クレジットタイトルにも出ています。ロッセリーニはヌーヴェル・ヴァーグに大きな影響を与えた映画作家ですし……。

クタール　それはそうですが……ロッセリーニの名がクレジットタイトルに？　そう、そうかもしれない。ありうることだ。たしかに、ロッセリーニは戦争直後のイタリアのネオレアリズモの巨匠だった。しかし、そのころ、一九六〇年代の初めごろはすっかり忘れ去られて、失業中だったと思う。ジャン゠リュックはロッセリーニをとても尊敬していた。それで、『カラビニエ』の脚本に参加してもらったのだと思う。失業対策のようなものですよ。ロッセリーニは小切手のために仕事をひきうけた（笑）。そう、そう、『カラビニエ』はたしか、ロッセリーニがイタリアの舞台で演出したことのある戯曲をもとにしていて、それをロッセリーニが映画用に構成したということかもしれない。しかし、脚本料だけもらって、脚本は全然書いていないはずです。脚本はジャン＝リュックといっしょにジャン・グリュオーが書いていたと思う。

――『カラビニエ』の原作はベニャミーノ・ヨッポロというイタリアの劇作家らしい名前になっていますね。

クタール　そう、それですよ、ロッセリーニが舞台で演出したものです。わたしはその芝居のほうは知らないけれども、映画のほうの『カラビニエ』の主人公の兄弟、ユリシーズとミケランジェロは、アタルとザルディがモデルだった。『女は女である』にも盲目のまねをして出てくるふたり組の与太者（笑）。

――アンリ・アタルとドミニク・ザルディですね。『男性・女性』にもカフェの奥でポルノ小説を交互に大声で読む二人組として出てきますね。いつもコンビで出てくるんですね。珍妙な二人組ですね。クロード・シャブロルの映画にも、しょっちゅう出てきますね。

クタール　そう、そう、シャブロルの映画の常連でした。いつもふたりでいっしょにつるんでプロデューサーに会いにきて、「こんどの映画に俺たちをだせ、すぐ役をつくれ。でないと、ぶんなぐってやる」とおどす有名なふたり組でした（笑）。ジョルジュ（・ド・ボールガール）も一度ならずふたり組に椅子を投げつけられたと言っていた。ジャン＝リュックもぶんなぐられたことがあるそうです。大変な乱暴者でした。当時、パリの映画界をパニックにおとし入れていたふたり組です（笑）。あるとき、ジャン＝リュックはプロデューサーのジョルジュに「アタルとザルディを主役にしたら、どうだ」と提案した。「主役に？　ひどい連中だぞ。主役になんかできっこない」。すると、ジャン＝リュックが「そこがねらいだ」と言った。「あまりにもひどくて、主役にはなれっこない。そういう映画をつくろう」（笑）。それが『カラビニエ』になった。

──マリオ・マーゼ扮するユリシーズとアルベール・ジュロス扮するミケランジェロは、じつはアタルとザルディの乱暴な与太者コンビだったのですね。

クタール　そうなんだ（笑）。

──『カラビニエ』はグレーのニュアンスがまったくないハイコントラスト・フィルムの白黒の映像の強烈さもあって、小さなバラックが一軒建っているだけの空き地の風景からして冬の寒々とした感じがよく出ていますね。

クタール　実際にものすごく寒かった（笑）。撮影も真冬の十二月から一月にかけてだった。凍りつくような寒さでしたよ。思いだすだけでも寒い（笑）。

立派な詐欺師
LE GRAND ESCROC

ジャン゠リュック・ゴダール作品（1963）。

白黒・フランスコープ。上映時間　25分。

監督・脚本・台詞　ジャン゠リュック・ゴダール。撮影　ラウル・クタール。音楽　ミシェル・ルグラン。編集　アニエス・ギユモ、リラ・ラクシュマン。製作　ピエール・ルスタン。

撮影期間　1963年1月。撮影場所　マラケシュ（モロッコ）。

出演　ジーン・セバーグ（TVリポーター、パトリシア・リーコック）、シャルル・デネル（贋金つくりの詐欺師）、ラズロ・サボ（刑事）、ジャン゠リュック・ゴダール（トルコ帽の男およびナレーション）。

オムニバス映画『世界詐欺物語』CLES PLUS BELLES ECCOROQUE RISE DU MONDE）第5話「モロッコ篇」としてつくられたが、「哲学的すぎる」作品としてはずされ、単独の短篇映画として公開された。

フランス公開　1964年8月14日（キング・ヴィダー監督『麦秋』リバイバル公開の併映作品として）。日本公開　1966年7月26日（ATG映画の併映作品として）。

1 ハーマン・メルヴィルの「詐欺師」

ジャン゠リュック・ゴダールは、一九六三年、『カラビニエ』と『軽蔑』のあいだに、『立派な詐欺師』という短篇を撮っている。国際オムニバス映画『世界詐欺物語』(一九六四)の一話(「モロッコ篇」)として注文されて撮った作品だが、全体のバランスを考えて「あまりにも異質すぎる」とみなしたプロデューサーのピエール・ルスタンによって公開版からはずされてしまった。

『勝手にしやがれ』ではジャーナリスト志望の女子学生だったジーン・セバーグ扮するパトリシアが、それから四年後、サンフランシスコの若い記録映画作家として、16ミリ・キャメラを手にテレビのリポーターになって活躍する。アメリカのシネマ・ヴェリテ(ダイレクト・シネマとよばれた)の先鋭、リチャード・リーコックにあやかってパトリシア・リーコックという名前である。ずばりシネマ・ヴェリテとは何かを問う映画だ。

舞台はモロッコのマラケシュ。パトリシア・リーコックは、マラケシュの刑事(ラズロ・サボ)に「あなたは記録映画を撮っておられるわけですね、ジャン・ルーシュ氏のように」と訊かれて、「そうよ、シネマ・ヴェリテよ、真実《ヴェリテ》をとらえる映画《シネマ》よ」と答える。テレビのドキュメンタリー番組の制作のために世界を駆けめぐるパトリシア・リーコックはモロッコのマラケシュで、贋札をつくって貧しい人々に配っている「慈善事業家」で「博愛主義者」で「世界主義者」である偉大な詐欺師（シャルル・デネル）に出会い、インタビューをすることにしたのである。贋札づくりの詐欺師というのは「リーダース・ダイジェスト」に載った実話にもとづくとのことなのだが、『立派な詐欺師』の原題「Le Grand Escroc（大詐欺師）」は、「白鯨」などで知られるアメリカの小説家、ハーマン・メルヴィルが一八五七年に刊行した長篇小説「The Confidence-Man : His Masquerade」（邦訳「詐欺師」、原光訳、八潮出版社）のフランス語訳で、映画のなかでヒロインのジーン・セバーグが読んでいるシーンがあり、題名の由来が示される。

ハーマン・メルヴィルの小説は副題（「彼の仮面劇」）のように、ひとりでいろいろな仮面をかぶった人物になりきって変幻自在の仮面劇を演じる大詐欺師の物語である。第一章「一人の唖がミシシッピ川の小汽船に乗込む」、第二章「人の数だけ心あり」、第三章「種種様様の性格が現れる」、第五章「喪章を付けた男、大賢か大愚か、いずれとも決着つかず」…第十三章「旅行帽をかぶった男、大いなる人間愛を示す。これこそ最も論理的な楽天主義者の一人と思はせる、やり方で」…第十五章「老守銭奴、まんまと言包《いひくる》められて、敢へて投資する」…第十八章「薬草医の正体詮索」

……第二十四章「博愛主義者が人間嫌ひを改宗させようと企てるが、論駁する以上のことは出来ぬ」……第三十二章「魔術と魔術師の時代がまだ過ぎ去ってゐないことを示す」……といった章立ての目次を追うだけでもたのしいのだが、「慈愛《いつくしみ》は怨みを抱かず」「慈愛はすべてを耐え忍ぶ」「慈愛はすべてを信じ、決して衰えず」といったハーマン・メルヴィルの小説の格言のような一行、一行がスクリーンいっぱいにうつされて引用され、興趣をそそる。英語で質問するパトリシア・リーコックにフランス語でしか答えない詐欺師は「悪は信頼欠如にある」「不信は信頼への第一歩である」とつぶやく。

希望と信仰を説き、慈愛を唱えながら金を巻き上げ、かと思うと、ときには人びとに金を与えもするのだが、舞台の役者のようにその場、その場で役を演じる正体不明の小説の詐欺師のように、ゴダールの映画の詐欺師も「真実《ヴェリテ》」を追求するパトリシア・リーコックに言う。「己を知ることは容易ではない。あなただって、もしかしたら、知らぬ間に何者かを演じているだけかもしれない。あなたがご自分で思っているのとは違う人間とほかの人には思われているかもしれない……」。

ラストシーンは「嘘偽の人物を捨て、真実の人間を求めて」というパトリシア・リーコックのナレーションとともに、どこへともなく立ち去っていく詐欺師を見送りながらキャメラをまわしつづけるパトリシアのクローズアップに、さらにジャン＝リュック・ゴダールのナレーションが入る――「そう、もし真実の人間というものがいるとしたらの話だが。見知らぬ男が遠ざかっていくのを見送るこのサンフランシスコの若い映画作家の心にはあの力強い意味を持った有名な詩句が思いだされた――全世界が一つの舞台、そこでは男女を問わぬ、人間はすべて役者に過ぎない、それぞれ出があり、引込みあり、しかも一人一人が生涯にいろいろな役を演じ分けるのだ。（シェイクスピア「お気に召すまま」、福田恆存訳）」

映画の結論になるこのゴダールのナレーションもじつはハーマン・メルヴィルの「詐欺師」からの引用なのである。原光訳によると――

……世界主義者はくるりと背を向け、立去った。残された相棒は、取って付けた役柄をどこで捨てて、もしあるとすれば、本来の人格をどこで取戻したのか、狐につままれて正確には決《き》めかねていた。もしあるとすれば、と言ったのは、彼が世界主義者を凝《じ》っと見送ってゐると、正に当付けたやうに、馴染《なじみ》の〔シェイクスピアの〕詩句が思ひ浮かんだからだ、

「この世は舞台、
男女皆俳優にすぎず、
出たり入ったり、
盛り時には一人で幾役も演じる
お気に召すまま」

パトリシア・リーコックが詐欺師を取材しながら、「贋札《にせ》を貧しい人に配ってよろこばせるなんて、最低の詐欺じゃない。貧しい人から逆に何かを奪うのと同じよ。泥棒と同じことだわ」となじると、詐欺師は「あんただって、キャメラをまわして、わたしから何かを盗み取っているんだ」と言うところがある。「わたしはそれを人々に見せるために撮ってるのよ。映画《シネマ》で真実《ヴェリテ》を伝えるのよ」とパトリシアが反論すると、詐欺師はこう答えるのだ。「同じことだ。あんたもわたしから何かを盗んで人に与えているだけだ」。

シネマ・ヴェリテなんて真実《ヴェリテ》と偽った嘘《マンソンジュ》にすぎないとゴダールは言っているように思える。実際、『立派な詐欺師』を撮った一九六三年に、ゴダールはリチャード・リーコックとアメリカのシネマ・ヴェリテについて苛烈な批評を書いている（「カイエ・デュ・シネマ」誌一九六三年十二月‐一九六四年一月第150‐151合併号)。

　大西洋の向こう側では、シネマ・ヴェリテはどっきり《カンディード》カメラと訳されている。たしかに、リチャード・リーコックはいろいろな理由から純朴《カンディード》だ。自分の追い求める真実《ヴェリテ》がピレネー山脈の向こう側の真実なのか、こちら側の真実なのかも考えずに、ただ、むきになって、闇雲に真実を追い求めているだけなのだ。〔……〕意図がボケていたのでは、どんなに鮮明な映像も役には立たない。(「ゴダール全集4／全エッセイ集」、前出)

2　シネマ(映画)とヴェリテ(真実)

「ドキュメンタリーの父」ロバート・フラハティ監督の『ルイジアナ物語』(一九四八)のキャメラマンとして出発したリチャード・リーコックを中心に、D・A・ペネベイカー、デヴィッドとアルバートのメイスルズ兄弟などの先鋭的記録映画作家(リーコックとペネベイカーによってフィルム・メーカーという呼称も生まれた)がアメリカでダイレクト・シネマの名のもとにドキュメンタリーに新しい息吹きをもたらしたのが一九六〇年のことであった(アイラ・ケニングズバーグ編著「ザ・

コンプリート・フィルム・ディクショナリー」による)。

ウィリアム・ブルーム(「ドキュメンタリー・イン・アメリカン・テレヴィジョン」)によれば、ダイレクト・シネマにおいては「キャメラが唯一の実際のレポーターであり、台本つまり定められた主題に関する主張、すじがき、ある話についての誰かの考えなど、キャメラが実際にとらえる出来事の展開順序以外の何事についても補助的立場のものであってはいけないことがすべての前提とされる」。

トルーマン・カポーティのノンフィクション小説「冷血」にならってノンフィクション映画という呼称も生まれた。リチャード・メラン・バーサムの「ノンフィクション映像史」(山谷哲夫・中野達司訳、創樹社)には、一九六〇年代の「新しいノンフィクション映画」の革新的創造性を生みだしたのは「映画作家たちにより広い行動性と自由を可能にさせた〔持ち運びが楽で軽量な〕機材の新たな開発が進んだ」ことにあると解説されている。それは「テレビ用映画スタッフが使用する機材を発達させた人々のおかげであり、特に意義深いのがジャーナリスティックなレポートに現実味を増加させ、ダイレクト・シネマの発展の大躍進をもたらした新しい録音機材——つまり直接同時録音装置の発明である」。

トーキー革命からヌーヴェル・ヴァーグまで映画の革命はつねにこのような新しい

機材の発明や発達に結びついていたことは周知のとおりだが、ゴダールがこの「ダイレクト・シネマの発展の大躍進をもたらした新しい録音機材――つまり直接同時録音装置」に最も鋭く敏感に反応することになる。

「しかし、技術が新しい人間の持つ激情に追いつくまでには、すなわちリッキー（リチャード）・リーコック、ドン（D・A）・ペネベイカー、多くの若いテレビ・ドキュメンタリー作家（三人男といわれたアル〔アルバート〕＆デヴィッド・メイスルズとニコラス・ウェブスター）、それにポータブルの同時録音カメラが登場するまでには、数年も待たなければならなかった」とジョナス・メカスは次のように誇らかに、高らかに書いている（「メカスの映画日記」、前出）。

映画は揺らぎ始めた。映画は行く道を意識しだした。〔……〕どんなに無様に見えようとも、まったく気にしない。あえて芸術に背を向けている。たったの一カットだってきちんと構成されたショットなどありはしない。〔……〕意図的に編集することも避けている。すべては題材に由来するものだけだ。真実はそこに起こることだけである。

失敗、ピンボケ、ぶれ、あいまいな構え、はっきりしない動き、露出過多や露出不足などでさえ、ヴォキャブラリー——映画言語の単位の総体——の一部である。ドアは偶然性に向かって開いている。〔……〕生を垣間見せ、大きな刺激と美をもたらすものは、ささいなもの、はかないもの、偶然のもの、過ぎゆくものである。〔……〕

つねに目ざめ、つねに変化している映画のみが、真のわれわれの姿を、偽りのわれわれの姿を、われわれの憎んでいるものを、われわれの必要としているものを、あらわにし、描き、われわれに自覚させ、気づかせ、また真の美しさを現出させる。こういう映画のみが、これらを言いあらわす固有の言葉を持っている。

まるで『勝手にしやがれ』(同時録音撮影ではなかったがラウル・クタールの自由奔放なキャメラと高感度フィルムを駆使した)のジャン＝リュック・ゴダールとヌーヴェル・ヴァーグの衝撃を記述しているかのような一文でありマニフェストだ。ダイレクト・シネマは、フランスの『勝手にしやがれ』と同じ一九六〇年のアメリカの——ニューヨークの——ヌーヴェル・ヴァーグだったのだ！

ジャン＝リュック・ゴダールは大学で人類(民族)学を専攻し、早くからジャン・ルーシュの人類(民族)学ドキュメンタリー(一九五四年の『気違い祭司たち』など）に注目し、一九五八年のジャン・ルーシュ監督の長篇映画第一作『私は黒人』の撮りかた、「劇映画をドキュメンタリーのように撮る」シネマ・ヴェリテ（とよばれた）の手法を次のように分析し、彼自身の映画のつくりかたの基本にしたのであった。

虚構か現実か、演出かルポルタージュか、芸術か偶然か、徹底した構成かゆきあたりばったりの現場主義か、どちらかを選択しなければならない。何故か？　なぜなら、一方を心から選択すれば、不可避的に他方を選択することになるからだ。
（「カイエ・デュ・シネマ」誌一九五九年四月第94号）

そもそもシネマ・ヴェリテというのは、『カメラを持った男（これがロシアだ）』（一九二九）で知られることになるサイレント時代のロシアの前衛的記録映画作家、ジガ・ヴェルトフとそのグループが「徹底した実写記録精神で虚構を排し、〈不意打ちの人生〉をカメラでとらえる」ことをモットーに、一九二二年から二五年にかけて製作した「キノ・プラウダ」シリーズがもとになっており、このキノ・プラウダをフランス語に直訳したのがシネマ・ヴェリテ（キノ＝シネマ＝映画、プラウダ＝ヴェリテ＝真実）であった。山田和夫氏の解説（キネマ旬報増刊「世界映画人名事典」）に

よれば、

キノ・プラウダには「映画《キノ》のプラウダ紙つまりソヴィエト共産党機関紙「プラウダ」の映画版という、党的・政治的な内容の自覚と、「映画《キノ》によるプラウダ＝真実」つまり映画的手段による真実の追究という、映画方法の独自性の強調との二重の意味合いがあった。その代表作はレーニンの死後一周年につくられた『レーニンのキノ・プラウダ』（「キノ・プラウダ」第二十一号）である。長篇記録映画『これがロシアだ』（別名『カメラを持った男』）は、ヴェルトフの映画的手段開拓の実験集であり、同時にカメラという新しい認識手段の誇らかな賛歌でもあった。

周知のように、ジャン＝リュック・ゴダールは、一九六八年の五月革命をきっかけに、「ジガ・ヴェルトフ集団」を結成し、ふつうの劇場用商業映画から遠く離れて、『ブリティッシュ・サウンズ』（一九六九）、『プラウダ』（一九六九）、『東風』（一九七〇）、『イタリアにおける闘争』（一九七〇）、『ウラディミールとローザ』（一九七一）、『ヒア&ゼア　こことよそ』（一九七五）といった「革命的闘争映画」を撮ることになるのだが、五月革命以後のゴダールはまるで「映画」のかなたに——たぶん「映画」よりも「真実」を求めて——私たちから急速に、過激に遠ざかってしまったようだった。

一九六〇年代のゴダールはまだ「映画」と「真実」のはざまで格闘していた（と思う）。シネマ・ヴェリテの手法（「劇映画をドキュメンタリーのように撮る」）だけでなく、シネマ（映画）もヴェリテ（真実）も私たちの心にひびく躍動感にあふれていた（と思う）。

ゴダール独特の言いかたで、シネマ・ヴェリテの創始者はジョン・フォードなのだとか、シネマ・ヴェリテは『チャップリンの独裁者』（一九四〇）のラストの演説のシーンからはじまったのだとかいったような発言（「ゴダール全評論・全発言I」、前出）を読んでも、ゴダールが劇映画／フィクションにいかに拘泥していたかがわかる——いや、フィクションかドキュメンタリーかの二者択一を自らに迫っていたかのようだ。シネマ＝ヴェリテ（映画＝真実）に対してシネマ＝マンソンジュ（映画＝虚偽）という造語までつくりだした所以でもあるだろう。『勝手にしやがれ』以来「ゴダールが一作ごとに、しだいにニュー・アメリカン・シネマの手法と美学に近づいている」と確信していたジョナス・メカスは、そんなゴダールに——「六年の月日と十本の作品を数えて〔『ウイークエンド』に至っても〕いまだに〔商業主義から〕自由になるための最後のきずなを断ち切ってない」ゴダールに――批判的で、「彼はいまだに、資本主義の映画、父親《ダディ》の映画、悪質な映画と通じ合っている」と書く(「メカスの映画日記」、前出)。

一九六〇年、ジャン・ルーシュが、自らその開発に加わったエクレール社の画期的なポータブル16ミリ同時録音キャメラを使って(そのときのキャメラマンのひとりがラウル・クタールだった)、社会学者のエドガール・モランと共同で、夏のバカンスのパリでさまざまな人たちに「あなたは幸福ですか?」と突撃インタビューをおこなったシネマ・ヴェリテの傑作(少なくとも最初の傑作として知られ、ここからシネマ・ヴェリテの名称が定着することになる)『ある夏の記録』を撮った。

アルジェリア戦争が泥沼化していた一九六〇年の夏、自動車工場ルノーの労働者、ソルボンヌ(パリ大学文学部)の哲学科の学生、女性タイピスト、黒人の高校生、バカンスに出かける余裕がなくてパリに残るさまざまな人びと――ジャン・ルーシュの言う「パリに住む不思議な民族」――が、「あなたは幸福ですか?」という質問に答える。いや、マイクを向けると払い除けて答えないひともいる。立ちどまったきり、考えこむひともいれば、言葉もなく涙を流すひともいる。そして、これらの映画の参加者(というか、登場人物)はみな試写室に招かれて、撮影したラッシュ(未編集のフィルム）を見せられ、感想や意見を述べ、その語り合いもまたそのまま録音され、ジャン・ルーシュとエドガール・モランが映画を撮った体験からみちびきだした考えや話し合いともども、映画の一部になったのである。

こうして、『ある夏の記録』以来、シネマ・ヴェリテは「人為的に環境をつくることによって隠された真実を浮かび上がらせる新しいドキュメンタリーの手法」（日本映像カルチャーセンター「ライブラリー／ジャン・ルーシュ特集」）というように定義され、その影響もあって、カナダやニューヨークの気鋭の記録映画作家／フィルム・メーカーたち、リチャード・リーコックやアルバート・メイスルズがダイレクト・シネマと名づけた新しいドキュメンタリー運動を推進することになる。ジョナス・メカスも、「〔フランスの「カイエ・デュ・シネマ」誌のアングロ・サクソン系評論家〕ルイ・マルコレルが紹介したダイレクト・シネマという言葉は初期のシネマ・ヴェリテという言葉に置き換えたものであろう」（『メカスの映画日記』、前出）と書いている。

真に新しいアメリカ映画として称揚されることになったアメリカのシネマ・ヴェリテ（ダイレクト・シネマ）に対して、ゴダールは、ただがむしゃらにヴェリテ（真実）を追い求めても、ピレネー山脈のこちら側では真実だが、向こう側ではそうではないのだと、パスカルの「パンセ」からの引用をまじえて皮肉っていることはすでに述べたとおりだ。

軽蔑
LE MÉPRIS

ジャン＝リュック・ゴダール作品（1963）。
テクニカラー、シネマスコープ（イーストマンカラー、フランスコープの表記もある）。上映時間　1時間42分。
監督・脚本・台詞　ジャン＝リュック・ゴダール。原作（小説）　アルベルト・モラヴィア（「侮蔑」）。撮影　ラウル・クタール。録音　ウィリアム・シヴェル。記録　シュザンヌ・シフマン。音楽　ジョルジュ・ドルリュー／ピエロ・ピッチョーニ（イタリア版およびスペイン版）。編集　アニエス・ギユモ。
製作　ジョルジュ・ド・ボールガール／カルロ・ポンティ／ジョゼフ・E・レヴィン。
撮影期間　1963年4月-6月。撮影場所　チネチッタ撮影所およびカプリ島（イタリア）。
出演　ブリジット・バルドー（カミーユ・ジャヴァル）、ミシェル・ピッコリ（ポール・ジャヴァル）、ジャック・パランス（ジェレミー・プロコシュ）、ジョルジア・モル（フランチェスカ・ヴァニーニ）、フリッツ・ラング（本人自身）、ジャン＝リュック・ゴダール（フリッツ・ラングの助監督およびオリジナル版のナレーション）。
イタリア公開　1963年10月29日。フランス公開　1963年12月20日。
日本公開　1964年11月22日。

1　映画とは何か

撮影風景からはじまる。画面奥から、長く敷かれたレールの上を大型の重量キャメラ（ミッチェルＢＮＣ）とそのキャメラをのぞくキャメラマンをのせた移動車が特機部のスタッフに押されて、ゆっくりと手前に近づいてくる。キャメラマンはラウル・クタールだ。ということは、『軽蔑』の撮影を担当しているのはラウル・クタールだが、当然ながらラウル・クタールがラウル・クタールを撮影できるはずがないので、この冒頭のカットだけはラウル・クタールの撮影ではなく、別のキャメラマン、アラン・ルヴァンによって撮られたもの――その事情はもう少しあとで説明しなければならない。

レールに沿って、竿《さお》（ブーム）の先にマイクロフォンをつるして音を録《と》る録音係（サオ振りとかブームマンなどとよばれる）を背後に伴って、台本を手にキャメラの動きに合わせて歩いてくるスクリプター（記録）の若い女（ジョルジア・モルに似ているけれども定かではない）。「映画のみに可能な表現方法で、もっとも重要な撮影技法の一つ」と「映画百科辞典」（白揚社）にも定義されているいわゆる移動撮影による典型的な映画撮影風景である。チネチッタ撮影所でなく、パリ郊外のブーローニュ〝ビヤンクール撮影所の片隅で撮られた撮影風景なのだが（すぐ向こうに住宅が林立しているのが見える)。その事情も同じくもう少しあとになって説明しなければならない。

　ジョルジュ・ドルリュー作曲の古典的な格調ある美しく壮重な旋律がゆったりとたかまっていき、その間に、サッシャ・ギトリの映画(『とらんぷ譚』、一九三六)やマラバルテ・ウェルズの映画(『偉大なるアンバーソン家の人々』、一九四二)のように、監督自身の、ゴダール自身の、声によるナレーションがスタッフ・キャストを読み上げる――アルベルト・モラヴィアの小説にもとづき、主要な出演者はブリジット・バルドーとミシェル・ピッコリ、それにジャック・パランスとジョルジア・モル、そしてフリッツ・ラング。音楽はジョルジュ・ドルリュー、録音はウィリアム・シヴェル、編集はアニエス・ギユモ、進行はフィリップ・デュサールとカルロ・ラストリカティ。ジャン゠リュック・ゴダール監督作品で、フランスコープ、カラーで撮影され、ジョルジュ・ド・ボールガールとカルロ・ポンティの共同製作による、云々。

　日本におけるリバイバル公開版および現在発売されているそのビデオ／DVD化ではナレーションがゴダールの声ではなく、これは私の勘違いとか記憶違いというわけでなく、いろいろな文献で確かめてみたところ、共同製作のカルロ・ポンティはイタリア人でもありイタリア公開版はすべてイタリア語に吹き替えられ、カラーもテクニカラーで現像の予定だったものだが、アメリカの配給をひきうけた実質的な出資者であるエグゼクティヴ・プロデューサー、ジョゼフ・E・レヴィンの独断で、ゴダールの意図に反して、別の版がつくられて、それが一般に出回っているということらしい。そのたびにダビングをあらたにし直さなければならないこともあって、ナレーションの声も当然、別人の吹替えになった。クレジットタイトルが字幕として入る版もあり、パリでその版を見たことがあるのだが、そのクレジットタイトルにはスコープ・カラーのところがシネマスコープではなくフランスコープ、テクニカラーではなくイーストマンカラーと記されていたと思う。フランス製のスコープとカラーで現像されたフランス語版だったのかもしれない。いや、撮影も――そのあたりの事情はラウル・クタールがインタビューで語ってくれるだろう。

クレジットタイトルの朗読（日本で最初に公開された版ではゴダール自身の声だった）に次いで、「映画とは何か」の著者として知られるアンドレ・バザンの有名な（たぶんゴダールの引用によって有名になった）映画の定義（「Le cinéma substitue à notre regard le monde qui s'accorde à nos désires.」）が引用される。「映画は私たちの欲望に合致した世界の視覚化である」と訳してみたけれども、もっと直訳ふうに「映画は私たちの欲望に合致する世界を私たちのまなざしに置き代える」としたほうがいいのかどうか、いつもながら学習院大学教授（フランス文学）の中条省平氏にうかがってみたところ、以下のようなご教示をいただいた。

どちらの訳文もいいと思いますが、わかりやすさを優先して前者（「映画は私たちの欲望に合致した世界の視覚化である」）がよりよいのではないかと思います。後者の直訳ふう（「映画は私たちの欲望に合致する世界を私たちのまなざしに置き代える」）ですと、「私たち」の繰り返しが少々煩雑に見えることと、一文のなかに「合致する」「置き代える」と動詞が二度出てくるので、その目的語との関係がただちに読み取りにくいという指摘ができるかもしれません。ただ、もともとアンドレ・バザンの文章が若干の晦渋さ（生硬さ）を含み、それが文章の魅力にもなっていて、訳者にとっては、つい面白く意訳したいという欲望をそそられますね。名文の名文たる所以でもあるのでしょう。それと、substituer A à B（BをAに置き代える）というフランス語の表現が、Bを消してしまう、という含意を持っているので、「私たちのまなざしを消してしまう」、すなわち、「私たちは見ているつもりになっているが、じつは見ていないんだよ」という視覚の不自由、恣意性という問題にまでふれていて、そこがこのアンドレ・バザンの文章の深みを生み出しているのではないでしょうか。そうなってくると、「映画は見る者のまなざしを眠らせ、私たちの欲望に従って動く世界を夢みさせる」などという訳文までつくってみたくなります。

それで思いだしたのは、ジェイムズ・ボールドウィンというアメリカの黒人作家の自伝的映画論「悪魔が映画をつくった」（時事通信社）を翻訳したときに、このアンドレ・バザンの映画の定義にもとづくものとしか思えない一文があったことだ――「キャメラは嘘をつくことができないとは、よく言われることだが、ほんとうは、私たちがキャメラにそれ以外のことをするのをゆるさないということなのだ。なぜなら、キャメラは私たちが見たいものを見るのである。私たちが見たいと願うものをキャメラはとらえるのだ。キャメラの言語は私たちの夢の言語なのである」というのである。

冒頭のアンドレ・バザンの映画の定義から身体中に戦慄のように感動が走る――もっともこの一文はミシェル・ムルレの知られざる論文「知られざる芸術について」（「カイエ・デュ・シネマ」誌一九五九年八月第98号）からの引用、それもゴダールがアンドレ・バザンふうに書きなおした引用とみなされているのだが！

撮影風景に次いで、ブリジット・バルドーの全裸シーンが赤、青、黄の入り混じったフィルターをかけられた画面で出てくるのだが、このシーンもアラン・ルヴァンの撮影による付加シーンとのこと。その事情もラウル・クタールがインタビューで語ってくれるだろう。

そんないろいろな「わけあり」のシーンからはじまるものの、映画全体は、映像も音楽も目から耳から心にしみいるような美しさだ。ラウル・クタールの撮影によるシネマスコープの大きなひろがりを感じさせる画面、目のくらむような鮮烈な色彩、それも海の青、血の赤、太陽の黄色といったまばゆいばかりの原色のあざやかさに魅せられる。ミシェル・シオン（「映画の音楽」、前出）によれば、ゴダールはジョルジュ・ドルリューに「太陽と青空の広がる映像に合わせて、素朴で悲劇的、かつロマンティックでゲルマン的な音楽を要求した」ということだが、「きっちりとしたクラシック音楽の書き方を身につけた典型的な交響曲作曲家」であるジョルジュ・ドルリューならではの「アメリカの映画音楽のたっぷりとしたオーケストレーションから生まれるものとは対照的で、色彩を積み重ねることはしない」「節度あるやり方」を絶讃している。「むしろ、ドルリューは、全体の雰囲気、ムード、舞台を特徴づけるソロ楽器——アコーディオン、バンジョー、フルート、クラリネット——を弦楽器の伴奏のうえに際立たせることを好んでいる」のである、と。ところが、その音楽も『軽蔑』のイタリア語版、スペイン語などでは別の作曲家、ピエロ・ピッチョーニの

「ジャズっぽい」楽曲に取り替えられたということだ。オリジナルの『軽蔑』はもはや――いろいろな点で――見られなくなったという「呪われた」作品なのである！

いつもながら、ジャン＝リュック・ゴダール自身がジャン＝リュック・ゴダールの映画を誰よりも明快に簡潔に分析し、批評する。一九六三年のフランスのテレビ番組で（たしか「シネマ、シネマ」という番組だった）、ゴダール自身が出演してスタジオの黒板にチョークでこんなふうに書いてみせたことがある。

『勝手にしやがれ』＝アナーキー
『カラビニエ』＝戦争
『女と男のいる舗道』＝エモーション
『軽蔑』＝映画

そして、『女は女である』は、

『女＝女』

とダジャレっぽく定義してみせるのだが、

『女は女である』＝アンナ・カリーナ

と、ずばり定義してみせてもよかっただろう。同じように、映画とは何かを問いつつ映画を撮りつづけてきたゴダールなのだから、『軽蔑』＝映画、とずばり定義してみせたにちがいない、これほど直接的に映画そのものに肉薄した映画はないという映画なのだ。

冒頭の撮影風景とともにアンドレ・バザンの映画の定義として引用された前掲の一文とともに、『軽蔑』は「この世界の物語である」とナレーションが告げる。そして、前半はローマ郊外のチネチッタ撮影所の試写室でラッシュ（というのは、言うまでもなく、撮影結果を簡単に見るためにタイミング指定や色補正のない棒焼きのプリントのことだが、その鮮烈な原色の映像がすでに目をみはる美しさである）の上映、後半は地中海のカプリ島でのロケーションが中心になり、中間はローマの映画館を借りきってのひどく猥雑な感じの——歌って踊るエキストラの——オーディション風景が描かれる。

もちろん、題名のように、原作の小説のように、ある日突然、妻が夫を軽蔑することから生まれる夫婦の悲劇が映画の主題ではある。ブリジット・バルドーをモデルにしたマイヨールの彫刻さながらの実物大のブロンズ像が飾られた新築のアパートで、夫のミシェル・ピッコリと妻のブリジット・バルドーの愛のともしびの象徴のような電気スタンドをはさんで夫婦が気まずく愛と軽蔑を語り合うところは、向かい合ったふたりをキャメラが横移動で左から右へ、右から左へ行ったり来たりしてとらえるだけ。ゴダールが愛したロシアのボリス・バルネット監督のサイレント映画『帽子箱を持った少女』（一九二七）で心のなかに亀裂が生じた青年と少女の表情をキャメラのレンズのフォーカス送りによって交互にとらえる印象的なワンカット撮影を想起させる。

夫婦の危機は『軽蔑』という映画のなかの映画、つまり劇中劇『オデュッセイア』の主題でもある。

2　通訳の存在

『軽蔑』は伊仏合作（製作会社はローマ・パリ・フィルムで、ローマ／イタリア側のプロデューサーはカルロ・ポンティ、パリ／フランス側のプロデューサーはジョルジュ・ド・ボールガール）だが、実質的に資金をだしているプロデューサーはアメリカにおける配給権を握るアメリカ人のジョゼフ・E・レヴィンである。映画のなかの映画『オデュッセイア』の製作スタッフは、アメリカ人のプロデューサー（ジャック・パランス）、ドイツ人の映画監督（フリッツ・ラング）、フランス人のシナリオ作家（ミシェル・ピッコリ）といった米独仏の混成軍で、各自それぞれの国の言葉で話すので、プロデューサーの秘書で通訳のイタリア人女性（ジョルジア・モル）が八面六臂の大活躍である。コーディネーターの役もひきうけているらしい。彼女の名前はフランチェスカ・ヴァニーニ——アルベルト・モラヴィアの小説（「侮蔑」の題で邦訳がある）には出てこない、ゴダールによって創造された映画的人物である。「カイエ・デュ・シネマ」誌一九六三年八月第146号に掲載された『軽蔑』についての一文のなかで、ゴダールは「登場人物はそれぞれの自国語を話している。そしてそれによって『静かなアメリカ人』（一九五八）においてと同様、異国の風景のなかで途方に暮れた人たちの感傷的な気分とも言うべきものがもたらされている」（「ゴダール全評論・全発言Ⅰ」、前出）と書いているが、『勝手にしやがれ』（一九五九）のジーン・セバーグがオットー・プレミンジャー監督の『悲しみよこんにちは』（一九五七）のヒロインの引用だったように、ジョルジア・モルは、インドシナ戦争時代のベトナムで英語、フランス語、ベトナム語を話す混血のヒロインを演じたジョゼフ・L・マンキーウィッツ監督の『静かなアメリカ人』からの引用であることがわかる。因みに、批評家時代のゴダールにはジョゼフ・L・マンキーウィッツ監督の『他人の家』（一九四九）をすでにアルベルト・モラヴィアの小説に比較している論考がある。『軽蔑』におけるジョルジア・モルの役名、フランチェスカ・ヴァニーニは、ゴダールが心から敬愛する映画作家、ロベルト・ロッセリーニ監督がスタンダールの小説を映画化した『ヴァニーナ・ヴァニーニ』（一九六一）から引用した名前である。フランチェスカという名もフランチェスコの女性形、女性名であるということからだけでなく、もしかしたらロッセリーニ監督の『神の道化師、フランチェスコ』（一九五〇）に由来するものなのかもしれない。いや、それ以上に、ドイツ語、英語、イタリア語が飛び交う『戦火のかなた』（一九四六）、英語、イタリア語、シチリア方言などがまじり合う『ストロンボリ　神の土地』（一九四九）や『イタリア旅行』（一九五三）に必要欠くべからざるものが通訳の存在であったことを思えば、フランチェスカ・ヴァニーニ／ジョルジア・モルはマンキーウィッツ的人物である以上にロッセリーニ的人物としての引用なのだと言えるかもしれない。

『軽蔑』の人物たちのなかではドイツ人のフリッツ・ラングが英語も話せるし、フランス語も話し、イタリア語もかなりできる。フランス人のミシェル・ピッコリもフランス語はもちろん、イタリア語、英語もわかる。アメリカ人のプロデューサー、ジャック・パランスだけが英語しかわからない、というよりも英語だけですべての人物に話をし、英語だけで通じるという確信のもとにすべてを英語でとおそうとするのだ――アメリカ映画なら、たとえどこの国の物語だろうと、フランソワーズ・サガンのベストセラー小説の映画化で南フランスやパリで撮影された『悲しみよこんにちは』や『さよならをもう一度』(アナトール・リトヴァク監督、一九六一)を例に取るまでもなく、つねに英語をしゃべるのであり、英語をしゃべるのがつねに正しいのだ、といわんばかりに。第二次世界大戦を描いたハリウッド製の戦争映画でも、すべて英語で撮られ、ドイツ語しか話せないのは悪役のナチだけなのだ。それが世界を征覇したハリウッド映画の原則になった。

フランチェスカ・ヴァニーニ/ジョルジア・モルは一方的に英語だけでしゃべるジャック・パランスの存在を支え、各人物とのコミュニケーションのみならず人間関係のバランスを支えてもいるのである。ミシェル・ピッコリの妻、ブリジット・バルドーはフランス語しかしゃべらず、英語がまったくわからない。このふたり――ジャック・パランスとブリジット・バルドー――だけで、通訳のジョルジア・モルがいないときには、当然ながら、すべてのバランスがくずれて、悲劇が起こるのだ。真っ赤なセーターを着たジャック・パランスの運転する真っ赤なアルファ・ロメオに濃いブルーの半袖のセーターを着たBB／ブリジット・バルドーが乗り、必然的に事故に遭う。ひと目惚れの恋仲で死に向かうロミオとジュリエットとでもいわんばかりにダジャレでジャック・パランスをアルファ…ロメオとよぶBBだが、ロメオはもちろんロミオのフランス語読みである。ロミオ＋α（プラス・アルファ）という皮肉な語呂合わせでもあるのかもしれない。

3 映画の死――アンナ・カリーナは？

チネチッタ撮影所の外壁には、『ヴァニーナ・ヴァニーニ』のポスターが、ハワード・ホークス監督の『ハタリ！』（一九六二）やアルフレッド・ヒッチコック監督の『サイコ』（一九六〇）やゴダール監督自身の――というよりも、アンナ・カリーナ主演の、アンナ・カリーナのポスターと言ってもいい――『女と男のいる舗道』（一九六二）とともに大きく貼られているのが見える。

これらのポスターの前でフリッツ・ラング監督とブリジット・バルドーが、つまりは「過去」の巨匠監督と「現在」のセックス・シンボルが、つまりは古典と現代が、出遭い、フリッツ・ラング監督のハリウッド時代の西部劇『無頼の谷』（一九五二）をテレビで見たけれどもすばらしい作品だったとブリジット・バルドーが讃えるとフリッツ・ラング監督は自分としてはドイツ時代の『M』（一九三一）のほうがいいと思うと答え、別のシーンでは、ベルトルト・ブレヒトが痛烈な皮肉をこめてうたったハリウッドについての詩を引用してみせる――「毎朝、パンをかせぎに／市場へいくと、買われるのは虚偽／売り手にまじってならぶ私は／希望に満ちて」（長谷川四郎訳、「ベルトルト・ブレヒトの仕事3　ブレヒトの詩」、河出書房新社）。BBはベルトルト・ブレヒトのイニシャルでもありブリジット・バルドーの愛称でもあるというダジャレもふくめた「BB対BB」の衝突も『ウイークエンド』（一九六七）に至る一九六〇年代のゴダール作品にまとわりつくことになる。

ゴダールはフリッツ・ラング監督の『無頼の谷』をジョン・フォード監督の『捜索者』（一九五六）、アンソニー・マン監督の『西部の人』（一九五八）とならぶ三大西部劇とみなし、ドイツ時代の『M』を「フリッツ・ラング監督の最も出来の悪い映画」とみなしているのだが（「カイエ・デュ・シネマ」誌一九五二年三月第10号）、フリッツ・ラング監督としては一九三六年から五六年までの二十年間も「買われるのは虚偽」のみだった亡命先のハリウッドの思い出よりも、ヒトラーが政権を執る直前にドイツで撮ってナチズムと決別した『M』のほうに当然ながら思い入れがあるのだろう。ゴダールが書いた台詞ではなく、フリッツ・ラング監督自身の考えた台詞とのことだから、それだけにラングの言葉には、あたかも帰り来ぬ昔日の栄光への映画的ノスタルジーがにじみ出ているかのようだ。プロデューサーのジャック・パランスが「みんなで一杯やろう」と誘っても、フリッツ・ラングは「Don't include me（わたしを除いてくれ）」と言う代わりに有名なサミュエル・ゴールドウィンのハリウッド的ブローク ン英語——ゴールドウィニズム——で「Include me not」（だったか）「Include me out」（だったか）と皮肉っぽく返事をする。

『軽蔑』のなかでフリッツ・ラング監督の撮る映画『オデュッセイア』の脚本の手直しをすることになる劇作家のミシェル・ピッコリもまた、ゴダールとヌーヴェル・ヴァーグの精神を伝えるかのように、「このシナリオで、フリッツ・ラング監督と組むことによって、わたしの大嫌いな今風の映画とは逆のことができそうだ。かつてのユナイテッド・アーチスツ時代のグリフィスやチャップリンの映画に戻らなければならない」と言うのである。それはゴダールの本音でもあったろう。一九一九年にD・W・グリフィス、チャールズ・チャップリン、メリー・ピックフォード、ダグラス・フェアバンクスという四人の監督と俳優（それぞれの独立プロダクションの代表でもあった）が結束してハリウッドのメジャー会社になるユナイテッド・アーチスツを設立したとき、彼らは芸術家／アーチストであるとともにプロデューサーでもあり、真の「作家《オートゥール》」だったのである。

だが、ミシェル・ピッコリはジャック・パランスの小切手をことわることができない。ジャック・パランスは秘書のジョルジア・モルをうしろ向きに屈ませて、その背中を机代わりにして小切手にサインをする。フリッツ・ラング監督はそれを見て「まるでナチの〔宣伝相〕ゲッベルスのようだ」とつぶやく。

『軽蔑』に出てくるチネチッタ撮影所はほとんど荒廃した風景で、広大な寂れた空き地に廃屋のようなセットの残骸が目立つばかりで人影もなく、まるでゴーストタウンのようだ。撮影所のなかのどのステージでも映画を撮影している気配がない。それはたぶん、チネチッタのみならず、当時のハリウッドそのままのイメージだったと思われる。ジョゼフ・L・マンキーウィッツ監督、エリザベス・テイラー主演の超大作『クレオパトラ』（一九六〇年九月にロンドン郊外のパインウッド撮影所でクランクインしたが、六一年九月から六二年半ばまでチネチッタ撮影所で撮影された）の予算超過――とくにエリザベス・テイラーの高額の出演料によるものだった――で二十世紀フォックスが破産の危機に瀕していた。一九六三年に『クレオパトラ』は公開されたが、製作費すら回収できず、二十世紀フォックスは撮影所の敷地の半分を売り払って（その半分の敷地にセンチュリー・シティができたという）、かろうじて赤字を埋めたのだった。そんな現実の事件や状況を反映しつつ、『軽蔑』のジャック・パランス扮するアメリカ人の傲岸不遜だが異常なほど映画――もちろん彼自身の映画、古き良き時代の映画――に対する「野蛮な情熱」をむきだしにしたプロデューサーは、閑散としたチネチッタ撮影所の人けのないステージの入口の前に立って、ここが「わが最後の王国」になるだろうと言う。「昨日、この地所を売った。やがてここにはスーパーマーケットが建てられることになる」。まるで「俺たちの映画は俺たちの手で葬るのだ」とでも言わんばかりの口調だ。

「映画は死んだ」という絶望的な雰囲気が画面を支配する。撮影所の試写室のスクリーンの下には、「映画に未来はない」（IL CINEMA É UN INVENZIONE SENZA AVVENIRE――直訳すれば「映画は将来性のない発明である」）という映画の発明者ルイ・リュミエールの言葉（として知られる）が一文字、一文字貼り付けられているのが見える。

4 アルベルト・モラヴィアの「三文小説」

露骨なセックス描写で注目されたイタリアの現代作家アルベルト・モラヴィアの小説はどれもつねにスキャンダルになり、一九五二年には法王庁の禁書目録に加えられたこともあるというほどで、映画『軽蔑』の原作になる「映画人とその妻の愛憎模様を屈折した心理を通じて綴る」一九五四年に発表されたベストセラー小説の映画化も、監督がゴダールに決まる前から大きな話題をよんでいた。カルロ・ポンティとジョルジュ・ド・ボールガールの伊仏合作でジャン゠ピエール・メルヴィル監督が、『モラン神父』（一九六一）『いぬ』（一九六二）『フェルショー家の長男』（一九六三）にひきつづいて、ジャン゠ポール・ベルモンドをシナリオライターの役に、その妻の役には『突然炎のごとく』（フランソワ・トリュフォー監督、一九六一）のジャンヌ・モローを起用して撮るはずだったともいわれる。ジャン゠ピエール・メルヴィルは、暗黒街の男の世界を描く監督として注目されるかたわら、『この手紙を読むときは』（一九五三）のような女性映画の名匠としても注目されていた。ゴダールがかつて『勝手にしやがれ』に特別出演してもらった先輩格のメルヴィル監督の企画を知りながら、その企画を奪う形で（と批判もされたが、それほどの野心をあからさまに見せても撮りたかった魅力的な映画化でもあったのだろう）モラヴィアの通俗的な「三文小説」（「こうした類の小説をもとにすばらしい映画ができることもしばしばあるのだ」とゴダールは言うのだ）を、いかにもゴダールらしい魅力的なあざとさで、ハリウッドの二大スター、フランク・シナトラを主人公のシナリオライターの役に、その妻の役にはキム・ノヴァクというキャスティングで企画し、名のりをあげる。オットー・プレミンジャー監督の『黄金の腕』（一九五五）以来のコンビという以上に、ヴィンセント・ミネリ監督の『走り来る人々』（一九五八）で売れない劇作家を演じたフランク・シナトラと『めまい』（アルフレッド・ヒッチコック監督、一九五八）でブロンドとブルネットの妖しい美しさにかがやく二役（じつは同じひとりの女なのだが）を演じたキム・ノヴァクの組合わせである。

結果的には、ミシェル・ピッコリが『軽蔑』では映画の脚本の仕事を——金のために——ときとしてひきうけざるを得ない売れない劇作家の役をフランク・シナトラに代わって演じることになるのだが、ゴダールは、ミシェル・ピッコリについて「つぶしが効く」、ということはジャン・ルノワール監督作品（『フレンチ・カンカン』、一九五四）からジャン・ドラノワ監督作品（『マリー・アントワネット』、一九五五）、クリスチャン゠ジャック監督作品（『ナタリー』、一九五七）、ジャン゠ピエール・メルヴィル監督作品（『いぬ』）にまで幅広く、どんな役でもできる「多彩な演技力のある」俳優であり、『軽蔑』で彼の演じる役はハワード・ホークス監督の西部劇『リオ・ブラボー』（一九五八）の人物（アル中のガンマンを演じたディーン・マーティン）を演じたいと思っているアラン・レネ監督の前衛映画『去年マリエンバートで』（一九六一）の人物なのだと語り、だからこそ、ひねくれて（？）『走り来る人々』でフランク・シナトラと共演した「〈酔いどれギャンブラー役の〉ディーン・マーティンと同様、ほとんどつねに帽子をかぶっている」のだと書いている（『軽蔑』のシナリオ序説、「ゴダール全評論・全発言I」、前出）。

「ブリジット・バルドーは女優ではなく、何か別のもの」であり、その「絵に描いたような肉体そのもの」に対応できるように「ピッコリにいつも帽子をかぶらせて、彼のほうも図式的な人物に仕立てたのだ」ともゴダールは語っているのだが（ジャン・コレ「現代のシネマ1　ゴダール」、前出）、実際、ミシェル・ピッコリは入浴中も黒い帽子をかぶったまま、そして「現代のシネマ」シリーズの一冊「フリッツ・ラング」を手にして読んでいるのである。

ミシェル・ピッコリの美しい（美しすぎる）妻の役をキム・ノヴァクに代わって演じることになったブリジット・バルドーがかがやくばかりのブロンドの髪をときとして濃いブルネットのかつらでおおいかくして、まるで別人のようになってしまうのも、『めまい』のブロンドとブルネットのキム・ノヴァクの起用を予定していた最初の構想の名残りのように思われる。もっとも、ゴダールにとってはキム・ノヴァクもブリジット・バルドーも「まったく同じ」で「植物的に反応する」「肉体そのもの」というだけのことになるのだが（「オブジェクティフ65」一九六五年八月―九月第33号所載のインタビュー、前出）、ブリジット・バルドーのほうは、じつは、アルベルト・モラヴィアの小説のファンで、ゴダールの仕事に乗り気だった。ヌーヴェル・ヴァーグの先陣を切ったルイ・マル監督も、すでに一九六一年にブリジット・バルドー主演の『私生活』を撮っていたが、インタビューでこんなふうに語っていた。

『私生活』は、ブリジット・バルドーのほうから話があって実現した企画でした。彼女のほうが意欲的だった。ブリジット・バルドーはスターとはいっても、そもそもロジェ・ヴァディムの『素直な悪女』（一九五六）から出発した。つまりはヌーヴェル・ヴァーグの女優でしたから、わたしたちの仲間のようなものでした。ジャン゠リュック・ゴダールの『軽蔑』（一九六三）にも出ているでしょう。フランソワ・トリュフォーの映画にも出ようとして働きかけていたはずですよ。

フランク・シナトラとキム・ノヴァクの共演という当初のアイデアについては、フランス側のプロデューサー、ジョルジュ・ド・ボールガールのほうは、ジャン゠ピエール・メルヴィル監督、ジャン゠ポール・ベルモンドとジャンヌ・モローの共演に興味を示しながらも、ハリウッド・スターの興行価値を確信して受け入れていたが、イタリア側のプロデューサー、カルロ・ポンティ（ゴダールはムッソリーニ・ポンティとよんでいた）がやがて自分の妻になるソフィア・ローレンとマルチェロ・マストロヤンニ（その後、周知のとおり、一連のイタリア式艶笑コメディーの黄金コンビになる）の共演をかなり強硬に提案していたこともあって、結局は実現しなかった。

5 ブリジット・バルドーの「言い分」

折りも折り、ゴダールは、ロジェ・ヴァディム監督の『素直な悪女』（一九五六）以来、マリリン・モンローに次ぐ世界のセックス・シンボルになっていたブリジット・バルドーの新しい恋人、サミー・フレー（一九六〇年のアンリ゠ジョルジュ・クルーゾー監督の『真実』に共演してからの関係だった）を通じて（「帽子をかぶるとカフカの肖像にそっくり」とゴダールが言うサミー・フレーは『軽蔑』に次ぐ一九六四年のゴダール作品『はなればなれに』に出演することになる）、ブリジット・バルドーと知り合い、彼女がゴダールといっしょに仕事をしてもいいという意向を示すや、すぐさまイタリアとフランスのふたりのプロデューサーに報告した。カルロ・ポンティとジョルジュ・ド・ボールガールは、一九四九年のイタリアとフランスの合作協定の調印以来、ローマ・パリ・フィルムという共同プロダクションを設立して、ジャン゠ピエール・メルヴィル監督作品に次いで新進気鋭のジャン゠リュック・ゴダール監督の『女は女である』（一九六一）と『カラビニエ』（一九六三）をすでに製作していた。アメリカのプロデューサー、ジョゼフ・E・レヴィン（キングコング・レヴィンとゴダールはよんでいた）が「ブリジット・バルドーの裸に金をだす」ことになり、こうしてゴダールが監督に決まった。と、コリン・マッケイブの「ゴダール伝」（前出）にはほぼそうした事情が述べられているのだが、ブリジット・バルドーの、言いたい放題の、じつにおもしろくあからさまな回想録（「ブリジット・バルドー自伝イニシャルはBB」、渡辺隆司訳、早川書房）によれば、まるで黒澤明監督の『羅生門』（一九五〇）のピランデルロ式各人各説の証言のように話が食い違うのだ――真相は「藪の中」だが！

まず、「この企画にブリジット・バルドーが乗り気になった」とゴダールが語っているのは「嘘」で、ゴダールをブリジット・バルドーに紹介したのも当時の愛人サミー・フレーではなかった。「ジャン゠リュック・ゴダールとその帽子と出会ったのは〔妹の〕ミジャヌーの夫のおかげである」とBBは言うのだ。

ミジャヌー・バルドーも女優で、仏伊合作の『海賊黒鷹』（セルジオ・グリエコ監督、一九五八）などのヒロインを演じていたが、共演した（主役ではなかったが）「ハンサムな」俳優パトリック・ボーショーと結婚していた。「インテリ好みの映画に自分の進路を模索して」いたパトリック・ボーショーはヌーヴェル・ヴァーグという「新しい映画スタイルを作りあげた若い監督や俳優たちのグループ」に接近し、ジャン゠リュック・ゴダールがブリジット・バルドー主演で『軽蔑』を撮りたがっているということを知って、ゴダールを自分の妻の姉つまりブリジット・バルドーに紹介したということである。

いつも「真っ黒なサングラスをかけ、帽子をかぶっていた」ゴダールとの出会いをブリジット・バルドーは「ジャン゠リュック・ゴダールとその帽子と出会ったのは……」とおもしろおかしく回想するのである。

私たちはほとんど言葉を交わすこともできなかった。私はがちがちに緊張し、彼はすっかり気後れしていたようである。それでも、彼は私を使って『軽蔑』を撮るという決心を変えなかったし、固執し続けた。

わたしはずいぶんためらった。左翼かぶれの薄汚いインテリという種族にはいらいらする。彼はヌーヴェル・ヴァーグの旗手だったし、私は古典的作品のスターだった。

とんでもない取り合わせだった。

撮影初日も、ゴダールは「ふにゃふにゃした手で握手してから、歓迎の言葉をもぐもぐ二言三言つぶやいた」だけ。ブリジット・バルドーによるこのゴダールの握手と挨拶の描写は、私自身も体験しているので、じつに、じつに言い得て妙だ。そうか、相手がブリジット・バルドーでもゴダールはあんな気のなさそうな、ふにゃふにゃした手で握手しただけなのか。握手など儀礼的にもしたくはないがしかたがないといった感じで手をだしているだけなのだ。

「私は気が滅入り、怖じ気づき、家に帰りたくなった」とブリジット・バルドーはつづける。とても「乗り気になる」どころではなかった。

ゴダールを「左翼かぶれの薄汚いインテリ」とみなしていたブリジット・バルドーも、すでに書いたようにアルベルト・モラヴィアの原作小説は大好きで、「監督がゴダールとなるといつもの調子からずれた脚本と演出によって、原作がすっかり変形されてしまうだろうということもわかっていた」ものの、「自分自身のために賭けをするようなつもり」で出演を承諾した。「こうして私は一生でもっとも奇妙な冒険に船出した」。

というわけで、いずれにせよ『軽蔑』にアンナ・カリーナの出る幕は最初からなかったのだが、夫婦の「愛憎模様を屈折した心理を通じて綴る」シーンには、ゴダールが「小説の主要な素材はそのままつかい、ただ単にいくつかのディテールを変更するにとどめた」（「カイエ・デュ・シネマ」誌第146号、前出）と語ってはいるものの、その「いくつかのディテール」にはゴダールとアンナ・カリーナの結婚生活が生々しく反映されているかのようだ。『女は女である』の撮影中から幸福の絶頂期にあるはずのこのふたりは「危機感のある夫婦だった」というフランソワ・トリュフォーの証言もある（「トリュフォー最後のインタビュー」、「季刊リュミエール」、前出）。

ブリジット・バルドーのこんな強烈に皮肉な証言もある。

〔『軽蔑』の撮影中〕ゴダールと彼の帽子は、いつも、よく聞き取れない声で「一発で君が見え一発でわからなくなる」といったわけのわからないことを、薄汚い無精髭の中からぼそぼそとつぶやいていた。急いではいけなかった。その場所には、その場所の流儀がある。

ミシェル・ピッコリが湯につかっているとき、浴室のドアにもたれて、罵りの言葉を連呼するシーンで、私は感情を込めず、平板に次々と暗唱しなければならなかった。

確かめたわけではないが、たぶんアンナ・カリーナが怒るときはそんなふうだったのだろう。

ずばり正鵠を射た指摘なのかもしれない。ついでながら、まったくつかぬことを思いだしてしまったのだが、アンナ・カリーナがゴダールと離婚したときのあるインタビューでは、夜、ベッドでいっしょに眠っているときにもジャン゠リュックは片眼をあけていて、まるでわたしは見張られているみたいだったと語っていたというのだ——真偽の程は定かではないけれども。

「ブリジット・バルドー〔の演じるヒロイン〕」はもはや〔アルベルト・モラヴィアの小説のように〕エミリアとは呼ばれず、カミーユと呼ばれている。もっとも、だからといって、映画を見ていただければおわかりになるように、彼女はミュッセと戯れるような人物ではない」とゴダールは『軽蔑』について書いているのだが（「カイエ・デュ・シネマ」誌第146号、前出）、『女は女である』のアンナ・カリーナ（役名はアンジェラだった）が、アルフレッド・ド・ミュッセの戯曲「戯れに恋はすまじ」のヒロイン、カミーユの台詞をうれしそうに長々と、あたかもジャン・ルノワール監督の『黄金の馬車』（一九五二）のアンナ・マニャーニ扮するカミーラ（フランス語名ではカミーユになる）のように朗読するところなどを想起せずにはいられない。『軽蔑』の撮影についてのブリジット・バルドーの悪意と怒りと皮肉にみちた回想はさらに手ごわくつづく。

ある日、ゴダールは私に、キャメラに背を向けてまっすぐ歩いていくようにといった。リハーサルをやっても、うまくないという。何故かたずねてみた。「君の歩き方がアンナ・カリーナに似ていないからだよ」と彼は答えた。

愉快な話だ。

私がアンナ・カリーナの真似をしなければならないというのだ。冗談もほどほどにしてもらいたい。

本番は少なくとも二十回はくり返した。最後に私はこういった。「アンナ・カリーナを迎えに行ったらいいでしょう。私はほっといてちょうだい」
この映画では共演者と恋に落ちる可能性はなかった。ミシェル・ピッコリは尊敬するが、私のタイプではない。それに彼はいつでも帽子をかぶっていた。浴槽の中でもだ。ヌーヴェル・ヴァーグとは帽子をかぶることだったのである。気の毒なジャック・パランスは、問題にもならなかった。〔……〕
撮影は進行していたが、面白いとはいえなかった。ゴダールはいつも帽子をいじくりながら、才能の命ずるままに働いていた。あるいは、彼はその才能を、ひたすら帽子をいじくりまわすことにつぎ込んでいたのかもしれない。〔……〕
猿顔のジャック・パランスのほうは、自分が映画の中でどんな役割を果たしているのか皆目見当がつかない様子だった。

6 プロデューサーとのたたかい

ロバート・アルドリッチ監督のハリウッド内幕もの『ビッグ・ナイフ（悪徳）』（一九五五）で悪徳プロデューサー（ロッド・スタイガー）の犠牲者になるスターの役を演じたジャック・パランスが『軽蔑』ではハリウッドの暴君プロデューサーの役を演じる。アルベルト・モラヴィアの小説ではイタリア人のプロデューサーだが、映画ではジョゼフ・L・マンキーウィッツ監督の『裸足の伯爵夫人』（一九五四）に出てくるウォーレン・スティーヴンス扮するハリウッドのプロデューサーをモデルにしながらも、『暗黒の恐怖』（エリア・カザン監督、一九五〇）のペスト菌を持った犯罪者、『シェーン』（ジョージ・スティーヴンス監督、一九五三）の雇われ殺し屋ガンマン、『第二の機会《チャンス》』（ルドルフ・マテ監督、一九五三）の爬虫類を想わせる無気味な殺し屋、あるいはまた『異教徒の旗印』（ダグラス・サーク監督、一九五四）のアッチラ大王や『蒙古の嵐』（アンドレ・ド・トス監督、一九六一）の成吉思汗（チンギス・ハーン）といった蛮族などのジャック・パランスの悪役のイメージを結集しつつ（いつも不機嫌で攻撃的で、こわい顔をしている）、さらに、というか、とくに『軽蔑』の資金源であるアメリカ側のプロデューサー、ジョゼフ・E・レヴィンの悪らつぶりをも撮影中にそのままとりいれてつくりあげていったキャラクターだという。

　映画は監督のものではない、「つくるのは俺だ、俺の金だ！」とジェレミー・プロコシュ（というのがジャック・パランス扮するアメリカ人プロデューサーの名前である）は言うのだ。ポケットにはいつも名言集のあんちょこをかかえているのだが、それはてのひらに入るくらいの赤い小さな辞典で、来たるべき文化大革命の毛沢東語録に似ているのである。ミシェル・ピッコリ扮する作家のポール・ジャヴァルに、フリッツ・ラング監督が撮影中の映画のために新しいシーンを書き加える仕事を依頼するときにも、「セックス・シーンでなくてもいい、もっと裸のシーンを入れろ」と言うのだが、実際、ゴダールはブリジット・バルドーの全裸シーンを撮らなければならず、得意の逆立ちをしてみせてはBBのご機嫌をとり、カプリ島のロケのときには「逆立ちして五十歩ごとにブリジット・バルドーに脱いでもらったんだ」と自嘲気味に語っている（ミシェル・ヴィアネイ「ゴダールを待ちながら」、筑摩書房）。それでも、ジョゼフ・E・レヴィンは『軽蔑』の完成試写を見て、ブリジット・バルドーの裸のために金をだしたのに、裸のシーンが少ない、もっと裸を見せろ、とゴダールに命じて、映画のはじまりのベッドに全裸で横たわるブリジット・バルドーのシーンを付け加えさせた。撮影は一九六三年六月七日に終わっており、ブリジット・バルドーをそのためにあらためてよび戻すことができなかったので（よび戻すことはできても、さらに支払う出演料を考えると「もう一本の映画ができる」ほどの高額で）、考えあぐねたゴダールはやむを得ず、十月になってから、吹替えつまりブリジット・バルドーのそっくりさんを使って撮り、赤や青のフィルターをかけてバレないようにしたが、イタリア公開版ではフィルターをかけないシーンがそのまま使われ、ゴダールは自分の名前をクレジットタイトルからはずすように要求したという。

　映画に描かれたジェレミー・プロコシュ／ジャック・パランスとフリッツ・ラング／フリッツ・ラング監督との対立以上の緊張関係が現実にジョゼフ・E・レヴィンとゴダールとのあいだにあったようだ。映画のなかでも、ジョルジア・モルの台詞に、「ミスター・レヴィンがニューヨークから電話を」というような伝言がある。チネチッタ撮影所の試写室で、ラッシュを見たあと、ジャック・パランスのプロデューサーとフリッツ・ラング監督とのあいだにかわされるはげしい対立と口論には、あきらかにジョゼフ・E・レヴィンに対抗するゴダール監督のたたかいが反映されているにちがいない。ホメロスの「オデュッセイア」の映画化のラッシュを見たプロデューサーのジェレミー・プロコシュ／ジャック・パランスはすべてが気に入らず、秘書のジョルジア・モルに映写室からフィルム缶を持ってこさせ、それを右手につかむや、古代ギリシアのオリンピアの円盤投げの選手さながらに、すさまじいいきおいでほうり投げる。その円盤投げのスタイルを見て、フリッツ・ラング監督は、シナリオライターのミシェル・ピッコリにフランス語で「あの男にもある種のギリシア的教養があるようだ」と皮肉を言う。さらに、映画作家としての立場を弁明するかのように、フリッツ・ラング監督はジャック・パランスのプロデューサーの横暴ぶりをナチス・ドイツの宣伝相ゲッベルスの仕打ちにたとえたあと、ドイツ語でヘルダーリンの「詩人の天職」という詩の最後の一節を引用する――「しかし詩人たる男子は、そうなくてはならないなら、怖れもなく／神の前にただひとりとどまっている。単純さが彼を守護し、／彼はいかなる武器も、いかなる策略も／必要とはしない、いつか神の不在が助けとなるまでは」（浅井真男訳、「ヘルダーリン全集2」、河出書房新社）。そして、「神の不在が助けとなるまでは」という最後の詩句は「神がわれらの近くにとどまっているかぎり」とヘルダーリンによって書き直されたのだとフリッツ・ラング監督は言い（もちろん通訳がフランス語でミシェル・ピッコリに伝える）、この矛盾はつまり、「神の不在」が詩人の助けになり、「武器」や「策略」の力を発揮する特権的な位置を詩人すなわち芸術家に授けるのだと説明する。

7 フリッツ・ラング――映画の良心

フリッツ・ラング監督は、現実にはそのころ実質的に引退しており（あるいはむしろ、引退したとみなされ、その後、一九六四年にジャンヌ・モロー主演で『キャリアウーマンの死』を企画するものの実現せずに終わる）、ドイツからハリウッドに亡命して一九五〇年代まで活躍しつづけたドイツ人監督という彼自身の役を演じているかのようである。モラヴィアの原作の小説では、フリッツ・ラングやG・W・パプストほどの高みにまではのぼりつめなかったが、その才能を認められてハリウッドで仕事をしたことのあるドイツ人の映画監督という設定だが、一九五三年にハリウッドのスター、カーク・ダグラスを招いてチネチッタ撮影所で撮られたイタリア人のマリオ・カメリーニ監督の『ユリシーズ』（ハリウッド資本による作品だった）をそっくり小説のなかにもちこんだような『オデュッセイア』の監督にやとわれるという設定は映画『軽蔑』のなかでもそのまま使われているので、フリッツ・ラング監督が『軽蔑』のなかで撮っている『オデュッセイア』（ラッシュ試写で上映されるカットはすべてゴダールが撮ったものだが、ゴダールは映画のなかでフリッツ・ラングの助監督の役を演じており、「したがってラングは、それらのカットは自分のB班のスタッフが撮ったカットだと言ってもよかっただろう」とゴダールは前掲の『軽蔑』についての一文のなかに書いている）は、もしかしたら英語題名『ユリシーズ』と日本語のスーパー字幕にも訳したほうがリアリティのある感じになっていたのかもしれない。

ビリー・ワイルダー監督の『サンセット大通り』（一九五〇）でほとんど本人自身を演じたエーリッヒ・フォン・シュトロハイムのように、フリッツ・ラングがフリッツ・ラング自身を演じるのだが、もちろん、ゴダールはビリー・ワイルダーのような皮肉屋というわけではない。『軽蔑』という映画は「自分自身の役を演じるフリッツ・ラングによって象徴されている」とすらゴダールは書いている。「要するに、彼はこの映画の良心、この映画の誠実さを体現しているのである」(「カイエ・デュ・シネマ」誌第146号、前出)。

第二次世界大戦直後のネオレアリズモの時代をへて、一九五〇年代後半から六〇年代に入るころのイタリア映画界は、アメリカのドルの経済的支配下にあり、それに第二次世界大戦後は戦前からの「長かったハリウッドのブームも過ぎさろうとしていたとき」(ロバート・スクラー「映画がつくったアメリカ」、鈴木主税訳、平凡社)であり、『ベン・ハー』(ウィリアム・ワイラー監督、一九五九)、『エル・シド』(アンソニー・マン監督、一九六一)、『ソドムとゴモラ』(ロバート・アルドリッチ監督、一九六一)といったハリウッドの古代スペクタクル史劇大作がランナウェイ方式で——つまり本国ハリウッドで撮るのではなく、コストの安い海外で——とくにチネチッタ撮影所とスペイン・ロケで撮られるようになって、そのあと残されたセットやエキストラ、スペイン・ロケ用に考案された、アメリカの砂漠地帯とはちがってごつごつした岩石地帯をジープのように移動できる、ゴム製のタイヤ付のクレーン(スペイン式クレーン grue espagnole とよばれた)などを利用して、男性肉体美コンテストの覇者、ミスター・ユニヴァースことスティーヴ・リーヴス主演の『マラソンの戦い』

（ジャック・ターナー監督、一九六〇）、『闘将スパルタカス』（セルジオ・コルブッチ監督、一九六二）、『大城砦』（ジョルジョ・フェローニ監督、一九六二）といった安手のマカロニ史劇が量産されていた。それらを安くまとめ買いしてアメリカで大もうけした配給業者が『軽蔑』のエグゼクティブ・プロデューサー、ジョゼフ・E・レヴィンだった。セルジオ・レオーネ監督（『ソドムとゴモラ』ではロバート・アルドリッチの助監督だった）がスペイン式クレーンを駆使してマカロニ西部劇（スパゲティ・ウエスタン）のブームを巻き起こすことになる『荒野の用心棒』を撮るのが一九六四年になる。

8　禁じられた恋の島――謎のマラパルテ邸

ブリジット・バルドーとジャック・パランスが交通事故で死んだあと、ひとり取り残されたミシェル・ピッコリがカプリ島の断崖の上の別荘の階段――それも、屋上にまでつづく、ずばり屋上階段――を上《のぼ》っていくところをとらえたクレーン・ショットは、二〇一六年のカンヌ映画祭の記念ポスターにまでなったが、このカプリ島の海に面した、崖っぷちの「変な形」の忘れがたい建物（マラパルテ邸）は、屋根がなくて、というか、屋根がそのまま広大なテラスになっていて、囲みの柵のようなものもなく、たぶん海に面した方向は断崖絶壁なので、撮影もすごく危険だったにちがいないとずっと気にかかっていたものの、この別荘の持ち主で実質的な建築デザイナーでもあったらしいマラパルテという人物についても「変な形」の邸宅についても私はまったく何の知識もなく、『軽蔑』のキャメラマンのラウル・クタールにインタビューしたときにもこの肝腎なことをうっかり聞きそこねてしまったことがとても心残りだった。

その後、鈴木了二氏の著書、「建築零年」（筑摩書房）と「ユートピアへのシークエンス」（LIXIL出版）において、この謎のマラパルテ邸とゴダールの映画におけるマラパルテ邸の謎が見事に、映画的に解き明かされているのを知って快哉を叫んだ次第だ。

「壊れたヨーロッパ」という小説の作者として知られるクルツィオ・マラパルテには『禁じられたキリスト』（一九五〇）というネオレアリズモの監督作品もあり、ロベルト・ロッセリーニ監督の『イタリア旅行』（一九五三）の脚本にも協力していた。そしてアルベルト・モラヴィアという小説家の友人もいた。戦前から「無関心な人びと」といった小説を書いてはムッソリーニのファシスト政権下で禁書になっていたアルベルト・モラヴィアである。マラパルテはファシストからアンチ・ファシストになって、それからまた、いろいろとかなりとらえどころのない人物だったらしいのだが、ふたりはイデオロギーの違いを越えて友情が優先するという仲だったという。一九三九年、モラヴィアはエルサ・モランテという若く美しい詩人で作家（のちに「禁じられた恋の島」という映画化もされた美しい小説を書くことになる）とカプリ島に同棲していて、出来上がったばかりの（といっても骨格だけだったらしいけれども）マラパルテ邸をいっしょに訪れたときの写真も残されている。

アルベルト・モラヴィアとエルサ・モランテは愛し合って結婚するが、結婚生活はうまくいかず、戦後になって離婚してしまう。その夫婦の関係を描いたモラヴィアの小説が邦題「侮蔑」で、ゴダールの映画『軽蔑』の原作になった。原作の小説にも「広いテラスが海上に張り出ている」白い建物がプロデューサー（すでに述べたようにイタリア人でパッティスタという名だった）の別荘として出てくる――マラパルテ邸をモデルにしたものかどうかはわからないけれども。

「ゴダールによって初めてマラパルテ邸は描かれた」のであり、「スクリーンのなかに初めて、この建築を介して、しかも、映画という場所で、マラパルテとモラヴィアとが出会い直したということに」なると鈴木了二氏は喝破する。

こうして、映画『軽蔑』のためにゴダールが発見した（「映画が建築となる」と鈴木氏は言う）マラパルテ邸は「ユートピアの行き止まり、あるいは、ユートピアが始まりの段階で切断されてしまい、その中枢部分が投げ捨てられてしまった抜け殻、ユートピアの残滓とでもいうか」と建築学的に、そしてそれ以上に映画的に分析をしつつ、ゴダールの水平線＝シネマスコープ論とともに愛の終末論に肉薄していく。フリッツ・ラング監督はシネマスコープの不自然な横長の画面を嫌い、『軽蔑』のなかでも「蛇と葬列を撮るくらいしかできない」などと吐き棄てるように言うのだが、マラパルテ邸の屋上階段は、シネマスコープを愛したゴダールのあたかもフリッツ・ラングへの回答のように立ち現れるのである。

断崖の上の「水平」性、それが「マラパルテ邸」である。それは海に向って突き出した巨大な拳のように見える岩塊を、先端だけ削りだし磨きあげた彫刻のようでもある。自然には、予め既成の「水平線」が準備されているのではない。陸と海と空との空隙に、このちっぽけな楔のような塊が座を占めるとき「水平線」が覚醒するのである。

そして「映画」と「建築」とが出会うのは、まさに「水平線」という場所、というより「場所」とはもはや定義できない曖昧な圏域においてだ。〔……〕

ポール（ミシェル・ピッコリ）はたったひとり昇っていく屋上階段に対して真正

面に構えたキャメラは水平の視線を維持しており、望遠レンズのために奥行が消え絵画のように平面化したスクリーンには、巨大な階段が何本もの平行な「水平線」となって映っている。ポールが上って行くにつれてキャメラもゆっくりと上にパンし、スクリーンの「縁」からつぎつぎと新たな「水平線」が現れ、そして消える。「シネマスコープ」の枠組としての特性がこれほどまでに発揮されたフィルムをわたしは知らない。これらの直線がスクリーンの枠組を越えてどこまでも広がっていること。しかもその「水平」が絶対的であること。海と空との「水平線」と等価であること。

したがって階段を上るとき、ポールは「水平線」を越えるのである。一本ずつ、次から次へと無数の「水平線」を越える。「水平線」それは「閾」だ。そして階段は積み重なる「閾」だ。この「閾」を用意したもの、それが「映画」であり、「建築＝マラパルテ邸」であることはもはや明らかだろう。

「建築の快楽、それはシークエンスのなかにしかありえない」とさらに鈴木了二氏は書く。「シークエンス、それは映画だ」と。

〔階段を〕上りきれば、屋上では「映画」の撮影の真っ最中である。そこにはポールと同じ帽子をかぶったゴダールが助監督の役で忙しくスタッフに指示を与えている。通訳を介して発せられる「静かに！」という声はもはやフリッツ・ラングではなくゴダールそのひとのものだ。「映画」が映画の外にでる。ここはもう「閾」を越えた向こう側だ。

「世界の終わり」以後に属するもの、それこそが「映画」だ。

したがって当然のように、ゴダールは最後のショットで文字通りの「水平線」を画面いっぱいに見せてくれるのだが、そこに映った「水平線」は、海も空も区切りなく混ざりあった、まるで瞳孔の開いてしまったような乳白の光の拡がりだった。

『軽蔑』のラストシーンは、劇中劇、つまり映画のなかの映画『オデュッセイア』の「シーン47、テイク1」の本番撮影のスタート・シーンである。真夏の地中海の水平線をはるかにのぞみ、オデュッセウスつまりユリシーズが右手に持った剣を高くかかげて立ち、そのうしろ姿をとらえながら移動撮影する情景をおさめたキャメラが、ゴダールの愛してやまなかった溝口健二監督の『山椒大夫』（一九五四）の、あの「永遠への挙手」とゴダールがよんだラストシーンを想起させるような、やるせないくらいゆるやかなリズムで、静かに横移動をつづけ、青い海と空をとらえて終わるのだが、その海と空はやがてアンナ・カリーナの出る『気狂いピエロ』（一九六五）のラストでついに見出された「永遠」とともに透明なまでに美しく溶け合うことになるだろう。

9 ラウル・クタールに聞く（6）

――『カラビニエ』に次ぐジャン＝リュック・ゴダール監督の長篇映画第六作は、ブリジット・バルドーをヒロインにしたカラー・スコープの大作『軽蔑』（一九六三）です。冒頭のタイトルバックは、クタールさんご自身がキャメラを回している撮影風景ですが、キャメラはミッチェルですね。

クタール　そう、ミッチェル。ミッチェルBNC。

――たしか、『軽蔑』はテクニカラーで撮影されたはずですが、テクニカラー・キャメラを使われなかったのですか。

クタール　いや、そうではなくて……つまり、テクニカラーといっても、むかしのテクニカラーとは違うのです。たしかに、最初のころのテクニカラーは巨大な特製のテクニカラー・キャメラで撮影された。なかに三台のキャメラが入っているのと同じでしたからね。三本のモノクロのフィルムをおさめたマガジンが三つ入っていて、三本同時に回して、それから現像で三色分解してカラープリントをつくる。撮影のときは三本のフィルムを同時に回した。だから、ふつうの三倍も大きなキャメラが必要でした。その後、もっと簡単にイーストマンカラーのシステムのフィルムを使って撮るようになりました。フィルムも一本でいい。キャメラも普通の大きさのキャメラで撮れる。イーストマンカラーで撮影し、そこから三色分解して三本のマスターをとってテクニカラーに現像するのです。

『軽蔑』の場合は、たしかに最初はテクニカラーで現像しました。当時、テクニカラーの現像はローマかロンドンでしかできなかったのです。ローマとロンドンにしかテクニカラーの現像所がなかったから。で、最初に撮った『軽蔑』のフィルムはローマのテクニカラーの現像所で焼いてもらった。しかし、映画に出資しているアメリカの連中が『軽蔑』の出来栄えに不満で、プリントを焼くのに金をけちって、テクニカラーで現像すると金がかかるのでふつうのイーストマンカラーで焼くことに決めてしまったのです。で、パリの普通の現像所でプリントを焼いてもらうことになりました。そんなことがあって、結局、テクニカラーでは一本もプリントがつくられなかったのです。

──それで、映画の冒頭で読まれるクレジットタイトルにも、ただ、「カラー　現像所はGTC」とだけで、テクニカラーとははっきり言ってないんですね。

クタール　そう、だいたいそういった事情があったのです。

──クタールさんがキャメラを回している情景をとらえたこの冒頭のタイトルバックを撮影したのは誰ですか。当然ながらクタールさんではないわけですね（笑）。

クタール　もちろん、わたしは撮られているので（笑）。アラン・ルヴァンが撮ったものです。

──アラン・ルヴァンがクタールさんのキャメラの助手だったのでしょうか。シャルル・ビッチが助手だったと思いますが……。

クタール　アラン・ルヴァンは助手ではありません。彼は当時すでに独立した撮影監督でした。『軽蔑』の最初の部分は、映画が出来上がったあと、わたしでなく、アラン・ルヴァンが撮って付け加えられたものです。ブリジット・バルドーがミシェル・ピッコリのかたわらで全裸でベッドに横たわっているシーンも、映画を撮り終えたあと、わたしはすでに別の作品で仕事をしていたので、アラン・ルヴァンの撮影で追加したものなのです。

『軽蔑』はジョルジュ・ド・ボールガールとカルロ・ポンティ、フランスとイタリアの合作ですが、金をだしているのはアメリカ人です。ねらいはブリジット・バルドーのお尻でした（笑）。それは明らかだったのですが、ジャン゠リュックはそれを承知で、わざとブリジット・バルドーの裸を撮らなかった。いや、「ブリジット・バルドーの尻《ケツ》が見たかったら見せてやろう」ということで、ブリジット・バルドーが全裸で、お尻まるだしで、寝そべっているシーンを撮るには撮った。カプリ島の真夏の太陽の下で。そのまるだしのお尻の上に一冊の本を置いてね。ミシェル・ピッコリがその本を手に取って、表紙を見ると、「ノックは無用」という題名なんだ（笑）。それだけでは金をだしたアメリカ人たちは不満だった。ラッシュ（撮影結果を見るための最初の速成プリント）を見て、彼らは怒った。「ブリジット・バルドーの尻《ケツ》をもっとたっぷり撮らなきゃ、金はださんぞ」とカンカンだった。そこで、アメリカ人の出資者たちのために、ジャン゠リュックは、アラン・ルヴァンのキャメラで、あのベッドに横たわる全裸シーンを撮ったのです。しかも、あのブリジット・バルドーのお尻まるだしの裸そのもの、とくにお尻そのもののアップはじつは吹替えなのですよ（笑）。その全裸シーンを撮ったときに、ジャン゠リュックは冒頭の撮影風景のタイトルバックを思いついたというわけです。

――『軽蔑』のアメリカ側のプロデューサーは、イタリアのカルロ・ポンティと組んでいたジョゼフ・E・レヴィンですね。「あんなものは映画じゃない。ゴダールってのは成り上がりのハッタリ屋だ。映画をだめにするだけだ。俺が資金をだしたのはブリジット・バルドーとジャック・パランスとフリッツ・ラングのためだったが、ゴダールが映画を台無しにしやがった」というようなことを吐き捨てるように言っていたインタビューを読んだおぼえがあります。ローマのチネチッタ撮影所で、アメリカ資本による映画をつくるという話は、映画のなかだけでなく、現実の問題でもあったわけですね。

映画のなかでは、アメリカ人のプロデューサー役のジャック・パランスが英語を話し、ドイツ人の映画監督フリッツ・ラングがドイツ語を話し（英語もフランス語も話しますが）、フランス人の脚本家に扮するミシェル・ピッコリがフランス語を話し、イタリア人の女優ジョルジア・モルがジャック・パランスのアメリカ人プロデューサーの秘書兼通訳の役で出演しています。実際に、撮影現場でもあのようにいろいろな言葉が入り混じっていたのですか。

クタール　そうです。あのイタリア人の女優、ジョルジア・モルは実際に四か国語か五か国語を自由に話せた。

――ジョゼフ・L・マンキーウィッツの『静かなアメリカ人』（一九五八）という映

画でベトナム娘の役をやっていた女優ですね。

クタール そう、そう。その女優です。

――わがままな女優として知られるブリジット・バルドーには手こずりませんでしたか。

クタール 手こずりましたよ（笑）。チネチッタでの撮影初日から遅刻で、しかたなく、ジャック・パランスだけで撮った。パランスはいちおう事情を理解して、ブリジット・バルドーなしで撮ることを承知したものの、すごく不機嫌でした。その不機嫌なこわい顔をジャン゠リュックは逆にうまく利用して、傲慢で横暴なハリウッドのプロデューサーのイメージを強調したようなところがある（笑）。

――ジャック・パランスはゴダールの尊敬するロバート・アルドリッチ監督の『ビッグ・ナイフ（悪徳）』（一九五五）や『攻撃』（一九五六）や『地獄へ秒読み』（一九五九）のスターですから、フリッツ・ラング監督の特別出演のようにゴダールが出演を依頼したのでしょうか。『勝手にしやがれ』のなかには『地獄へ秒読み』のポスターが出てきましたし……。

クタール いや、いや、ジャック・パランスはカルロ・ポンティが契約したアメリカ俳優で、主役のつもりでやってきた（笑）。

――ということは、主役ではなかったので、もめたりしたわけですか。

クタール　そうです（笑）。相手役の女優がブリジット・バルドーというのにも不満で（笑）、そのうえ彼女のわがままと気まぐれにふりまわされて、いらだっていました。ブリジット・バルドーもパパラッツィに追い回されて身の置きどころがなく、それなりに苦労はしていたと思います。ジャック・パランスはブリジット・バルドーがなぜそんなに大騒ぎされるスターなのかわからず、もっと有名な大女優を相手役に期待していたらしい（笑）。

――ソフィア・ローレンとか。

クタール　そう、たぶんね（笑）。ソフィア・ローレンはカルロ・ポンティ夫人だし、ハリウッドでも活躍していた世界的な大女優だったからね。それにしても、ブリジット・バルドーはわがままだったな。ローマの夫婦のアパートのシーンで、ミシェル・ピッコリを待たせたまま、ついにブリジット・バルドーが現れなかったこともあった。ただ、電報が届いただけ。それも、途中ですごく景色のいい場所を見つけたので、そこで四、五日滞在することにしたという知らせで、これにはジャン゠リュックも怒り狂って、プロデューサーのジョルジュに電話をかけ、「もうやめた！」。そんなこんなで、映画は永遠にできないと思ったこともありましたよ（笑）。

――撮影中もブリジット・バルドーのご機嫌をとるために、ジャン゠リュック・ゴダールはよく得意の逆立ちをしてみせたとか……。

クタール　そう、しょっちゅう逆立ちをしてみせていましたよ（笑）。ミシェル・ピッコリはプロ意識を持った大人の俳優でした。それに、フリッツ・ラングはすばらしい人物でした。ジャン゠リュックはフリッツ・ラングを心から敬愛していたので、ふたりのあいだはとてもうまくいっていたと思います。

パパラッツィ
PAPARAZZI

ジャック・ロジエ作品（1963）。

白黒・35ミリ（1 × 1.37）。上映時間　20分。

監督・脚本・編集　ジャック・ロジエ。撮影　モーリス・ペリモン。録音　ジャン・バロネ。音楽　アントワーヌ・デュアメル。

証言（ナレーション）　ミシェル・ピッコリ、ジャン・レスコー、ダヴィッド・トネッリ。製作　ジャック・ロジエ（レ・フィルム・デュ・コリゼ）

撮影期間　1963年5月。撮影場所　カプリ島（イタリア）。

出演　ブリジット・バルドー、ミシェル・ピッコリ、ジャン＝リュック・ゴダール、ローマから来た3人の追っかけ写真家。

フランス公開（テレビ放映）1963年。日本公開2010年1月23日（「ジャック・ロジエ映画祭」）。のち「ジャック・ロジエ短篇集」として「ジャック・ロジエ DVD － BOX」に収録。

バルドー／ゴダール
LE PARTI DES CHOSES : BARDOT/GODARD

ジャック・ロジエ作品（1963）。

白黒・35ミリ（1 × 1.37）。上映時間　10分。

製作・監督・脚本・編集・ナレーション　ジャック・ロジエ。編集協力　ジャン・コレ。撮影　モーリス・ペリモン。録音　ジャン・バロネ。音楽　ヴィヴァルディ。

撮影期間　1963年5月。撮影場所　カプリ島（イタリア）。

出演　ブリジット・バルドー、ミシェル・ピッコリ、ジャン＝リュック・ゴダール、フリッツ・ラング、ジャック・パランス。

フランス公開（テレビ放映）1963年。日本公開2010年1月23日（「ジャック・ロジエ映画祭」）。のち「ジャック・ロジエ短篇集」として「ジャック・ロジエ DVD － BOX」に収録。

『軽蔑』撮影ルポ

ジャン＝リュック・ゴダールがよく「フレール・ジャック（ジャック兄弟）」と親しく呼んでいた仲間がいて、それはジャック・リヴェットとジャック・ドゥミのふたりの監督のこととみなされてきたが、じつはそのトップにジャック・ロジエを入れてジャック三兄弟の意味だったにちがいないと思われた。『勝手にしやがれ』（一九五九）のヒットに次いで、ゴダールがプロデューサーのジョルジュ・ド・ボールガールに推挙したのがジャック・ドゥミ（『ローラ』、一九六〇）とジャック・ロジエ（『アデュー・フィリピーヌ』、一九六〇－六二）だった。

『アデュー・フィリピーヌ』はヌーヴェル・ヴァーグの「呪われた映画」（つまりは名作と知られながら興行的に惨敗した作品）になって、ジャック・ロジエはテレビの仕事を中心にして映画から遠ざかっていたかに見えたが、ゴダールの『軽蔑』の撮影には血が騒ぎ、矢も盾もたまらず駆けつけて、取材のルポというよりはまるで『軽蔑』の撮影スタッフのように親密にロケーションに加わって写真を撮ったりキャメラを回したりして、ホームムービーのような、小さな日誌の一部といった感じの二本のドキュメンタリーを撮った。

『パパラッツィ』は一九六三年五月十七日、夕方五時に『軽蔑』のロケ地、カプリ島に到着したジャック・ロジエが、映画のヒロイン、当時人気絶頂のブリジット・バルドーを追いかけるカメラマンたちを中心にBB《べべ》の人気、神話を分析する。地中海に面した崖っぷちの家（というより、崖そのものが邸宅になっているみたいな感じだ）、いまではすっかり有名になったマラパルテ邸に、海から船で近づき、入江から、岩陰から、森（のようにこんもりとした木立の茂み）から、ブリジット・バルドーの特写をねらって押し寄せるうるさいカメラマンたち。『バルドー／ゴダール』では、満潮で荒波が押し寄せ、崖の下の浜辺に用意してあった撮影機材が台無しになって、予定されたシーンが撮れなくなってしまう不慮の災いが描かれる。荒波に呑まれずにかろうじて残った機材をロープで縛って崖の上に持ち上げるシーンもあり、マラパルテ邸と崖の下の浜辺との地理関係が奇妙に、よくわからなくなってくる。どうやら干潮のときには浜辺（昼間は日光浴ができるくらい広々としている）から崖のわきをとおってマラパルテ邸まで歩いて上がって行けるらしい。

撮影中も撮影合間もミシェル・ピッコリがやさしく献身的にブリジット・バルドーに対してふるまい、海辺ではボートから、地上では高い場所から、彼女をらくらくと抱き上げて下ろしてやるところなどがとても印象的だ。彼女を抱いたまま石段を上《のぼ》っていくところもある。崖っぷちとは反対側の正面《おもて》（と言っていいのかどうか、わからないのだが）の階段をゴダールがＢＢの手を取ってうれしそうに走って上《のぼ》っていくところも瞬間的にとらえられるが、階段がそのまま屋根（というか、屋上のテラス）までつづいていることを思うと、その勾配がどの程度の傾斜なのか、まるでわからない、不思議な建物だ。幅広い、なだらかな階段かと思うと、だんだんばしごの石段のようだし、余計不安にかられてしまう。屋上のテラスでは、ゴダールがフリッツ・ラングの助監督の役で嬉々として声を上げ、動き回る。「わたしは尊敬の念を持ってフリッツ・ラングの助監督の役を自ら演じることにしたのです」とジャン゠リュック・ゴダールは語り、フリッツ・ラングが両手を上げて『オデュッセイア』の撮影を指示する姿は映画の偉大さそのものだ、と称賛するジャック・ロジエのナレーションが印象的だ。

恐竜と赤ん坊
LE DINOSAURE ET LE BÉBÉ

対談ラング／ゴダール（1964）

アンドレ゠S・ラバルト作品（1964／1967）。（アンドレ゠S・ラバルトとジャニーヌ・バザンのTV番組「現代の映画」シリーズにもとづく）。
白黒・16ミリ。上映時間　1時間1分。
監督　アンドレ゠S・ラバルト。製作総指揮　ジャニーヌ・バザン、アンドレ゠S・ラバルト。撮影　G・ベロー゠ミノー。録音　ポール・ボンヌフォン、アラン・コスト。編集　ポール・ロワゾン。製作　フランス国営放送ORTF。
撮影期間　1964年11月。撮影場所　パリ（フランス）。
出演　フリッツ・ラング、ジャン゠リュック・ゴダール、ハワード・ヴェルノン。
フランスTV（ORTF）放映　1967年。TV放映に先立って雑誌「STUDIO」1964年11月号に対談ラング／ゴダール「恐竜と赤ん坊」の題で掲載された。日本公開　1991年（東京でのみ特別上映）。2008年DVDボックス「ジャン゠リュック・ゴダール　フィルム・コレクション」（特典映像として収録）。

対談ラング／ゴダール

『軽蔑』に本人自身として特別出演したフリッツ・ラングは「映画の良心」の象徴的存在であるとゴダールは言う。『軽蔑』のシナリオ序説（「ゴダール全評論・全発言I」、前出）にはこんなふうに記されている。

この『怪人マブゼ博士』（一九三二）の作家《オートゥール》は、今から三十年前、あるいはほぼ三十年前、〔ナチス・ドイツの宣伝相〕ゲッベルスに執務室に呼び出され、ドイツ映画全体の指揮をとるようもちかけられた。ラングはまさにその日の夜、旅支度をし、国境を越えた。

今日のラングには、長時間にわたって瞑想をつづけ、ついに世界を理解した、思慮深くて心穏やかなインディアンの酋長といったところがいくらかある。そしてその酋長は今、戦いへの道を若くして騒々しい詩人たちに譲ろうとしているというわけである。

「私は嘘をつくには年をとりすぎたよ」――数週間前にミュンヘンを訪れた私に彼はこう言ったものだった。

ラングはその片眼鏡《モノクル》を通して、世界に明晰な視線をなげかけている。

彼はこの映画の良心になるだろう。

老境に達しつつあるすべての偉大な芸術家においてと同様――カール・ドライヤー、ロベルト・ロッセリーニ、D・W・グリフィスといった、自分の芸術の終わりの時期にさしかかりつつあるすべての芸術家においてと同様――ラングにおける主要な特徴は、知性であるとともに、善良さであり、度量の大きさである。

それに、映画の偉大な演出家を特徴づけるものは――この映画のなかでそれを見ることができるはずだが――謙虚さと優しさである。

『軽蔑』のラストシーン、撮影中のフリッツ・ラング監督にシナリオライターのミシェル・ピッコリが別れの挨拶にやってくる。本番撮影の準備にあわただしく動き回る助監督役のジャン゠リュック・ゴダールがミシェル・ピッコリと同じ黒い帽子をかぶってそっくりに見える。現実のゴダールと映画の人物であるミシェル・ピッコリが一体化する。「では、また」「そう、いつの日か」とミシェル・ピッコリとフリッツ・ラングは挨拶を交わして別れる。

その「いつの日か」は一年後、一九六四年十一月にやってきた。アンドレ゠S・ラバルトとジャニーヌ・バザンのテレビ番組「現代の映画作家」でフリッツ・ラングとジャン゠リュック・ゴダールの対談がおこなわれることになった。題して『恐竜と赤ん坊』（アンドレ゠S・ラバルト監督）。テレビ放映は一九六七年になってからだが、その前に対談の内容は「ステュディオ」誌一九六四年十一月号に掲載された。

フリッツ・ラングはあくまでも謙虚に率直に、自分はもはや絶滅した古代の「恐竜」なのだと言い、ゴダールは自分はまだ生まれてたての「赤ん坊」で、これから親である「恐竜」にお尻を叩かれて育っていくのですと語る。対談といっても、ゴダールはあくまで礼儀正しくフリッツ・ラングにインタビューするという感じではあるのだが、フリッツ・ラングは『軽蔑』を見てこれほどすばらしい映画はこの世にないと思った、ゴダールの天才に頭が下がるとまで絶讃する。映画『軽蔑』のなかでは、かつての巨匠監督の風格を見せるが、対談では、若きゴダールの前で不器用におどおどしているような感じで、なんだかフリッツ・ラングが哀れに思えるくらいだ。ラウル・クタールはつねづね、「ジャン゠リュックの天才的なすごさを本当に知ったら、現代の映画監督は誰もが、もう映画をつくることをあきらめるだろう」とまで言っていたが、若い世代は誰もがゴダールのように映画をつくってみせると豪語して臆することなく、フリッツ・ラングのような謙虚な——謙虚すぎる——反応を見せた例はたぶん他にないだろうと思われる。罪深いゴダールではある。

はなればなれに
BANDE À PART

ジャン＝リュック・ゴダール作品（1964）。
白黒、スタンダード。上映時間　1時間36分。
監督・脚本・台詞　ジャン＝リュック・ゴダール。原作（小説）ドロレス・ヒッチェンズ（「FOOL'S GOLD」）。撮影　ラウル・クタール。音楽　ミシェル・ルグラン。録音　ルネ・ルヴェール、アントワーヌ・ボンファンティ。編集　アニエス・ギユモ。記録　シュザンヌ・シフマン。製作　ジャン＝リュック・ゴダール／フィリップ・デュサール。
撮影期間　1964年2月17日－3月17日。撮影場所　パリとその郊外（フランス）。
出演　アンナ・カリーナ（オディール）、サミー・フレー（フランツ）、クロード・ブラッスール（アルチュール）、ダニエル・ジラール（英語教師）、ルイザ・コルペイン（ヴィクトリア夫人）、シャンタル・ダルジェ（アルチュールのおば）、ジョルジュ・スタッケ（軍人）、エルネスト・メンゼル（アルチュールのおじ）、ミシェル・ドラエ（英語学院の守衛）、クロード・マコウスキー（英語教室の男子学生）。
ナレーション　ジャン＝リュック・ゴダール。
フランス公開　1964年8月5日。日本公開　1998年5月（アニエスb.映画祭）の特別上映に次いで、劇場公開は2001年2月3日。

1 ミシェル・ルグラン最後の（？）映画音楽

けたたましく、軽快に、まるでピアノの鍵盤が踊り狂い、飛び跳ねるような、調子のいいリズムとメロディーは作曲・演奏ミシェル・ルグランで、『女は女である』のナンバー「アンジェラ」の伴奏音楽をダイナミックにスピードアップしたような感じだ。一音一《ひと》コマごとに主役の青春トリオ、アンナ・カリーナ、クロード・ブラッスール、サミー・フレーのクローズアップが交互に、めまぐるしくとびだしてくる。目をパチパチさせて連続写真を見るようだ。その間に、アルファベットが一文字ずつ画面に現われ、メインタイトル『BANDE À PART』が形づくられるというたのしさだ。

ヒロインはアンナ・カリーナだ。それだけでやさしさにあふれた映画、「美しい感情」の表現になる。

アンナ・カリーナをめぐるふたりの青年――サミー・フレーとクロード・ブラッスール――という三角関係はほとんど『女は女である』（一九六一）のアンナ・カリーナをめぐるジャン＝ポール・ベルモンドとジャン＝クロード・ブリアリの三角関係と同じと言ってもいいくらいなのだが（少なくとも彼女をめぐる男たちは親友同士、それもほとんど一九六一年のフランソワ・トリュフォー監督の『突然炎のごとく』のジュールとジムのような仲のよさだ）、しかし、『女は女である』のようなおのろけはない。カラーのはなやいだ気分もなく、白黒の地味なイメージで、冬のパリ郊外の荒涼たる風景やネオンが寂しく点滅する寒々としたパリの暗い夜景が印象的だ。

メインタイトルにつづいて、交通のはげしいパリ郊外（パリ首都圏の建設工事現場の一画のようだ――映画は一九六四年二月に撮影された）の交差点を背景にスタッフ・キャストが出てくるのだが、「ジャンリュック／シネマ／ゴダール（JEANLUC／CINEMA／GODARD）」という映画的な自信にあふれた署名のようなクレジットタイトルとともに、「ミシェル・ルグラン／最後の（?）映画／音楽（POUR LA DERNIERE／FOIS (?) A L'ECRAN／LA MUSIQUE／DE MICHEL／LEGRAND）」という懐疑的な表記に、「さらばミシェル・ルグラン」の思いがこめられていたにちがいないであろうことはすでに――『女は女である』の章で――述べたとおりだ。『女は女である』、『女と男のいる舗道』（一九六二）、そして『はなればなれに』と三本のゴダール映画（そのほかに二本の短篇映画、一九六一年のオムニバス映画『新・七つの大罪』の第5話『怠けの罪』と一九六三年の『立派な詐欺師』がある）を活気づけたミシェル・ルグランとの音楽的コラボレーションもここで終わることになる。冒頭の自動ピアノのような陽気でぶっきらぼうなにぎにぎしい演奏のあとは、ミシェル・ルグランの音楽も、どことなく物悲しく、アンナ・カリーナがカフェの地下のトイレに入りぎわにジュークボックスから流れてくる『シェルブールの雨傘』（ジャック・ドゥミ監督、『はなればなれに』と同じ一九六四年の作品である）のテーマ——もちろんミシェル・ルグラン作曲のおなじみのメロディーである——も、心なしか、せつなく、ノスタルジックにひびく。カフェの地下が窮屈なビリヤード室になっているのも、ミシェル・ルグランの音楽とともに、『女と男のいる舗道』のカフェの二階のジュークボックスがあるビリヤード室を懐かしく想起させる。『軽蔑』（一九六三）のミシェル・ピッコリのようにいつも黒い帽子をかぶっているサミー・フレーが『シェルブールの雨傘』のメロディーを口ずさむように静かに口笛を吹いているのも心に残る。

「ミシェル・ルグラン　クロニクル」（立東舍）の著者、濱田高志氏も書いている。

今さら語るまでもないことだが、『シェルブールの雨傘』（64年）は『おもいでの夏』（ロバート・マリガン監督、71年）とともに、ミシェルの名を世界的に知らしめた代表作のひとつであり、主題歌を聴いただけで映画の世界に浸ることができる実にポピュラーな楽曲である。一方、『はなればなれに』（64年）はというと、我が国で永らく公開が待たれていた幻の作品であると同時に、ルグラン＝ゴダールのコンビによる〈最後の〉長篇映画という意味で両者のファンにとって常に気掛かりな作品であった。劇中で『シェルブールの雨傘』からの楽曲が引用されているという点も、まだ見ぬ映画への飢餓感を煽る一因となっていたのは言うまでもない。

なお、この作品が日本ではじめて劇場公開されたのは2001年のことである。軽快なホンキー・トンク・ピアノの演奏で幕を開けた直後、冗談とも本気ともつかぬ一文がスクリーン上に大きく映し出される。

〈ミシェル・ルグラン最後の（?）映画音楽〉。

この一件については以前ミシェルに訊ねたことがある。この当時の彼はハリウッド進出を目指して日夜音符と格闘しており、実際『プレイガール陥落す』（デイヴィッド・スウィフト監督、63年）によってハリウッドとの接点を持ち始めていた。ある日、それまで友情に免じて低予算で音楽を請け負ってきた彼が「これを機に条件の見直しを図ってはもらえないだろうか」とゴダールに漏らしたそうだ。映画音楽のみならずジャズやクラシックなど幅広い分野に活動の場を求めていた彼は、あるいは他分野のギャラとの兼ね合いも仄めかしたのかも知れない。しかしそれは決して深刻なものでなく、軽い気持ちによる発言だった。そしてその言葉に対するゴダールの回答が件の一文――「ミシェル・ルグラン最後の（?）映画音楽」

──という訳だ。「面喰らいはしたものの、それによって我々の関係に亀裂が生じた訳ではない」と語るミシェルだが、真実は当人が知るのみである。

『女は女である』のときのシャルル・アズナヴールのようにミシェル・ルグランをうまくまるめこむ（などと言っては失礼かもしれないけれども、使用料を友情の名のもとに値切る）ことができなくなったくやしさもこもった表現なのだろうか。

そして「問題の『シェルブールの雨傘』からの楽曲引用」に濱田高志氏はこんなふうに注目する。

それは意外な形で我々の耳に飛び込んでくる。開幕後フランツ（サミー・フレー）が車を運転しながらアルチュール（クロード・ブラッスール）と会話を交わす場面、フランツが会話の合間に吹き続ける覚束ない口笛によって。

あまりに断片的なフレーズのため、ともすれば聴き流してしまいがちだが、彼は『シェルブールの雨傘』の主題曲、後年「I Will Wait for You」のタイトルでポピュラー・ヒットとなる例のメロディを、アルチュールの会話で度々寸断されながらも執拗に吹き続けるのである。フランツの口笛は後半でも繰り返されるが、もう一つ、明らかにそれと判る形で『シェルブールの雨傘』のメロディが引用される箇所がある。中盤のカフェの場面だ。曲は同作の第1部より「傘屋の店の中で（Dans le Magasin de Parapluies)」と同「駅：ギィの出発（La Gare : Guy S'en Va)」からのフレーズで、ジュークボックスから流れるメロディをなぞるアンナ・カリーナの映像は、彼女やゴダール、そして何よりもジャック・ドゥミのファンには堪らない場面といえるだろう。これは、ゴダールが、ドゥミにエールを捧げる意味をこめて引用したと捉えることができる、彼らの友情関係を物語る貴重なコラボレーションだ。

2 ルーピー・デ・ループ——心やさしいオオカミ

『軽蔑』のミシェル・ピッコリは入浴中も黒い帽子をかぶっているのだが、『はなればなれに』のサミー・フレーも英語教室とカフェのなか以外ではいつも帽子をかぶっている。ミシェル・ピッコリのようにヒロインの夫の役ではないけれども、愛に見放されて暗く落ちこんでいく。だが、黒い帽子を捨てたときに、愛するアンナ・カリーナと結ばれる。愛をたしかめ合う小道具——「愛の温度計」——とともにふたりが船出するラストシーンでは、サミー・フレーはもう黒い帽子をかぶっていない。ふたりの背後にいる白い小犬は偶然そこにいたということなのだが、まるで招き猫のような微笑ましさだ。そう、この悲痛な青春映画はハッピーエンドなのである――『アルファヴィル』（一九六五）のラストシーンと同じようにはかなく、希望的な。

サミー・フレーの役名はフランツというドイツ名で、たぶん、ゴダールによれば「帽子をかぶったサミー・フレーはフランツ・カフカの肖像にそっくりだ」という印象に由来するものなのだろう。

フランツ／サミー・フレーはオディール（というのがアンナ・カリーナの役名だが、その由来は映画のなかに引用されるレイモン・クノーの小説「オディール」によって明らかにされることになる）に恋をしているのだが、その気持ちを打ち明けようとするたびにオディールが逃げようとするので、「僕がこわいのか」と訊くと、「だって、あんたは暗くて意地が悪そうなんだもの」と言われ、「とんでもない、僕はルーピー・デ・ループ、心やさしい狼だよ」。

狼といえば意地悪で狡猾で残酷なキャラクターというのが「イソップ寓話」以来おきまりになっているが、ルーピー・デ・ループというフランス狼は、そんな偏見をなんとか変えて狼の本性は善なのだと懸命に説きつづけるものの、ひどいフランス語訛りのあるブロークン・イングリッシュで誤解を招き、騒動を巻き起こすという、あの『トムとジェリー』シリーズで有名なハンナ&バーベラ――ウィリアム・ハンナとジョゼフ・バーベラ――のコンビが一九五九年に生みだした劇場用短篇アニメ『ルーピー・デ・ループ』の主人公で、シリーズとして一九六五年まで四十九本つくられることになる（アニメーション研究家の渡辺泰氏のご教示による）。

フランツ／サミー・フレーはさらに、「旅立つなら北方へ、ジャック・ロンドンの国へ」と言って、ジャック・ロンドンの最初の短篇小説集「狼の息子」から小説家が余生を送るつもりで建てた「狼の家」まであたかも狼に取り憑かれたようなアメリカの小説家、ジャック・ロンドンの書いた未開と文明の物語を口早に語るのだが、もしかしたら狼がらみでジャック・ロンドンの名作として知られる二冊の動物小説――カリフォルニアで生まれた犬がアラスカで橇《そり》犬となったあと野生に戻り、狼の群れのリーダーになる物語「荒野の呼び声」と、逆に荒野の狼がカリフォルニアの一家で飼い馴らされ、文明化された犬になって終わる物語「白い牙」――のどちらかの引用かと思いきや、どちらでもなく、「狼」と呼ばれる残酷な船長（一九四一年のマイケル・カーティス監督による映画化作品ではエドワード・G・ロビンソンが演じた）を描いた海洋冒険小説「海の狼」のエピソードでもなく（といっても、もちろんそれらすべてを当然網羅したうえで）、丸木舟しか知らないインディアン仲間にミシシッピー河を下って見てきた帆船や蒸気船の話をしても信じてもらえず「嘘つき」よばわりされるナム・ボクというインディアン青年を主人公にした短篇小説（「ナム・ボク」）からの引用だということである。

フランツがオディールと知り合ったのは「ルイの英語教室」で（ダジャレのようにルイ・アームストロングのたのしくうきうきとしたトランペット演奏によるジャズとともに「ルイ」の表示が出てくる）、彼女に恋をするとともに、彼女が住込みで働いている淋しい郊外の川べりの邸宅に大金ありとの情報を得て、クロード・ブラッスール扮する親友のアルチュール（なんと、姓はランボーである）とともに、オディールを巻き込み、日ごろの推理狂としての知識を実地に生かそうとたくらむのだが、それが青春をもてあましている、しがない「小さな兵隊」たちのはかない、しかし命がけの冒険の試みなのである。

実際、何をしたらいいのかわからない青春三人組だ。「何をしたらいいのかわからないことだけはわかっているけど」とオディールはカフェのなかで言う。「話すこともないのか。それなら、一分間、何も話さずに沈黙しよう」とアルチュールが提案する。三人は沈黙する。すると、画面から一切の音が消えて、純粋なサイレント映画のように完全な沈黙の一分間がおとずれる。一分間とはいえ、無限につづくかと思える、息づまるような沈黙だ。そんなシーンを、お遊びもいいところだ、と怒り、罵倒した批評家もいたとしても当然かもしれない。

しかし、お遊びにしてはうわついた感じがまるでない。一分間の沈黙が重くのしかかる。三人がルーヴル美術館のなかで足音高くかけっこをしたりするところも、おふざけいっぱいにはしゃぎまわっているにもかかわらず、自暴自棄の空騒ぎみたいで、なんとも言えぬ暗い憂鬱な雰囲気に包まれた映画なのである。バカなことやって、と思うだけではすまされないような重苦しい気分になる。

そのせいか、『はなればなれに』はパリのロードショーでまったくヒットせず、日本公開もあやぶまれていたが、一九九八年になって（製作から三十四年後である）、「アニエスb《ベー》.映画祭」で初めて上映されたあと、やっと劇場公開された。アメリカではメジャー系のコロムビア映画の配給で（日本公開版もコロムビア映画の自由の女神像のトレードマークが出るのだが、もしかしたらＭＧＭを離れたハンナ＆バーベラがコロムビア映画の傘下で新しくスタートしたアニメ・シリーズ『ルーピー・デ・ループ』の引用も、『はなればなれに』というほとんど「呪われた」映画の世界配給をひきうけてくれたコロムビア映画への、いかにもゴダールらしい挨拶の意味をふくめたものだったのかもしれない）、新世代のデヴィッド・リンチ監督（『ワイルド・アット・ハート』、一九九〇）やクエンティン・タランティーノ監督（自らのプロダクションを『はなればなれに』のフランス語の原題であるBANDE《バンド》 A《ア》 PART《パール》と名づけたほどである）に大きな影響を与えたことはよく知られているが、それもたぶん奥深い暴力的な衝動や、沈鬱な狂気とも言うべき内面的な共感、共鳴による影響のほうが強いようだ。

ルーヴル美術館がセーヌ川の向こうに見えたとき、アンナ・カリーナが「あの白い建物は？」と聞く。「ルーヴル美術館だ」。「白く塗ったのは勲章ものね」とアンドレ・マルローへの敬意を表するところもある。ドゴール政権下で一九六〇年から六九年にかけて文化相を務めたアンドレ・マルローがパリの建物の煤払いと白く塗り変える作業にとりかかったのである。余談だが、ルネ・クレマン監督はナチス・ドイツ占領時代のレジスタンス映画『パリは燃えているか？』（一九六六）を撮影するときに、重要なパリの建造物の大半がすでに白く塗り変えられていて、極力、逆光でとらえることにして、リアルに見せようと苦労したとのことである。

3 ゴダール神話

ルーマニア生まれのフランスのプロデューサー、マリン・カルミッツが一九九五年に出版した自伝の題名もゴダールの映画のタイトルに因んだ「はなればなれに」で、一九六一年、ゴダールの短篇『怠けの罪』（『新・七つの大罪』第5話）で製作担当の助監督についたのがゴダールとの出会いになり、ゴダールがアンナ・カリーナとともに友情出演したアニエス・ヴァルダ監督の『5時から7時までのクレオ』（一九六二）の助監督、ゴダールが『勝手にしやがれ』（一九五九）のプロデューサー、ジョルジュ・ド・ボールガールに紹介・推薦して製作されることになったジャック・ロジエ監督の『アデュー・フィリピーヌ』（一九六〇―六二）の製作管理、そして自主製作の『打撃には打撃を』（一九七二）の監督をへて、プロデューサーになり（自ら映画館も経営し、MK2という製作・配給会社も設立）、敬愛するゴダールの『勝手に逃げろ／人生』（一九七九）の製作にもかかわることになる。

ヌーヴェル・ヴァーグの衝撃作――まさに世界の映画史を変える衝撃作になる――『勝手にしやがれ』以来、ジャン゠リュック・ゴダールは飛ぶ鳥を落とす勢いでスキャンダラスな神話的存在になり、何を撮っても「こんなものが映画と言えるか！」と世界中の古典的・伝統的な映画監督や批評家を怒らせると同時に「これこそ新しい映画だ！」と世界中の若い映画作家や映画づくりをめざす若者を熱狂させ、やがて――一九六〇年代半ばに――フランスでは新旧のプロデューサーたちが競ってゴダールの映画を製作しようとするのだ。キャメラマンのラウル・クタールも言うように、ぜいたくなスノビズムと言ってしまえばそれまでだが、ゴダールのプロデューサーになることは、それだけで、作品が当たろうと当たるまいと（?!）、ひとつの勲章になったのである！　ゴダールは世界の映画の最先端をいく存在、時代の寵児だったのだ。

『シェルブールの雨傘』の大ヒットでフランス映画界に躍り出たプロデューサー、マグ・ボダール女史は、一九六五年にジャン゠リュック・ゴダールとフランソワ・トリュフォーに、彼らの映画を一本ずつ製作したいという話をもちかけた。これはマグ・ボダール女史から直接聞いた話なのだが、ゴダールもトリュフォーも「その前にロベール・ブレッソンの映画を製作すべきだ」と進言したという。ロベール・ブレッソン監督作品は当時興行価値ゼロの烙印を押されていたが、こうしてゴダールとトリュフォーの強い後押しで、『ジャンヌ・ダルク裁判』（一九六二）以来四年ぶりにブレッソンは『バルタザールどこへ行く』（一九六六）を撮ることができたのだった（この映画で作家のフランソワ・モーリアックの孫娘にあたるアンヌ・ヴィアゼムスキーが女優としてデビューした）。次いで、ということは『バルタザールどこへ行く』の成功でよみがえったブレッソンは『少女ムシェット』（一九六七）を撮ることになるのだが、このジョルジュ・ベルナノス原作の小説の映画化はゴダールもアンナ・カリーナ主演で企画していたものだった。もちろんゴダールは謹んでその企画をブレッソンに譲った（ブレッソンはすでに一九五一年にジョルジュ・ベルナノスの小説を映画化した『田舎司祭の日記』を撮っていた）。ブレッソンの『バルタザールどこへ行く』でデビューしたアンヌ・ヴィアゼムスキーは、アンナ・カリーナに次ぐゴダールの妻となり彼の映画のヒロインになり『中国女』（一九六七）と『東風』（一九七〇）に主演、『ウイークエンド』（一九六七）、『ワン・プラス・ワン』（一九六八）、『ウラディミールとローザ』（一九七一）にも出演した。マグ・ボダール女史は、一九六六年に、フランソワ・トリュフォーと共同で――つまりパルク・フィルムとレ・フィルム・デュ・キャロッスの合作で――ジャン＝リュック・ゴダールの『彼女について私が知っている二、三の事柄』を製作した。映画のプレスブックにトリュフォーは次のような一文を寄せているが（かつて、批評家時代にも、ゴダールの短篇映画『男の子の名前はみんなパトリックっていうの』について「一九五八年のアヴァンギャルドだ」とトリュフォーは絶賛したものだったが）、これ以上ないくらいのゴダールへの讃辞かと思われるので、以下に訳出してみる。

なぜわたしは『彼女について私が知っている二、三の事柄』の製作に加わったか？　なぜならジャン゠リュックがわたしのかれこれ二十年来の友人であるからか？　あるいは、ゴダールがいまや世界最高の映画監督であるからか？

ジャン゠リュック・ゴダールはまるで呼吸をするように映画を撮る。呼吸をするように映画を撮る監督は彼だけではないにしても、彼ほどいきいきと呼吸をする映画作家はいない。ロベルト・ロッセリーニのようにすばやく、サッシャ・ギトリのようにいたずらっぽく、オーソン・ウェルズのように音楽的に、マルセル・パニョルのように単純に、ニコラス・レイのように傷つきながら、アルフレッド・ヒッチコックのように効果的に、イングマール・ベルイマンのように深く、深く、深く、そして誰よりも大胆不敵に。

映画館の暗闇のなかでゴダール作品を見ることになって、まったく何ひとつ理解できなかったという観客ですら、けっしてむだな時間をすごしてはいなかったのだとわたしは断言する。ＯＲＴＦ（フランス国営放送局）がテレビの視聴率を調べるように、ジャン゠リュック・ゴダールの映画を見ている観客の緊張度を測ることができたら、視覚的にも聴覚的にもこれほど強烈な刺激を与える映画はないことがわかるだろう。

ゴダールは、観客について私が知っている二、三の最低の事柄、すなわち、礼儀正しい無関心さ、なんとなくおもしろがってみせること、あれもいい、これもいいといいかげんに寛容ぶってみせること、といった無気力な反応を彼独自のスタイルでとことんぶちのめした。ゴダールの文句なしのすばらしさは、映画を見ることの絶対の幸福か、さもなくば絶対の不幸を観客に強要することだ。ジャン゠リュック・ゴダールの人気はビートルズほどまではいかないにしても、ひょっとしたらローマ法王をしのぐことになるのでは？　ありうることだ。

ヴェネチア映画祭の理事長でもある映画史家のルイジ・キアリーニ教授は言った――映画史には「ゴダール以前」と「ゴダール以後」があるのだ、と。まさにそのとおりだ。実際、年月とともに、わたしたちはゴダールの『勝手にしやがれ』がオーソン・ウェルズの『市民ケーン』（一九四一）と同じように映画史のひとつの決定的な曲がり角になるであろうことを確信するに至ったのである。映画とはこういうものだというような既成の概念や制度を打ち破り、映画のすべてを攪乱し、ピカソが絵画でやったように、すべてを解放し、すべてを可能にしたのである。〔……〕

わたしがジャン゠リュック・ゴダールの十三本目の長篇映画の共同製作者になったのは、要するに、これまでの彼の十二本の傑作に投資した人たちがすべて金持ちになっているからなのである。

『はなればなれに』はまだジャン゠リュック・ゴダールの七本目の長篇映画だったが、その後の作品もふくめてすべてが「傑作」であるとしても、そのすべてがヒットして「投資した人たちがすべて金持ちになった」わけではもちろんなかった。それどころか、ジャン・ルノワールの映画のようにほとんどの作品がヒットしなかった。にもかかわらず、一作一作が大きな話題になる。ゴダールへの共感と反感がつねに渦巻き、無視できない映画になるのである。「すべてを可能にした」とはそういうことでもあるのだろう。

こうして、ゴダール神話が生まれる。一九六五年の『気狂いピエロ』(長篇映画第十作目になる)において、ゴダール神話は頂点に達することになるだろう。

4 「フランソワ語」に刺激されて

『はなればなれに』の最後には、エンドマークの出た直後に、広告のように原作はドロレス・ヒッチェンズ「Fool's Gold」で、フランスではガリマール社の「暗黒叢書《セリ・ノワール》」で発売中、という字幕が出るのだが、いつもながらゴダールの映画の下敷き（というよりもヒント）になったドロレス・ヒッチェンズのミステリー小説は、リチャード・ラウド（「ゴダールの世界」、前出）によれば、大筋は「二人の少年たち、エディと、彼よりぐれているスキップ、そして少女カレン。彼女は義理の叔母と一緒に住んでいるが、その家のどこかにだれかが大金を隠している。カレンはこの情報を洩らし、少年たちが強盗を計画する」というもので、映画のプロットにほぼそのまま使われている。「フランス語に訳され、通俗的な《暗黒叢書《セリ・ノワール》》として出版された《安っぽい》アメリカのスリラー小説がフランスの映画監督たちにとっては豊富な材源となって」おり、すでにフランソワ・トリュフォーがデイヴィッド・グーディスの「ダウン・ゼア」をフランス的に――フランスに舞台を置きかえて――映画化した『ピアニストを撃て』（一九六〇）という「見事な例」があり、フランソワ・トリュフォーならではの映画言語に昇華した「フランソワ語」をゴダールは絶讃していた（「フランソワ語を覚えてください」、「ラヴァン＝セーヌ・デュ・シネマ」誌第48号、「ゴダール全評論・全発言I」所収、前出）。ゴダールが、とくにトリュフォーの影響から（少なくともトリュフォー的な発想から強い刺激をうけて）、アメリカン・スタイルの翻訳もの「暗黒叢書《セリ・ノワール》」の一冊を映画化したにちがいないことは、『ピアニストを撃て』のプロデューサー、ピエール・ブロンベルジェの次のような証言からも容易に推察できる。

トリュフォーが書いた『勝手にしやがれ』のオリジナル・シナリオは、三面記事からヒントを得てはいるが、実質はアメリカのハードボイルド小説からのまったくのいただきだった。それなら、とわたしはトリュフォーに『ピアニストを撃て』の原作になったデイヴィッド・グーディスの小説をすすめた。ヌーヴェル・ヴァーグの脚本はほとんどすべてアメリカの、それも二流の、ハードボイルド小説の模倣あるいはむしろいただきのようなものだったよ。どれがどれをネタにしていたかを公表してもいいが、それはわたしが死ぬまで待ってくれ（笑）。

とピエール・ブロンベルジェは、一九八七年、東京・有楽町の朝日ホールで開催された「いまジャン・ルノワール」という特集上映のために来日したときに、たのしそうに語ってくれたものだった。

5 自由間接主観

「僕の話はここからはじまる」——とゴダールの声でナレーションが入る。ゴダール自身の、あるいはゴダールの分身のような役のサミー・フレー扮するフランツの、一人称で語られる青春自叙伝かと思いきや、つづけて「オディールと知り合って二週間後、フランツはアルチュールに彼女の叔母の家を教えた」と唐突に、というか、ごく自然に、ナレーションが三人称になるのである。「フランツはアルチュールにオディールの膝にさわったかと聞かれて、柔らかい肌だったと答えた」（『柔らかい肌』は『はなればなれに』と同じ一九六四年に撮られたフランソワ・トリュフォー監督の作品の題名だ）というふうに、「僕の話」がいつのまにか三人称のナレーションになってしまうのだ。「僕の話」がいつのまにか「彼の話」「彼女の話」「彼らの話」として客観的な三人称話法に変わるのだが、それがまるで主観的な一人称話法と同じように自然なのだ。

それで思いだされるのは、ピエル・パオロ・パゾリーニがゴダールの『はなればなれに』を見た直後に書いた新しい映画言語――「ポエジーとしての映画」――についての論考（邦訳は塩瀬宏訳、「季刊フィルム」第2号所載）である。

「わたしの考えでは、すくなくとも記号論の語法を考慮にいれることなしに、映画について語ることは、今後、もはや不可能のようだ」とピエル・パオロ・パゾリーニは書く。たしかに、「僕の話は……」という作者の「内的独白」は文法上では直接話法にあたる「主観」であるが、「作者が作中の人物のこころのなかにくまなく入りこみ、作中人物の心理のみならず言語までをも自分のものとする」自由間接話法というものがあり、その、いわば「映画的な」接点というか、結合をパゾリーニは「自由間接主観」とよび、ロベルト・ロッセリーニを「いわばソクラテス的始祖」としてゴダールに至る新しい自由な映画の傾向、「ポエジーとしての映画」をめざす真の現代映画とみなしたのであった。

「〈自由間接主観〉の基本的特徴は言語学的性質をもつものではなく、文体論的性質をもつものなのだ。それは内的独白から、概念的哲学的な、それ故に抽象的な要素を取り去ったもの、というふうに定義することができよう」とパゾリーニは分析し、総括するのだが、もっと単純に、たとえば描写は――映像も言葉も――客観的だが、そこに必然的に作者の、映画作家の、主観が刻印されているところに映画の新しさ／現代性があるということでもあるのだろう。

「僕の話は……」と作者／映画作家の内的独白／モノローグのように語られはじめたナレーションがそのまま「彼の」「彼女の」「彼らの」物語として三人称で「客観的に」語られつづけたものが、映画のラストでは、また「僕の話はここで終わる」という一人称のナレーションに戻り、そうかと思うと、そのままつづけてまた三人称のナレーションとなるのだが、こうした自由な「ポエジーとしての映画」「詩的映画」に対して、最初から最後まで一つの話法で語られる古典的な映画を「散文としての映画」「散文的映画」ともパゾリーニはよぶのである。もっとも、そんな「気取った」呼称はモリエールの「町人貴族」のギャグ（というか屁理屈）みたいなもので、「サム・スピーゲルのようなちょっとばかり知性のあるハリウッドのプロデューサーだってそんなことは知っている」し、「ヒトラーがニーチェを読み直したような理論だ」（「オブジェクティフ65」誌一九六五年八月－九月合併号所収のインタビュー、前出）とゴダールは一刀両断して突っぱねているのだが！

『はなればなれに』には、中途でそれまでのあらすじを要約するこんなナレーションもある――「遅れて映画館に入ってきて映画を最初から見ていない観客のために、物語の要点をざっと説明しよう。三週間前、大金、英語教室、川べりの家、ロマンチックな娘……」。

川べりの家――ゴダールが最も敬愛する映画作家のひとり、アメリカ時代のフリッツ・ラング監督の『ハウス・バイ・ザ・リバー』（一九四九）への挨拶かとも思われる。

『はなればなれに』には、もちろんヌーヴェル・ヴァーグの仲間への挨拶もある。

『はなればなれに』と同時に撮影されていたクロード・シャブロル監督のスパイ活劇『虎は新鮮な肉を好む』（「虎」とよばれる007／ジェームズ・ボンドばりにタフな秘密諜報員を演じるのは『勝手にしやがれ』にもチラっと友情出演していたロジェ・アナンである）への挨拶など、あまりにもそのものずばりで、思わず笑ってしまう——アンナ・カリーナが本当に虎（本物の虎である）に新鮮な生肉を持っていって投げ与えるのだ！

一九六四年のカンヌ映画祭にはフランソワ・トリュフォー監督の『柔らかい肌』が出品されていたが不評であった。前述のごとく、『はなればなれに』でフランツがアルチュールにオディールの膝にさわったかと聞かれて、「柔らかい肌だったと答えた」というナレーションは、単にトリュフォーへの友情あるめくばせである以上に、カンヌ映画祭の観客に野次られたトリュフォーの映画『柔らかい肌』への心からの応援と讃辞がこめられていたものだったにちがいない。

6 マディソン・ダンス

アンナ・カリーナとサミー・フレーとクロード・ブラッスールの三人の思いにぴったり寄り添うかのようにこんなナレーションもある——「ここで括弧をひらいて、もう少しくわしく三人の心情を説明することもできるが、あえて必要ないだろう。むしろ映像に語らせることにして、括弧を閉じることにしよう」。

「万事快調」という名のカフェで三人がアンナ・カリーナ振付によるマディソン・ダンスを踊るシーンである。横にならんで同じ方向を向き、それぞれ指を鳴らしてリズムを取り、おたがいに手をつないだり肩に手をのせ合ったりすることなく、別々に同じステップを踏むという新しい——といっても、そもそもは一九四〇年代のハリウッドのミュージカル・コメディーの人気タップ・ダンサーの黒人兄弟、ニコラス・ブラザーズが創始したといわれる——スタイルのダンスで、一九六一年のミュージカル映画『ウエスト・サイド物語』（ロバート・ワイズ／ジェローム・ロビンズ監督）の大ヒット以来「ザ・マディソン（the Madison）」の名で若者たちのあいだに大流行したステップだった。

マディソン・ダンスは米国オハイオ州コロンバス（マディソン・アヴェニューという名の目抜き通りがある）で生まれた一種のライン・ダンスが元になっているともいわれ、カウント・ベイシー楽団のロンドン公演でコーラス・ガールたちが初めて歌って踊ったのがきっかけになって一九六〇年代のヨーロッパで大流行し、その流行を映画的に過激に先取りしたかのような『はなればなれに』のアンナ・カリーナによる振付（マディソンのイニシャルMの字を描くように右に左に、前に後にステップを踏む）の影響が一九八七年になってつくられたジョン・ウォーターズ監督の青春ダンス映画『ヘアスプレー』（大ヒットのあとブロードウェイでミュージカル化）のなかの三人娘によるヒット・ナンバー「マディソン・タイム」につらなることになる。

『はなればなれに』の最も印象的な名場面だが、ここでゴダールのナレーションは「ふたたび括弧を、こんどはひらいて」、三人の心情を語ることになる――「アルチュールは、踊るオディールの足を見つづけ、彼女のくちびるを、ロマンチックなキスを、夢想する……オディールは、ステップを踏むごとにセーターの下でゆれる自分の乳房に男たちふたりの視線を感じている……フランツは、すべてに思いをはせるものの何も考えられず、現実が夢なのか、夢が現実なのか、わからなくなっている……」。

ジュークボックスの前で軽やかにステップを踏む三人――フランソワ・トリュフォー監督の『突然炎のごとく』のジュールとジムとカトリーヌのように、三人いっしょでなければ生きてはいけない悲劇の青春トリオ――の姿には、どうしようもない孤独感を裏返しにした、しらじらしい陽気さが感じられる。

このマディソン・ダンスのときに、サミー・フレーは自分の黒い帽子をひょいとアンナ・カリーナの頭にのせてやるのだが、まるでそれが孤独の象徴でもあるかのように、アンナ・カリーナはひとり取り残されて踊りつづけることになる。

7 死亡遊戯

生まれつき脚がなくて飛びつづけなくてはならず、空中で眠るしかなく、そして死ぬしかないという古代のインドの鳥の伝説を語るゴダールのナレーションは、あたかも根無し草のような絶望的な三人の青春を要約するかのようである。

死のイメージに彩られた風景を語るナレーション（アルチュール・ランボーの詩、とくに「地獄の季節」から引用された断片をコラージュしたもの）も一貫している――「水は淀み、空気は血の味がした」「生きた人間が不在の荒涼たる風景だった」「黒い木々は死の海を想わせた……」、等々。

映画がはじまってすぐ、クロード・ブラッスール扮するアルチュールは保安官パット・ギャレットに撃たれた西部の無法者ビリー・ザ・キッドの死をお遊びで演じてみせる。そのまま、ずっとアルチュールには死のイメージがつきまとうのである。

「ルイの英語教室」では、レイモン・クノーの「文体練習」にあやかって名づけられたような「翻訳練習」を英語の勉強法の基本にしている。

強烈なパロディーと風刺、言語の可能性の限界に挑む造語の多用、方言や俗語やダジャレの過剰な濫用といった、膨大な言葉のたわむれと実験のなかに、貧しい庶民の精神風俗を暗いユーモアとともに描き出した「卑俗な文体を仮面に表向きは人をあざむく高貴な文学魂」とピエール・クララク編「ラフォン゠ポンピアーニ世界文芸辞典」に定義されているレイモン・クノーの初期の（一九三七年に初版が出た）小説「オディール」（邦訳は宮川明子訳、月曜社）。訳者宮川明子氏の解説にもあるように、戦後の「文体練習」や「地下鉄のザジ」などでクノーに馴染んだ読者には「クノーらしくないと思われる」かもしれない「一人の青年の遍歴と成長、通過儀礼の物語」「クノーの唯一つの恋愛小説」をヒントにつくられた映画なのだとゴダールは『はなればなれに』について語る。「アンナ・カリーナの演じるヒロインの名をオディールにしたのも、クノーの小説の題名にあやかったのだ」と。

アルチュール／クロード・ブラッスールが運転する車のなかで、フランツ／サミー・フレーがオディール／アンナ・カリーナに、「きみとそっくりな女の子が出てくる」小説の一節を読んで聞かせるところがある（アルチュール役のクロード・ブラッスールも聞き役である）。その一節はアングラレスが語る「ひとつのじつに馬鹿げた、じつに陰鬱な、じつに感動的な話」だ。

ひとりの紳士がある日あるホテルにあらわれて、部屋を借りたいと申し出る。三十五号室に入ることになる。それから数分後、彼は部屋からおりてきて、鍵を事務室にあずけながらいわく、「すまないが、私はひどく忘れっぽいんだ。よかったら、外から帰ってくるたびに、ドゥルイ氏だ、と名前を言うからね、そのたびにかならず、部屋の番号を教えてくれたまえ。」——「承知しました。」まもなく彼は帰ってきて、事務室の扉をなかばあけながら、「ドゥルイ氏だ。」——「三十五号室です。」——「ありがとう。」一分後、おそろしく興奮したひとりの男が、服は泥にまみれ、血まみれで、ほとんど人間と思えないような顔になりながら、事務室に声をかける。「ドゥルイ氏だ。」——「なに、ドゥルイ氏ですって？　ご冗談を言わないでください。ドゥルイ氏はいま部屋にあがってらしたばかりですよ。」——「失礼、それが私なんだ……。いま窓からおっこちてしまってね。すまないが、私の部屋の番号を教えてもらえないか？」

レイモン・クノー「オディール」という本の表題も見えるので、当然、クノーの小説の一節かと思いきや、アンドレ・ブルトンのシュルレアリスム小説「ナジャ」（巌谷國士訳）の一節である。『勝手にしやがれ』（一九五九）以来のゴダールの引用の見事な、メリエス的なトリックにも匹敵する、クノーとブルトンの引用をすり替えたマジック的なコラージュなのである。『勝手にしやがれ』のなかの本のオビに引用されたレーニンの言葉や『軽蔑』の冒頭にアンドレ・バザンの言葉として引用された映画の定義と同じゴダール特有のすり替えのテクニックなのかもしれない。

「きみに似たヒロインが出てくる」小説は、「美は痙攣《けいれん》的なもの」という結論に至るブルトンの「ナジャ」のヒロインでもあるということなのだろう。小説「オディール」の語り手の「僕」がレイモン・クノーで、アングラレスがアンドレ・ブルトンをモデルにしていることはよく知られているが、実際、アングラレスというのはアンドレ・ブルトンが自ら名のっていた別名とのこと。巌谷國士氏の解説（「ナジャ」、白水Uブックス）によれば、このアングラレスすなわちアンドレ・ブルトンの語る物語のなかのドゥルイ Delouit 氏とは、「D……嬢という本名をもつナジャその人の似姿なのか、それとも『私』を問い、『私』を追いつつも客観的偶然の窓から落ち、見るかげもない顔に変貌してしまうブルトン（雙面のルイ《ドゥ・ルイ》）の似姿なのか……」ということになる。いずれにせよ、この引用の一節にも（ということは映画全篇に）自殺への誘惑にも似た死のイメージがあるということにおどろかずにはいられないだろう。「かつてあったものはすべてもはや存在せず、将来あるべきものはいまだ何も存在しない」という、まるで世紀病に冒されたアルフレッド・ド・ミュッセのような絶望的な青春の嘆き節が聞こえてきそうである。

8 古きものと新しきもの

「ルイの英語教室」では、女教師（ダニエル・ジラール）がシェイクスピアの「ロミオとジュリエット」の書取りと翻訳を担当、ページをめくって気分をだして朗読し、からっとした愉快な口調ながら、やはり死のイメージと予感にみちた台詞をいくつか抜粋・引用してみせる。福田恆存訳で引用させていただくと――

ジュリエット　ああ、胸騒ぎがする！　こうして見ていると、下に立っているあなたが、墓の中の死人のよう。
これは？　杯《さかづき》だ、どうしてこれが愛する人の手に？　毒薬に違いない、解った、これを呷《あお》り非業《ひごう》の最期を、ああ、ひどい！　みんな飲み干してしまうなんて、後を追う私に一滴も残してくださらなかったの？　その唇にくちづけを。そこにまだ毒が残っているかもしれない。その効き目できっと私も死ねるだろう。

夜警一《いち》　あたり一面血だらけだ。墓地の周囲を捜せ。さ、誰か行け、誰だろうと構わぬ、見つけ次第引捕まえて来い。酷たらしい事を！　ここに伯爵様が、それにジュリエット様も血を流して、まだ温かい、今亡くなったばかりとしか思えぬ。

合唱団　処は花のヴェローナ、いずれ劣らぬ名門の両家をめぐり、古き遺恨は新しき不和を招き、血で血を洗う忌《いま》わしき物語。敵《かたき》同士の親を持つ非運の子ら、痛ましくもその死によりて両家の宿怨《しゅくえん》を葬る。生きては添えぬ恋の悲しき顚末《てんまつ》、吾《わ》が子の死を見るまで、ついに止む事なかりし親の確執、委細はこれより二時間に亙《わた》り舞台の上に繰り拡げられましょう。皆様、もし御辛抱いただけますなら、吾ら一同、至らぬ節は勉《つと》めて補い、精一杯の処を御高覧に供したく存じます。

この英語教室の「翻訳練習」のはじめに、女教師が黒板に「classique = moderne」つまり「クラッシック＝モダン」（「古典＝現代」「古きもの＝新しきもの」「伝統＝創造」）というゴダール映画の精神というか、その映画づくりの神髄をずばり書いて、生徒のオディール／アンナ・カリーナに「偉大な英国の詩人」T・S・エリオットの言葉として「すべての新しきものは、それ自体、古き伝統にもとづく」というゴダール映画の「新しさ」「現代性」の秘密と意味を明かす一文を引用させる。「批評家の仕事」（吉田健一訳、「エリオット全集」、中央公論社）の冒頭に書かれた「芸術の世界での古いものと新しいものの関係」について書かれた以下のような文章を要約して引用したものかと思われる。

すでに存在している幾多の芸術作品はそれだけで、一つの抽象的な秩序をなしているのであり、それが新しい（本当の意味で新しい）芸術作品がその中に置かれることによって変更される。この秩序は、新しい芸術作品が現れる前に既に出来上がっているので、それで新しいものが入って来た後も秩序が破れずにいる為には、それまでの秩序全体がほんの少しばかりでも改められ、全体に対する一つ一つの芸術作品の関係や、比率や、価値などが修正されなければならないのであり、それが古いものと新しいものの相互間の順応ということなのである。そしてこの秩序の観念、現在が過去に倣《なら》うのと同様に過去が現在によって変更されるのを別に不思議に思うことはない。

この「芸術家と、私には芸術家が持っていなければならないと思われる伝統のこと」に関しては、また「ひとつの新しい芸術作品が創造されると、それに先立つあらゆる芸術作品にも同時におこるようななにごとかが起こる」というT・S・エリオットの「伝統と個人の才能」（深瀬基寛訳、「エリオット全集」、前出）のなかの文章も想起される。「創造とは伝統の新しい組み合わせにすぎない」というフランスの作家バルザックの有名な言葉もある。T・S・エリオットは、「伝統と個人の才能」のなかで、つづけて書いている。

伝統には、なによりもまず、歴史的感覚ということが含まれる。そしてこの歴史的感覚には、過去がすぎ去ったというばかりでなくそれが現存するということの知覚が含まれるのであり、この歴史的感覚は、時間的なものばかりでなく超時間的なものに対する感覚であり、また時間的なものと超時間的なものとの同時的な感覚であって、これが作家を伝統的ならしめるものである。そしてこれは、同時にまた、時の流れのうちにおかれた作家の位置、つまりその作家自身の現代性というものをきわめて鋭敏に意識させるものでもあるのである。

ゴダールは長篇映画第一作『勝手にしやがれ』以来、彼の映画は過去の古典の作り直しであり伝統の再創造にすぎないのだと自認していたが、T・S・エリオットはすでに――一九四四年の――「古典とは何か」（岡本豊訳、「エリオット全集」、前出）という講演で、ゴダールを代弁するかのごとく、古代ローマの偉大な詩人、ウェルギリウスの「言語と文体の成熟」について、こんなふうに述べている。

……ウェルギリウスの文体は、彼以前の文学なしには、又、それを深く知ることなしには、あり得なかったであろう、ということは繰返す価値があります。以前の詩人の辞句や趣向を借りて、これをよいものにする場合の如く、彼は、ある意味では、ラテン詩を書き直していたのであります。彼は学識のある作家であり、彼の学識のすべては、彼の仕事に適わしいものでありました。彼に先立つ文学は、彼が利用するのに充分な量があり、しかも、多すぎることはありませんでした。

「書き直し」、つまりはパラフレーズ、敷衍《ふえん》、と言ってもいいだろう。ゴダールは「絵画に模写の伝統があった」ように映画にも巨匠たちの作品をつくり直したり研究分析しながら「自分自身の映画」を撮るという方法があるのだと語っているが（「ゴダール全評論・全発言Ｉ」、前出）、T・S・エリオットもまた、「フィリップ・マシンジャー」についての論考（村岡勇訳、「エリオット全集」、前出）のなかで、模倣・改作・借用が芸術や文化の基本なのだと書いているのだ。要はその盗みかた、盗んだものをどのように換骨奪胎して処理するかなのだ、と。

未熟な詩人は模倣し、円熟した詩人は盗む。劣った詩人は、折角、採ったものを台なしにし、すぐれた詩人は、それをより良いものにするか、もしくは、少なくとも違ったものにする。すぐれた詩人ならば、盗んだものを溶接して、彼が盗んだ基の作品とは全く異なった、比類のない、感情の統一体とするが、劣った詩人は、それを、ばらばらになっているあるものの中に投げ入れる。

自分の作品がかつてない新しい創造なのだと過信することの傲慢さを認識するところからゴダールとヌーヴェル・ヴァーグが出発したことは周知のとおりだ。映画史の創世記にはすでに「D・W・グリフィスが存在していた」ことを知ったうえで、映画をつくりはじめた世代だったのである。

9 私は一人称で歌う

「ルイの英語教室」で、アルチュール／クロード・ブラッスールは音読みだけのひどい英語とフランス語を混ぜこぜにして「tou bi or not tou bi ／ contre votre poitrine ／ it iz ze question（イキルベキカシヌベキカ／君の胸の谷間に／ソレガモンダイダ）」と紙切れに書いて（フランス語の「君の胸の谷間に」以外は音だけで綴りはデタラメだ）調子よく口説く。両側の耳もとで髪をくるくる巻いた北欧の少女っぽいオディールの髪型を「ダサイ（démodé――流行遅れ）」と、初めて口説く女の子に対してクギをさすあたりも女にもてるプレイボーイらしく手なれたもの。

アルチュールとオディールは恋人になり、夜のパリの街を歩く。「ヌーヴェル・ヴァーグ」という名の店（実際にパリにあった、たしか安価な靴の専門チェーン店だったと思う）のネオンの前をとおり、「そして、地下へ、地球の中心に向かって」というナレーションとともに、地下鉄の入口を降りていくのである。

アルチュール（父親と同じ名で、その姓もランボーというのはすでに述べたとおりである！）は、クリシー広場の射的場で射撃の名手としての腕前を見せる。

詩人のアルチュール・ランボーは、詩作をやめたあと、武器密売商などにもたずさわり、射撃の名手でもあったようだ。早熟な詩才を（十六歳のときである）ポール・ヴェルレーヌに認められて「来たれ、大いなる魂よ」と招かれ、相携えて放浪の旅に出るものの、ふたりの関係がやがて極度に緊張した果てに、ヴェルレーヌに拳銃で撃たれ、軽傷だったが、この事件後、詩作と決別し、散文詩集「地獄の季節」を印刷したあと（十九歳のときである）、自ら持ち帰って焼却したという。あえて自ら「呪われた」存在たらんとした反逆の詩人（ジャック・リヴィエール「ランボオ」、山本功・橋本一明訳、人文書院）であった。

映画という形式を次々に破壊し、無数の讃美者、追随者、模倣者を生み、幾多の新しい傾向や新しい運動の先駆者、啓示者として祭り上げられたゴダールを、多くのゴダール研究家や批評家がしばしば安易に画家のピカソに比較し、一九六八年の「五月革命」を契機に、ラジカルに変貌し、ついに商業映画と縁を切ったゴダールを、一斉に（少なくともフランスでは）詩作を捨て、文学と絶縁したランボーに比較したものだが、もちろん、ゴダールの決別はランボーほどに乱暴で徹底したものではなかった。ランボーは「文学の、芸術の極限をさまよった」果てに詩作を「未練気もなくふり捨てて旅立った」が（小林秀雄訳「ランボオ詩集」、東京創元社）、ゴダールは映画作りをやめたわけではなかった。それどころか、いったんは捨てた商業映画にまた復帰するといった未練がましさである。だが、まさに絶頂期に達した観のあった一九六八年にその栄光に別れを告げたゴダールの決断には、ランボーの「地獄の季節」の最終章、

「別れ」の一節を想起させるものがあった。

俺はありとある祭を、勝利を、劇を創った。新しい花を、新しい星を、新しい肉を、新しい言葉を発明しようとも努めた。この世を絶した力も得たと信じた。扨《さ》て今、俺の数々の想像と追憶とを葬らねばならない。芸術家の、話し手の、美しい栄光が消えて無くなるのだ。

『はなればなれに』は一九六四年の作品であり、「五月革命」はまだ数年先のことである。ただ、アンナ・カリーナとの「別れ」だけがおとずれる。それも、ひとつの死ではあるにちがいない。『はなればなれに』のクロード・ブラッスール扮するアルチュールがいつも死の予感にとり憑かれているかのように死の演戯をすること、保安官パット・ギャレットに撃たれて二十一歳で生涯を閉じた西部のならず者ビリー・ザ・キッドの死を大仰に演じてみせることはすでに述べたとおりだ。そして、やがて、こそ泥という小さな冒険の果てに本当に西部の決闘まがいの撃ち合いで死んでしまうのだ。演戯あるいは模倣と真実あるいは本物との二重の死。まるで嘘から出た真実《まこと》のような苦渋な笑い。虚構と現実が相反するものではなく、どちらがどちらなのか、渾然として悪夢の様相を呈してくる。すでに『小さな兵隊』（一九六〇）に象徴的に引用されていたジャン・コクトーの「山師トマ」の最後の一節が想起される――「ギョームは逃げた。弾丸だ、と彼はつぶやいた。死んだふりをしないとこれでおしまいだ――だが、彼には虚構と現実の区別がなかった。ギョームは死んでいた」（佐藤朔訳、「ジャン・コクトー全集」、東京創元社）。

アルチュールは不良ぶっているが、文学的教養に毒されているような感じもある。オディールの叔母の邸宅に忍び込んで大金のありかをさがすときも、エドガー・アラン・ポーの盲点トリックを利用した推理小説の古典的名作「盗まれた手紙」に言及する――「とくに隠さないほうが気づかれないものだ」。家から追いだされそうになると、家主の叔母にジャン・ジロドゥの「シャイヨの狂女」を引用してののしる――「シャイヨに幽閉されちまえ、この狂女め！」。「こんな歩き方をした男を見た」と言って、「ジーキル博士とハイド氏」のジャン・ルノワール監督版『コルドリエ博士の遺言』（一九五九）のジャン゠ルイ・バローの演じるオパール氏の奇怪なあるきかたをまねしてみせるところもある。もちろん、コルドリエ博士／ジーキル博士とオパール氏／ハイド氏もまた、現実と虚構が一体になって死んでしまう二重人格、雙面《ドウ》のルイなのである。もはや、どちらかが生きのびることなど、あり得ないのだ。「山師トマ」のギョームのように流れ弾に当たらなくても、本物の拳銃で撃ち合うことになり、そうでなくても気狂いピエロのように自爆だってあり得るのだ。

ヌーヴェル・ヴァーグならではの、若々しいのにはつらつとした明るさや未来に向かう若さのない「青春うんざり」映画を撮りつづけてきたゴダールだが、『はなればなれに』はその憂鬱もここにきわまった感じだ。「巴里の憂鬱」のボードレール的な詩的告白（「人影のない広い公園」「射撃場」「迷路における星の瞬き、燈火の煌《きら》めき」）もゴダール自身のナレーションに引用される。

オディール／アンナ・カリーナが夜の地下鉄のなかでアルチュール／クロード・ブラッスールに詠《うた》って聴かせるアラゴンの詩（「詩人たち」のなかの「私は一人称で歌う」）のレオ・フェレ作曲の（レオ・フェレ自身が詠《うた》う以上にアンナ・カリーナが詠《うた》うと絶唱と言いたいくらいの悲しみにみたされる）メロディーによる一節、その「深い、深い、深い」悲しみ（服部伸六訳では「それ（不幸）は根深く　根深く　根深いのだ」となっている）。すでに『勝手にしやがれ』にふれて、フランソワ・トリュフォーがゴダールの映画の真実をそこに見出さずにはいられなかった悲痛な叫びだ。その途中で――「自由《リベルテ》」という名の地下鉄の駅名が一瞬とらえられ、ドアがひらかれても、そこでふたりは降りて「自由」に向かうわけではないのだ。ふたりは「自由にのではなかったのか、「幸福になるために　生れてきた」のではなかったのか――エルザの書いた小説「幻の薔薇」に対する註釈としてアラゴンが書いた長詩「エルザ」（大島博光訳）のように？

「エルザのパリなくして私にパリはない」とうたうアラゴンのように「アンナのパリなくして私にパリはない」と『女は女である』のゴダールならおのろけを言ってみせたかもしれない。だが、すでにパリは『アルファヴィル』（一九六五）のようなポール・エリュアール的「苦悩の首都」だ。

『軽蔑』のポール・ジャヴァル／ミシェル・ピッコリのように黒い帽子をかぶりつづけるフランツ／サミー・フレーが『軽蔑』のミシェル・ピッコリのように生き残って、その苦渋を嚙みしめ、「あの孤独な人間が泣いている暗い伝説」の苦悩を一身に背負うことになる――彼の夢はオートレーサーになって若くして壮烈な死をとげるはずだったのに。

映画のラストは、アルチュールが死んだあと、取り残されたふたり――フランツとオディール――がお互いに慰めようもなく孤独になって船出するシーンである。ナレーションはまた一人称に戻り、レイモン・クノーの小説「オディール」の終章のように「僕の話はここで終わる」ことになる。

オディールとフランツは船で南へ——フランツが夢みていたような北へではなく——旅立つことになり、「海を見る」ことになるのだが、ここでゴダールはレイモン・クノーの小説「オディール」（宮川明子訳）からきちんと引用し、三人称のナレーションとして読むのである。

それは一つの劇場だった。「劇場なるもの」だった。舞台は山並みの一部になって、まさに地平線の上にあった。その向こうには、もう空しかなかった。空にはしみ一つなかった。人間のつくったものが自然をそこなわずにいるのと同じように。ここでは何一つ衰微するものはなく、何一つ品位を汚すものはなく、何一つ威厳を失墜させるものはなかった。一面の波になって広がるこの調和あるものを前に、僕はもう限界も矛盾も感じなかった。

「僕」のところが「フランツとオディール」と三人称になっていることは言うまでもないだろう。そして「ふたりの熱帯地方での冒険を次回はテクニカラー・シネマスコープで語ることにしよう」と予告するのである。『気狂いピエロ』がたぶんその「次回」作になるのである。

『はなればなれに』は、ゴダールがアンナ・カリーナとともに設立したプロダクション「アヌーシュカ・フィルム」(アヌーシュカはゴダールがアンナ・カリーナをその名でよんでいたという愛称だったことはすでに述べたとおりだ)の第一回作品であったが、『はなればなれに』完成後の一九六四年十二月二十一日にふたりは離婚した。

10 アンナ・カリーナに聞く(5)

――『はなればなれに』は、青春映画の最高作の一本と言いたいくらいのすばらしい作品だと思います。「ヌーヴェル・ヴァーグの最後の息吹き」とアンドレ゠S・ラバルトはよんでいますね。ルーヴル美術館の大画廊をサミー・フレー、クロード・ブラッスールとあなたの三人がものすごい靴音を立てて走り抜けるところは、もちろんそんなことは許可されるわけがないので(笑)、即興というか、許可なしの抜き打ちの撮影だったのでしょうか。

カリーナ ルーヴル美術館での撮影許可は得ていたけど、走ったりするのは秘密にしていました(笑)。即興撮影ではなくて、ジャン゠リュックは、最初から、みんなに、「これはギネス・ブックに載るぞ!」なんて言って、たのしんでいました。キャメラのラウル・クタールも「そりゃいい」なんて（笑）。記録のシュザンヌ・シフマンもすごくおもしろがって、みんな大いに乗って、ルーヴル美術館の監視員がおどろいてわたしたちが走りだすのを、あわてて必死にとめようとするのをふりきって、いっきょに、一発勝負で撮り上げたんです。うまくいって、みんなで大笑いしました。

――カフェのなかで三人が踊るところも忘れがたい最高のシーンですね。アンナ・カリーナさんがひとりで踊るのは『女は女である』の「アンジェラ」のナンバー、『女と男のいる舗道』のビリヤード室でジュークボックスから流れてくるミシェル・ルグランのビートのきいた音楽に合わせてひとり踊りまくる「スイム」のナンバーが印象的でしたが、『はなればなれに』のカフェでジュークボックスから流れてくるミシェル・ルグランの現代的なブギウギふうのメロディーに合せてサミー・フレー、クロード・ブラッスールとともに三人で踊るナンバーはさらに最高ですね。これもアンナ・カリーナさんの振付とのことですが……。

カリーナ　マディソン・ダンスのシーンですね。わたしがいつものように軽くステップを踏んでいるのを見て、ジャン゠リュックが映画のなかに使おうと言ってくれたんです。ただ、『女は女である』や『女と男のいる舗道』のときとは違って、マディソン・ダンスは三人でリズムに合わせてステップを踏んで踊らなければならない。サミー〔・フレー〕もクロード〔・ブラッスール〕も踊るのには慣れてなくて、毎日三時間も練習したんですよ、二週間ぐらいかけて。

——『はなればなれに』のあと、ジャン゠リュック・ゴダールは、あなたが『アメリカに行ってジーン・ケリーに会い、ミュージカルに出ていっしょに歌って踊りたいと申し込むけれども、ジーン・ケリーは「もうミュージカルの時代は終わってしまったんだ」と答え、そして、街に出て、もうハリウッドの豪華なミュージカルのセットもすべて壊されてしまったけれども……とノスタルジックに語り合いながら、ふたりで歌って踊りはじめるという、ポスト・ミュージカルとも言うべき作品を構想していたとのことでしたね。

カリーナ　そう、そう。そのころ、ジャック・ドゥミがカトリーヌ・ドヌーヴ主演でせりふが全部歌われるという『シェルブールの雨傘』という映画を撮って、次は本格的なミュージカルを撮る企画を立て、ジーン・ケリーが出演することになっていた。

——『ロシュフォールの恋人たち』（一九六六）ですね？

カリーナ　そうです。たぶん、そのことを知って、ジャン゠リュックはわたしがジーン・ケリーに会いに行って歌って踊るという映画のアイデアをあきらめたのだと思います。ジャン゠リュックはジャック・ドゥミを心から敬愛していたので。

――ピエール・コラルニク監督の『アンナ』（一九六五）がこれから日本でも公開されるのですが、これは完全なミュージカルですね。たしかテレビ映画でしたね？

カリーナ　そうです。セルジュ・ゲンズブールの曲がいっぱい、とてもたのしかった。ジャン゠クロード・ブリアリといっしょに出ています。

――ジャン゠クロード・ブリアリも歌って踊るのですか。

カリーナ　ええ、もちろん。このなかでわたしが歌った曲はどれもすてきで、大ヒットしたシャンソンもあります。レコード（ＣＤ）にもなっています。いまでも、ときどきラジオで聴くことができます。

11 ラウル・クタールに聞く（７）

――『軽蔑』に次いで、一九六四年には、クタールさんは二本のゴダール作品を撮っておられますね。どちらもモノクロの、小品と言ってはなんですが、『軽蔑』にくらべれば、つつましい低予算映画ですね。ジャン゠リュック・ゴダール監督の長篇映画第七作『はなればなれに』と第八作『恋人のいる時間』。

アンドレ゠Ｓ・ラバルトとジャニーヌ・バザンのテレビ番組「現代の映画作家」シリーズの一本「ヌーヴェル・ヴァーグによるヌーヴェル・ヴァーグ」がビデオ

になっているのですが、そのなかで、『はなればなれに』の撮影風景が見られます。「一九六四年三月」のロケ風景です。クタールさんがキャメラを右肩にのせて撮っている。ゴダールがすぐ左側に立っていて、「オーケー」とか「カット」とか言うかわりに右手で軽くポンとクタールさんの左肩をたたく。

クタール そうです。だいたい、そんなふうに、「よし、このへんで、もういいだろう」って（笑）、ジャン゠リュックが肩をポンとたたく。それがストップの合図です。

――キャメラは軽量のアリフレックスでしょうか……。

クタール そう、『はなればなれに』は主としてアリフレックスで撮影しました。これもカメフレックスなみに回転音がうるさいキャメラなので、レンズまですっぽりくるんでしまう特別の防音ブリンプをつくりました。もちろん、レンズの前をふさがないように透明のガラスをつけて、さらに、フォーカスを合わせるときにはそこをふたのようにあけられるようにしました。ジャン゠リュックは最初から、この映画はクロード・ブラッスールとサミー・フレーとアンナ・カリーナが演じる若い三人の男女の自由な行動をとことんキャメラで追うようにしたいというので、手持ち撮影のできる軽量のアリフレックスに決めたのです。ロケーション中心ということもありました。街頭の騒音、とくに交通のはげしい通りでは、自動車の音がうるさいので、防音ブリンプはどうしても必要だったのです。

——ということは、もちろん、同時録音撮影だったわけですね。

クタール　そうです、『勝手にしやがれ』と同じように街頭ロケで人物を追って撮影するけれども、『勝手にしやがれ』とは違って同時録音だったのです。ですから、撮影本番中にジャン＝リュックがプロンプターとして俳優に台詞を吹き込んだりすることはできなかった。俳優は自分で台詞をきちんとおぼえなければならない。ところが、撮影直前にジャン＝リュックが台詞を渡すという相変わらずのやりかたなので、クロード・ブラッスールなど大騒ぎでした。サミー・フレーのほうは、舞台で訓練しているせいか、台詞おぼえが早く、アンナ・カリーナももちろんジャン＝リュックのやりかたにはなれていますから、このふたりは問題なかった。

ジャン＝リュックの映画では、『女は女である』が初めての同時録音撮影でしたが、あのときはセット撮影でした。ロケーションの部分はすべて音なしで撮りました。『女と男のいる舗道』はロケーションもふくめてすべて同時録音でしたが、回転音の静かな大型のミッチェルで撮影しました。

——ゴダールの映画の撮影に使われたキャメラはカメフレックスとアリフレックスとミッチェルですね。それぞれのキャメラの機能によって、表現方法にも違いがあるわけですね。

クタール　カメフレックスはせいぜい六、七キロの軽量のキャメラです。軽くて便利ですが、回転音がうるさい。同時録音の撮影には向いていない。『勝手にしやがれ』や『小さな兵隊』は同時録音ではなかったので、カメフレックスで撮ったのです。ミッチェルは四十キロ以上もある重量のキャメラです。雑音消去装置内蔵のミッチェルBNCは、回転音は静かで、同時録音もできる。ジャン＝リュックの映画は、『女と男のいる舗道』からはほとんど同時録音撮影になったので、だいたいミッチェルで撮っています。『女は女である』の一部もミッチェルで撮ったし、『軽蔑』は全篇ミッチェルで撮った、ミッチェルBNCで。『恋人のいる時間』、そして『アルファヴィル』もミッチェルで撮影した。『カラビニエ』はカメフレックスで撮影しました。『はなればなれに』はカメフレックスとアリフレックスとミッチェルの三台をシーンによって使い分けて撮りました。もっとも、ミッチェルで撮ったのはほんの一部だけ。ワンシーンだけ、三人がカフェでジュークボックスの音楽に合わせて踊るワンシーンだけですが。

――ルーヴル美術館を三人が走り抜けるところは何で撮られたのですか。

クタール　カメフレックスです。広いルーヴル美術館を九分四十五秒で見て回らなければならないというので（笑）、三人が駆けっこをするところ。ぶっつけ本番で、すばやく撮りましたよ。

――撮影許可は得たとのことでしたが……。

クタール　ええ、もちろん、撮影許可は取りましたよ。ただ、ルーヴル美術館を訪問するところを撮影するという名目で、三人が駆け抜けるということは秘密にしていました（笑）。ですからもちろんリハーサルなどできないし、三人が走りだすのを見た守衛が怒って撮影を禁じたり、フィルムを没収したりするようなこともありうるかもしれないと思い、そのような場合にそなえて、いつでも撮影したフィルムを持って逃げられるように（笑）、一回撮るたびにフィルムのマガジンを取り替え、助手たちに交互にフィルムを外へ持ちださせました。いつ撮影をストップさせられ、フィルムを取り上げられても、すでに何カットかは撮って外に運びだしてあるようにしたわけです。フィルムのマガジンをそんなふうに手早く交換できるのも、カメフレックスなればこそでした。

外のロケーションはすべて先ほど説明した防音ブリンプ付きのアリフレックスを使って撮りました。

『はなればなれに』は低予算映画でしたが、撮影はわりとらくだったという記憶がありません。撮影期間も七週間から八週間あって、早撮りという切迫した感じはありませんでした。むしろ、同じ年に撮った『恋人のいる時間』が大変な早撮りを強要されたように思います。そもそも、『恋人のいる時間』はヴェネチア映画祭から会期に間に合うならぜひ上映したいという招待に応じて、いや、応じてというよりほとんど挑戦して、一か月で企画・製作されたものだったのです。準備段階もふくめて、初号プリントが出来上がるまで、わずか一か月。一九六四年七月に撮影して、九月八日にヴェネチア映画祭で上映された。スタッフもごく少数で、ジャン゠リュックの映画の撮影でも最もこじんまりとしたものでした。なにしろ急がされて、大変な早撮りだったと思います。三週間から四週間くらい。四週間はかかっていないでしょう。

ヌーヴェル・ヴァーグ

LA NOUVELLE VAGUE PAR ELLE-MÉME

アンドレ＝S・ラバルト、ジャニーヌ・バザン製作・監修のTV番組「現代の映画作家」シリーズにもとづく

1964年作品。1995年ビデオ化。

フランス語の原題は『ヌーヴェル・ヴァーグによるヌーヴェル・ヴァーグ』。

1995年、「ヌーヴェル・ヴァーグ」の邦題でビデオ（VHSおよびLD）発売。

日本語版監修　山田宏一。

『はなればなれに』の撮影風景

一九九五年になって、「ヌーヴェル・ヴァーグにようって総括されたヌーヴェル・ヴァーグ」という興味深いドキュメンタリーがビデオで出た。フランスのテレビ番組で人気の高い、ジャニーヌ・バザンとアンドレ＝S・ラバルトによる「現代の映画作家」シリーズの「ヌーヴェル・ヴァーグ」篇で、一九六四年三月の『はなればなれに』の撮影風景からはじまる。

ＪＬＧになる前のジャン＝リュック・ゴダールのはつらつとした映画づくりが画面に息づく。ＪＬＧになってからは孤独につぶやきつづけるか、ただ、もう怒り狂ったようにどなりちらすか、どちらかという感じになってしまったが、まだ、スタッフ・キャストみんなと和気あいあい、撮影快調で「いいぞ《ボン》」「いいぞ《ボン》」とほがらかに大声で明るく機嫌よく叫び、「ボンがふたつでボンボンだ！」などダジャレも飛びだして、たのしそうなゴダールである。おなじみの黒眼鏡の奥の眼もたのしげに笑っているようだ。キャメラ（防音カバー付のアリフレックス）を肩にかついで黙々と撮影をつづけるラウル・クタール。アンナ・カリーナも若く、美しい。

シネマテーク・フランセーズの館長アンリ・ラングロワが何よりも映画を見ることからヌーヴェル・ヴァーグが生まれたことを語り、クロード・シャブロルが遺産を注ぎ込んで自主映画からスタートしたことを語り、ジャック・ドゥミがカラーとセットによるミュージカルの夢を語り、人類学者のジャン・ルーシュがアマチュアの精神からこそ映画の革新がはじまると語り、アニエス・ヴァルダが難解だろうと思考の映画こそ撮るべきだと語り、ジョルジュ・フランジュが真実を表現するためのシュルレアリスムの手法を語り、ジャック・ロジエが不意打ちのキャメラによって自然らしさが生みだされることを語り、フランソワ・トリュフォーが即興がどのようにして生まれ、言葉より映像の力を信じることを語り、ゴダールがあらゆる意味で既成の映画文法を無視して慣習を破壊し、制度に反逆して自分だけのルールをつくることからしか新しい映画は生まれないのだと熱っぽく語り、ジャン＝ダニエル・ポレが率直にヌーヴェル・ヴァーグは「伝統の破壊」にその新しさがあったものの「未熟な技術で気取っている」と批判された「若さの暴走」でもあったことを告白し、ジャック・リヴェットが「ヌーヴェル・ヴァーグの成功は幻想にしかすぎず、その真実は失敗にある」と喝破したあと、最後にまたゴダールの最新作『はなればなれに』の撮影風景になる。キャメラを右肩にかついで撮影をつづけるラウル・クタール。かたわらのゴダールがポンと軽くクタールの左肩をたたいて、撮影ストップの合図をする。午前中の撮影終了。「さあ、みんなで昼食をとろう」とゴダール。こんなにたのしそうなゴダールが見られるのはこれが最後になるだろう。短い撮影風景の断片ながら、少数編成の街のささやかなロケーションの活気が伝わってくる。

恋人のいる時間

UNE FEMME MARIÉE

「1964年に撮影されたある映画の断片（Fragments d'un film tourné en 1964）」（副題）

ジャン＝リュック・ゴダール作品（1964）。
白黒、スタンダード。上映時間　1時間35分。
監督・脚本　ジャン＝リュック・ゴダール。撮影　ラウル・クタール。美術　アンリ・ノガレ。録音　アントワーヌ・ボンファンティ、ルネ・ルヴェール、ジャック・モーモン。音楽　ベートーヴェン（「弦楽四重奏曲」第7／第9／第10／第14／第15）。挿入曲　クロード・ヌガーロ「ジャズとジャヴァ」。挿入歌　シルヴィー・ヴァルタン「悲しきスクリーン」。編集　フランソワーズ・コラン、アニエス・ギユモ。記録　シュザンヌ・シフマン。製作　ジャン＝リュック・ゴダール／フィリップ・デュサール。
撮影期間　1964年7月。撮影場所　パリおよびオルリー空港（フランス）。
出演　マーシャ・メリル（シャルロット）、ベルナール・ノエル（愛人ロベール）、フィリップ・ルロワ（夫ピエール）、クリストフ・ブールセイエ（ニコラ坊や）、ロジェ・レーナルト（レーナール氏）、リタ・メダン（マダム・セリーヌ）、ジョルジュ・リロン（医者）。
プレミア上映　1964年9月8日、第25回ヴェネチア国際映画祭。
フランス公開　1964年12月4日。日本公開　1965年2月20日。

1 断片あるいはドキュメント

『はなればなれに』（一九六四）のラストで、生き残ったふたり――オディールとフランツ――の「熱帯地方での冒険を次回はテクニカラー・シネマスコープで語ることにしよう」というジャン＝リュック・ゴダール自身によるナレーションが予告した「次回」作の前に、二本の白黒・スタンダード作品、『恋人のいる時間』（一九六四）と『アルファヴィル』（一九六五）を、ゴダールは撮ることになる――それも注文あるいは依頼で。

一九六〇年代のゴダールはじつに多忙で、エネルギッシュで、豊穣な創作活動をつづけることになる。神話的売れっ子とも言うべき映画作家だったのである。

『恋人のいる時間』は、ヴェネチア国際映画祭からの依頼だった。ヴェネチア映画祭は八月末の最後の日曜日か九月の最初の日曜日からはじまるので、それまでに間に合うならぜひ上映したいという映画祭側からの招待に応じて――国際映画祭でジャン＝リュック・ゴダールの新作を招待上映することが当時すでにどんなに「売りもの」になるものだったかが推測されよう――ゴダールは、準備から仕上げまでにギリギリ一か月間しかないことを承知で、このチャンスに「挑戦」するのだ。

一九六四年、七月中に『恋人のいる時間』の撮影を終え、八月には前作『はなればなれに』がパリで公開されることになり、そのキャンペーン（インタビューやらテレビ出演やら）に付き合いながら、その間に『恋人のいる時間』の編集に入り、九月八日には第二十五回ヴェネチア映画祭でプレミア上映されることが決まった（パリ公開は十二月になる）。

『恋人のいる時間』は、『はなればなれに』に次ぐゴダール／カリーナのプロダクション「アヌーシュカ・フィルム」の第二回作品だが、アンナ・カリーナはすでに恋愛中と噂された俳優、モーリス・ロネの第一回監督作品『ティビダボの泥棒』（一九六五年完成）のスペイン・ロケ中で、そのあともイタリアでヴァレリオ・ズルリーニ監督の『国境は燃えている』（一九六五）の撮影に入ることになっていたので、『恋人のいる時間』にアンナ・カリーナの出るチャンスも余裕もなく、といっても、ゴダールの旺盛な創造的インスピレーションがアンナ・カリーナだけではなかったろうことは当然ながら、それにしてもアンナ・カリーナの出ないゴダール映画はまるで「ユウモアのない一日」のように寂しい。

ヒロインの人妻を演じるマーシャ・メリル（のちにミシェル・ルグラン夫人になるというのも他生の縁とでも言うべきか）は、『女と男のいる舗道』（一九六二）のアンナ・カリーナのようなショート・カット（おかっぱボブなどとよばれた髪型）で、特別出演のロジェ・レーナルト（綴りはRoger LEENHARDTだが、映画のなかでは「レーナール氏」とよばれる）が、マーシャ・メリルの赤褐色の髪を見て（映画は白黒だが）、アポリネールの「きれいな赤毛の女」という詩を想起させると讃えるシーンがある。「おお太陽よ　いまは燃える理性の時だ／理性はすてきな赤毛の女の／魅力的な姿をもつ」（飯島耕一訳）という詩の一部も引用し、「理性（la raison）」は女性名詞であり、だから、フランス語では「美しいもの」「偉大なもの」はすべて女性名詞なのだとたくみに言いつのり、女性定冠詞「la」の付く「若さ（la jéunesse）」、「美徳（la vertu）」、「共和国（la République）」、「フランス（la France）」などの例を挙げる。

ロジェ・レーナルト扮するレーナール氏はナチのユダヤ人収容所のあったアウシュヴィッツをめぐる歴史の研究などにかかわる知識人で、映画とは無関係のようだが、ときとしてたぶん映画作家ロジェ・レーナルトとして、「すべてのユダヤ人とすべての床屋を殺せば……」などと『チャップリンの独裁者』（一九四〇）にそれとなく言及する。

『勝手にしやがれ』（一九五九）に特別出演したジャン＝ピエール・メルヴィル監督のように、ロジェ・レーナルトもヌーヴェル・ヴァーグに大きな影響を与えた先駆的監督だったが（そして、アンドレ・バザンのようにヌーヴェル・ヴァーグの理論的支柱となった人物だが）、メルヴィル監督とは違って、いかにもきまじめな感じで『女と男のいる舗道』でアンナ・カリーナを相手に人間の生きかたと自己責任について語る特別出演の哲学者ブリス・パランのようにシリアスではあるのだが、「生きた知性」として引用された特別出演としてはずっと印象が薄い。『恋人のいる時間』という映画そのもののヒントになったといわれる「神話作用」の著者、記号学者であり構造主義者である新批評《ヌーヴェル・クリティック》の旗手ロラン・バルトが特別出演してその哲学を語るはずだったともいわれるけれども（ロラン・バルトは次の『アルファヴィル』にも特別出演をことわってゴダールをくさらせるのだが）、まあ、生意気にないものねだりのようなことはやめて、ヒロインのマーシャ・メリルの話に戻すと、純白のシャツ型ブラウスに膝丈のプリーツ・スカートで軽快に歩きまわる感じはさわやかながら恋人のアパルトマンで裸になると、むちむち肌（というのか、やや太り肉《じし》）で、もちろんアンナ・カリーナとは似ても似つかぬマーシャ・メリルなのである。役名は、『勝手にしやがれ』（一九五九）以前のゴダールの短篇映画、『男の子の名前はみんなパトリックっていうの』（一九五七）と『シャルロットとジュール』（一九五八）でアンヌ・コレットが演じていた女の子と同じシャルロット。

『恋人のいる時間』の原題は『Une Femme Mariée（ある人妻）』で、邦題のように、夫のほかに恋人のいる人妻である。パリの最新のファッション、とくに「スキャンダル」の名で売り出されて大ヒットするセクシーな女性用下着の研究に熱心なわりには、恋人の前で（恋人のアパルトマンの屋根裏部屋から屋根づたいにそのまま外へ出たりするのだが）、とてもおしゃれな下着とは思えない——ダサイと言うべきか、といっても、ごく自然でよく似合うのでむしろ実用的とも言うべき——デカパン一枚で歩きまわる（ゴダールが映画のために選んだ下着とマーシャ・メリルはインタビューなどでたのしそうに語っているのだが、アンナ・カリーナにはとても考えられないデカパンだ）。映画の原題も当初は定冠詞の付く『La Femme Mariée』だったのが検閲にひっかかり、「人妻というのはこういうもの」といった普遍的・断定的な感じになる定冠詞を避けて『Une Femme Mariée（ある人妻）』と不定冠詞にして公開されることになったというのだが、「人妻とはこういうもの」という定冠詞付のイメージは、たぶん、ロラン・バルトの言う「市民社会《ブルジヨワ》」の豊かな——時間的にも経済的にも余裕のある——消費生活をたのしむパリの平凡な、平均的な一主婦という役柄そのものに反映しているように思える。

一九六四年に撮影されたパリのある人妻の二十四時間（ある日の昼下りから翌日の

午後まで）を描いた映画のいくつかの断片（Fragments）にすぎないという、ことわり書きのような字幕が映画の冒頭に出るのだが、断片だけでも、まるでこの人妻は、恋人のいる時間もいない時間もセックスに明け暮れているような印象をうける。

恋人は地方巡業劇団の俳優で、アパルトマンの壁にはモリエールの肖像画がかかっており、ラシーヌの「ベレニス」に出演することになっていて、情事の合間に台詞をおぼえようとしたり、フランスの古典劇、モリエールやラシーヌやコルネイユをふくむ演劇攻撃の書として名高い十七世紀の説教師・神学者ボシュエの「劇についての箴言と省察」を朗読したりするのだが、ベルナール・ノエルという俳優が恋人としても俳優としてもあまり魅力がないせいか、引用もあまり印象に残らない――と言っては失礼ながら。

人妻のシャルロットは昼下りの情事のあと、恋人のアパルトマンから出て（このあたりはじつにテンポもよく、サスペンスもある息せききったタッチも快く）、門や木陰から周辺を注意深く見まわし、ひと目をはばかるようにして、すばやく恋人の車に乗りこみ、途中で降りて、なお、まるで追手をまこうとするかのようにタクシーからタクシーに乗り換えたりして、情事のあいだあずけていた子供を迎えに行き、子供の手を取って、一週間ぶりに仕事を終えて帰ってくる自家用飛行機のパイロットである夫（フィリップ・ルロワ）に会いに飛行場（というか、自家用飛行機の駐車場である）へ向かう。その夜は夫とセックスをし、昼間寝た恋人も愛しているが夫も愛していることを確認し、翌日は女性週刊誌「エル」の編集部の女友だちと会って、プールサイドで水着のモデルたちの写真撮影に立ち会い、そのあと、約束をとってあった産婦人科の医師のところへ行くと妊娠を告げられるが、父親が夫なのか恋人なのかわからず、産む決心がつかない。午後四時半にはオルリー空港内の映画館で恋人と待ち合わせて、恋人がマルセイユに発つ前に空港のホテルに入る。こうして映画の最初と最後がベッド・シーンになり、まるでセックスに明け暮れるかのような、パリの人妻の生活（というよりも生態）が描かれるのである。

2 彼女《エル》は「エル」を読んでいる

ナチ占領下のフランスでレジスタンス運動に加わった経験もあるらしい知識人のレーナール氏がナチのユダヤ人収容所、アウシュヴィッツの話をすると、妊婦の胎児催奇形性物質、サリドマイドと混同してしまって笑われる人妻のシャルロットだが、恋人と寝たベッドで全裸のまま、エルザ・トリオレの小説「魂」を手に取るところもあるので、彼女の「市民《ブルジョワ》」的教養が女性週刊誌「エル」の星占いや下着の誇大広告の知識によるものばかりではないことがわかる（映画がパリで公開された当時、フランスの週刊誌「レクスプレス」の映画評にヌーヴェル・ヴァーグの名付け親としても知られるフランソワーズ・ジルー女史が「彼女《エル》は『エル』を読んでいる」と書いていたのを思いだす）。

「エルザの瞳」で知られる詩人、アラゴンが、エルザの書いた小説「魂」に対する応答として詩集「エルザの狂人」を書いて出版した直後であった。「女は男の未来だ」「女は男の魂をいろどる色どりだ」「男は女のために生れ　愛のために生まれてくるのだ」（大島博光訳）とまさにエルザの狂人になってエルザをうたったアラゴンであった。

だが、ゴダールは、映画のなかでエルザ・トリオレの小説「魂」（L'AME）の文字を画面いっぱいにとらえたかと思うと、やがてそれは、じつは「にがにがしい」「苦渋」の意味の「AMER」の一部にしかすぎず、電飾看板の「AMER」と読めた文字にキャメラが寄ると頭のAを切り落と《トリミング》してしまうので、単に底知れぬ「MER（海）」になってしまう。

「神話とはことば」であり、「記述または表象によって形づくられ」「書かれた文章、また写真、映画、ルポルタージュ、スポーツ、興行物、広告、これらすべてが神話のことばの媒体たりうる」（ロラン・バルト「神話作用」、篠沢秀夫訳、現代思潮社）のであり、こうした「現代の日常生活の神話」が現代の都会の代表的なひとつであるパリには氾濫しており（「神話」はここでは歴史をしのいで記憶された物語のことではなく、単に時代の流行、現代社会に根づいて蔓延している種々の文化現象、風俗事象の総括と、その意味および意味作用を分析する口実、きっかけとなる）、キャメラはまるで言葉遊びのように絶えず「現代生活」のこうした神話的な記号や文字をフレームにおさめ、「MAIN（手）」と読めた文字がキャメラのきわどいパンで「DEMAIN（明日）」になったり、「CINE（映画）」がじつは「PISCINE（プール）」からえぐり取られた綴りだったり、「LIBRE（自由）」と読めた文字が単にタクシーのメーターの「LIBRE（空車）」の表示にすぎず、ヒロインの人妻が乗ったとたんに「LIBRE（自由）」の文字が横に倒され、「DANGER（危険）」と書かれたハイウェイの道路標識にキャメラが寄っていくと、左右一字ずつ切り落《トリミング》とされて「ANGE（天使）」になるかと思えば、「PAS SAGE（身持ちがよくない）」という二カットで二文字に見えたのはじつは「PASSAGE（通路）」と一文字で書かれた表示だったりする。急ぎ足の人妻が道路を横切ろうとして転倒するところでは、「EVE（イヴ）」の文字が看板に大きく書かれた「REVE（夢）」の部分だったことがわかる、等々といったぐあいだ。

ゴダール的切り貼り《コラージュ》がたのしくテンポよく快調に展開、躍動する。それだけで映画的快感があるというすばらしさだ。

なかでもパリ中に氾濫する広告によって「市民《ブルジョワ》」の夢は、必需品でないもの、つまりぜいたく品を買う方向にどんどんふくらんでいき、こうして消費文化は過剰なまでに豊かになるばかりということになる。女の根源であるイヴ（EVE）もそんな現代生活のいわば管理された夢（REVE）の一部にすぎないというわけなのだろう。性《セックス》は生活必需品だが、不倫はぜいたく品なのである。不倫の人妻、シャルロットは「女はどこまで愛／セックスにおいて大胆になれるか」という週刊紙の日曜版の特集に示唆され、女性誌を読んでバストのサイズの測りかたを学ぶ。その他、いろいろと――。

不倫がやがて売春の名でよばれることになる『彼女について私が知っている二、三の事柄』（一九六六）につらなるゴダールのパリ考現学（「パリという名の女のスカートをめくればセックスが見える」）、現代文明論のはじまりである。ゴダールの関心が、明らかに、否応なく、個人的な問題よりも社会的な主題に向かっていく――それも次第に「映画」を超え、「映画」から遠く離れて。

いきいきとしたキャメラとともに映像と言葉による情報はあふれんばかりに詰めこまれているにもかかわらず、『恋人のいる時間』が、どこか空疎な感じがするのは、人間に対するゴダールの愛がまったく感じられず、情感のない映画になっているせいだろう。のちに（一九六七年）ロラン・バルトが「モード雑誌における衣服記述の意味作用」を記号学的に分析した「モードの体系」を出版したとき、ゴダールは――『恋人のいる時間』に次ぐ『アルファヴィル』に「生きた知性」としてロラン・バルトに特別出演を依頼してことわられたあとだったとはいえ――「あの本が読むにたえない」のは「モードというのは身につけられるもの、したがって生きられるものであって、だから見かつ感じとるべき現象であるわけだが、そうした現象を彼はただ読んでいるからなんだ」「モードに本当に興味をもっているわけじゃない」「モードそれ自体を好きなわけじゃなく、すでに死んだ言語としての、したがって解読可能な言語としてのモードが好きなだけなんだ」とロラン・バルトを皮肉っぽく、揶揄的に批判するのだが（「ゴダール全評論・全発言Ⅱ」、前出）、じつは同じことをゴダールの映画『恋人のいる時間』にも――少なくとも、大胆な構図が評判になった三つのベッド・シーンには――言えるような気がする。まるで木製の人形で体位を説明したセックス読本の類の図版さながら、冒頭、白いシーツに女の手がのびて（「オヤ、女の指には結婚指輪があるぞ」と日本公開当時のプレスには古波蔵保好氏が「すでに不倫の暗示らしきものを感じる」と書いている）、さらに男の毛深い腕がのびてきて（腕時計をしたままなので、男が時間を見ながらセックスをする暗示になる）、女の手をつかみ、女の手も男の手をにぎりしめるという構図からして、たしかに、大胆で美しいのだが、いわば愛撫の体系のえぐり撮られた断片にしか見えず、たとえば男の両手が女のへそのまわりを撫でさする腹部のアップが、あるいは脇腹の肉を男の手がつまみながら愛撫するアップが、画面を圧倒し、その構図だけがグロテスクに近い強烈な印象を与えるだけで、エロチックな興奮をかきたてない。ゴダールが言うように、肉体が物体／オブジェとして描かれているからなのだろう。情事の時間で、唯一、いやらしいくらい生々しくエロチックなシーンは、洗面台で恋人たちの手と手が石鹸を渡し合って、いっしょに、黙々と、しつこく洗いつづけるところ。ベートーヴェンの「弦楽四重奏」の旋律が高まって――そう、ゴダールはのちにこの映画をずばりポルノ映画として撮ることもできただろうと回想するのである。

私がいま残念に思うのは、この映画がより大胆にポルノ的ではなかったことです。古典的な意味でのポルノ的なものをもっと見せることができたはずです……ポルノ雑誌でどぎつい色彩の尻とか陰毛とか見るときに抱くような、あるいはまた、肉屋の店頭に立つときに抱くような、ぞっとするような気持ちを抱かせることがで

きたはずです。（「ゴダール／映画史Ⅰ」、前出）

3 映画がはしゃぎまわる

夫が過去の記憶にこだわるのに対して、「現在」の「この瞬間」しか考えないという不倫の人妻、シャルロットの行動も、とぎれとぎれに、こまぎれに、断片的に描かれる。ベッド・シーンでは、恋人のいる時間も、いない時間（とくに夫とのセックス・シーン）も、男と女の対話が画面にかぶさるのだが、彼女がひとりでパリの街を小走りに急ぐところは低く小さな声でつぶやくような彼女のモノローグがたえず入り、ときにはマレーネ・ディートリッヒのヒット曲「花はどこへいった」を口ずさむところもあって（彼女の部屋には映画のテーマ曲として使われているベートーヴェンの「弦楽四重奏」のレコードとともにマレーネ・ディートリッヒのレコードもある）、彼女がいつも誰かに追われて逃げ回るかのように（実際、夫が興信所にたのんだ探偵の追跡をまくつもりらしい）、タクシーを乗り換え、デパートのなかを通り抜け（いや、あれは、夜、夫をベッドで迎えるために女性週刊誌「エル」の広告で見たセクシーな下着を買うために、女性下着売り場に急いでいたのか？）道路を急いで横切って――偶然、事故のように――転んでしまうといった一瞬、一瞬を、ドキュメンタリーのように、シネマ・ヴェリテふうに、ダイレクト・シネマのように、即物的に、その場でその瞬間にしか起こらない一回性に賭けて、生のままとらえることを、ゴダールは、ラウル・クタールのキャメラとともに、たのしんでいるかのようだ。『恋人のいる時間』を撮り終えたゴダールは、「要するに、それは映画が映画でしかないことの自由と幸福とを感じてはしゃぎまわる作品なのだ」と書いている。（「カイエ・デュ・シネマ」誌一九六四年十月第１５９号）。

たしかに、「はしゃぎまわる」といえば、シャルロット／マーシャ・メリルが子供の手を取って飛行場に夫を迎えに走るシーンでは、突然、キャメラが九〇度回転して、横倒しになった画面の奥で小型飛行機が一直線に降下するように見えるといったお遊び（？）もある。プールサイドのシーンでネガ・ポジ反転の画面が意味もなく（？）たのしくくりかえされたりするのも、映画そのものがはしゃいでいる感じだ。

数々の映画的記憶に彩られた小さな断片の数々にも「映画が映画でしかないことの自由と幸福」が感じられる。特別出演のロジェ・レーナルトがジャン・コクトーの壁画（「ジャン・コクトー、一九六二年」のサインがある）の前をとおるところもあれば、アルフレッド・ヒッチコックの実物大の肖像写真の看板のある空港の映画館でアラン・レネの『夜と霧』（一九五五）の上映がはじまり、そこで待ち合わせをした恋人たちが映画館を出てホテルの密会の部屋に向かうときに、男がたぶん『夜と霧』と二本立て上映中のヒッチコック監督の『汚名』（一九四六）の鍵を暗示するような、ルーム・ナンバーの記された約束の密会の鍵を女の前で落としてひろわせるところもある。顔と顔の超アップが画面からはみ出そうな『恐るべき親達』（一九四九）のジャン・コクトー的構図もあれば、『イタリア旅行』（一九五三）のロベルト・ロッセリーニや『ローラ』（一九六〇）のジャック・ドゥミや『柔らかい肌』（一九六四）のフランソワ・トリュフォーへのめくばせもあり、プールサイドでたわむれる水着の若い娘たちがネガ出しで――ネガティヴに!?――うつしだされたあと、イェーイェー歌手シルヴィー・ヴァルタン（ヌーヴェル・ヴァーグのアイドルであり、ゴダールは当時、彼女とリチャード・バートンの組合わせでナボコフの小説「マルゴ」の映画化を企画していたが、シルヴィー・ヴァルタンに蹴られたあとだった）の歌うヒット曲「悲しきスクリーン」が流れ、プールサイドのカフェでシャルロットが女性週刊誌「エル」のスキャンダルという名のスキャンダラスな下着の広告に目を走らせながら、思わず聞き耳を立てる背後のふたりの女の子の会話は、明らかに隠し撮り、盗み録《ど》りかと思わせるが（それとみせかけた見事な演出だろうか？　いずれにしても）女の子たちの話題はパトリックという名前の男の子のことで（カフェの騒音のため対話が聞き取りにくいのでスーパー字幕が追加されている)、当然ながらエリック・ロメールの短篇シリーズ「シャルロットもの」の一本で、ロメールの脚本をかつてゴダールが映画化した『男の子の名前はみんなパトリックっていうの』を想起させる。『恋人のいる時間』のヒロインの名もシャルロットである。そして、これもすでに述べたように、シャルロットの恋人が地方巡業劇団の俳優で、ラシーヌの「ベレニス」に出演するという話が出てくるのだが(一九六〇年にロラン・バルトの「ラシーヌについて」が出版されていた)、「ベレニス」に出演するという俳優に魅力がなく――魅力がないように描いているとしか思えないのだが――フランスの古典劇、モリエールやラシーヌについてけっこう饒舌に語るもののつまらない印象しかなく(本当におもしろい「人間」がこの映画には出てこないのだ)、ひょっとしたら、「ベレニス」は「ベレニス」でも、それは、ゴダールの敬愛するエリック・ロメールが一九五四年に16ミリで撮ったエドガー・アラン・ポーの短篇小説にもとづく自主製作映画『ベレニス』へのはるかな挨拶でもあったのではないかと思いたいくらいだ。

4　アンナ・カリーナに聞く(6)

――「アンナ・カリーナ時代」とよばれる一九六〇年代のゴダール作品のなか

で、アンナ・カリーナさんがヒロインを演じなかった何本かの作品、『カラビニエ』（一九六三）とか、『軽蔑』とか、『恋人のいる時間』（一九六四）などは、ひょっとして、あなたが演じられてもよかったように思われるのもありますね。もちろん撮りかたはまったく違っていたでしょうけれども。

カリーナ　『カラビニエ』のときは、わたしは他の作品、ピエール・ガスパール゠ユイット監督の『シェラザード』（一九六二）に出ていたので、いずれにせよ、ジャン゠リュックの映画には出られませんでした。『シェラザード』みたいな、あんなくだらない映画に出るなんて、とジャン゠リュックに言われなくてもわかってたけど（笑）、でも、それはそれでわたしなりに撮影をたのしんでいました。ある日、乞食の恰好をしたエキストラのひとりが逆立ちをして石段を降りてきたんです、本番中に！　なんと、ジャン゠リュックでした（笑）。

――逆立ちはゴダールの得意業だったそうですね（笑）。『軽蔑』の撮影中にも、ゴダールはブリジット・バルドーのご機嫌をとるために、よく逆立ちをしてみせたというエピソードがありますね。

カリーナ　ジャン゠リュックはすごく身軽で、スポーツマンなんです。本当に逆立ちが得意なんですよ（笑）。『軽蔑』をブリジット・バルドーで撮ったのは、彼の夢だったと思います。当時、ヌーヴェル・ヴァーグの、とくにジャン゠リュックとフランソワ・トリュフォーの夢のヒロインはブリジット・バルドーとシルヴィー・ヴァルタンでしたから。

——たしかに、ジャン゠リュック・ゴダールは、たとえば『気狂いピエロ』は最初はリチャード・バートンとシルヴィー・ヴァルタンというキャストを考えていたとインタビューで語ったり、『恋人のいる時間』ではシルヴィー・ヴァルタンの歌う「悲しきスクリーン」が画面に流れたり、『男性・女性』ではシルヴィー・ヴァルタンの大きなポスターが貼られていたり、ブリジット・バルドーにワンシーン特別出演で出てもらったりしていますが、やはり、ゴダールの夢のヒロインはアンナ・カリーナだけだったと言っていたフランソワ・トリュフォーの言葉を信じたい気もするのですが……。

カリーナ　（笑）『恋人のいる時間』のときは、もしかしたら、ジャン゠リュックはわたしを使いたかったのかもしれません。『はなればなれに』（一九六四）のあと、わたしがイタリアの監督、ヴァレリオ・ズルリーニの映画（『国境は燃えている』、一九六五）に出演する契約をしていたので、『恋人のいる時間』に出られないことを知って、とても怒っていましたから（笑）。

――『国境は燃えている』はいい映画でしたね。

カリーナ　ヴァレリオ・ズルリーニは『激しい季節』（一九五九）や『鞄を持った女』（一九六〇）を撮ったイタリアの気鋭の才能あふれる監督でした。『家族日誌』（一九六二）も彼の作品です。ぜひ出たいと思ったんです。

モンパルナスとルヴァロワ
MONTPARNASSE-LEVALLOIS

あるアクション゠フィルム（Un action-film）（副題）
オムニバス映画『パリところどころ』（PARIS VU PAR）第5話

ジャン゠リュック・ゴダール作品（1965）。
16ミリ・エクタクロームで撮影され、35ミリ・イーストマンカラーにブローアップ（拡大）現像された。上映時間18分。
監督・脚本・台詞　ジャン゠リュック・ゴダール（ジャン・ジロドゥの掌篇小説「勘違い」による）。撮影　アルバート・メイスルズ。録音　ルネ・ルヴェール。編集　ジャクリーヌ・レイナル。製作　バルベ・シュレデール（レ・フィルム・デュ・ロザンジュ）。
撮影期間　1963年12月－1964年1月。撮影場所　パリ（フランス）。
出演　ジョアンナ・シムカス（モニカ）、フィリップ・イキリー（モンパルナスの彫刻家）、セルジュ・ダヴリ（ルヴァロワの自動車修理工）。
他の5話の脚本・監督は第1話ジャン゠ダニエル・ポレ（『サンドニ街』）、第2話ジャン・ルーシュ（『北駅』）、第3話ジャン・ドゥーシェ（『サンジェルマン・デ・プレ』）、第4話エリック・ロメール（『エトワール広場』）、第6話クロード・シャブロル（『ラ・ミュエット』）。
フランス公開　1965年10月13日。日本公開　1993年6月5日。

『女は女である』から遠く離れて、『恋人のいる時間』に限りなく近く

一九六四年から六五年初めにかけて（その一年前の一九六三年末から六四年初めにかけて、という記録の文献もあるのだが）、ジャン＝リュック・ゴダールは、バルベ・シュレデール（一九六三年の『カラビニエ』では自動車販売店の店員として出演し、エリック・ロメールと共同でプロダクション「レ・フィルム・デュ・ロザンジュ」を設立したばかりだった）からの依頼で、オムニバス映画『パリところどころ』の一篇（第5話）を急きょ撮ることになり、『女は女である』（一九六一）のなかでジャン＝ポール・ベルモンドがカフェでアンナ・カリーナに話す一口噺《ひとくちばなし》をそっくりそのまま映画化することを思い立つ。

「親友の妻」アンジェラ／アンナ・カリーナをくどきながら、アルフレッド・ルビッチ／ジャン＝ポール・ベルモンドは、「きみに似た女の子」のこんな話をする。

ふたりの男（愛人）に即日配達の快速便で手紙をだした直後、彼女は封筒の住所と手紙を間違えてしまったことに気がつき、あわてて、まず第一の男のところへかけつけるが、さいわい手紙はまだ届いていなかった。「快速便がもうすぐ届くけど、手紙に書いてあることを信じないでね」と彼女は一所懸命、弁解しようとする。男は怪訝そうにわけをたずねる。彼女は打ち明けざるを得なくなる。男は怒って彼女を追いだ

す。「ひとりはだめになったけど、もうひとりがいる」と彼女は考え、第二の男のところへ急ぐ。手紙はすでに届いてしまっていたが、男は全然気を悪くしていないかのようだ。むしろ、これまで以上に愛が深まったような感じですらある。「怒ってないのね。あたしをゆるしてくれるのね。やさしい人ね」と彼女は感謝して、すべてを打ち明ける。すると、男は快速便を見せ、「このスベタめ！」とどなって彼女を追いだしてしまう。彼女はそのとき、じつは手紙を封筒に入れ違えていなかったことに気づくんだ。

ゴダールはのちに、「この物語の骨子はジャン・ジロドゥが若いころに書いたある短篇小説をもとにしている」と語っているが（「カイエ・デュ・シネマ」誌一九六五年十月第171号）、作家のジャン・ジロドゥが無名時代、フランスの朝刊新聞「ル・マタン」の編集部に勤めていたころに書いた短篇小説（というよりもむしろ一口噺《ひとくちばなし》といった感じのコント）をまとめた「Les contes d'un matin」（ずばり「朝」という意味のパリの朝刊紙「マタン」の定冠詞「ル（le）」に代えて不定冠詞の「アン（un）」を付けて「ある朝《マタン》のコント集」という題名にしたもの）の一篇（「勘違い」La méprise）がその出典で、主人公は男で、とんだ勘違いから婚約者と愛人を同時に失ってしまうという話。それをハワード・ホークス的に男を女に入れ替えて語ったもの。ところが（などと言っては失礼なのだが）ヒロインの入れ替えはどうもうまくいかなかったとしか思えず、どう見ても悲惨なほどアンナ・カリーナのそっくりさんに仕立てようとしたとしか思えないカナダ生まれのジョアンナ・シムカスをヒロインに、リチャード・リーコックに次ぐシネマ・ヴェリテ／ダイレクト・シネマの先鋭のひとり、アルバート・メイスルズを撮影に迎え、映画のクレジットタイトルは「Un action-film/organaisé par/Jean-Luc Godard/et filmé par/Albert Mayslés」（ジャン＝リュック・ゴダールによって組み立てられ、アルバート・メイスルズによって撮影された、あるアクション＝フィルム）と記されているように名手アルバート・メイスルズのアクション・フィルミングとも言うべき即興的な同時録音撮影のキャメラの実験だけが目立って、まるでアンナ・カリーナの亡霊を見ているような印象だけが残った。「この物語を映画化することができて喜んでいる。これによって『女は女である』にリアリティーがもたらされることになるからだ」とゴダールはうそぶくのだが、どんなリアリティーがもたらされることになったのかというと、「この映画は『はなればなれに』の精神であり、存在のあの〔レイモン・〕クノー的側面——あんなふうに生き、生《なま》の声（あるいは同時録音）でしゃべっている登場人物たちのクノー的側面なんだ」（「ゴダール全評論・全発言I」、前出）とのこと。

でもやっぱり、アンナ・カリーナでなければならない――わがアンナ・カリーナでなければならないのだ――と言っているように聞こえないこともない。ゴダールがやさしさを見せるのは（それも過剰なまでに）、アンナ・カリーナに対してだけなのである。ヒッチコックのように、ヒッチコックの『めまい』（一九五八）のジェームズ・スチュアートのように、身代わりのヒロインに対しては残酷なまでに手厳しく容赦がない。

わたしはわたしの「意味するもの（signifiant）」としてのシナリオを書いて提示し、そのシナリオに「意味されたもの（signifié）」を俳優が体現して「意味表象（signe）」をもたらし、撮影のアルバート・メイスルズがそれらの連合的総体として「意味作用（signification）」すなわち伝達をおこなったのだ。これは意味論（sémiologie）における三つの段階に対応している。

とゴダールは「アクション＝フィルム」としての『モンパルナスとルヴァロワ』について述べている。

〔わたしはひとつの物語を〕書き、次いで俳優たちにその物語の展開や台詞や身を置くべき舞台背景を与えたうえで、その物語を自分の好きなように演じ直すように――生き直すように――求めた。そのあと、キャメラマンのアルバート・メイスルズが、あたかも現実の出来事を前にしているかのように、またその出来事に少しも影響を及ぼすことなく、ニュース映画のキャメラマンのようにふるまった。(「ゴダール全評論・全発言Ⅰ」、前出)

そして、ゴダール自身はその出来事をまったく「演出」しなかったし、ただ、キャメラにとらえられたその出来事を「できるだけうまく『組み立て《オルガニゼ》』ようとしただけ」なのだという。そして、「メイスルズとは互いによく理解し合うことができた」ので、「いつか彼と一緒に、すべてがこの原則にしたがって組み立てられる、これよりも大きい映画をつくることになるはずだ」とも語っているのだが、『恋人のいる時間』はもしかしたら――キャメラはアルバート・メイスルズではなく、ラウル・クタールだが――その最初の「大きい映画」の予感的な試みだったのかもしれない。ヒロインの人妻を演じるマーシャ・メリルが街路で転倒してしまう――観客として見ていても痛みを感じるような――一瞬をとらえてしまうラウル・クタールのキャメラは、まさに

「たとえ交通事故でも殺人事件でも、その瞬間にシャッターボタンを押さなければならない」、そしてもしポルノ映画として撮られたなら「ぞっとするような」リアルな本番のシーンでも撮らなければならないというダイレクト・シネマの迫真性の小さな一例と言えるのかもしれない。

だが、そのようなアクション＝フィルムの「原則」は、「劇映画をドキュメンタリーのように撮る」ジャン・ルーシュ監督の『私は黒人』にならって撮ったゴダールの長篇第一作『勝手にしやがれ』から、すでに見事にリアルに洗練されて生かされていたような気もする。しかし、ゴダールとしては、『恋人のいる時間』は「演出された」映画ではなく、現実のアクションそのものを生々しく記録したフィルムであり、ゴダールはただ構成／組み立てをしただけなのだとあえて言いたいのかもしれない。『恋人のいる時間』には、シネマ・ヴェリテふうに、ダイレクト・シネマふうに、七つのインタビューもあり、「1記憶」（夫のフィリップ・ルロワが語る）、「2現在」（妻のマーシャ・メリルが語る）、「3知性」（特別出演のロジェ・レーナルトが語る）、「4幼年時代」（夫妻の息子、クリストフ・ブールセイエが語る）、「5ジャヴァ」（家政婦のリタ・メダンが語る）、「6快楽と科学」（産婦人科の医師——たぶん本物の——が語る）、「7芝居と愛」（巡業劇団の俳優、ベルナール・ノエルが語る）という字幕とともに全体が構成されているが、「5ジャヴァ」の項（シーン）ではアコーディオン演奏によるクロード・ヌガーロのヒット曲「ジャズとジャヴァ」（ジャヴァはフランスのポピュラーのダンス曲でテンポの速いワルツ）が流れるシーンで、リタ・メダンの演じる妙に図々しく下品な家政婦、マダム・セリーヌにルイ＝フェルディナン・セリーヌの小説「なしくずしの死」（画面に大きく表題が出る）からの引用を彼女のセックス体験として語らせるといったやらせふうのインタビューもある（もっとも、セリーヌ夫人を演じるリタ・メダンは本当に作家のセリーヌの未亡人との説もあり、そうだとすればこれこそ掛値無しのシネマ・ヴェリテということになるのかもしれない）。

『アルファヴィル』撮影スナップb

1965年2月5日、パリ9区のグランド・ホテルにて

露出計で明るさを測定するラウル・クタール、左はゴダール

エディ・コンスタンチーヌとアンナ・カリーナ

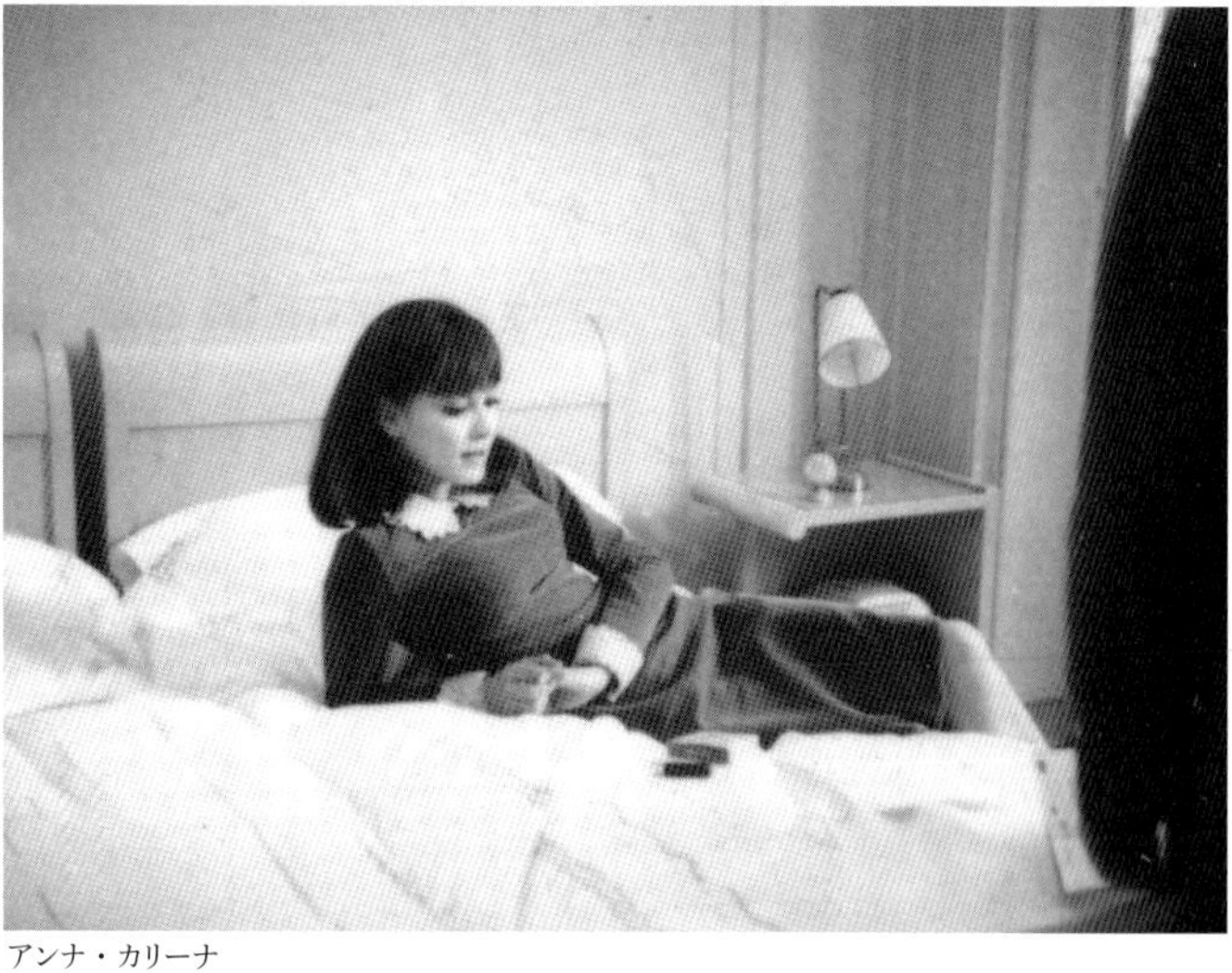

アンナ・カリーナ

アンナ・カリーナとゴダール

アルファヴィル
ALPHAVILLE

「レミー・コーションの不思議な冒険（Une Étrange Aventure de Lemmy Caution）」（副題）

ジャン゠リュック・ゴダール作品（1965）。
白黒、スタンダード。上映時間　1時間49分。
脚本・監督・台詞　ジャン゠リュック・ゴダール。撮影　ラウル・クタール。音楽　ポール・ミスラキ。録音　ルネ・ルヴェール。編集　アニエス・ギユモ。製作　アンドレ・ミシュラン。
撮影期間　1965年1月－2月。撮影場所　パリ9区のグランド・ホテルおよびパリ西北デファンス地区（フランス）。
出演　エディ・コンスタンチーヌ（レミー・コーション）、アンナ・カリーナ（ナターシャ・フォン・ブラウン）、アキム・タミロフ（アンリ・ディクソン）、ハワード・ヴェルノン（レオナルド・ノスフェラトゥ／のちレオナルド・フォン・ブラウン教授）、クリスタ・ラング（誘惑婦）、ジャン゠ルイ・コモリ（ジャッケル博士）、ジャン゠アンドレ・フィエスキ（ヘッケル博士）、ラズロ・サボ（主任技師）、ジャン゠ピエール・レオー（ホテルのボーイ）、エルネスト・メンゼル（安ホテルの主人）、ジャン゠リュック・ゴダール（パトカーの運転手およびα60の声）。
1965年ベルリン国際映画祭グランプリ。
フランス公開　1965年5月5日。日本公開　1970年5月30日。

1 アルファヴィルはモスクワだった…

真っ黒な画面に白字で（映画は白黒である）一行ずつ、

アンドレ・ミシュラン（パリ）フィルムスタジオ（ローマ）共同製作
ジャン゠リュック・ゴダール監督長篇第九作
〔高感度フィルム〕イルフォードHPSでラウル・クタールによる撮影
ポール・ミスラキの音楽
モリトーン〔編集機〕でアニエス・ギユモによる編集

と次々にすばやくクレジットタイトルが現われては消え、『アルファヴィル』というメインタイトルが出ると同時に、これから何かがはじまるぞといった感じの、通俗的な、と言いたいくらいおどろおどろしくドラマチックな音楽が高鳴り（戦前からフランス映画の最もポピュラーな音楽家のひとりで、一九五九年のクロード・シャブロル監督『いとこ同志』『二重の鍵』、一九六〇年のベルナール・ボルドリー監督『左利きのレミー』、六二年のジャン゠ピエール・メルヴィル監督『いぬ』などの音楽も担当していたポール・ミスラキの耳なれた音楽だ）、巨大なライト（プロジェクターのランプ、あるいはむしろ自動車のヘッドライトのアップのような）が画面いっぱいに点滅する。

壁画なのか、壁あるいは幕のようなものに大きく貼られたポスターなのか、大砲のようなもの（じつは戦車であることがわかる）を大勢の人間が押して崖の上から海に落とそうとしている絵が描かれていて、その前を通りすがりのような男の姿が下のほうに小さく見える。キャメラが上のほうにパンしていくと、伝書鳩を放とうとしているように一羽の白い鳩を両のてのひらにかかえた絵のアップがとらえられる。それが何の図像なのか、壁画なのか、ポスターなのか、などと考えたりする間もないくらいなのだが、画面左に「レミー・コーションの」という文字が、画面右にエディ・コンスタンチーヌ、次いでアンナ・カリーナ、そしてエイキム（アキム）・タミロフの名前が出てくる。同時に画面左には「不思議な冒険」の文字がつづき、『レミー・コーションの不思議な冒険』という副題になり、クレジットタイトルが終わる。

大きなポスターらしい不思議な図像が目に入る。あれは何の図像なのだろう――長いあいだ気にかかっていた謎がやっと解けたところから、このささやかな論考をはじめることにしよう。

その前に、クリス・マルケル監督の記録映画『サン・ソレイユ』（一九八二）を見たとき、「まるでジャン＝リュック・ゴダールの『アルファヴィル』のイメージのようだ」というナレーションがきっかけになった。というのも、一九六〇年代のフランス映画は、「ヌーヴェル・ヴァーグ」の主要な映画作家たちがSF映画を企画するという現象が注目されたのだが、その先鞭をつけたのがクリス・マルケル監督の「フォト・ロマン」（女の瞳のアップが一瞬のまばたきとともにとらえられるワンカット以外は全篇静止画による二十九分の短篇）、『ラ・ジュテ』（一九六二）であったからだ。クリス・マルケルの親友でSF冒険漫画《コミックス》の大ファンだったアラン・レネ監督は、ベルギーの幻想小説家ジャン・レイの「名探偵ハリー・ディクソン」シリーズからレーザー光線や遠隔操作などを使ったSF的なエピソードを「ロンドンの上空に未来都市を想定した」スペクタクル・ファンタジーとして映画化を企画（『ハリー・ディクソンの冒険』）、フランソワ・トリュフォー監督もアメリカのSF作家レイ・ブラッドベリの長篇小説「華氏四五一度」の映画化を企画したが（『華氏451』）、ともにヌーヴェル・ヴァーグらしからぬ大がかりなセット撮影のため資金繰りがつかず（当時はまだ白黒作品よりも倍以上かかるカラー作品として企画された）、実現に手間取っている間に、夜のパリと郊外（とくに超近代的建築が林立するパリ西北のデファンス地区）でオール・ロケによる、ヌーヴェル・ヴァーグ的低予算の白黒作品で、ジャン＝

リュック・ゴダール監督『アルファヴィル』が一九六五年一月に撮影に入ることになる。

クリス・マルケルはおたがいにアンドレ・バザンを師と仰ぐアラン・レネと共同監督で『彫像もまた死す』（一九五四年ジャン・ヴィゴ賞受賞）を撮ったあとドキュメンタリー作家として独自の活躍をしているのだが、なぜかヌーヴェル・ヴァーグの仲間として認めないジャック・リヴェットのような、厳格な、頑固な、というよりほとんど偏見、毛嫌いと言ったほうがいいくらいの牽強附会の評価もあるものの、ヌーヴェル・ヴァーグをパリのセーヌ川の右岸に住む映画人と左岸に住む映画人という区分けをして「右岸派」と「左岸派」とよんだのは映画史家のジョルジュ・サドゥール（「世界映画史」）で、ジャン゠リュック・ゴダールもヌーヴェル・ヴァーグの中核がアレクサンドル・アストリュック、ピエール・カスト、ロジェ・レーナルトらの先輩も加えてフランソワ・トリュフォー、クロード・シャブロル、それにゴダールらの「カイエ・デュ・シネマ」誌のグループによる「右岸派」であるとしながらも、アラン・レネ、クリス・マルケル、アニエス・ヴァルダ、ジャック・ドゥミらの「左岸派」も加えなければならないと語っている（「カイエ・デュ・シネマ」誌、一九六一年十二月第138号／ヌーヴェル・ヴァーグ特集）。一九六七年には、ゴダールはクリス・マルケルのよびかけに連帯、共闘する形で、反戦集団映画『ベトナムから遠く離れて』の製作に参加する。

というようなことから、ここまでは、じつは、ひょっとしたらという期待と推測と予感のようなものにすぎなかったのだが、ついに、『アルファヴィル』の冒頭のタイトルバックに使われた図像が一九五七年にクリス・マルケル撮影によるモスクワ市街に貼られた「若者の祭典」のポスターであることを発見してくれたのは若き映画研究家の大久保清朗氏である。

世界中を旅するドキュメンタリー作家、クリス・マルケル監督のCD‐ROM作品『いつ？　どこで？——遠い記憶のかなたに』（二〇〇八）のなかにそのポスターの写真があり、といってもCD‐ROMなどにはまるで無知無縁の私にはなかなか見る機会がなく、やっと旧知の——前「話の特集」編集部、現メディアフロント代表である——鈴木隆氏の協力を得てその動かぬ証拠を確認できたときには心がときめいた。そのCD‐ROM作品『いつ？　どこで？——遠い記憶のかなたに』の「モスクワ篇」にはクリス・マルケルによる親密感あふれるコメントとともに『アルファヴィル』の冒頭に使われた図像そのものの写真が出てくる。コメントも大久保清朗氏に訳出してもらった。

「若者の祭典」　モスクワ、一九五七年
世界の人々が一致団結して戦車を海に突き落としている（とはいえ、ハンガリーとチェコでのちにその実態が明らかになるので、全世界の人々とはいえないのだが）――この象徴は十分にはっきりしている。だが、平和の鳩を解き放とうとしているのは誰の手であろうか？　女性の手、そうだ、いや、もしかしたら天使の手かも知れない。「ああ、いかに私が叫んだとて、〔いかなる天使が／はるかの高みからそれを聞こうぞ？〕……」（リルケ詩集「ドゥイノの悲歌」、手塚富雄訳）。ゴダールは彼の映画『アルファヴィル』のクレジット画面《スクリーン》にこの画像を挿入したとき、リルケのことを考えていたのだろうか？

というコメントである。そして、クリス・マルケル監督は自分の写真に重ね合わせて『アルファヴィル』のクレジット画面《スクリーン》をさりげなくムーヴィーで流してみせる（『ラ・ジュテ』のように静止画の連続のなかで一瞬そこだけが動画になるのだ）。ゴダールの引用に対する返礼の引用である。
第三次世界大戦後の荒廃したパリを描いたクリス・マルケル監督のＳＦフォト・ロ

マン『ラ・ジュテ』にヒントを得たにちがいないゴダールの『アルファヴィル』はいわば一九五七年の一時的な「雪解け」後の荒廃／冷戦悪化したモスクワを描いたハードボイルドタッチのSF的寓話の形を借りた「政治映画」だったのである。「政治映画は歴史のくりかえしと軌を一にする」とゴダールは批評家時代にすでに書いている（「ラ・ガゼット・デュ・シネマ」誌一九五〇年九月第3号所載の「政治映画のために」）。

一九五三年三月にスターリンが死に、九月にはフルシチョフが政権の座につく。威圧的恐怖政治と「個人崇拝」によって神聖化されていた独裁者スターリンの時代が終わり、五六年二月にはソビエト共産党第二十回大会で――「秘密演説」ではあったが――史上初めての「スターリン批判」がおこなわれ、「雪解け」（この年、その語源になったイリヤ・エレンブルグの小説「雪解け」が発表された）、東西両陣営間の対立緊張の緩和が期待されたが、十月には早くもハンガリー事件（「非スターリン化」を求める人民と政府側との武力衝突）が起こって、ソ連が軍事介入して親ソ政権が樹立、「雪解け」は短期に終わり、ふたたび冬の時代に入る（山田和夫「ロシア・ソビエト映画史　エイゼンシュテインからソクーロフへ」、キネマ旬報社）。

「ハンガリーの雪解け」がはじまったとき、「モスクワは、共産主義体制を守るためには〔軍事〕介入する以外に選択の余地はなかった」と「ソヴィエトの悲劇／ロシアにおける社会主義の歴史1971－1991」（白須英子訳、草思社）の著者、マーティン・メイリアは書いている。「〔共産主義体制をゆるがす〕不穏な形勢にモスクワの指導者たちは警戒心を強め」たのであり、「東欧の不安定状態」がモスクワにまで飛び火する前に鎮圧しようとしたのであった。「介入は明らかにフルシチョフの第一の選択ではなかったが、いったん決断すると彼はためらわずに〔ハンガリーの首都〕ブダペストを戦車で破壊し」た。

しかし、文化的には（とだけ言っていいのかどうかわからないけれども）、「フルシチョフは彼なりのやり方で、国民が人間的、経済的な潜在能力を十分発揮することができるような体制を実現させ」ようとしていたのであり、その「文化的」影響が翌一九五七年の夏の「若者の祭典」を生みだすことになる。マーティン・メイリアはつづけて次のように書いている。

ソヴィエト国内では、フルシチョフの秘密演説が東欧のように議論を呼ぶことはなかったが、知識人のあいだに異論派を生みだした。一九五六年、E・N・ブルジャーロフのような歴史家たちが、一連の論文を発表し、フルシチョフのソヴィエトの過去についての慎重な見直しからさらに進んで、一九一七年にはじまるスターリンの『ソ連邦共産党史小教程』を真っ向から否定しはじめた。〔……〕さらに重要なのは、ボリス・パステルナークが『ドクトル・ジバゴ』のなかで、革命を非難するに等しい評価を下したことである。この小説の原稿をソヴィエトの評論雑誌『ノーヴイ・ミール（新世界）』が受けつけなかったので、パステルナークはこれを一九五七年に国外で出版した。これがいわゆる「地下出版《サミズダート》」の脈々たる伝統の走りである。この小説は主要外国語すべてに翻訳され、全世界でたちまちベストセラーとなり、一九五八年にパステルナークはノーベル賞を授与された。モスクワの面子はまるつぶれだった。パステルナークは受賞の辞退を強いられ、作家同盟の同僚の大半は彼を非難するように強要された。だが、このことは、東欧と同様に、雪解けはロシアでも手に負えなくなっていることを示していた。

こうして、一九五七年には、まさにふたたび冬の時代に入る直前、「雪解け」は熱い夏を迎えたのであった。

初めて（そして一度だけ）、鉄のカーテンが開かれ、世界の百三十か国から三万四千人もの若者がモスクワに集まり、民族音楽、ジャズ、ロックンロールに沸き立つ「若者の祭典」が催された。若者たちはジーンズといった自由な恰好で踊りまくった——ビートルズやミニスカートの出現する五年も前のことだ。アメリカの若い魂の解放の宴といわれたウッドストック・フェスティヴァルが一九六九年夏の三日間、それより十二年も前のことだ。自由なスピーチ、自由な語り合いもおこなわれた。祭典は二週間つづいた。かつてない盛り上がりをみせたこの「若者の祭典」のメッセージが、戦争と弾圧の象徴としての戦車を海に突き落とし、平和のシンボルとしての白い鳩を放つ図像だったのだ。

クリス・マルケルの写真によってこの祭典を知って青春の血がたぎるような興奮を覚えたにちがいないゴダールがモスクワにおけるこの「若者の祭典」に参加できなかったことへの悔恨とともに（ゴダールはそのころ二十六歳、パリで映画批評を書いていた）、クリス・マルケルに敬意を表しつつ、この写真を『アルファヴィル』の冒頭に引用したことは明らかだろう。一九五〇年に書いた「政治映画のために」という評論の次のような書きだしを読めば、一九六八年の「五月革命」のときにジガ・ヴェルトフ集団（といっても、ジャン＝ピエール・ゴランとふたりだけの「集団」だったが）としてクリス・マルケルの「新しい作品を世に問う」集団ＳＬＯＮ（スロン）と共闘しつつ「真の」政治映画をめざして、若者たちとともに、学生たちとともに、

「革命」のなかに身を投じたゴダールの心情／信条も推測されよう。

ある午後のこと、われわれはゴーモン社のニュース映画の最後に、ドイツのコミュニストの青年たちがメーデーの祭典に行進している姿を見て、歓喜の眼を見開いたものだった。空間は突如として若々しい口唇と肉体そのものにふくれあがり、時間は宙にいきおいよく振り上げられた拳の流れと化していた。これらの若き〔殉教者〕聖セバスチャンたちの顔には、古代の神々の彫像からロシア映画に至るまで幸福な表情につきものの微笑みが見出された。〔……〕これらの若者たちは、彼らを活気づけていたプロパガンダの力だけで、「二十歳の美しい肉体は素裸で歩くのにふさわしい」とうたったランボーの詩（「ランボー全詩集」、宇佐美斉訳、ちくま文庫）さながら、美しかったのである。

一九六九年のジャン・コントネーとの「赤い映画＝対談」（保苅瑞穂訳、「ゴダール全集3」、竹内書店）においてゴダールは「五月革命とは、生命の変革であり、歩みを前進させることだった」と語るように、まさに「素裸で歩くのにふさわしい」二十歳の美しい肉体が五月革命のさなかに見出されたのだろう。しかし、それはまだずっと先のことだ。一九五七年のモスクワにおける「若者の祭典」のあと、鉄のカーテンはふたたび閉じられ、冷戦は米ソ核開発競争などの形で激化し、一九六八年の――パリの「五月革命」と同時期に――「プラハの春」として知られることになるチェコの自由化・民主化運動もソ連とワルシャワ条約機構（一九四五年にソ連の脅威に対抗してアメリカとヨーロッパ諸国によって創設された北大西洋条約機構に対して、一九五五年に創設されたソ連圏に属する東欧諸国の統一軍事組織）の軍事干渉によって弾圧される。鉄のカーテンは、ふたたび、よりいっそう堅く閉じられてしまう。「スターリンは、一九五三年に肉体的には死んだあとも、この体制が一九九一年に崩壊するまで、人々の意識のなかにも政治的にも生きつづけた」（「ソヴィエトの悲劇」、前出）のである。

『アルファヴィル』は一九六五年、いや、ゴダールによれば冷戦（という言葉が生まれた一九四六年）から三十年後の一九七六年の物語である。一九八五年のゴルバチョフによる「ペレストロイカ」、そして一九九一年のソ連邦解体まで、スターリニズムは生きつづけ、冬の季節がまだまだ終わりそうにないソ連へ、モスクワへ、スターリンの亡霊とも言うべき電子頭脳《コンピューター》α60が独裁支配するアルファヴィルという名の――もしかしたら「東欧の共産主義帝国」の都市かもしれない――全体主義体制の自由のない闇の世界へ、エディ・コンスタンチーヌ扮するFBI捜査官、レミー・コーションが破壊工作の任務を負ったスパイとして潜入する、というところから、映画『アルファヴィル』ははじまるのである。

2 ボルヘスと闇からの声

アルファヴィルはモスクワだった……スターリン批判の渦中、一九五六年に刊行されたルイ・アラゴンの詩集「未完の物語」のなかの一篇「わがモスクワ」のこんな詩句が想起される――「わたしは　穴のなかに落ちて　傷口を数えている／わたしは夜の果てまでは　辿りつけないだろう」（大島博光訳）

『アルファヴィル』の冒頭に一九五七年のモスクワにおける束の間の「雪解け」の祭典の反戦と世界平和を訴えるポスターをクリス・マルケル監督への挨拶とともに引用したタイトルバックにつづいて、ドラマチックな音楽がまた高鳴り、画面いっぱいに巨大なライトが明滅し、この世ならぬ、いかめしく、しわがれた、喉にひっかかったような、重々しい声が、「現実は複雑に過ぎて、たぶん口承伝達には適していない。だから伝説は口伝いに世界に広まって行けるように、本質だけは変えないようにして現実を作り変えるのである」と告げる。

『カラビニエ』（一九六三）に次いで、またもホルへ・ルイス・ボルヘスからの引用である。エッセイ集「異端審問」（「続審問」の題で文庫化、中村健二訳、岩波文庫）のなかの仏陀伝説にふれた「伝説の諸型」からの引用なのだが、ボルヘスに心酔していたかに思えたゴダールらしからぬ（と言ってもいいような）、批判的、というか、悪のシンボル、独裁者の言葉としての引用である。スターリンの死後もスターリンの亡霊が支配していた冷戦時代を象徴するような、まさにスターリンの亡霊にふさわしい電子頭脳《コンピューター》、α60の声――まるで神のお告げ、ご託宣のような絶対的口調で、「余は伝説である。余がすべてをわかりやすく単純に記号化して明快に論理的に世界に伝達しよう」と言っているかのようである。それもジャン゠リュック・ゴダール自身の声なのだ。

じつはこのα《アルファ》60の声を最初はロラン・バルトの声にしたかったのだがやはりことわられて、ゴダール自身が吹き替えることになったのだということなのである。蓮實重彥氏の以下のような証言を引用させていただこう。

〔一九六六年五月に〕ちょうどバルトが来たのと前後してゴダールも日本に来ていました。ゴダールはたまたまその時に東京であるフランス映画（『ＯＳＳ１１７

東京の切札はハートだ』）に出演中だったマリナ・ヴラディにご執心で、次回作の出演交渉のためだとか、いろいろいわれていましたが、来日の正しい理由は全くわかりません。ただし、ゴダールが来ているあいだに、世田谷の誰かのお宅に行った時に、なぜかそこで『アルファヴィル』の話になって、「バルトは反動的だから私の『アルファヴィル』に出なかった」というようなことをゴダールがポツリと洩らしていた記憶があります。あのアルファ何とかいうコンピューターの声を、バルトの声にして、彼自身にも出演を依頼して、断られたというのが真相らしい。そのことをバルトに訊いてみると、「ゴダールは反動的だから記号や情報に関してあのような反動的な態度しかとれなかった」といって、両者が互いに「反動」よばわりをしていたことを覚えていますが、一方はまだ生きている人、一方はもう亡くなった人の両方が、互いに相手のことを「反動」だと口にしたと証言する権利がはたして私にあるかどうかはわからないので、いまの話は聞いたらその場で忘れてください。それにしても当時、ゴダールとバルトの両方に興味があったのは私くらいしかいなかったので、そんな「証言」を東京で引き出せたのかもしれません（笑）。いわゆるヌーヴェル・ヴァーグとヌーヴェル・クリティックの両方に興味がある人は、パリでもまだ少なかったはずです。

〔……〕

バルトは必ずしも映画は好きではないと公言もしています。映画もまた流れはするのですが、その流れが方向を持ち、終わりを目指す物語を作ってしまうことに彼は恐ろしい恥ずかしさを覚えたのではないかと思います。バルトの流れはせせらぎであって、どこに流れていくのかはわからないのですが、いま足をひたしているその流れが心地よい。ところが映画の場合は、船に乗るように、その流れに身をまかせて河口をめざし、外界の風景を見たり、滑走感を享受したりする。バルトにおける文章の流れ方と映画のそれとでは、運動への距離の取り方において決定的に違うと思います。バルトの「第三の意味」でのエイゼンシュテインの分析にしたってスチール写真が主な対象でしょう。

私のフランス滞在中の「カイエ・デュ・シネマ」（一九六三年九月第１７４号）にバルトのインタヴューが載っていたりしましたが、映画が彼の感性を揺るがすものではないということはすぐにわかりました（「せせらぎのバルト」、「ユリイカ」二〇〇三年十二月増刊ロラン・バルト追悼総特集号、青土社）。

α60のいかめしい御託宣のような声は「反動」の、保守反動の、歴史の流れに逆行する思想の、声だったのだ。結局、ジャン＝リュック・ゴダール自身が「反動」を演じ、マイクロフォンを自分の喉にあてて録音したものだというのだ。「ひとは他人の声を耳で聞き、自分の声を喉で聞く」というアンドレ・マルローの言葉をゴダールはよく引用していることが想起される。もっとも、ゴダール自身は「声帯の手術を受けたあと、もう一度しゃべれるようになった」、つまり「人工声帯を持つ人」の吹替えなのだと故意に種明かしをしているのだが（「ゴダール／映画史Ⅰ」、前出）、この種明かしもゴダール特有のすりかえ、はぐらかしのようだ。『アルファヴィル』でヘッケルとジャッケルというポール・テリーの残酷漫画映画シリーズの悪ふざけの好きなカササギのコンビの名前を持つα60の中枢機関であるコンピューター室直属のふたりの技師を演じた当時の「カイエ・デュ・シネマ」誌の編集長ジャン＝ルイ・コモリと副編集長ジャン＝アンドレ・フィエスキは、よくテープレコーダー（「カイエ・デュ・シネマ」誌の編集部にはインタビュー用につねにテープレコーダーが三、四台置かれていた）のマイクを手に取って喉にあて、アルファヴィルを支配する電子頭脳α60の声をまねてみせた。ゴダール自身がそのようにしてα60の声の吹替えをやっていたとのことだった。のちにゴダールは同じ方法で、『ゴダールの決別』（一九九二―九三）で神の声の吹替えをやるのだが（ここでもゴダールは、人工声帯の持ち主が神の声を吹替えたのだとかたっ、たっている)、全知全能の電子頭脳α60が、『アルファヴィル』の冒頭から宣告するように、アルファヴィルという記号化された世界の造物主であり、つまりはゴダール自身の声が神の声(の吹替え)だったのである!

α60の中枢でもあるコンピューター調整室では、フォン・ブラウン教授の指揮下にプログラミングをつかさどる技師たちが働き、α60が何か話すと、それにつれて旧式の扇風機のような羽根車がくるくるまわる。「3ドルで買える、フィリップス社の小さな扇風機をつかい、それに下から照明をあてて撮りました」とのことである(「ゴダール/映画史I」、前出)。このコンピューター調整室で、単なるジャーナリストではないらしい素性を怪しまれたレミー・コーションはα60に二度も尋問されることになる。「アルファヴィルにやってくるために銀河系宇宙を通過しながら、何を感じたか?」という問いに対して(「銀河系宇宙」とは「鉄のカーテン」にほかならないのだが)、レミー・コーションはパスカルの「パンセ」から、「この無限の空間の永遠の沈黙がわたしを怖れさせる」(松浪信三郎訳)という有名な言葉を過去形にして引用し、「夜を光に変えるものは何か?」という問いに対してはジャン・コクトーの定義よろしく、ずばり「詩《ポエジー》だろう」と未来形で答えてみせる。アルファヴィルの果てしない夜の世界では、「電力不足」で誰もが悲しい顔つきをしている。明るい昼の光をもたらすのは詩《ポエジー》だけなのだ。

3 セマンティックスとサイバネティックス

ローマ字で用いる二十六文字のようにアルファベットとよばれるアルファヴィルの住人は、ひとりひとり首筋に番号を打たれ、記号／数字として住民登録されている。そして、電子頭脳α60の御託宣によって洗脳され、マインド・コントロールされているかのようだ。「ウイ」と言いながら首を横にふり、「ノン」と言いながらうなずくかと思えば、日常的に使う言葉も多くが禁じられ、とくに「なぜ」と問うことは禁じられ、誰にもゆるされた最後の挨拶語は「元気です」「ありがとう」「どういたしまして」だけ（自動販売機にコインを入れても、たばこや飲み物は出てこず、「ありがとう」と書かれた紙きれが出てくるだけというギャグもある）、まるでジョルジュ・ヌヴー脚本、マルセル・カルネ監督の『愛人ジュリエット』（一九五一）の忘却の国のように過去の記憶も思い出も失われてしまっているのである。

過去も未来もなく、ただ現在があるだけなのだとα60は告げる。アルファヴィルとは未知の数値をあらわすギリシア語のα《アルファ》という名の付く都市《ヴィル》なのだが、レミー・コーションはアルファヴィルには、過去も未来も存在せず、とくに「未来の未知なるものをすべてなくす」ことがα60にみちびかれたアルファヴィルの真のイメージなのだと説明され、「それじゃα都市《アルファヴィル》でなくて、0都市《ゼロヴィル》とよぶべきだ」と言うところがある。

α60のネットワークには「一般意味論研究所」という教育／洗脳機関があって、記号学、構造主義の理論的出発点になったというフェルディナン・ド・ソシュールの「一般言語学」とチャールズ・ウイリアム・モリスの記号論的分類による「言語の使用者を捨象し、表現とその指示対象のみを分析する」研究としての「意味論《セマンティックス》(semantics)」を合わせたような講義がおこなわれているのだが（この一般意味論研究所の講師の役にじつはロラン・バルトをゴダールは考えていたとのことだが、結局ことわられた）、これがなんとも味気なく、しらじらしい、空疎な恐怖の教室なのである。むしろ電子頭脳α60の命令によって、言語的表現のすべてが記号化され、コード化されることの論理的な正しさを説く講義のようでもあり、さらにはそうした記号操作の規則を定式化する論理学——記号論理学——の講義のようでもある。そのようにして、「論理的に」記号化／コード化できない「非論理的な」言葉は禁じられ、抹殺されていくのだろう。

アルファヴィルの市民は、まるで、こうした特殊な環境（実際、「銀河系星雲都市」アルファヴィルは宇宙空間のような特殊な環境なのだろう）に適合するように器官の一部が電子機械でつくられた改造人間、サイボーグみたいである。

サイボーグ（cyborg）はサイバネティック・オーガニズム（cybernetic organism／人工頭脳的有機体）の短縮語であり、もとになったサイバネティックス（cybernetics）／人工頭脳工学とは、「人間の制御機能と、それに代わるように設計された機械的電気的組織を研究」し、「通信・自動制御などの工学的問題から、統計力学、神経系統や脳の生理作用までを統一的に処理する理論の大系で、一九四七年頃アメリカの数学者ノーバート・ウィーナーの提唱に始まる学問分野」という「広辞苑」の定義がある。「ブリタニカ国際大百科事典」にも「人間と機械に共通で本質的な問題をとらえ、特に脳・神経系の作用と、生理・肉体活動の関連を解析し、コンピューターと機械作業、情報通信と経済動向などに応用」され「研究範囲は数学、統計学、経済学、工学、生理学、心理学と幅広い。将来の展望としては、学習する機械、自己増殖する機械も考えられ、人工臓器、完全な義足義手などが完成しつつある」という解説があるものの、私にはほとんどちんぷんかんぷんながら、フランソワ・トリュフォー監督の『華氏４５１』撮影日記（「ある映画の物語」、草思社）にはこんな愉快な一節があることを思いだした。

一九六六年四月十日（日）

〔パリのわが家で復活祭の休暇をすごしたあと〕ロンドンに向かう飛行機のなかで、美術評論家アラン・ボスケがサルバドール・ダリにインタビューした「ダリとの対話」というすばらしい本を読む。なかにこんなケッサクなやりとりがあった。

ボスケ　科学に関して何か付け加えることがありますか？

ダリ　サイバネティックスというのがあるね。『アルファヴィル』という映画をつくったジャン゠リュック・ゴダールという監督なんかにとって、それは強迫観念になっているらしい。

ボスケ　ゴダールはたしかにある種の才能がある若者ですが、映画はまったくばかげていますよ。

ダリ　マルセル・デュシャンが言うには、あれはここ数十年来の最も注目すべき映画だということだよ。

ボスケ　しかし、マルセル・デュシャンというのは……。

ダリ　あんたの意見なんかより、マルセル・デュシャンの言うことのほうがわたしには興味があるね。

ボスケ　でしょうな。まあ、サイバネティックスの話をすることにしましょう。

4 消えた爆破シーン

トリュフォーとゴダールは一九六八年五月までは、周知のように、最も親しい仲間で、しょっちゅう会って、おたがいの企画を話し合い、刺激し合い、アイデアを交換したりゆずり合ったりしていた。トリュフォーの『華氏451』がロンドン郊外のパインウッド撮影所でクランクインするのは『アルファヴィル』よりも一年後の一九六六年一月だが（因みにアラン・レネの『ハリー・ディクソンの冒険』はついに映画化されなかった）、その前にいつものようにゴダールは『アルファヴィル』の脚本をトリュフォーに見せた。その脚本では、アルファヴィルの爆破がラストシーンだったという。じつは『華氏451』のラストも爆破シーンになる予定だったので、「ラストシーンがそっくりになってしまうぞ」とトリュフォーはゴダールに言った。「ゴダールは、友情から彼の映画のラストの爆破シーンをカットしてくれた」のだが、その後、トリュフォーは『華氏451』を撮ることになったものの、いろいろな事情から、ラストはまったく別の――予定されていたロケ地が思いがけない大雪に見舞われ、急きょ、書物人間たちが雪のなかで書物を暗記しながら歩きまわるという――シーンに変更せざるを得なくなった。「そんなわけで、ゴダールの『アルファヴィル』からも、わたしの『華氏451』からも、爆破シーンは消えてしまったのです」とトリュフォーは語っている（「トリュフォー最後のインタビュー」、前出）。

『アルファヴィル』ではレミー・コーション／エディ・コンスタンチーヌのナレーションによって、α60という電子頭脳《コンピューター》が支配していたアルファヴィルの爆破が暗示される。アルファヴィルの全機能を統御する電子頭脳α60の発明者でプログラマーのレオナルド・フォン・ブラウン教授（ハワード・ヴェルノン）は、かつてレオナルド・ノスフェラトゥの名で、ロス・アラモス（一九四二年にアメリカのニュー・メキシコ州の砂漠に設立された秘密軍事兵器研究所）に送りこまれて原子爆弾製造のマンハッタン計画に加わったあと、アメリカを去ってアルファヴィルに亡命したロボット工学者という役である。実際にドイツからアメリカに亡命し、一九五八年にはアメリカ最初の人工衛星エクスプローラーの打上げに成功し、一九六九年に月面着陸するアポロ11号のためにサターン・ロケットを開発する宇宙技術者、ヴェルナー・フォン・ブラウンの姓に、イタリア・ルネサンス期の画家・彫刻家・建築家そして詩人でもあり発明家でもあったレオナルド・ダ・ヴィンチの名を合成し、F・W・ムルナウ監督の『吸血鬼ノスフェラトゥ』（一九二二）に、そして、マンハッタン計画、ロス・アラモス、トリニティ（原爆実験をおこなったトリニティ・スポット）の三語で原子爆弾の製造を暗示したロバート・アルドリッチ監督の『キッスで殺せ』（一九五五）にもちょいとめくばせした役名なのだろう。もしかしたら、これも実際にマンハッタン計画に参加したハンガリー生まれの物理学者で、のちに「水爆の父」とよばれるエドワード・テラー博士などもモデルになっているのかもしれないが、最初の役名は『カラビニエ』の人物たちのようなレオナルド・ダ・ヴィンチだったということである。

5 レミー・コーションの新たな冒険

一九六一年のオムニバス映画『新・七つの大罪』の第5話『怠けの罪』のエディ・コンスタンチーヌは、たぶん、単純にギャグとしての起用だったのかもしれない。その後、エディ・コンスタンチーヌをアクション・スターに仕立て上げたＦＢＩ捜査官レミー・コーションの冒険シリーズは一九六二年からはじまった００７／ジェームズ・ボンドのスパイ活劇シリーズに取って替わられ、急速に人気を失い、一九六四年になってジャン゠リュック・ゴダールに「エディ・コンスタンチーヌを使って映画を一本つくってみないか」とあるプロデューサーから依頼があったとき、そのプロデューサーはたぶんゴダールが『怠けの罪』にエディ・コンスタンチーヌを使ったことをおぼえていたにちがいないと思われたが、そうではなかったらしい。アンドレ・ミシュランは有名なタイヤ製造業者でホテルやレストランを星の数で格付けする案内書（ミシュラン・ガイド）の発行者のジュニアで、遺産相続で得た大金を映画に注ぎ込んで、まずベルトラン・ブリエ監督の第一作『ヒトラーなんか知らないよ』（一九六三）を製作、次いで念願のゴダール映画の製作に挑戦したとのこと。そこでゴダールはすかさずエディ・コンスタンチーヌで長篇映画を撮ることにする。

エディ・コンスタンチーヌはフランスの探偵映画の大スターでした。でもそれは、私が映画をつくりはじめる以前のこと。

当時はすでに落ち目になっていたから、もうそうした映画には出演していない状態でした。（「ゴダール／映画史Ｉ」、前出）。

とゴダールは語る。

こうして、『アルファヴィル』では映画スターとしてのエディ・コンスタンチーヌが復活する――ハードボイルド・ヒーロー、レミー・コーションである。

最初のタイトルは『レミー・コーションの新たな冒険』で、明らかにアラン・レネ監督が当時企画中だった『ハリー・ディクソンの冒険』を意識したものだった。一九六五年二月の初めに、私はジャン゠ピエール・レオー（『アルファヴィル』では助監督のフォース――四番目の意味だが、スタジエール／見習い、実習生についていた）の紹介で、パリのオペラ座に近いグランド・ホテルの一室でおこなわれていたゴダールの撮影見学に行ったのだが、そのときも『レミー・コーションの新たな冒険』の題で進行していた。（グランド・ホテルの地下から、世界最初の映画興行、一八九五年十二月二十八日、スクリーンに上映された「シネマトグラフ　リュミエール」がはじまり、映画史が築かれてきたことなどが想起される）。

夕闇というより夜景とずばり言ったほうがいいような高層ビルのシルエットを背景に、高架線の地下鉄《メトロ》が音もなく画面をよぎっていく。地下鉄高架線（métro aérien）はパリでも、どこの都市でも、よく見られる光景のはずなのだが、すべての音が消された画面のなかで幽霊列車のように走りすぎていくので、それだけですでに不思議の国の予感があり、一台のアメリカ製の車、エディ・コンスタンチーヌ扮するレミー・コーションの運転するフォード・ギャラクシー（もちろんギャラクシーは「銀河系」の意味である）をとらえ、「私がアルファヴィルに到着したのは、大洋州時間で二十四時十七分であった」というレミー・コーション／エディ・コンスタンチーヌのナレーションが聞こえてくるや、もうまったく異次元の世界に入っているのである。『勝手にしやがれ』（一九五九）のときにはまだ写真用のフィルムでしかなかったＡＳＡ４００という高感度フィルムのイルフォードＨＰＳを何本かつないで一本のロールフィルム（二十メートル巻き）にして、パリのシャンゼリゼなどの夜景をノー・ライトで撮っただけだったが、その後映画用のイルフォードＨＰＳが製造され、『アルファヴィル』は全篇——映画の冒頭に記されているように——イルフォードＨＰＳを使ってノー・ライトで撮られた（撮影はもちろんラウル・クタール）。パリの夜景は、ビルからもれる光やはるか遠くネオンがまたたく人影のない街の暗闇の風景で、月夜でもなく星空も見えず、夜が明けることもけっしてないような、モノクロの果てしない夜の世界だ。レミー・コーション／エディ・コンスタンチーヌはアルファヴィルに到着したその夜からセリーヌ的な「夜の果てへの旅」をつづけることになるのだ。

アルファヴィルの住民はみな笑うことを禁じられて「悲しい顔つき」をしているのだが、それは「電力不足」のせいでもあるという説明が出てくることはすでに述べたとおりである。

フランスの右翼系日刊新聞「ル・フィガロ」とロシア（旧ソ連）の共産党中央委員会の機関紙「プラウダ」を合わせたような「フィガロプラウダ」紙の特派員として、

イワン・ジョンソン（これもイワン雷帝とかイワン・デニーソヴィチのようなロシア名とベトナム戦争拡大政策をとって泥沼化にみちびいた悪名高き大統領リンドン・ジョンソンのようなアメリカ的な姓を合成した名前である）になりすまして銀河系星雲都市アルファヴィルに潜入した秘密諜報員（のちに「殺しの番号」は007ならぬ003であることが電子頭脳《コンピューター》α60に見抜かれる）レミー・コーションの任務は、原子爆弾開発のマンハッタン計画のあとアメリカからアルファヴィルに亡命した（あるいは、もしかしたら拉致されたのかもしれない）、「死の光線の発明者」フォン・ブラウン教授を地球に連れ戻すこと（もし拒絶した場合は射殺すること）、そしてレミー・コーションと同じ任務で先にアルファヴィルに潜入したまま消息を絶ったヘンリー（アンリ）・ディクソン探偵をさがしだして救出すること、である。

亡命した（あるいは拉致された）科学者を奪回・救出したり、亡命とみせかけた売国奴を暗殺するために命がけで敵国に潜入するという話は鉄のカーテンから冷戦時代の数々のハリウッドのスパイ映画を想起させる。とくに、『アルファヴィル』を撮るにあたってジャン゠リュック・ゴダールの脳裏にあったにちがいないナチ占領下のヨーロッパへ潜入するアメリカの物理学者（ゲーリー・クーパー）のスリリングな冒険を描いたフリッツ・ラング監督の『外套と短剣』（一九四六）などその最初の傑作の一本と言えるだろう。社会主義国（ソ連・東欧諸国）が資本主義国（西欧諸国）に対して自己防衛のために障壁をつくっているとして英国の首相ウィンストン・チャーチルが演説のなかで「鉄のカーテン」という言葉を用いたのは一九四六年三月、第二次世界大戦後の米ソ関係を砲火を交えないものの戦争と同じ対立抗争の状況としてアメリカの政治評論家ウォルター・リップマンがその著作のなかで「冷戦」とよんだのは一九四七年のことであった。翌一九四八年にはハリウッドで早くもウィリアム・A・ウェルマン監督の『鉄のカーテン』がつくられた。ヘンリー・ディクソン探偵（『ハリー・ディクソンの冒険』を撮る企画を進めていたアラン・レネ監督へのめくばせとともにたぶん遠慮もあってハリー Harry をヘンリー Henry に変えているが、レミー・コーション／エディ・コンスタンチーヌはフランス語の発音でアンリとよぶ）がアルファヴィルに潜入したまま行方不明になる話は、これも「迷路の形而上学者」とよばれるアルゼンチンの作家ホルヘ・ルイス・ボルヘスの「伝奇集」のなかの「死とコンパス」で語られるギリシアの迷路にヒントを得たエピソードだった。

すでに夜になっていた。埃っぽい庭から無益な鳥のなき声がおこった。最後にもう一度、レンロットはシンメトリカルで周期的な死の問題を考えた。

「おまえの迷路には線が三本余計だよ」と彼はついにいった。「おれはギリシアの迷路のことは知っているが、それはただ一本の直線だ。この線にそってたくさんの哲学者が迷いこんだから、たかが刑事のおれが迷うのも当たり前だろう。シャルラッハ、また生まれかわっておれを追うときはだな、A点で犯罪をおかすふりをする（または実際におかす）、それからA点から八キロのB点で次の事件、それからAとBから四キロで、二点の途中半分のところにあるC点で第三の事件をおこせよ。それからD点、つまりAとCから二キロのところでまた両方の半分に当たるD点でおれを待て。D点でおれを殺すんだ。今おまえがトリスト・ル・ロワでおれを殺そうとしているようにな」

「この次あんたを殺すときには」とシャルラッハがいった。「ただ一本の直線でできた迷路を約束するよ。目に見えなくてどこまでもつづく直線だ」

彼は二、三歩さがった。それから、非常に慎重に、拳銃を発射した。

（篠田一士訳、集英社「世界文学全集34」）

レミー・コーション／エディ・コンスタンチーヌは、ルイ＝フェルディナン・セリーヌの小説「夜の果てへの旅」に言及したあと、「ディクソンが話したギリシアの迷路に似たまっすぐな道を走った。そこではもう何人もの哲学者が迷ったたくらいだから、ひとりの秘密諜報員が迷ったたってしかたがない」というナレーションにボルヘスのテクストを引用する。

一九六五年二月、パリで『アルファヴィル』の撮影見学のあと、何人かのフランスの取材記者にまじって、ゴダールの口から初めてボルヘスの名前を聞いたことが思いだされる。「ユニフランス・フィルム」誌一九六五年二月‐三月号にそのときのルポ記事とともにゴダールの発言を私なりに訳してみた。

この映画のアイデアはいくつかのコミックスや幻想小説から得たものが多く、言ってみれば、人間の思考がまったく異なった論理の世界で生まれ育ったドラマです。それはひとつのアンケート、調査、ある種の探偵小説のような捜査に似たドラマなのですが、とくにボルヘスの「伝奇集」に着想を得たところが大きい。そのなかにこんな話があります。ギリシアの迷路の話で、その迷路に多くの哲学者たちが迷いこみ、その調査にのりだした私立探偵も自分の足跡を見失ってしまう。わたしの映画もほぼこのような雰囲気のものになると思います。

因みに、ホルヘ・ルイス・ボルヘスの「伝奇集」のなかの短篇小説「死とコンパス」は一九九六年、アレックス・コックス監督によって映画化された（邦題『デス＆コンパス』）。

『アルファヴィル』でフォン・ブラウン教授を演じたハワード・ヴェルノンはジャン゠ピエール・メルヴィル監督の長篇第一作『海の沈黙』（一九四八）、フリッツ・ラング監督がアメリカからドイツに戻って撮った『怪人マブゼ博士』（一九六〇）に出演したあと、そしてヘンリー（アンリ）・ディクソン探偵を演じたアキム（エイキム）・タミロフはとくにオーソン・ウェルズ監督の『アーカディン氏／秘密調査報告書』（一九五五）、『黒い罠』（一九五八）、『審判』（一九六二）に出演したあと、ゴダールのたっての要望で『アルファヴィル』に特別出演格で出ることになった。

ヘンリー（アンリ）・ディクソン探偵／アキム・タミロフが語る「ギリシアの迷路」はボルヘスの小説からの引用であるとともに、オーソン・ウェルズ監督の『審判』の夜の迷宮のイメージを想起させるし、フォン・ブラウン教授／ハワード・ヴェルノンが発明者でありプログラマーでもあるコンピューター、α60の命令のままに動く技師たちは、まさに、レコードに録音され、拡声器を通じて流れるおどろおどろしい声とカーテンにうつる無気味な人影におびえて絶対服従を誓い、犯罪指令を実行するフリッツ・ラング監督の、とくに一九三二年のトーキー版『怪人マブゼ博士』の子分たちとそっくりである。

『アルファヴィル』という映画そのものも、サイレント時代のフリッツ・ラング監督の閉鎖的な巨大都市を描いたSF映画の先駆的超大作『メトロポリス』（一九二六）の精神――映画の最初と最後にくりかえされるメッセージ「頭と手をつなぐものは心である」――を踏襲しているかのようだ。フリッツ・ラング的恐怖省ならぬ「懲罰省」でおこなわれるスターリン的粛清「処刑劇場」のシーンもある。知的な記憶やセンチメンタルな思い出とともに生きつづけて「非論理的」な行動をする者は、室内の閉ざされた空間の、プールサイドに立たされて見せしめの刑に処せられるのである。愛する妻の死を悲しんで泣いたり、ポール・エリュアールの愛と自由の詩（「生きるために前進するだけ／愛するものすべてにむかって……」、嶋岡晨訳「不死鳥《フェニックス》」）を暗誦するような、「非論理的」なおこないをする者は機関銃で撃たれてプールに落とされ、死にきれずにあがき、もがいているところを、ビキニ姿の若い女たちが短刀を持ってとびこみ息の根をとめるという「処刑劇場」のシーンは一九六二年の『新世界』（オムニバス映画、『ロゴパグ』第2話）を想起させる。

6 アンナ・カリーナとともに

ハリウッドのスパイ活劇ではきまって主人公は任務を遂行していく途中で、美女と出会い、恋におちるという定石どおり（アメリカ時代のフリッツ・ラング監督の『外套と短剣』のゲーリー・クーパーはレジスタンスの若く美しい女闘士リリー・パルマーと恋仲になる）、レミー・コーションもアルファヴィルに潜入してすぐナターシャという美女に出会う。

ナターシャ、もちろん、はアンナ・カリーナである。

煙草に火をつけ、ハンフリー・ボガートのようにトレンチコートの襟を立てて、ハードボイルド・ヒーロー、レミー・コーションはさっそうとアルファヴィルに到着する。左利きのレミーは左手に拳銃を、右手に愛読書らしいハードボイルド小説、レイモンド・チャンドラーの「大いなる眠り」（一九四六年のハワード・ホークス監督『三つ数えろ』の原作である）を持って、ホテルのベッドに横になる。と、やにわに起き上がり、いきなり棚の上に置いたライターをねらい撃ちして点火する。そこへ、ハワード・ホークス監督の『脱出』（一九四四）のローレン・バコールのデビューさながらに、部屋の入口に立ち、煙草を指にはさんで口もとに持っていき、「火はあって？」と言ってアンナ・カリーナが登場するのだ。「もちろん」とレミー・コーション／エディ・コンスタンチーヌは答える。「きみに火をもたらすために九千キロもの旅をしてきたんだ」と——まるでギリシア神話のプロメテウスが自分の創造した人類のために、最高神ゼウスの怒りを買うことを承知で、天上の火を盗み出してもたらすかのように、誇らかに。

ゴダールの永遠の口説きとおのろけもここにきわまると言いたいくらい美しく、せつなく、気恥ずかしいくらいの名台詞だ。

アンナ・カリーナとともに愛の物語がはじまる。

中性子による人工放射能を実現したという物理学者の名が付けられたエンリコ・フェルミ街の安宿「赤い星」（「赤い星」とは共産主義国家の象徴でもあり、「レッド・スター」つまり「火星」のことでもあり、そしてもちろん一九三八年のオーソン・ウェルズの名高いラジオ・ドラマ「火星人襲来」へのめくばせでもあるのだろう）に、ヘンリー（アンリ）・ディクソン探偵は廃人同様になってくすぶっていた。α60の洗脳的拷問責めと「誘惑婦」の性的攻撃にあって自殺と恍惚死のあいだを抵抗しつつさまよっている状態である。落ちぶれた無精ひげのディクソン探偵／エイキム・タミロフは、オーソン・ウェルズ監督の『審判』のみじめにおびえる罪人のイメージだ。『審判』の暗い迷宮を貧しく狭くしたような安宿の二階の廊下で再会したレミー・コーションとヘンリー（アンリ）・ディクソンの頭上に、アルフレッド・ヒッチコック監督の『サイコ』（一九六〇）の老婆の亡骸の寝室のシーンを想起させる裸電球がゆれる。

汚い一室の簡易ベッドで「誘惑婦」になおも攻めつづけられたディクソンは、ついに恍惚死する直前に、枕の下に大事に隠してあった禁じられた書物の最後の一冊――ポール・エリュアールの詩集「苦悩の首都」――をレミー・コーションに手渡し、「α60を自爆させよ」「涙を流す者を救え」という最後の言葉《メッセージ》を遺《のこ》す。――「日ごとに記憶が失われていく」とおそろしげに告白し、「心だ……やさしさだ……」とつぶやきながら。

ホテルの部屋にナターシャ／アンナ・カリーナを迎えたレミー・コーション／エディ・コンスタンチーヌは、セックス・マシーンのような「誘惑婦」はことごとく退けるが、かすかな愛の記憶にゆらぐ「接待婦」のナターシャにだけは心をゆるし、ポール・エリュアールの詩集を見せる。愛を、心を、よみがえらせるための儀式のはじまりでもあるかのようだ。

ナターシャ／アンナ・カリーナは詩集「苦悩の首都」を手に取り、ページをひらいて読む。

ぼくらは生きる　ぼくらの変身への忘却の中で
けれどあのこだまは一日中うねる
苦悩や愛撫の時間のそとの　あのこだま
ぼくらの心にぼくらは近いのかそれとも遠いのか
（「ぼくらのうごき」、嶋岡晨訳、詩集「耐え続けることへのかたくなな願い」より）

あなたの瞳は　きまぐれな国からもどってきた
そこでは　だれも　まなざしとはなにかをけっして知らなかったし
瞳の美しさも〔……〕知らなかった
（「両性の平等」、高村智訳、詩集「死なないがゆえに死ぬ」より）

つづいて詩集「苦悩の首都」のページをキャメラがすばやくなめるようにしてもうひとつの詩を紹介・引用する。

真実の裸像

（ぼくにはよくわかっている）

絶望の肩には翼《はね》がない、
愛にはもはや
顔がない、
語りもしない、
僕は動かず、
絶望をも愛をもみつめない、
語りもしない、
けれどもぼくは生きている、まぎれもなくぼくの絶望や愛とおなじに。

（「真実の裸像」、嶋岡晨訳、詩集「不死の死」より）

次いで、レミー・コーション／エディ・コンスタンチーヌが、詩集のページをめくって、「これはどう?」「これは?」とナターシャ／アンナ・カリーナに、「会話のなかの死」「死なないがゆえに死ぬ」（あるいは「不死の死」）「罠に捕えられるために」「変わりゆく人間たち」といった詩の題名を引用するのだが、「会話のなかの死」

は詩集「苦悩の首都」の一篇、「不死の死」（あるいは「死なないがゆえに死ぬ」と訳者によって異なるが）は別の詩集の題名、「罠に捕えられるために」はその詩集「不死の死」のなかに収められた詩の一篇、「変わりゆく人間たち」はまた別の詩集「小さな正義」に収められた一篇で、引用の出典が「苦悩の首都」よりも、むしろポール・エリュアールのその他の詩集についての数々の記憶（あるいはメモ）にもとづくものであり、あたかも（いや、たぶん、そうにちがいないのだが）ゴダールがアンナ・カリーナに捧げるために記憶のなかから精選した最も美しい詩句の数々を、映画的にカットをつなぐように新しく組み合わせて一篇の長詩のように仕立て上げたゴダールならではのモンタージュ／引用とコラージュなのである。

　ナターシャ／アンナ・カリーナはポール・エリュアールの詩を読んだあと、「わたしの知らない言葉がある」と言う。それは「conscience《コンシャンス》」（彼女が「le conscience《ル・コンシャンス》」と男性定冠詞をつけて発音すると、「la conscience《ラ・コンシャンス》」と女性定冠詞を付ける女性名詞であることをレミー・コーションに教えられる）という語で、「意識」と訳されることが多いのだが、嶋岡晨訳では「心」になっていて、単純なことながらじつに名訳という気がする。ヘンリー（アンリ）・ディクソン／アキム（エイキム）・タミロフが死にぎわにつぶやく「心」も「conscience《コンシャンス》」である。

アルファヴィルの「聖書」には、もちろん、「心」という言葉はない。朝食を運んできたホテルのボーイ（ジャン＝ピエール・レオーが演じている）が乱暴にナターシャの手から古い辞書を奪い、新しい「聖書」を渡すが「心」という言葉はやはりない。「愛」と同じように呪われた言葉、失われた言葉なのである。あらゆる感情、あらゆる思考が禁じられた世界なのである。

しかし、彼女は「何かを思いだす」と言う。ボルヘス的に、アラン・レネ的に、世界のすべての記憶が失われつつある記号図書館のようなアルファヴィルでナターシャ／アンナ・カリーナだけが過去の記憶を完全には失っていないのだ。愛の記憶がどのようにして――じつに複雑な回路をへて――よみがえってくるかが最も感動的なクライマックスになるが、それはラストシーンまで待たなければならない。

「愛するとは、どういうことなのかしら」と言って、ナターシャ／アンナ・カリーナはふたたびポール・エリュアールの詩集を読む。オフ――画面外からの声――で、アンナ・カリーナの瞳のアップから闇のなかで点滅する光に照らしだされた彼女の顔、壁を背にしてたたずむ姿、エディ・コンスタンチーヌと抱擁し合うカットなどが断続的に画面に出てくるところにかぶさって朗読されるのだが、『はなればなれに』（一九六四）の走行中の夜の地下鉄のなかでアンナ・カリーナがクロード・ブラッスールにもたれかかるようなポーズで、ルイ・アラゴンの詩集「詩人たち」のなかの「私は一人称で歌う」を詠唱するシーンに匹敵する美しく感動的なシーンだ。「あなたの声　あなたの眼　あなたの手　あなたのくちびる／わたしたちの沈黙　わたしたちの言葉」という詩句もあれば、「立ち去ってゆく　ひかり／またもどってくる　ひかり」という詩句もある。「沈黙のうちに　あなたの口は／幸福になることを約束した」という詩句もあれば、「ぼくは見た　二人の愛の姿そのままに／昼の光を創《つく》り出す夜のかなたを」という詩句もある。「恋びとたちの　対話のように／こころは　ただひとつの口しかもたないのだ」という詩句もあれば、「ぼくは行った　きみのほうへ光のほうへ」という詩句もある。「生きるためには　前進するだけ／愛するもののすべてにむかって」という詩句もあれば、「まなざし　ことば／ぼくがきみを愛している事実／いっさいが動いている」という詩句もある。「愛撫によって／わたしたちは／わたしたちの幼年時代からぬけだす」という詩句もあれば、「おお　みんなから愛されるひとよ／そしてただひとりから愛されるひとよ」という詩句もある。「もっと遠くへ遠くへと、憎悪は言う／もっと近くへ近くへと、愛は言う」という詩句もある（引用はすべて高村智、嶋岡晨、根岸良一、宇佐美斉の各氏の訳による）。

ナターシャ／アンナ・カリーナが詩集「苦悩の首都」を胸にかかえて、その表紙をこちらに向けて窓ぎわにたたずむシーンがつづくので、すべてが「苦悩の首都」からの引用のような印象を与えるのだが、遠山純生氏の分析どおり(「未来都市の迷路を抜けたら宇宙が発狂していた」、「ユリイカ」一九九八年十月号/60年代ゴダール特集、青土社)、すべて他の詩集から引用された断片をゴダール的な、ゴダールならではの「コラージュによって構成」したものなのである。

7 『キッスで殺せ』のように

α60の中枢のコンピューター室の主任技師(ラズロ・サボ)はレミー・コーションの正体をすでに見破っていて、ずばり言う。「宇宙的な発明家、フォン・ブラウン教授を、外部の、つまり地球の各国の政府が奪い返そうとしてアルファヴィルにスパイを送りこむ、あなたもそのスパイのひとりかもしれませんな」。

α60の前に突きだされたレミー・コーションは、「フィガロプラウダ」紙の特派員イワン・ジョンソンとは偽名であり、その正体があばかれてしまうが、論理一点張りで尋問するα60に対してはむしろ問いで答えるほうが優位に立つ戦略によって、逆に謎をかける。というのも、α60はギリシア神話に出てくる怪物スピンクス(スフィンクス)が「朝は四脚、昼は二脚、夜は三脚で歩くものは何か?」と旅人たちに謎をかけ、解けない者をかたっぱしから食いつくしたという伝説に似ているからなのだが、レミー・コーションは、オイディプスが「それは人間である」と答えてスピンクスを自殺に追いやるように、答えは同じだが、「昼も夜も変わらないもの、それゆえに過去は未来を示し、そしてそれは一直線に進み、だが最後にはまた出発点に戻るものとは何か?」という謎をα60にかけ、その謎が「論理的」にとけたときにはα60が自爆せざるを得ないように仕向けるのである。

自爆寸前のα60は、苦悶しつつ、息絶え絶えになって、最後のご託宣を告げる。α60の最後の言葉もまた、ボルヘスの評論集「続審問」(中村健二訳、前出)のなかの「新時間否認論」からの引用である。但し、最初の「現在」は、ボルヘスの原文では、「われわれの運命」、最後の「α60」は「ボルヘス」であることを先に記して、以下に引用させていただくと――

「現在」はその非現実性ゆえに恐ろしいのではない。不可逆不変であるがゆえに恐ろしいのだ。時間はわたしを作りなしている材料である。時間はわたしを運び去る川であるが、川はわたしだ。時間は、わたしを引き裂く虎であるが、虎はわたしだ。時間はわたしを焼き尽くす火であるが、火はわたしだ。不幸なことに世界は現実であり、不幸なことにわたしは「α60」である。

ナターシャに恋をしてしまったレミー・コーションだが、フォン・ブラウン教授が彼女の父親であることを知りながらも、親子の関係や情愛がアルファヴィルでは言葉や記憶と同じように失われ（ナターシャは父親とともにアルファヴィルにやってきてから、一度も父親には会っていないというのだ）、そもそも家族関係などというものが存在しないのだから、教授はもちろん外の世界へ「いっしょに帰る気もない」ということがわかるや、α60の発明者でプログラミングの責任者でもあるフォン・ブラウン教授を容赦なく——ハードボイルド・ヒーローならではの冷酷さで——射殺する。それがそもそもの目的であり任務であったのだ。

自爆に向かうα60は自動的に作動しなくなる。そのとたんに、アルファヴィルの住民は教祖を失って右往左往する信徒さながら、たちまち平衡感覚を喪失してまともに立って歩行もできなくなり、壁や床に這いつくばってしまう。ここはネガ・ポジ反転の映像のくりかえしでホテルの廊下や地下の駐車場に特異な奥行きを感じさせて迷宮の印象を生みだすのだが、そうした混乱に乗じて、レミー・コーションは、ただひとり「涙を流す者」ナターシャを救出して、核爆発のあと海へ逃れるロバート・アルドリッチ監督『キッスで殺せ』のマイク・ハマーと秘書のゼルダのように、爆破寸前のアルファヴィルを脱出するのである。

8 囚われの美女、運命の女

ゴダールは『アルファヴィル』について、こんなふうに語っている。

映画の冒頭ですでに、エディ・コンスタンチーヌ演じるこの人物が登場し、アルファヴィルに到着するわけですが、われわれにはまだ、この人物がどういう人物かわかりません。ついでわれわれは、もっぱら彼がほかの人たちとかわす会話を通して、彼に関するいくつかの事柄を発見してゆきます。たとえば『リオ・ブラボー』など、西部劇の場合と同じです。だれかが町にやってきて酒場の扉を押し、カウンターに向かい……というわけです。〔……〕ある保安官がどこかに到着し、ある囚われ人をさがし出し、ついでその囚われ人を連れ帰るという西部劇と同じです。
(「ゴダール／映画史I」、前出)

ゴダールが批評家時代に「おそらく西部劇には三種類しかない」と書き、「イメージで語る」映画としてジョン・フォード監督の『捜索者』（一九五六）、「観念で語る」映画としてフリッツ・ラング監督の『無頼の谷』（一九五二）、「イメージと観念で語る」映画としてアンソニー・マン監督の『西部の人』（一九五八）を挙げていることはすでに述べたとおりだ。

といっても、私はジョン・フォードのこの映画（『捜索者』）は一連の美しいイメージだけでできていると言おうとしているわけではない。むしろその反対である。それにまた、フリッツ・ラングのこの映画（『無頼の谷』）にはどんな造形的ないし装飾的な美しさもまったく欠けていると言おうとしているわけでもない。私が言おうとしているのは、フォードにおいてはまずイメージがあって、そのイメージが観念を指向するのだということ、それに対してラングにおいてはむしろ逆に、まず観念があって、その観念がイメージを指向するのだということである。そして最後にアンソニー・マン（『西部の人』）においては、観念からイメージへの移行がなされ、そのあと、エイゼンシュテインがしようとしたと同様、観念への復帰がなされるのである。

例をあげよう。『捜索者』のなかの、ナタリー・ウッドを見つけ出したジョン・

ウェインが腕を伸ばしていきなり彼女をかかえあげるところでは、われわれは様式化された仕種から感情へ、突然身動きできなくなったジョン・ウェインから、「オデュッセイア」で二十年後にやっと故国にたどり着いて〔愛する息子の〕テレマコスと再会したユリシーズへと移行する。（「ゴダール全評論・全発言Ⅰ」、前出）

ゴダールが『アルファヴィル』のプロットを西部劇に比較したときには、おそらくはハワード・ホークス監督の『リオ・ブラボー』（一九五八）よりも、むしろジョン・フォード監督の『捜索者』が脳裏にあったのではないかと思われる。『捜索者』のフランス公開題名は『荒野の囚われ人』（La Prisonniére du Désert）で（「囚われ人」は女性形になっている）、荒野のコマンチ族に幼いころさらわれて囚われていたナタリー・ウッドをジョン・ウェインがさがしだして連れ帰るように、『アルファヴィル』ではエディ・コンスタンチーヌがアルファヴィルという記号化された社会に幼いころから連れてこられて囚われていたアンナ・カリーナを救出して連れ帰るのである。ジョン・ウェインがナタリー・ウッドを抱き上げ、「うちへ帰ろう《レッツ・ゴー・ホーム》」とやさしく言うように、エディ・コンスタンチーヌもアンナ・カリーナの身体をささえるようにかかえ、「愛という言葉を考えるんだ」とはげまし、「ふたりで幸福に向かって出発するのだ」と言うのである。

ゴダールはエディ・コンスタンチーヌを西部劇のキャラクターとしてはジョン・ウェインよりもランドルフ・スコットのような無口なヒーローに見立てたとも語っているのだが（「オブジェクティフ65」一九六五年八月 - 九月第33号）、『アルファヴィル』のレミー・コーションはバッド・ベティカー監督の『反撃の銃弾』（一九五七）や『決闘コマンチ砦』（一九六〇）のランドルフ・スコットのように寡黙な感じではなく、本来の（？）「歌って殴って恋をする」左利きのレミーに近い。饒舌とまではいかなくても、よくしゃべるヒーローだ――少なくともナターシャをくどくことにかけては。

「王女さま」とレミー・コーションはナターシャをよぶ。そして、マルセル・カルネ監督の『愛人ジュリエット』のジェラール・フィリップのように「忘却の国」の囚われの美女（シュザンヌ・クルーチエ）にふたたび会うために夢のなかに埋没していくのではなく、ジャン・コクトーがオルフェ神話を映画化した（オルフェ／ジャン・マレーは死の世界に愛する妻ユーリディス／マリー・デアを迎えに行くのだが、けっしてふりかえって見てはいけないユーリディスのほうをふりかえってしまう）『オルフェ』（一九四九）のように、死の世界のような暗闇の都市アルファヴィルに赴き、囚われの美女（アンナ・カリーナ）を連れて帰る途中、「ふりむかないで」と言うのだ。

アルファヴィルを脱出して夜のハイウェイを走る車のなかで、ナターシャ／アンナ・カリーナは、運転席のレミー・コーション／エディ・コンスタンチーヌに、「愛する」という言葉を、最初は片言のように、とぎれとぎれに、やがてはっきりと発音できるようになる。ハイウェイの街灯が次々車窓に映じて回転プロジェクターによるスポットライトのように明滅する。ポール・ミスラキのせつないくらいの甘く抒情的な音楽が流れて、ふたりだけの愛の旅立ちを祝福するかのような美しいラストシーンだ。ただ、アンナ・カリーナのひややかな表情だけは、ナターシャを初めて見たときのレミー・コーションの印象そのままなのである——「彼女の微笑と小さな鋭い歯は、かつてシネラマ館で上映されていた古い吸血鬼映画を思いださせた」。

ナターシャ・フォン・ブラウン（というのが彼女の名前である）は、もちろん『吸血鬼ノスフェラトゥ』と同じノスフェラトゥという名で知られていたフォン・ブラウン教授の娘なのである。

夜のハイウェイは果てしなく、そして果てしなく夜はつづく。夜は明けることなく、それはもうひとつの夜の果ての旅のはじまりのようである。

9 その後のレミー・コーション

『アルファヴィル』から二十六年後の一九九一年、『ゴダールの新ドイツ零年』ではすっかり老人になったレミー・コーション／エディ・コンスタンチーヌが、東西分断の象徴だったベルリンの壁の崩壊（一九八九年十一月の出来事だった）も知らずにひそかに孤独に、東西冷戦の終了したあともなお、東ドイツに潜入していたのが発見される。そして、レミー・コーションは帰還するのだが、それは『アルファヴィル』の続篇というよりは、レミー・コーション／エディ・コンスタンチーヌの末路のようだ。もちろん、ナターシャ／アンナ・カリーナの姿はない。

その後もエディ・コンスタンチーヌは何本かの映画に出演したが、一九九三年二月二十五日、七十三歳で亡くなった。死因は心筋梗塞だったという。

10 アンナ・カリーナに聞く（7）

――一九六五年二月の初めに、パリのオペラ座近くのグランド・ホテルの一室で『アルファヴィル』撮影中の現場を見学、取材にうかがったことがあります。レミー・コーション役のエディ・コンスタンチーヌがテレコミュニカシオン（遠距離通信）というちょっと長たらしい言葉をうまく発音できずに何度もつかえて撮り直しをしていたことなど思い出されます。かたわらでアンナ・カリーナさんが笑いをこらえていましたね（笑）。

カリーナ　そう、そう。エディは台詞覚えが悪いというわけではなかったけれども、探偵レミー・コーションを主人公にしたアクションもののスターだったでしょ。長い台詞や言い回しにあまりなれていなかったのね。短い台詞でアクション中心だったから。それで、ときどきテレコミュニカシオンなんていう言葉をすらすらと言えずに、とちっていた（笑）。でも、エディは一所懸命でした。ジャン＝リュックを心から尊敬していて、彼の映画に出られたことをとても誇りにしていた。ジャン＝リュックの指示や要求に逆らったり、わがままを言ったりすることもまったくありませんでした。ただ、すごくおかしなことがあったのです。映画のはじめのほうで、エディのレミー・コーションがホテルに着いて、クリスタ・ラングが部屋まで案内して廊下をとおっていくところがあるでしょ。

――クリスタ・ラングはエディ・コンスタンチーヌのレミー・コーションを部屋まで案内してから裸になって誘惑する「誘惑婦」の役でしたね。

カリーナ　そう、彼女がエディを案内して廊下を歩いてくるシーンで、ジャン＝リュックがエディに「きみは彼女に案内されてくるんだから、彼女のあとについてくるんだ」と何度言っても、キャメラを回すと、エディのほうが先に、彼女の前を歩いてくるのね、さっそうとして（笑）。ジャン゠リュックはとうとうがまんできずに、こんどはクリスタ・ラングにどなったのね。

「きみは案内役なんだから、先に歩いてこないとだめじゃないか」って。すると、クリスタ・ラングが泣きながら訴えたのよ。「だって、ムッシュー・コンスタンチーヌがいやだって言うんです。スターはつねに先頭に立って歩くんだって。人のあとについては行かないって」。（笑）

11 ラウル・クタールに聞く（8）

――一九六五年の『アルファヴィル』はジャン゠リュック・ゴダール監督の長篇映画第九作です。じつは撮影当時、私はパリで一日だけ現場におうかがいしたことがあります。ジャン゠ピエール・レオーが助監督のサード、いや、フォースというか、見習いについていたので、彼に誘われて、というか、その当時、ジャン゠ピエール・レオーと親しくなって、おたがいにゴダールの映画に熱中していて、私もゴダールには「カイエ・デュ・シネマ」誌で何度か会ったこともあるので、レオーからゴダールに話を通してもらって許可が出たというので、ドキドキしながら見学に行きました（笑）。

クタール　そうでしたか。どこで撮っていたときですか。

――パリのオペラ座近くのスクリーブ街にあるグランド・ホテルの一室で撮影中でした。

クタール　グランド・ホテルで撮影中のときに？　そうでしたか。グランド・ホテルが改築中で奥の部屋が取り壊される前にセット代わりにそこで急きょ撮影することになったときですね。

――一九六五年の二月五日でした。忘れられない思い出です。そのときはまだ『レミー・コーション の新たな冒険』という題でした。FBI捜査官、左利きのレミーに扮するエディ・コンスタンチーヌが星雲都市アルファヴィルから「姫君《プランセス》」ナターシャに扮するアンナ・カリーナを救って危機一髪の脱出をする寸前のシーンでした。移動車の上に大型のキャメラが据えられて、クタールさんがファインダーをのぞいておられたのをよくおぼえています。キャメラはミッチェルでしたね？

クタール　そう、ミッチェルです。ミッチェルBNC。移動車はウェスタン・ドリーです。ゴムタイヤの車輪が三つ付いていて動きが自由になる、急回転が可能な移動車でした。『はなればなれに』のときも、室内で、カフェのなかで、ミッチェルで撮影したときに使った移動車です。

――エディ・コンスタンチーヌが「テレコミュニカシオン（遠距離通信）」という言葉をうまく発音できないので、ゴダールがじっといらいらしながら待っていたことなどもおぼえています。

クタール　ああ、エディ・コンスタンチーヌはアメリカ人なので、フランス語があまりうまくないということもあった。それに、とても不器用な人なんだ（笑）。信じられないくらいですよ。長いあいだ活劇のヒーローを演じてきて、拳銃のあつかいなどお手のものかと思いきや、これが下手なんだ（笑）。拳銃をさっと抜いて射つところでは、しょっちゅう手から拳銃がすべり落ちる。「バーン！」なんて口だけで言っている（笑）。ちょっと信じられない不器用さですよ。

――『レミー・コーション』シリーズだけでなく、フランスのその手のアクション映画のスペシャリストと言ってもいいスターなのに！（笑）ゴダールも、エディ・コンスタンチーヌは「まるで石のかたまりみたい」で、「上手な俳優じゃないんだ」と言っていますね。

クタール　そうなんだ（笑）。「上手な俳優じゃない」どころか、わたしがやはり撮影を担当した『二人の殺し屋』（ラウル・レヴィ監督、一九六五）のときなんか、拳銃に弾をこめるところでポロポロ弾を落としてね（笑）。あんなに不器用な活劇スターもめずらしい。

――『アルファヴィル』は夜のパリを高感度フィルム、イルフォードHPSを使ってほとんどノー・ライトで撮られたとのことですが……。

クタール　そうです。夜間撮影ばかりでね。室内シーンは別にして、全篇真っ暗でしょう（笑）。室内シーンにも余分なライトは使わなかった。ほとんど暗がりのなかで撮影されました。ほんのちょっとライトを明るくして、レンズを絞れば同じ効果が出ますよと言っても、ジャン＝リュックは、いや、それじゃだめだと。暗すぎて何も見えやしないぞと言っても、いいじゃないか、そのままつづけようって。それで二、三千フィートは使い物にならなかったんだけどね（笑）。

――撮り直しはされたのですか。

クタール　いや、撮り直しなしです。そのまま使ったところもあるんだ、何もうつってない（笑）。

――ラスト、エディ・コンスタンチーヌとアンナ・カリーナの車のフロントガラスにネオンのような灯が双曲線を描いて明滅するところがじつに美しいですね。

クタール　照明用のプロジェクターで光を回転させてね。

――『気狂いピエロ』（一九六五）でも同じシーンがありますね。カラーなので、いろいろな色を交互に明滅させて。

クタール　そう、同じライティング方式で撮りました。やはり照明用のプロジェクターでライトを回転させせてね。

気狂いピエロ
PIERROT LE FOU

ジャン゠リュック・ゴダール作品（1965）。
イーストマンカラー、テクニスコープ。上映時間　1時間52分。
脚本・監督・台詞　ジャン゠リュック・ゴダール。原作（小説）　ライオネル・ホワイト（「妄執」）。撮影　ラウル・クタール。美術　ピエール・ギュフロワ。音楽　アントワーヌ・デュアメル。挿入歌　アンナ・カリーナ「あたしの運命線」「一生愛するとは言わなかったわ」（作詞作曲バシアク）。録音　ルネ・ルヴェール、アントワーヌ・ボンファンティ。編集　フランソワーズ・コラン。製作　ジョルジュ・ド・ボールガール／ディノ・デ・ラウレンティス。
撮影期間　1965年6月－7月。撮影場所　イエールおよびポルクロール島（南フランス）。
出演　ジャン゠ポール・ベルモンド（フェルディナン・グリフォン）、アンナ・カリーナ（マリアンヌ・ルノワール）、グラツィエッラ・ガルヴァーニ（フェルディナンの妻）、ジョルジュ・スタッケ（フランク）、ジミー・カルービ（小人）、ロジェ・デュトワ（ギャングA）、ハンス・メイヤー（ギャングB）、サミュエル・フラー（本人自身）、ジャン゠ピエール・レオー（映画館の若い観客）、ラズロ・サボ（政治亡命者）、レイモン・ドゥヴォス（港の男）、アイシャ・アバディ（追放された王妃）。
フランス公開　1965年11月5日。日本公開　1967年7月7日。

1 芸術とは何か、ジャン゠リュック・ゴダール？

一九六五年八月のヴェネチア国際映画祭に出品された『気狂いピエロ』は賛否両論、いや、批判、非難、ブーイングの嵐で、当然ながら賞の対象にもならなかった。グランプリ（サン・マルコ金獅子賞）はイタリアのルキノ・ヴィスコンティ監督の『熊座の淡き星影』に授与された。しかし、『気狂いピエロ』を映画祭で見てきたフランスの詩人で小説家でシュルレアリストでもあったルイ・アラゴン（一九六七年に七十歳で亡くなるのだが、一九六〇年には詩集「詩人たち」、六三年には詩集「エルザの狂人」、六四年には詩集「わたしにはエルザのパリしかない」、六五年には小説「死刑執行」を出版、意気軒昂だった）が、その直後、文芸週刊誌「レ・レットル・フランセーズ」（一九六五年九月九日‐十五日第１０９６号）に「芸術とは何か、ジャン゠リュック・ゴダール？」と題する『気狂いピエロ』論を書き、「今日の芸術とはジャン゠リュック・ゴダールにほかならない」と絶讃するに至って、ゴダールの「芸術的」な評価は決定的になったと言っていいだろう。一九二〇年代後半のフランスのシュルレアリスム運動のさなかではルイス・ブニュエルとの交遊もあり（ブニュエルが画家のダリと共同でシュルレアリスム映画の金字塔になる『アンダルシアの犬』を撮って発表したのが一九二八年だった）、「アニセまたはパノラマ」という連続活劇をテーマにした映画的な小説も書いているアラゴンは、真の「現代芸術」としての映画の代表的作家としてチャップリン、ジャン・ルノワール、ブニュエルとならぶ最も重要な存在としてゴダールを称揚したのである。そのために、ゴダールの映画はいっそう、よきにつけ、あしきにつけ、「大衆性」を失うことになったということもあるかもしれないのだが……。

ゴダールはシナリオも書けない、まともにストーリーも語れない、ただ知ったかぶりであれやこれやと古今東西の知識をひけらかしては観客を煙に巻き、鼻持ちならないスノッブなインテリで、早口のおしゃべりで教訓を垂れ、キャメラをやたらに振りまわし、アクションのつながらないモンタージュ、いや、モンタージュとも言えないつなぎ間違い（のちにそれはカットがとんでとぎれとぎれになるジャンプ・カットとよばれることになることはすでに述べた）、そんな支離滅裂な奔放さがいかにも現代的で自由で若々しい息吹きを伝える手法のごとくみせかけ、日常的な小さな出来事から、書物や絵画や映画などのさまざまな体験とドキュメントに至るまで、思いつくままに何でも持ちこんではそれを「引用」と称して図々しく強引に「映画」にしてしまうだけだというアンチ・ゴダール派の批評に対して、アラゴンはゴダールの「引用」を絵画における「コラージュ」に比較し（ゴダールの映画的手法の本質と体系を引用によるコラージュと分析したのはこれが初めてではなかったにしても、その定義が最も権威ある芸術的な評価を与えられたのは決定的な事件だった)、「ゴダールにあっては手段がつねに目的であり、方法がつねに批評になる」として「最も現代的な」芸術なのだと擁護顕揚したのであった。それに、「新しいもの、偉大なもの、崇高なものは芸術においてはつねに罵倒を浴び、軽蔑や凌辱をうけるものだ」とも言った。

弦楽器による悲しげなメロディーが静かに奏でられ、真っ黒な画面に真っ赤な小さいアルファベットのAがまばらに現われ、次いでB、C、Dと順に次々とつづき、Eから青い文字になり、音楽がリリカルにゆるやかに高まるにつれて「ジャン＝ポール・ベルモンドとアンナ・カリーナ主演」(赤)、メインタイトル『気狂いピエロ』(青)、「ジャン＝リュック・ゴダール監督作品」(赤)とクレジット画面《スクリーン》が仕上がっていく。

ジェラール・ド・ネルヴァルの詩を思いださせるようなパリのリュクサンブール公園の明るく美しい緑に囲まれたテニスコートで純白のスカートとセーターの若い娘たちがテニスをしている光景に、ジャン＝ポール・ベルモンドの朗読の声がかぶさって聞こえてくる。

ベラスケスは五十歳を超えると、もはや決して対象を明確な輪郭線で描くことはなかった。彼は空気や黄昏とともに対象のまわりを彷徨い、背景の透明感と影のなかに色調のきらめきを不意にとらえ、この眼には見えないきらめきを核として静かな交響楽を奏でた。彼が世界のなかにとらえるのは、いかなる衝撃、いかなる激発であろうとも、その歩みを露呈させたり中断させたりすることのない密やかで弛みのない進歩によって、形態と色調が互いに浸透しあう神秘的な交感以外のなにものでもない。空間が支配している。空間は表面をかすめる大気の波のように、その表面から目に見えて湧き出るものを吸収し、輪郭づけ、形作る、そして芳香のごとくいたるところへと拡散する、ごく軽い塵となって四方に拡がりゆく反響さながらに。

のっけから「引用」である。エリー・フォールの「美術史4／近代美術史〔I〕」(谷川渥＋水野千依訳、国書刊行会) のベラスケス論の一節なのだが (原本の「美術史」のポケットサイズの廉価版第五巻が当時フランスで出版されたばかりだった)、『カラビニエ』(一九六三) の冒頭に引用されたホルヘ・ルイス・ボルヘスの言葉のように、ゴダール自身の映画的意図を表明し、ひいては映画論にもなっている引用だ。いつもながら、ゴダールは映画の冒頭の引用に、映画の精神を、主題を、あるいはテーマを、ずばり要約してみせるのだ。「もはや決して対象を明確な輪郭線で描くことはない――『気狂いピエロ』は、まさに、「人生における確固たるものの不在」を喚起させる映画なのである。それはラストシーンの水平線のかなたに太陽が海と溶け合う崇高なイメージ――『軽蔑』（一九六三）のラストシーン以上に美しい、「明確な輪郭線」の不在のイメージ――に完結する。いつもながら、映画を撮ることがそのまま「映画とは何か」を問い、追求することでもあるヌーヴェル・ヴァーグの映画作法／映画論のきわみと言ってもいい作品なのである。

私は少しずつ、映画というのは、事物そのものではなく、事物と事物の間にあるもの、だれかとだれかの間にあるもの、諸君と私の間にあるものだということに気づくようになりました。

とゴダール自身語っている（「ゴダール／映画史Ⅰ」、前出）。

『気狂いピエロ』のなかでもジャン゠ポール・ベルモンドがミシェル・シモンの物真似で、「もう人間の生きかたなどを描かずに、単に人生を、人生だけを描こう―

―人間と人間のあいだにあるものを、空間と音と色彩だけを」と語るところがある。ジェイムズ・ジョイスが「フィネガンズ・ウェイク」という小説で試みたように「進行中の作品（work in progress）」を、できたらさらにそれ以上のものを、試みるべきだとも言う。

田舎の公民館か体育館みたいな、がらんとしたダンスホールが「ラ・マルキーズ（侯爵夫人）」という名で、備え付けのジュークボックスからは「侯爵夫人は不調そのもの……」という歌の歌詞が聞こえてくる。ジュークボックスからはアントワーヌ・デュアメル作曲のうきうきとした感じの軽快なメロディーが流れて若い女の子がいきなりツイストを踊るが、もちろんアンナ・カリーナはもうジュークボックスから流れる音楽に合わせて踊ることはない。ポール・ヴァレリーが現代小説の問題にふれて、伝統的な物語の「客観的な」叙述の方法を根底から否定し、自分に関するかぎり、たとえば「侯爵夫人は五時に外出した」といったような文章を書くことはぜったいにおことわりだね、とアンドレ・ブルトンにきっぱり言い切ったという「超現実主義宣言」（生田耕作訳、中公文庫）の一文が想起される。『気狂いピエロ』もまた、従来の物語的叙述、説話的時間を根底から疑い、破壊した映画だったのである。

映画の冒頭でジャン゠ポール・ベルモンドがエリー・フォールの「美術史」を朗読

するあいだに、オルダス・ハックスリーの未来小説の題と同じ「すばらしい新世界」という名の本屋（実際にパリ十七区のクリシー広場にこの名の本屋があったと思う）で、ジャン゠ポール・ベルモンドが何冊もの本をかかえて買うところが出てくる。たぶん、そのなかに、エリー・フォールの「美術史」もふくまれているのだろう。「空間が支配している」と読むところに、セーヌ川の夜景が入り、次いでセーヌ川沿いのパリ十六区の高級アパルトマンのなかでジャン゠ポール・ベルモンドが、『軽蔑』のミシェル・ピッコリのように、帽子をかぶったままではないけれども、浴槽に入って本――エリー・フォールの「美術史」――をひらいて読んでいる。小さな女の子が入ってくる。ジャン゠ポール・ベルモンドは女の子に「よくお聞き」と言って朗読をつづける。

憂愁に満ちた精神が漂う。しかしこの苦しめられた少女には、醜さも、悲しさも、陰鬱で残酷な感覚も見られない。

ベラスケスは夜の画家、そして空間、沈黙の画家である。真昼に描こうが、閉ざされた室内で描こうが、戦争や狩猟が彼の周りで荒れ狂うときでさえもそうだ。スペインの画家たちは、空気が焼けつくように熱く、太陽が何もかもを鈍らせる日中にほとんど外に出ないため、おのずと宵と心を通わせた。

「どうだ、美しいだろ」とジャン゠ポール・ベルモンドは小さな女の子に言う。「こんな子供にそんなもの読んで聞かせたって、わかりっこないでしょ」と母親が――強いイタリア語訛りで――言って娘を連れ去る。

というところで、ジャン゠ポール・ベルモンドがイタリア人の、イタリア語訛りが抜けない、そんなことにまでいらいらさせられるものの、裕福なブルジョワ女性と結婚して何不自由ない凡庸な生活にうんざりしながら孤独に本ばかり読んでいるらしいことがわかる。

ブルジョワ夫人（グラツィエッラ・ガルヴァーニ）は大金持ちの両親（大手の広告会社の経営者らしい）、エスプレッソ夫妻の催す夜会に出かけるための身支度にいそがしい。下着には――『恋人のいる時間』（一九六四）にも出てきた――ヒップを美しくセクシーに見せる最新のパンティー・ガードル「スキャンダル」だ！　ジャン゠ポール・ベルモンドは失業中で、広告関係の仕事が見つかるかもしれないからと妻に説得され、ひきずられるようにパーティーに出ることになる。

パリの退廃的なブルジョワ夜会では、汗ばんだ男たちが半裸の、あるいは全裸の若い女たちと酒を飲んでいる。次々に赤や青のフィルターがかけられていく画面の連続のなかで、フェルディナン（というのがジャン゠ポール・ベルモンドの演じる主人公の名だ）の孤独と倦怠が明滅する。「あんたはしゃべりすぎる」と軽蔑したように言う裸の女に、フェルディナンは「孤独だから」と答えるのだ。

画面が正常のフルカラーに戻り、ゴダールによる「生きた知性」の引用、サミュエル・フラー監督の特別出演になる。

サミュエル・フラーはボードレールの詩集「悪の華」をもとにフランス映画を撮る企画のために――結局は企画だけに終わるのだが――パリに来ていたところだった。トレードマークの長く太い葉巻をくわえ、「アメリカの映画監督、サミュエル・フラー」として実名で出演、「映画とは何か？」という質問に対して、「映画とは戦場のようなものだ。愛、憎しみ、アクション、暴力、そして死。ひとことで言えば感動《エモーション》だ」と答え、映画についての最も美しい定義のひとつとして知られることになる。

「映画とは何か」という問いに対するこの答えは、じつはゴダール自身が「ずっと以前から言いたいと思っていたことだ」という。「それを彼（サミュエル・フラー）に言ってもらったわけだ。もっとも、感動《エモーション》という言葉を見つけたのは彼だ」（「ゴダール全評論・全発言I」、前出）。

引用はこうした芸術論、映画論のほかにもさまざまな形で多岐にわたり、アラゴンの言うように絵画における「コラージュ」に相当する映画技法としてかがやく。少なくとも私たちは、あたかもスクリーンに上映された世界最初の映画の一本、ルイ・リュミエールの『列車の到着』（一八九六）におどろいた観客のように、『気狂いピエロ』の新しさに目をみはる。それは新しい、そしてこれこそ「映画」の誕生だったのである。

『気狂いピエロ』はジャン＝リュック・ゴダールの、少なくとも一九六〇年代のゴダールの、「アンナ・カリーナ時代」のゴダールの、集大成であり総決算とも言うべき作品だ。一九六〇年代のゴダールの映画的頂点と言ってもいいだろう。映画が映画であることでかがやく奇跡、映画的魅惑のきわみとも言いたいくらいである。そして、ひとつの時代の――アンナ・カリーナ時代の――実質的に最後の作品であり、総括であり、遺言にもなっている。『気狂いピエロ』はゴダール自身による一九六〇年代のゴダールの墓碑銘でもある。

あらためて「コラージュ（collage）」について辞書で調べてみると、「美術用語」で「貼りつけ」を意味するフランス語として、次のように説明されている（「ブリタニカ国際大百科事典」）――「画面に印刷物、布、針金、木片、砂、木の葉などさまざまなものを貼りつけて構成する絵画技法、あるいはこのような技法によって制作された作品をさす。一九一二〜一三年頃ピカソ、ブラックなどがこれを発展させ、キュビズムを深めた。キュビストたちは純粋に画面の美的構成の手段として始めたが、ダダイスト、シュルレアリストたちは画面のなかに唐突な物をおき、異質の物を組合わせることにより、比喩、象徴、幻想など意想外の効果を生み出した。一九一九年頃の画家マックス・エルンストや彫刻家ハンス（ジャン）・アルプの作品は以来コラージュと呼ばれるようになった」。

そして、アラゴンによって、ゴダールの映画が現代のコラージュとよばれることになったのである。

言葉、色、音が炸裂し、渦巻き、氾濫し、疾走する。ニコラス・レイ監督の西部劇『大砂塵』（一九五四）が、ハワード・ホークス監督のコメディー『ヒズ・ガール・フライデー』（一九四〇）が、ジュリアン・デュヴィヴィエ監督のギャング映画『望郷』（一九三六）が、ジャン・ルノワール監督の悲喜劇『牝犬』（一九三一）が、アベル・ガンス監督の社会劇（あるいはむしろメロドラマ）『戦争と平和』（一九一九）が、ゴダール自身の映画『立派な詐欺師』（一九六三）の抜粋が、『勝手にしやがれ』（一九五九）や『小さな兵隊』（一九六〇）や『女は女である』（一九六一）のパロディーが、ベトナム戦争のなまなましいニュース映画が、ピカソの「道化《ピエロ》に扮した少年」が、シャガールの「エッフェル塔の恋人たち」が、モディリアーニの「黒いネクタイの女」が、ピエール゠オーギュスト・ルノワールの「少女」や「裸婦」が、ゴッホが耳を切る決意をした「星の夜のカフェ」が、ニコラ・ド・スタールが自殺する直前に描いたという、抽象とも具象ともつかぬ「南仏《ミディ》の光」が、ルイ゠フェルディナン・セリーヌの小説「夜の果てへの旅」「ギニョルズ・バンド」「なしくずしの死」が、バルザックの小説「セザール・ビロトー」が、スコット・フィッツジェラルドの小説「夜はやさし」が、レイモン・クノーの小説「わが友ピエロ」が、マルセル・プルーストの小説「失われた時を求めて」が、ウィリアム・フォークナーの小説「響きと怒り」が、ルイ・アラゴンの小説「死刑執行」が、エドガー・アラン・ポーの短篇小説「ウィリアム・ウィルソン」が、ジュール・ヴェルヌの小説「神秘の島」が、レイモンド・チャンドラーのハードボイルド小説「大いなる眠り」が、映画の原作（というよりも、出発点）になったライオネル・ホワイトのミステリー小説「妄執《オブセシオン》」（ガリマール社の「暗黒叢書《セリ・ノワール》」で「十一時の悪魔」の題でフランス語訳が出ていた）が、ベルナルダン・ド・サン゠ピエールの小説「ポールとヴィルジニー」が、ジュフロワ・ド・ヴィラルドゥアンの十字軍戦記「コンスタンチノープルの征服」が、フランス中世の作者不詳の歌物語「オーカッサンとニコレット」が、武勲詩（シャンソン・ド・ジェスト）「ギヨームの歌」が、アルチュール・ランボーの詩集「地獄の季節」が、ジャック・プレヴェールの詩集「パロール」が、フェデリコ・ガルシア＝ロルカの詩「イグナシオ・サーンチェス・メヒーアスを弔う歌」が、その他数え切れないほどの映画や絵画や文学の引用や言及がニーチェ的悦ばしき知識として、多彩に画面に流れ（イメージとして、言葉として、ギャグとして、パフォーマンスとして、アクションとして、メロディーとして）、そして、色彩が、赤が、青が、白が、黄色が、黒が、作品のテーマを要約し、状況に注釈を加え、人物の行動を批評し、心理を告発し、それらすべてが相互の鏡となって存在そのものを反射するのである。

『気狂いピエロ』を見ることは、あたかも万華鏡《カレイドスコープ》をのぞくと色とりどりの細片がかぎりなく増殖し、衝突し合い、結合し、離散しながら千変万化する紋様が形づくられて躍動するのに目を奪われ、魅せられるようなものだ。めまいに襲われるようなものだ。

『気狂いピエロ』では、たとえば危険信号のように赤が絶え間なく出てくる。ネオンの赤、マリアンヌ／アンナ・カリーナのワンピースの赤、フェルディナン／ベルモンドのワイシャツの赤、アパルトマンのソファーの赤、白い壁に真っ赤なペンキで書かれたOAS（アルジェリア独立に反対した右翼の秘密軍事組織）の文字、ダイナマイトの筒の赤、そして血の赤（「血ではない、赤なんだ」とゴダールは言う）……。赤という赤が衝突し合いながら膨張し、拡張し、からみ合い、つらなり合い、まるで加速度がついて火達磨のように転がっていくかのようだ。アラゴンの詩的《ポエティック》な表現を借りれば、「そこでは赤が妄執《オブセシオン》のように歌っている」のである。

2 ピカソの道化、ルノワールの少女

淫らな裸の女たちと汗ばんだ男たちが酒を飲みながらスノッブな対話を交わしているブルジョワ夜会にうんざりしたフェルディナン／ベルモンドは、途中で妻に、『世紀の戦い』（クライド・ブラックマン監督、一九二七）のローレル＆ハーディさながらのパイ投げで別れを告げ（散乱したパイの破片がパリの夜を彩る花火の炸裂につらなる）、その夜、偶然再会したマリアンヌ／アンナ・カリーナに恋をし、そのまま家出をしてしまう。

フェルディナン／ベルモンドがマリアンヌ／アンナ・カリーナを送る車のなかで、パリの夜空に炸裂する花火とともに、恋が燃え上がる——一瞬のきらめきとともに消える最後の生のかがやきのように。

ナターシャ／アンナ・カリーナの口からついに「愛する」という言葉が出る『アルファヴィル』（一九六五）の忘れがたいラストシーンにつづいて、こんどはカラーで、色とりどりのネオンや街の灯が車のフロントガラスに美しく反映する。

夜のパリを車で走るとき、わたしたちの眼に映るものは何か。赤い灯、青い灯、黄色い灯だ。わたしはこうした印象を表現したいと思ったが、現実にあるがままの形ではなく、むしろ記憶に残っているイメージを描こうとしたのです。点滅する赤や青の光、さっとよぎっていく黄色のきらめき……『気狂いピエロ』ではそうした感覚を再創造しようと思ったのです。（「カイエ・デュ・シネマ」誌一九六五年十月第171号所載のインタビュー、「季刊フィルム」一九六六年十月創刊号、前出）

とゴダールは語る。

ロマンチックな美しいシーンだ。夜のパリを走るその車のなかで、マリアンヌ／アンナ・カリーナはフェルディナン／ベルモンドを「ピエロ」とよぶ——レイモン・クノーの小説「わが友ピエロ」にあやかって。「俺の名はフェルディナンだ」というのに、「だって、わが友フェルディナンとは言わないもん」と——それも、〽月のあか

りにわが友《モナミ》ピエロ……という童謡（であるとともに猥歌としても歌われるという）の
ひそやかなメロディーとともに。

「あなたが望むことなら、あたし、何でもするわ」

「俺もだ、マリアンヌ」

「あなたの膝に手を置くわ」

「俺もだ、マリアンヌ」

「あなたの体じゅうにキスするわ」

「俺もだ、マリアンヌ」

ギターの伴奏と口笛のメロディーとともに、軽やかにせつなく美しい歌が流れる
――〽なんてきみは美しい、なんてきみは美しい、なんてきみは美しい……

フランソワ・トリュフォー監督の『二十歳の恋』（一九六二）にもほんの一小節流れていた（〽そしてふたりの恋のゆくえは？　と歌う）ギー・ベアールのシャンソンのメロディーが想起される。

マリアンヌ／アンナ・カリーナは、最初、『はなればなれに』（一九六四）のオディール／アンナ・カリーナと同じ北欧の女学生みたいな髪型で登場するので、一瞬、『はなればなれに』の続篇のように錯覚するぐらいだ。だが、同時に、『勝手にしやが

れ』（一九五九）の続篇のようでもある。フェルディナン／ベルモンドはマリアンヌ／アンナ・カリーナとの再会を「四年ぶりだ」と言うが、「五年半よ」とマリアンヌ／アンナ・カリーナはもっと正確に言う――「最後にあったのは五年半前の十月だったわ」。五年半前の十月、ゴダールはアンナ・カリーナに花束を送り、永遠に向かって出発したはずだった。ゴダールの長篇映画第一作『勝手にしやがれ』のためにアンナ・カリーナは撮影前にゴダールと出会っただけで、出演をことわったのだが、次回作『小さな兵隊』（一九六〇）のためにふたたび出会うことになったのだった。

不意打ちの再会のように新しい出会いの衝撃となって、『気狂いピエロ』の冒険がはじまるのだ。短い凝縮した緊張と熱狂が、めくるめく危険の感覚が、長々とだらだらつづくかにみえた日常性の平穏と倦怠に代わって、まるで死が一足飛びに襲いかかってきたかのように、フェルディナンを熾烈な戦いにも似た冒険に旅立たせるのだ――運命的な邂逅《めぐりあい》（とフェルディナンは思いこむものの、それは計画された罠にすぎない）と謎にみちた女にみちびかれて。フィルム・ノワールの犯罪的プロットと運命の女《ファム・ファタール》にあやつられ、誑かされて。

通称「気狂いピエロ（Pierrot le fou）」という、犯罪史上名高い人物が実在したそうである。第二次世界大戦中、ナチ占領下のフランスで悪名を馳せたギャングのボスで、本名ピエール・ルートレル（ピエロはピエールの愛称である）、一味は一九四六年に銀行強盗をくりかえし、同年十一月六日の宝石店襲撃で「気狂いピエロ」が死ぬまでつづけられた（アルフレッド・フィエロ著「パリ歴史事典」、鹿島茂監訳、白水社）。ギャング出身の小説家として知られるジョゼ・ジョヴァンニが彼をモデルに「気ちがいピエロ」という小説を書いているが、ロジェ・ボルニッシュという刑事上がりのミステリー作家による実録小説もあり、ジャック・ドレー監督で一九七六年に映画化され、アラン・ドロンが「気狂いピエロ」（たぶん、ジャン゠ポール・ベルモンドの役名に敬意を表して、「いかれたピエロ」ぐらいの意の Pierrot le dingue になっていたが）を演じ、日本でも『友よ静かに死ね』の題で公開された。

ゴダールの『気狂いピエロ』では、ジャン゠ポール・ベルモンド扮する主人公の名前は、フェルディナン・グリフォン――ルイ゠フェルディナン・セリーヌの自伝的小説「夜の果てへの旅」の主人公、フェルディナンとルイス・キャロルの幻想的童話「不思議の国のアリス」に出てくる神話的怪獣、グリフォンを合わせたような名前だ。

運命の女になるアンナ・カリーナの演じるヒロインの名前は、マリアンヌ・ルノワール――ジャン・ルノワール監督の「陽気な悲劇」（とルノワール監督自身が名づけた映画)、『ゲームの規則』(一九三九)のもとになったアルフレッド・ド・ミュッセの戯曲「マリアンヌの気まぐれ」のヒロインの名と画家のピエール゠オーギュスト・ルノワール(もちろんジャン・ルノワール監督の父である)の姓をいただいたような名前だ。

マリアンヌ/アンナ・カリーナが初めてフェルディナン/ベルモンドと出会うときから、ピエール゠オーギュスト・ルノワールの「少女」の絵が出てくる。『勝手にしやがれ』のヒロイン、パトリシア(ジーン・セバーグ)がピエール゠オーギュスト・ルノワールの「少女/イレーヌ・カーン・ダンヴェール嬢」のポスターの前に立つシーンが想起される。

椅子に腰かけたマリアンヌ/アンナ・カリーナが、壁にかけられたルノワールの「少女」のデッサンの下で、「ピエ・ニクレ」の漫画本(映画の冒頭、フェルディナン/ベルモンドが書店「すばらしい新世界」で買った本の一冊で、第一次大戦直前に大流行したという「レパタン」紙連載のルイ・フォルトンによるドタバタ冒険漫画を一冊にまとめて復刻した豪華本が当時フランスで出版されたばかりだった)のページをひらいたまま、『小さな兵隊』に初登場するときに持っていた仔犬の形のハンドバッグ(は別物だったとアンナ・カリーナは語っているのだが)といっしょに膝の上に置いて、眠っている。彼女のアパルトマンの壁にはベトナムの戦場の写真などとともにシャガールの絵（「エッフェル塔の恋人たち」）、ピカソの絵（「鏡の前の少女」）、そしてとくにルノワールの絵（「草束を持つ少女」）やデッサン（「浴女」）などが貼ってある、といったぐあいだ。

マリアンヌのアパルトマンで一夜をともにしたフェルディナンは翌朝から、血ぬられた人生を歩まなければならなくなる。マリアンヌ／アンナ・カリーナはシャワーを浴びたあとのバスローブ姿で、朝食の準備をし、まだベッドにいるフェルディナン／ベルモンド（背後の壁にはピカソの「道化《ピエロ》に扮した少年」の絵はがきが貼ってあるのが見える）の前を行ったり来たりして、〽一生愛するとは言わなかったわ……と歌う。フランソワ・トリュフォー監督の『突然炎のごとく』（一九六一）のなかでジャンヌ・モローが歌ったシャンソン「つむじ風」に感動したゴダールが、作詞・作曲のセルジュ・レズヴァニ（バシアクの名でも知られる）に依頼した曲だった。

マリアンヌのアパルトマンには、すでに、血みどろの男の死体が倒れている――首にハサミを突き刺されて、モディリアーニの「黒いネクタイの女」の絵がかけられた壁の下のベッドに。

アルフレッド・ヒッチコック監督のイギリス時代の名作『三十九夜』（一九三五）

やそのほとんどリメークと言ってもいいアメリカ時代の名作『北北西に進路を取れ』（一九五九）の果てしない逃亡／冒険の発端を想起させる。

死体の処理もそこそこに、マリアンヌに急がされて、フェルディナンもいっしょに逃げだすことになる。死んだ――殺された――男の一味かと思われる（中東戦争で金もうけをしている武器密売ギャング団の仲間であることがすぐのちにわかるのだが）、ノッポ（ハンス・メイヤー）と小人《チビ》（ジミー・カルービ）がどこからともなく駆けつけてきて、逃走するフェルディナンとマリアンヌを目撃する。死体、逃げるふたり、そしてふたりを追うノッポと小人《チビ》をたがいちがいにすばやくとらえたきれぎれのカットバックが交錯する。マリアンヌはフェルディナンに、ただ、「わけはあとで……」とくりかえすだけである。

3 夜の果てへの旅

こうして、愛に狂ったフェルディナン／ピエロの冒険の、夜の果てへの旅の、第一章がはじまる。ベートーヴェンの交響曲第五番「運命」の序曲がいかにも「はじまるぞ」といわんばかりに、いたずらっぽく、ギャグのように、一瞬、高鳴る。失われた時を求めて。希望。マリアンヌ・ルノワール。それはあたかも、パリという名の苦悩の首都あるいはα都市《アルファヴィル》を脱走して、永遠に向かって船出する『はなればなれに』のフランツ／サミー・フレーとオディール／アンナ・カリーナの新しい冒険のはじまりのようでもある。ロマンチックな、荒唐無稽な旅立ちだが、フェルディナン／ピエロの人生はいよいよ不可解な事件に血ぬられることになる。ドタバタ冒険漫画「ピエ・ニクレ」の悪漢三人組の口ぐせをまねて、「アロンジ・アロンゾ！（行こうぜ、やろうぜ！）」とフェルディナン／ベルモンドは腰を上げる。「時よ、とまれ。きみは美しい」とゲーテのようにうたい、フォークナー的な、マクベス的な、響きと怒りの物語に付き合うことになるのだ。

フェルディナン／ベルモンドはフェルディナン／ピエロになり、気狂いピエロになって、マリアンヌが「天気がいい」と言えばそのとおりなのだ、彼女がそう言う姿だけがすべてなのだ、と葦――考える葦？――の茂みのなかで、キャメラに向かって、アラゴンの最後の自伝的・集大成的な大作とも言うべき恋愛小説「死刑執行」（一九六五年に『気狂いピエロ』の撮影寸前に出版されたばかりだった）の一節を引用する。三輪秀彦訳（「新集　世界の文学34」、中央公論社）を参考に訳出させていただくと、ゴダールの引用では「フジェール」という女の名が「マリアンヌ」になり、二人称（「きみ」）から三人称（「彼女」）になっているけれども――

たぶん、ぼくは立ったまま夢を見ているのだろう。彼女はぼくに音楽を想わせ、彼女の顔がぼくの心にやきつく。ぼくたちは二重人間の時代に生きている。鏡はいらない。鏡の向こう側で起こることはちゃんとわかるのだ。

マリアンヌが、天気がいいと言うとき、いったい彼女は何を考えているのか？ ぼくは天気がいいと聞く、それだけなのだ。ぼくは彼女についてこの外観しか持っていない。そして彼女が天気がいいと言うとき、ぼくの心をとらえる狂おしい解釈への欲求を許してくれる必要がある。

ぼくたちが夢と同じ糸で織られているように、夢はぼくたちで織られているのだ。

天気がいい、愛する人よ、夢と、言葉と、死のなかは。天気がいい、愛する人よ、人生のなかでは。

豪華な漫画本一冊だけを携えての逃亡の旅——自由で気ままな道中だ。追い剝ぎ、強盗。『勝手にしやがれ』のパロディー的な自動車泥棒。ガソリン・スタンドでは極楽コンビ、ローレル＆ハーディのギャグをまねて、ガソリン代を払わずに逃げる。途中で自動車事故に出くわすや、盗んだ車を事故に見せかけて爆破する。ガソリンに発火するためにライフル銃で狙い撃つのはマリアンヌだ。一九六三年十一月にダラスでケネディ大統領が暗殺されたときに使われたライフル銃だとマリアンヌは言う。彼女は殺人的なハサミの使い手であるとともに、殺人的な射撃の名手でもある。

　車を捨てたふたりは徒歩で野原を越え、逃亡の足跡を消すために（？）川を渡って、おおらかにフランスを縦断していく。

　自然のなかで、ふたりが官能的な幸福に酔い痴れて、ミュージカル・コメディーのように――「あたしはミュージカル・コメディーのヒロインになりたかったのよ！」という『女は女である』（一九六一）のアンジェラ／アンナ・カリーナの台詞が想起される――アンナ・カリーナが〽あたしの運命線《マ・リーニュ・ド・シャンス》……と歌うと、ジャン＝ポール・ベルモンドが〽きみの腰の線《タ・リーニュ・ド・アンシュ》と応じる気恥ずかしくも心ときめくデュエットのナンバーを歌い、踊る松林の向こうには、『軽蔑』のカプリの海と太陽のように、フォークナー的な八月の光のように暗く重く運命をひきずりながらも、まぶしくかがやく太陽とすきとおるような青さのコートダジュールの海が、ふたりを待っているのである。

　マリアンヌははしゃぐ。はしゃぎすぎる。「でしょ？」とフェルディナンはふりむいて、キャメラに向かって言う――サイレント時代のドタバタ喜劇の憂鬱な主人公、ハリー・ラングドンのように。

「誰に話してるのよ」とマリアンヌ。「観客にさ」とフェルディナン。マリアンヌも陽気にキャメラに向かってウィンクしてみせる――『女は女である』のアンジェラ／アンナ・カリーナのように。

和気あいあいのロケーション風景が目に見えるようだが、『女は女である』の撮影のときのようなおのろけ気分とはまったく違っていたようだ。『アルファヴィル』の助監督のフォース（四番目つまり実習生とも言うべき見習い助監督）につづいてサード（三番）についた俳優のジャン＝ピエール・レオー（ジャン＝ポール・ベルモンドが映画を見るシーンに観客のひとりとして出演もする）の話では、撮影中、ゴダールはずっと神経質そうに言葉少なく、不機嫌で誰とも親しく話もせず、ざっくばらんで気さくなジャン＝ポール・ベルモンドを中心に宴会のような夕食会がしょっちゅう催されたが、ゴダールだけはみんなといっしょに飲んだり食事をしたことなど一度もなかったという。みんなゴダールを尊敬していたので、ゴダールのご機嫌をうかがうようにして、キャメラマンのラウル・クタールも、スクリプターのシュザンヌ・シフマンも、助監督たちも、スタッフも、俳優たちも、それぞれの役割をきちんと果たしていたが、ジャン＝ポール・ベルモンドとアンナ・カリーナだけは、撮影に支障をきたすようなわがままを言ったりすることはなかったけれども、リラックスして陽気にふるまっていたとのこと。

ゴダールとアンナ・カリーナは一年半前の一九六四年、『はなればなれに』を撮って、その年の十二月に離婚したあとの、『アルファヴィル』につづく三本目のゴダール／カリーナ作品が『気狂いピエロ』だった。

『気狂いピエロ』は一九六五年の六月から七月にかけて南仏のニースに近いイエールとその沖合のポルクロール島でロケーション撮影されたが、その前に、ゴダールは五月のカンヌ国際映画祭に姿を見せていた。その年の特別招待作品、市川崑監督『東京オリンピック』（一九六五）を見にきたのだと思う。一九六四年にイタリア・テクニカラー社で開発されたばかりの新しいワイド・スクリーン――ふつうの35ミリフィルムの1《ひと》コマを横に2《ふた》コマに使って歪曲《アナモフィック》レンズを使わずに撮影してシネマスコープ・サイズの画面がつくれる「テクニスコープ」という新方式――が大きな話題をよんでいた。『東京オリンピック』では部分的に実験的に試みられていただけらしいのだが、『気狂いピエロ』は全篇テクニスコープで撮影された。テクニスコープによる代表的作品といえば、一九六八年のセルジオ・レオーネ監督『ウエスタン』や一九七三年のジョージ・ルーカス監督『アメリカン・グラフィティ』が挙げられるが、一九六五年のゴダールの『気狂いピエロ』はその点ではずいぶん先取りしていたことになる。ゴダールの実験精神がこうした技術面にもうかがわれる。キャメラマンのラウル・クタールは、ゴダールがどんなキャメラマンよりもキャメラやフィルムのことに精通していることに驚嘆していたものである。

『アルファヴィル』から『気狂いピエロ』の撮影のころ、アンナ・カリーナは俳優のモーリス・ロネと熱愛中で（一九六四年のモーリス・ロネの初監督作品『ティビダボの泥棒』に出演して以来の付き合いだった）、ロネが出演中のアメリカ映画『名誉と栄光のためでなく』（マーク・ロブスン監督、完成は一九六六年になる）のロケ先のスペインに、毎日のように電話をかけていたという。アンナ・カリーナが電話で恋人と連絡がつかずに、よくしょげていたりいらついていたりするのを見て、「スペインのホテルに電話してもつないでくれないよ。スペイン人はずぼらで面倒くさがり屋だからね。呼出しもしてくれない。外出中だとかなんとか適当に言われるだけさ」とジャン゠ポール・ベルモンドがアンナ・カリーナをからかうようになぐさめていたよ、とジャン゠ピエール・レオーが笑いながら話してくれた。

ジャン゠ピエール・レオーに『気狂いピエロ』のスクリプト（台本）のことを聞く

と、二十七のシーンから成るストーリーを大雑把に要約した三十ページほどの台本らしきものが配られただけとのことだった。もちろん、キャメラの位置とかアングルなどについての指定もなければ、俳優のための台詞も書かれていない。前の晩か、当日の朝、台詞はゴダールがそのときどきに即興で書くが、俳優たちはコピーも渡されず、カットごとにゴダール自身が口伝てで教えるだけ。まれに、ちょっと長い台詞の場合にかぎって、撮影の一、二時間前にゴダールが学生ノートに青のボールペンで書いたものが俳優に渡されることもある。キャメラの位置が決まると、演技リハーサルも簡単にすませ、ほとんどすぐ本番撮影になる。ジャン゠ポール・ベルモンドはとくに何度も同じ台詞をくりかえすのが苦手できらいなので、一回か二回の本番テイクで見事にきめていたという。葦の茂みのなかでフェルディナン／ベルモンドが、もう鏡はいらない、鏡のなかの自分を見なくても自分のことはよくわかっている、と言いながらも、まるで鏡のなかの自分に向かって自問自答するようにアラゴンの小説「死刑執行」の一節を引用するところなども、ここはアリフレックスという軽量のキャメラをラウル・クタールが肩にのせて撮り、ゴダールがアラゴンからの引用を画用紙に大きく書いて見せ、ベルモンドには「キャメラをのぞきこむようにしゃべってくれ」と言っただけ。同時録音撮影で、ゴダールは最初のテイクのあと、ベルモンドに「もう少し短く、縮めて」と簡単に指示し、二番目のテイクで文句なしに「オーケー」になった。

スタッフに配られたゴダールの台本は短く、余計なことはまったく書かれていなかったが、主人公が若いヒロインに夢中になり、恋に溺れて犯罪に足を踏み入れるという話は敬愛するジャン・ルノワール監督の『牝犬』（一九三一）にヒントを得ているとか、フェルディナンとマリアンヌの道中はチャップリンの『モダン・タイムス』（一九三六）のラストで恋人たちが仲よく道を歩き去っていくようにとか、ルイス・ブニュエル監督が一九五二年に映画化した『ロビンソン漂流記』のようにフェルディナンとマリアンヌはしばし自然に帰った生活をするとか、ロバート・フラハティ監督の『極北の怪異（極北のナヌック）』（一九二二）のようにマリアンヌはヤスで魚を突き刺すとか、フェルディナンがセリーヌの「ギニョルズ・バンド」を読むとか、引用の出典は具体的に記してあったということである。

4 ギニョルズ・バンド

フェルディナンとマリアンヌは道中のあいだに、いろいろな人物に出会う――というよりも、ストーリーとはまったく無関係な（と言ってもいい）人物へのインタビューや街頭風景などが断片的に織りこまれる。そのなかには、ゴダール映画の常連傍役《バイプレーヤー》、ラズロ・サボがラズロ・コヴァックスの名で出演するところもある。ラズロ・コヴァックスは『勝手にしやがれ』のミシェル・ポワカール／ジャン゠ポール・ベルモンドの別名でもあり（たしかラズロ・コヴァックス名儀のパスポートも隠し持っていたと思う）、そもそもはクロード・シャブロル監督の『二重の鍵』（一九五九）でジャン゠ポール・ベルモンドが演じた無国籍の不良青年の名前である。アメリカン・ニューシネマのキャメラマンとして、ピーター・ボグダノヴィッチ監督の『殺人者はライフルを持っている！』（一九六八）やデニス・ホッパー監督の『イージー・ライダー』（一九六九）の撮影を担当したハンガリー出身の実在のキャメラマン、ラズロ・コヴァックスは、『気狂いピエロ』のころはまだその名が知られていなかったと思う。

『気狂いピエロ』を撮ることは「ひとつの出来事をたどること」だったとゴダールは語る（「カイエ・デュ・シネマ」誌一九六五年十月第171号、前出）。

ひとつの出来事は、それ自体、他のいろいろな出来事から成っている。だから、ひとつの出来事をたどれば、当然、他のいくつもの出来事に出会うことになる。映画作りは冒険のようなもので、戦争で軍隊が未知の国へ進軍し、そこの住民たちにたよって食糧を供給してもらったりするようなものなのです。その場合、必然的に、これらの住民たちのことも語らねばならなくなる。それが現実というものでしょう。映画的な意味においても、ジャーナリスティックな意味においても。それは日々の出会いであり、読書であり、会話であり、実生活そのものなのです。

フェルディナンとマリアンヌは、道中、飢えれば人前で身の上話やいろいろな物語を語ったり即興劇を演じたり、休暇中らしいアメリカの海兵隊には、マッチに火をつけてナパーム弾による爆撃とベトナム戦争を大道芸人のお芝居のように再現して喝采を浴び、兵隊たちが笑って油断しているそのすきに金を奪い取って、また車を盗み、逃走する。

フェルディナンが言うように、人生なんて単純そのもの、車のハンドルを右に左に回すだけでいいんだ。「右へ！　右へ！」とマリアンヌは叫ぶ。右へ右へとハンドルをぐいぐい回すフェルディナン。車は、『アルファヴィル』でレミー・コーション／エディ・コンスタンチーヌが乗っていたフォード・ギャラクシーである。それも真っ赤なボディーだ。車は道路から外れて、河口の岸辺の砂浜に下っていき、そのまま、いきおいよく水中に突っこんでいく。その瞬間、水しぶきが噴水のように上がって美しい虹をつくる。

河口の鄙びた一画の掘立小屋で、フェルディナンとマリアンヌは、鸚鵡と狐を飼い、弓で狩りをし、ヤスで魚を突いて、自然と原始に帰ったような生活をする。肩に鸚鵡をとまらせたフェルディナンの姿はダニエル・デフォーの小説の挿絵で見たことのあるロビンソン・クルーソーのようだ。フェルディナンは学生ノートに日記をつけはじめ、たぶんゴダール自身もそのようにしてしょっちゅうメモをとっていたのだろう（実際、それはゴダール自身が書いた文字なのだ）、その日記の日付もロビンソン・クルーソーが孤島で出会った黒人の従者フライデーよろしく、金曜日《フライデー》からはじまるのだ——と同時に、もちろん、ハワード・ホークス監督の『ヒズ・ガール・フライデー』にもめくばせしつつ、「マイ・ガール・フライデー」と書いたりする。

『小さな兵隊』のブリュノ・フォレスチエ（ミシェル・シュボール）や『軽蔑』のポール・ジャヴァル（ミシェル・ピッコリ）のように、フェルディナンも孤独な夢想家であるがゆえにいっそう明晰への意思にとり憑かれた男であり、自分がはまりこんだ複雑で不条理な状況をできるだけ論理的に分析し、響きと怒りにみちたフォークナー的冒険のプロットをできるだけ明快に把握しようとするのだが、明晰になろうとすればするほど混沌のなかに、そして最後には狂気のなかに、自失していくのである――官能的な幸福感に酔い痴れながら。

私は火！……まったき光……私は奇跡！……もうなんにも聞こえない……昇る！……宙を行く……ああ！　こんなことって！……超自然の激情で！……嬉しさのあまり私は吠える……目の前に私は幸せを見た……それに私はもうてんでなんにも分からなかった！……左手をちょっと伸ばす……思い切って……こわごわ……触れる、かすめる……わが仙女の髪！……ヴィルジニー！……まったき幸せ！……ああ！　私はただもう茫然自失、呆気にとられて、もう息もできなかった……心臓が膨らみ……私が燃え……私もすっかり炎になって……空中を踊って！……わが気まぐれ娘にしがみつく、ヴィルジニー！

と、フェルディナン／ベルモンドはルイ＝フェルディナン・セリーヌの小説「ギニョルズ・バンド」のページをひらいて読む（高坂和彦訳、国書刊行会）。まるでベルナルダン・ド・サン＝ピエールの小説の孤島の恋人たちが永遠の離別に逆らい、ポールがヴィルジニーによびかけるかのようだ。

しかし、マリアンヌは機嫌が悪い。「ふたりだけで生きる」なんて、退屈でおもしろくない、と彼女は言うのだ。気まぐれで、奔放で、恋する男には手に負えない、絶望的に魅力的な女だ。「何ができる？　何をしたらいいの？」とふてくされてくりかえしながら、マリアンヌ／アンナ・カリーナは波打ち際の水を裸足で蹴って歩いてくる。日記を書いていたフェルディナン／ベルモンドはその手を休め、「悲しそうだね」と声をかける。「だって、あなたは言葉でしか語らないから。あたしは感情で見つめているのに」と彼女は言う。フェルディナンも黙ってはいない。「だから、きみとは会話ができないんだ。思想がない。感情ばかりだ」。「そうじゃないわ、思想は感情のなかにあるのよ」と彼女は反論する。

彼女が好きなものは、花、動物、青空、音楽……彼が好きなものは、野心、希望、物事の動き、偶然……と、当然ながら女と男のように、というか、女らしく男らしく具象と抽象のように相反し、嚙み合わない。「おたがいに絶対にわかり合えっこない」と言って、彼女はまた水を蹴って去っていく。「何ができる？　何をしたらいいの！」（「どうすりゃいいのさ、どうしようもないじゃないの」）とでも訳したらいいか）。

もう孤島のロビンソン・クルーソーやロバート・スティーヴンスン的宝島ごっこやジュール・ヴェルヌ的長すぎる休暇／漂流を終えて、ダシール・ハメットやレイモンド・チャンドラーの犯罪小説の世界に出発するのよ、車と拳銃と夜の世界に、とマリアンヌは叫んで、さっさと立ち去っていく。追いすがるフェルディナン。「アンナ〔・カリーナ〕が本能的自然であるとすれば、日記をつけるベルモンドは内的思考をあらわす」とゴダールは『気狂いピエロ』について語っている（「カイエ・デュ・シネマ」誌一九六五年十月第171号所載のインタビュー、前出）。こうして、マリアンヌ／アンナ・カリーナはますます自由奔放にサディスティックな官能美にかがやき、フェルディナン／ベルモンドはいよいよ内省的に沈んでいき、マゾヒスティックなストイシズムに落ちこんでいく。

5 私たちはみんな気狂いピエロだ

次章――絶望。地獄の季節、マリアンヌ・ルノワール。

フェルディナンは日記を書きつづけ、風景のなかに死の香りをかぎ、セリーヌの小説の題名「なしくずしの死」を引用したり、自分を「休暇中の死者だ」と書き綴ったりする――『勝手にしやがれ』でも「死の音楽」としてモーツァルトの「クラリネット協奏曲」が流れるときにモーリス・サックスの小説「アブラカダブラ」のカバーのオビにレーニンの言葉として引用されていた言葉である。そして、「映画とは活動中の死をとらえることだ」――ゴダールがよく引用するジャン・コクトーの映画の定義である。日記は気狂いピエロの遺言になるだろう。

コートダジュールの美しい港町リヴィエラに着くや、フェルディナンはふたたび不可解で血なまぐさい事件に巻きこまれる。謎の小人とノッポがふたたび出現し、小人は、ハサミで首を突き刺されて死ぬ。そして、マリアンヌは姿を消してしまう。ノッポの一味にとらえられたフェルディナンは『小さな兵隊』を想起させる残虐な拷問責めにあう。そこで彼は、武器密売をめぐって国際的な政治団体らしいギャング団の対立があり、マリアンヌの兄（じつは情夫であることがのちにわかる）がその一方の首領であって、マリアンヌはそのために女子学生を装ってパリに敵方の情勢を偵察に行っていたのだということ、そして、フェルディナンはマリアンヌがリヴィエラに帰るまでの隠れ蓑的な道具であり、彼女の命をねらう敵からの弾よけに利用されていたにすぎないことを否応なしに悟らされる。裏切られ、虚仮にされた男の、寝覚めの悪さ。

夢みる男にとって、現実はつねにおそろしい罠である。気狂いピエロも、当然ながら、夢を見すぎたために現実にしっぺ返しを食う。フェルディナン／ピエロは、もはや、『小さな兵隊』のブリュノ・フォレスチエのように生きて老いていく知恵も求めず、『軽蔑』のポール・ジャヴァルのように生き残ることの苦渋に耐える気もなく、ただ死だけを夢みるのである。

しかし、なかなか自殺を決行できない。一度は線路の上に覚悟して腰を下ろし、近づいてくる貨物列車に圧し潰されて死ぬつもりだったが、あっさり未遂に終わる。「ああ、午後のおそるべき五時！」「ぼくは血を見たくない！」というフェデリコ・ガルシア゠ロルカの詩「イグナシオ・サーンチェス・メヒーアスを弔う歌」（長谷川四郎訳、「ロルカ詩集」、みすず書房）をつぶやくフェルディナン／ベルモンドのモノローグがうつろに物悲しくひびく。列車が迫ってくるとあわてて立ち上がり、線路から飛び退いてしまい、トボトボと立ち去っていく滑稽であわれなフェルディナン／ピエロの姿は、孤独な散歩者の夢想というにはあまりにも悲しい。しかし、もはや、致命的な愛だけが気狂いピエロに残された唯一の存在理由なのだ。リヴィエラのアパルトマンに小人の死体を残して消えたマリアンヌにトゥーロンの港で再会したフェルディナンは、だからこそ、「やさしくて残酷／現実的で超現実的／恐ろしくておかしく／昼で夜で／突飛でなく突飛で／すごく美しい」とジャック・プレヴェールの詩集「パロール」（小笠原豊樹訳、書肆ユリイカ）からの引用を「あたしの詩よ」といって捧げられ、「だから、気狂いピエロ！」と親密なからかい口調でやさしくよばれると、たちまち、「このうそつき女め、とことん信じてやる！」と何もかもゆるしてしまうのだ。

フェルディナン／ベルモンドが港に停泊中の豪華なヨットから降りてくる異様な扮装の老女（大きな真珠の首飾りに真っ赤なバラ、ピンク色のドレスに純白のケープ、黄色く染めた髪に黄金のヘアバンドといういでたちである）に手をさしのべてやるシーンがあるのだが、ゴダール映画のなかでも異色の特別出演で、「あまり知られていない現実の人物を映画のなかにもちこもうとしたことがある」（『ゴダール／映画史Ⅱ』、前出）という典型的な例かもしれない。しかし、カンヌ映画祭に私がたまたま行ったときにも出没して話題になっていたくらいだから、コートダジュールの名物的な存在だったことは間違いない。中東戦争の影がこんなところにも見出されるのかもしれないが、この奇怪な老婆はアイシャ・アバディという「十年前にレバノンから追放された王妃」で、ゴダールはニュース映画で、この王妃が「レバノンは痩せ衰えた国で、いずれ社会主義の運動がおこるだろうと主張していた」のを見ていたという。「派手な衣装の狂女のようにみえて、そうではなかった」。一九六五年五月のカンヌ国際映画祭のときに（『気狂いピエロ』がカンヌのすぐ近くのイエールでクランクインする二週間前だった）、ゴダールは「彼女が、かつて映画で見たとおりの恰好をし、映画で語ったようなことを言いながら通りを歩いて」いたのを見かけ、同じことを映画のなかで言ってくれないだろうかと申しこんだ。「まさに現実の人物」の引用なのだが、「こう言ってよければ、慣用的な言語のコードにしたがうために」「いつも映画のなかに現実の人物をもちこもうとして」きたのだとゴダールは言うのだ（「ゴダール／映画史Ⅱ」、前出）。だが、ときとして現実はフィクションをしのぐ不思議さに彩られるということでもあるのだろう。ちょっとおもしろそうだから撮ってみようといういいかげんな発想もありそうなのがそうではなくて奇妙な現実味を帯びてくる。ゴダールの引用の不思議な魅力でもある。

フェルディナン／ピエロはマリアンヌの明かす「わけ」のすべてがうそと知りながら、なお一抹のはかない夢にすべてを賭けて、ギャング団の抗争に身を投じる。しかし、殺し合いを終えて、フェルディナンのうつろな目にとびこんできたのは、マリアンヌが兄と称する男（ダーク・サンダース）の腕に抱かれて恍惚としている姿である。フェルディナンを埠頭に置き去りにして、モーターボートで、地中海の孤島に去っていくふたり。フェルディナンの絶望は狂気に彩られる。音楽と女のイメージに取りつかれて発狂した港の男、レイモン・ドゥヴォスに会うのは、このときだ。あの狂人、それこそたしかに彼、崇高な気違い……この狂気の漫談を聞かせるレイモン・ドゥヴォスも、ゴダール的な「生きた知性」としての特別出演と言えるかもしれない――知性とは対照的に明晰さを失った存在ではあるのだが、異種の「生きた知性」、狂気という名の知性としての特別出演なのである。主人公の狂気を反射する鏡の役を果たしている点ではブレヒト的な異化効果と言うべきかもしれない。ブレヒトの「演劇のための小思考原理」には、こんな一文がある。

……谷で演説している男を想像してみたまえ――この男は演説しながら、時々意見を変えたり、矛盾した語句をしゃべったりする。すると、山彦がそれをくりかえしながら、これらの語句との対決を行う。（千田是也訳）

だが、気狂いピエロは狂気を異化することなく、愛に狂う甘美な決意を固める。ゴダールの愛のロマンス／メロドラマのきわみだ。

マリアンヌとその愛人を地中海の孤島にまで追いかけて追いつめたフェルディナンは、灼熱の太陽のもとで彼らを射殺する。息も絶え絶えのマリアンヌの口から、「ごめんね、ピエロ」という彼女の初めてのやさしい言葉がもれる。だが、もう遅すぎる。それに、「俺の名はフェルディナンだ」。

地中海の青と真夏のまぶしすぎる黄色の太陽のあいだで、死が待っている。青ペンキを顔に塗りつけ、死に向かう儀式をおこなうピエロ。青ペンキが乾いたピエロ／ベルモンドの顔は、ジャン・ルーシュの民族誌フィルムの気違い祭司のようでもあり、ギリシア悲劇の仮面のようでもある。それは、「シンボル事典」（水之江有一編、北星堂書店）の定義そのままに「万物が生まれ、帰っていく原初の創造物」を表わし、人間の「生」と「死」を表わし、「永遠」を表わす海の色として「底知れぬもの」の表象としての青に、永遠としての死に、取り憑かれた気狂いのピエロの夢のようでもある。不幸を元の幸福の次元に回復するのではなく、むしろそれを死に至るまで極限化することによって自己実現に至ろうとするのが、この男の悲壮で滑稽な念願なのだろう。死によってのみ夢をみつづけることができた『カラビニエ』（一九六三）のユリシーズとミケランジェロの兄弟のように、フェルディナン／ピエロもまた、死によって海の青と一体化しようとするかのようだ。しかし、鉄道自殺を図って死にきれなかったように、いざダイナマイトで自爆をしようと導火線にマッチで火をつけるものの、あわててもみ消そうとする。だからこそ、「わたしたちはみんな気狂いピエロだ」とアラゴンも書かずにはいられなかったのだろう。そうなのだ、私たちはみんな、あわてて火をもみ消そうとしたけれども間に合わず自爆してしまったドジな気狂いピエロなのだ。

ラストのダイナマイト自爆から、キャメラが広大な海へ静かにパンしていくところは、かつて、批評家時代にゴダールが溝口健二監督の『山椒大夫』（一九五四）のラストのキャメラの静かな美しいパンを「永遠への挙手」とよんで絶讃した美しい表現そのままに果てしなくはるか遠くを仰ぎ見つづけるかのようである。それはすでに、『軽蔑』（一九六三）のラストで溝口健二への心からのオマージュを捧げた崇高なキャメラワークの見事な延長であり、ニコラ・ド・スタールの「南仏《ミディ》の光」にヒントを得たといわれるその究極のイメージとも言えるのが『気狂いピエロ』のラストシーンになる。そこでは太陽のかがやきが海のきらめきと一体化するのだ。フェルディナンとマリアンヌとの夢の対話として引用されたアルチュール・ランボーの詩句そのままに、夢と現実がひとつになって永遠に結びつくのである――「見つかった！／何が？／永遠が！／海に融けこむ／太陽が！」。

6 アンナ・カリーナに聞く（8）

――『気狂いピエロ』では、あなたの着ていた真っ赤なワンピースがとても素敵でした。

カリーナ　衣裳もすべてジャン゠リュックが選びました。

――あの真っ赤なワンピースもゴダールが選んだのですか。

カリーナ　そうです。でも、『気狂いピエロ』のときにはジット・マグリーニという
イタリア人の女性デザイナーがついていました。ミケランジェロ・アントニオーニの
『夜』（一九六一）や『赤い砂漠』（一九六四）、とくにカラー映画の『赤い砂漠』の衣
裳デザインをジャン゠リュックはすばらしいと思い、『気狂いピエロ』の衣裳を彼女
に依頼したんです。

――一九七〇年代に入ると、ジット・マグリーニはジャック・ドゥミ監督の『ロバと
王女』（一九七〇）やフランソワ・トリュフォー監督の『恋のエチュード』（一九七一）
など、フランス映画の衣裳デザインを主として担当していますね。

カリーナ　ジャック・リヴェットの『修道女』（一九六六）も彼女のデザインです。
イタリア映画ですが、ベルナルド・ベルトルッチの『暗殺の森』（一九七〇）の衣裳
もジット・マグリーニです。彼女をフランスに招いたのはジャン゠リュックなんです。
それから、カラー映画ではとくに、みんなが彼女を使いはじめたんです。ベルトルッ
チの『ラストタンゴ・イン・パリ』（一九七二）の衣裳もジット・マグリーニですね。
ジャン゠リュックも『中国女』（一九六七）や『ウイークエンド』（一九六七）でも

ジット・マグリーニの衣裳を使っています。かわいそうに、彼女はがんで亡くなりました。一九七八年か七九年ごろだったと思います。

――『気狂いピエロ』のなかで、あなたは可愛らしい仔犬の形をしたハンドバッグをいつも持っていますね。たしか、『小さな兵隊』のなかでも同じものを持っていたように思いますが、ひょっとしてあれはあなた自身の私物というか、お好みのというか、ふだんの生活でも使っていらっしゃるものなのですか。

カリーナ　いいえ、あれもジャン゠リュックが選んだものです。それに、『気狂いピエロ』のときの仔犬と『小さな兵隊』のときの仔犬は同じものではありません。『小さな兵隊』ではワンシーンだけだったでしょ。『気狂いピエロ』ではずっと持って出てましたけど。いずれにしても、あれは映画のなかだけのものです。あの『気狂いピエロ』の仔犬のハンドバッグは映画の小道具としてアンリ・ラングロワのシネマテーク・フランセーズにあずけました。『アルファヴィル』（一九六五）の白いマントも。

――『気狂いピエロ』では、ジャン゠ポール・ベルモンドとデュエットで一曲歌うんですね。

カリーナ　一曲だけ。「あたしの運命線」だけ。もう一曲あって、本当は二曲ともデュエットで歌うはずだったのに、ジャン゠ポール〔・ベルモンド〕が苦手だからと歌うのをいやがって、「あたしの運命線」だけはあんなふうにただ語りだけで応じるというデュエットになりましたけど、もう一曲のほう（「一生愛するとは言わなかったわ」）はわたしだけのソロになった。フランソワ・トリュフォーの『突然炎のごとく』のジャンヌ・モローが歌う「つむじ風」のセルジュ・レズヴァニ（ボリス・バシアク）の作詞作曲のシャンソンです。

――ピエール・コラルニク監督の『アンナ』（一九六五）がこれから日本でも公開されるのですが、これは完全なミュージカルですね。たしかテレビ映画でしたね。

カリーナ　テレビ用のミュージカル・コメディーです。セルジュ・ゲンズブールの曲がいっぱい、とてもたのしかった。ジャン゠クロード・ブリアリといっしょに出ています。

――ジャン゠クロード・ブリアリも歌って踊るのですか。

カリーナ　ええ、もちろん。このなかでわたしが歌った曲はどれも素敵で、大ヒットしたシャンソンもあります。レコードにもなっています。いまでも、ときどきラジオで聴くことができます。

7 ラウル・クタールに聞く（9）

——『気狂いピエロ』は『アルファヴィル』に次ぐジャン゠リュック・ゴダール監督の長篇第十作で、一九六〇年代のゴダールの頂点《ピーク》とも言える作品ですが、これはテクニスコープというイタリアのテクニカラー社が当時（一九六三年）開発した新しい方式で撮られたのですね。

クタール　そう、そのころテクニスコープで撮られた作品はまだほとんどなかったと思う。ジャン゠リュックとわたしがテクニスコープによる映像を初めて見たのはチネチッタで『軽蔑』の撮影に入ったばかりのときだった。テクニカラー社の技術者たちが見せてくれ、その方式《システム》を説明してくれた。35ミリのフィルムを半分に分けて撮影し、現像で拡大《ブローアップ》する方式です。わたしたちは非常に興味をひかれ、次はぜひテクニスコープで撮ろうと話し合ったのです。『軽蔑』はフランスコープというシネマスコープのちょっと変形のフランス式のスコープで撮っていましたから。それに、まだそのときはテクニスコープで撮れるキャメラがなかったと思います。

——ということは、テクニスコープ用の特別なキャメラが必要だったということですか。

クタール　つまり、テクニスコープというのは、35ミリのフィルムのコマを上下二段に分けて、ハーフ・サイズで撮ることになるので、当然ながら一《ひと》コマの面積は半分になり、そのために光量の問題が出てきたりして、キャメラを多少改造しなければならなかったのです。

——テクニスコープによる成功作の例はありますか。一九六五年にカンヌ映画祭で上映された市川崑監督の『東京オリンピック』がテクニスコープで撮影された部分があるというので、ジャン゠リュック・ゴダールがパリから見にきていましたが……。

クタール ジャン゠リュックが？　それは知らなかった。テクニスコープは厄介な方式で、ふつうの35ミリのフィルムをハーフ・サイズで撮るのはいいけれども、そのあと現像でブローアップ（拡大）しなければならない。ところが、当時のフィルムはいまのものほど粒子が細かくなかったので、ブローアップすると、画面がひどく荒れてしまう。まるで16ミリで撮ったものを35ミリにブローアップするのと同じような問題があったのです。もちろん、撮影には便利です。キャメラもフィルムもシネマスコープの場合よりも小さくていいし、金もかからない。問題は現像でした。当時はフィルムを液体（有機溶剤）で濡らしながら焼き付けるウェット・プリンティング（リキッド・プリンティング）がふつうで、ベースになるフィルムについたゴミや小さな傷がプリントに焼き込まれないように液体を使っているのに、液体の乾きが悪くてフィルムの表面にむらができたりしてね。いまでは考えられないようなことが当時はありました。

『気狂いピエロ』のあと、『メイド・イン・USA』（一九六六）と『彼女について私が知っている二、三の事柄』（一九六六）もテクニスコープで撮りましたが、この方式は結局、一九六〇年代に開発されて、すぐ廃《すた》れてしまった35ミリワイド方式です。その後、フィルムの質や現像処理のしかたはどんどん改良されてよくなっているので、むしろいまならこの方式は本当に有効なものかもしれません。

――『気狂いピエロ』でアンナ・カリーナとジャン゠ポール・ベルモンドが、砂浜でしたか、川のほとりでしたか、星空の下で寝るシーンは、いわゆる「アメリカの夜」（擬似夜景＝つぶし）ですか。

クタール　そう、「アメリカの夜」です。

――アンナ・カリーナによれば、『気狂いピエロ』のころにはゴダールはきちんとシナリオを書いていたそうですが……。

クタール　いや、いや、相変わらずシナリオなんてものはありませんでした。せいぜい一枚か二枚の覚書というか、注意書程度のものがあっただけです。そう、いわゆるシナリオというか、撮影台本《コンテ》らしきものは、そのジャン゠リュックのメモにもとづいて、助監督がなにやら詳細に書いていましたよ。『はなればなれに』のときなんかも同じです。CNC（中央映画庁／国立映画センター）に提出して、政府からの映画助成金を得るための方便、みせかけのシナリオでしたね。もっとも、『軽蔑』のときには、アメリカの企業から資本金をだしてもらうために、どんな映画なのか、わかりやすくストーリーを書いて提出しなければならなかったので、そのとき以来、シナリオの書きかたをおぼえたとジャン゠リュックは言っていた（笑）。プロデューサーを安心させるために、ときどき、助監督に、ストーリーをこまかく分析し、カット割りやキャメラ・アングルや、ここは50ミリのレンズで撮るとか、フィルムのメーター数などまで指定して書かせていたことはたしかです。

――『気狂いピエロ』ではレイモン・ドゥヴォスという漫談の芸人が船着き場で、愛に狂った男の話をジャン゠ポール・ベルモンドに聞かせるシーンがありますね。特別出演だったのですか。

クタール　そうだと思います。ジャン゠リュックが招いた芸人です。たしかレイモン・ドゥヴォスの映画初出演でした。神経質な、気むずかしい人で、あのシーンの撮影にはすごく時間がかかりました。

男性・女性

MASCULIN FEMINININ

「15の明白な事実（15 faits précis）」（副題）

ジャン゠リュック・ゴダール作品（1965 － 66）。
白黒、スタンダード。上映時間　1時間50分。
監督・脚本・台詞　ジャン゠リュック・ゴダール。原作（短篇小説）　ギー・ド・モーパッサン（「合い図」「ポールの恋人」）。撮影　ウィリー・クラント。記録　シュザンヌ・シフマン。音楽　フランシス・レイ、モーツァルト（「クラリネット協奏曲K622」）。挿入歌　シャンタル・ゴヤ「乙女の涙」（作詞作曲　ジャン゠ジャック・ドゥブー）。編集　アニエス・ギユモ。製作　アナトール・ドーマン（フランス・スウェーデン合作）。
撮影期間　1965年11月22日－12月23日。撮影場所　パリ（フランス）およびストックホルム（スウェーデン）。
出演　ジャン゠ピエール・レオー（ポール）、シャンタル・ゴヤ（マドレーヌ）、マルレーヌ・ジョベール（エリザベート）、ミシェル・ドゥボール（ロベール）、カトリーヌ゠イザベル・デュポール（カトリーヌ）、エヴァ゠ブリット・ストランドベルイ（スウェーデン映画のなかの女）、ビルイェル・マルムステーン（スウェーデン映画のなかの男）、イヴ・アフォンゾ（自殺する男）、ブリジット・バルドー（本人自身）、アントワーヌ・ブールセイエ（本人自身）、フランソワーズ・アルディ（本人自身）、エルザ・ルロワ（ミス19歳）、シャンタル・ダルジェ（地下鉄の女）、メド・ホンド（地下鉄の男）、ドミニク・ザルディ（ポルノ雑誌を読む男A）、アンリ・アタル（ポルノ雑誌を読む男B）。
ジャン゠ピエール・レオーに1966年ベルリン国際映画祭主演男優賞。
フランス公開　1966年4月22日。日本公開　1968年7月20日。

1 マルクスとコカコーラの子供たち

『気狂いピエロ』が一九六五年十一月、パリでロードショー公開されているとき、ジャン゠リュック・ゴダールはすでに『男性・女性』の撮影に入っていた。翌六六年一月にはプレス試写がおこなわれ（たしかクロード・ルルーシュのプロダクション「フィルム13」の新しいビルの豪華な試写室で）、私も「カイエ・デュ・シネマ」誌の仲間たちといっしょに、期待に胸をふくらませて見に行ったことを思いだす。

『気狂いピエロ』に熱狂し、昂揚していた誰もがまるで冷水を浴びせかけられたような思いだった。『気狂いピエロ』の華麗な色彩と大きな画面、「美しい風景のなかで女と男の物語を撮ろう」というゴダールの言葉どおりの荒唐無稽なまでにロマンチックな物語のあと、『男性・女性』の白黒スタンダードの小さく硬質な画面は寒々としてせせこましく（撮影もラウル・クタールでなく、ベルギーのテレビ出身のキャメラマンで、一九六五年にアニエス・ヴァルダ監督の『創造物』でフランス映画界に入ってきたばかりのウィリー・クラントである）、生々しくリアルだが、のちにフランソワ・トリュフォーがゴダール宛の訣別の私信にずばり書いているように（「トリュフォーの手紙」、平凡社）「昆虫を観察する学者の視点のようで息がつまりそう」な、ぶっきらぼうでなまなましく残酷なドキュメンタリーを見る感じで、その印象はあらためてまた見ても変わらない。『気狂いピエロ』のダイナマイト自爆のあと、やさしさとか愛などといった甘ったるい感情をかなぐり捨てたかのように、ゴダールは「世界と人間を、感情移入／同化でなく、異化のまなざしでとらえる」ベルトルト・ブレヒト的教訓に徹して、新しく「澄みきった眼で」（「はじめからやり直すような気持で」ともゴダールは語っている）すべてを見つめ直し、何もかも「客観的に」突き放して描いているとも言えよう。『男性・女性』の冒頭のマニフェスト的な説明字幕のように出てくる副題「十五の明白な事実」、あるいはまた、ゴダール自身がつくった『男性・女性』の予告篇に映画の惹句のように使われている「現代のフランスの青春と性《セックス》についてのいくつかの明白な事実を描く」という表現のなかの「明白な」に相当するフランス語は「précis」で、「確かな」「的確な」「明確な」「まさにずばり」とも訳されうるだろうし、「正確には（十五の）事実だけ」というような厳格なニュアンスも感じられ、一切の手心を加えない、「客観的な」、という容赦のない、冷酷なリアリズム感覚にもとづいているような気がする。

「十五の明白な事実」は、「哲学者と映画作家は存在論、世界観において共通する」とか、「消費社会の産物との対話」とか、「もはや女と男と流血の海だけ」とかいった、そのつど鋭い銃声のような音を伴って出てくる字幕とともにエピソードふうに紹介されるが、「1965〔年〕」の1と6と5が銃声のような鋭い音とともに消え落ちて「9」だけが残って「第九章」のようになったり、ただ「12」の数字が出てそのまま「第十二章」になったりする。『女と男のいる舗道』（一九六二）のブレヒト的映写字幕のような「十二景」のタイトルや『カラビニエ』（一九六三）の戦場からの手紙の挿入のようなものだが、もっとずっと断片的で唐突なモンタージュだ。銃声とともに現実の破片が飛び散るような感じだ。なかに「この映画のまたの題名は」「マルクスとコカコーラの子供たち」という字幕があり、『男性・女性』に描かれる人物たちがゴダール（当時三十五歳になったばかりだった）よりもずっと若い、「十歳も年下の」、新しい時代の青年たちであり、「当然ながらレジスタンスもアルジェリア戦争も知らない世代だが、共産主義思想に感化されていると同時にアメリカ的生活様式の影響もうけているという意味で、マダム・マルクスとムッシュー・コカコーラのあいだの子供たちと名づけたのだ」とゴダールは述べている（『男性・女性』のシナリオ序文）。

『男性・女性』の冒頭、製作会社の名前とともに、これまでまだ三、四本しかつくられていない「フランス語をしゃべる百二十一本の映画」の一本を光と影とともに提供するという意味の字幕が出てくる。アルジェリア戦争の時代にジャン゠ポール・サルトルが起草した名高い反戦パンフレット「百二十一人宣言」を想起させるが、『男性・女性』に登場するのはベトナム戦争反対の若者たちである。時は一九六五年の冬。「ベトナムと007／ジェームズ・ボンドの時代」だ。一九六五年の十一月から十二月にかけて「いくつかの――正確には十五の――確かな事実を手がかりに、映画という手段を用いて青春を描こうとした」とゴダールは述べているが（『男性・女性』の宣伝パンフレット、「ゴダール全評論・全発言Ⅰ」、前出）、そこで語られる「青春」はもはやゴダール自身の青春ではない。『小さな兵隊』（一九六〇）のようなゴダール自身のひきずっていた情念や悔恨とは無縁の「若きヴェルテル」の子孫や労働運動と反戦活動に挺身する若者や、歌手志望の女の子の生活、というよりも、生態なのである。「若さ、不安、孤独、絶望といったものが、年をとって、まったくなくなったわけではないが、切迫感はなくなった」とゴダールはのちに、どこかで語っていたと思う。若者たちの存在や生きかたにもちろん――研究対象としての――興味が示されるものの、絶対的な共感はない。

といっても、ベトナム戦争だけは「十歳も年下」の若者たちの問題というよりはゴダール自身の新しい「映画的」問題になる。若者たちの反戦運動、政治活動を描くことによってゴダール自身の「政治的」メッセージを提示することになるのだが、それはリチャード・ラウドの指摘のように、「その後のゴダールの全作品の基礎を形成する、あの現実性と抽象性との弁証法的緊張を表現しているのだ」（「ゴダールの世界」、前出）。「愛と政治の二重構造」とアラン・ジュフロワはゴダールの映画の本質を分析することになるのだが（「愛と政治の地平線のかなたへ――ゴダール論」、仲川譲訳、「季刊フィルム」一九六八年十月創刊号）、「愛」は性《セックス》そのものに、さらには売春に収斂、抽象化されて、「政治」とともに映画的命題になっていくのである。

『男性・女性』のゴダールは新しい映画の方向に、「政治化」への確信にあふれて、冷徹な姿勢をつらぬき、強化していくかのようだ。右往左往する若者の生態もひややかに鋭くえぐりだすだけだ。背筋が寒くなる瞬間もある。ジャン゠ピエール・レオーの暗い絶望的なまなざしに耐えられない瞬間もある。仮借なく痛烈な青春白書だ。「十五の明白な事実」は、「劇映画をドキュメンタリーのように撮る」シネマ・ヴェリテの形式で構成され、若者たちへのインタビューが中心になっているが、登場人物たちの対話も、ゴダールによれば（「ゴダール／映画史Ⅱ」、前出）、「台詞は書かれた台詞ではなく、私自身が聞き手になっておこなった、俳優たちへの実際のインタビューをもとにしてつくられた台詞」とのこと。もっとも、俳優たちには彼らの演じる人物の身になって答えるようにあらかじめ指示しておいたので「フィクションの部分も含まれて」いるのだが、ゴダールとしては「現実の俳優たちに関することをあれこれと聞き出す」ことに興味があり、そうやって「聞き出した」ことを「混ぜ合わせ」て会話の形に構成したのであった。個々にインタビューしたものを組み合わせて若者たちが「二人で話しあっている」ように、つまりそれが「真実なものであると思わせよう」としたのであった。ゴダールは、たしか、どこかで、シネマ・ヴェリテ（映画＝真実）はシネマ・マンソンジュ（映画＝虚構）なのだと語っていたと思う。しかし、それ以上に、ゴダールは自分とは十歳以上も年齢の違う若い世代に「昆虫を観察する学者の視点で」興味を持っただけなのかもしれない。「マルクスとコカコーラの子供たち」はゴダールにとっては興味深いひとつの社会現象（ゴダールによれば「政治的」な出来事）にすぎなかったのかもしれない。

2　政治の季節がはじまる

「政治の季節」というのはゴダール自身が命名したものなのだが、といっても、「映画のわきで進行」する政治運動ではなく、「新聞の三面記事の領域の政治……三面記事の形をとった政治的大事件」が『男性・女性』という映画の「政治的要素」なのだと語る（「ゴダール／映画史Ⅱ」、前出）。

ポーリン・ケイルやアニエス・ヴァルダや斉藤綾子氏が指摘する「男性・女性と

いう二つの性／ジェンダーが並置されているという状況」が呈示され、「性《セクシャリティ》」と「性差《ジェンダー》」の問題が「政治的な広がりを持つという視点」（斉藤綾子「男性・女性、オトコとオンナの間」、一九九八年にリバイバル公開されたときのパンフレット）をもふくむ現代的な――根底的《ラジカル》な――異議申し立てとしての「政治化」と言うべきか。

『男性・女性』はすでに『中国女』（一九六七）の予告篇とも言える作品だ。すでに「五月革命」に向かってまっしぐらに疾走しているかのようだ。あるいはむしろ、『中国女』は『男性・女性』のカラー版であり、カラーによるある種のリメーク（とまでは言わなくとも、その延長線のような作品）とも言えるだろう。一九六〇年代のゴダール映画は、カラー・ワイドスクリーンか、白黒スタンダードか、どちらかだったのだが、『中国女』だけはカラーでスタンダード・サイズなのである。

一九八七年にラウル・クタールにインタビューしたとき、つい質問しそこねたのだが（一瞬、こんなことを質問するのは失礼なのではないかとひるんでしまったのだ）、一九五九年から六七年の『中国女』『ウイークエンド』に至る、「五月革命」以前のゴダールの長篇映画十五本のうち、『男性・女性』だけがなぜラウル・クタールのキャメラで撮られなかったのかということがとても気にかかっていた。「ゴダール伝」（前出）の著者、コリン・マッケイブも、気狂いピエロのダイナマイト自爆とともに「何らかの断絶」がゴダール作品にはあり、次の『男性・女性』では「これまで不可欠だった〔キャメラマンの〕ラウル・クタールがいなくなり、〔チーフ助監督の〕シャルル・ビッチが、〔ヘアメイクの〕ジャッキー・レイナルがいなくなり」「新しいプロデューサー（一九五九年の『勝手にしやがれ』以来のジョルジュ・ド・ボールガールでなく、アナトール・ドーマンになる）、新しいスター（ジャン゠ピエール・レオー、シャンタル・ゴヤ）、ほぼ完全に新しい製作チームを得た」と短絡的に指摘している。

しかし、『男性・女性』のあと、すぐまた、『メイド・イン・USA』（一九六六）では、アンナ・カリーナ主演ということもあるにせよ、撮影のラウル・クタール、チーフ助監督のシャルル・ビッチ、ヘアメイクのジャッキー・レイナル、記録のシュザンヌ・シフマンがスタッフを固め、アンナ・カリーナの出ない『彼女について私が知っている二、三の事柄』でも同じスタッフで（もっとも、『メイド・イン・USA』と『彼女について私が知っている二、三の事柄』は同じスタッフだったからこそ同時進行で撮影できたのだろうけれども）、そして『ウイークエンド』も撮影はラウル・クタール、記録はシュザンヌ・シフマンである。

『男性・女性』は、『気狂いピエロ』のあと、「スウェーデンとの合作で一本つくらないかという話がもちこまれ、主題は自由に選んでいいということだった」とゴダールが語っているように（「ゴダール／映画史Ⅱ」、前出）、いつものように、たとえば、ヴェネチア映画祭からの注文／依頼で急きょ撮った『恋人のいる時間』（一九六四）のように、早撮りせざるを得なかった作品であり、急な話で、いつものスタッフがすでにほかの仕事に入っていたというだけのことだったのかもしれない。実際、一九六〇年代のゴダールの短篇映画の撮影をみても、『立派な詐欺師』（一九六三）以外はラウル・クタールの担当ではないのである。引く手数多《あまた》のキャメラマンだったラウル・クタールがすでに他の監督の作品と契約してしまっていて、ゴダールの『男性・女性』に参加できなかったというだけのことだったのかもしれない。とはいえ、やはり「断絶」は一時的にせよ、いや決定的に、あったにちがいない。アニエス・ヴァルダ監督の『創造物』の撮影にも立ち会い、そのラッシュ試写も見てウィリー・クラントの撮影ぶりを研究したというゴダールのことだから、それまでのラウル・クタールのキャメラによる「アンナ・カリーナ時代」との決別はすでに明確に意図されていたのかもしれない。

3 アントワーヌ・ドワネルの新たな冒険

一九六〇年代のゴダールの精力的な仕事ぶりは目がくらむようなすばらしさで、とくに『男性・女性』を撮った一九六五年は、『アルファヴィル』と『気狂いピエロ』を撮った年でもある。一月から二月にかけて『アルファヴィル』を、六月から七月にかけて『気狂いピエロ』を撮ったのである。

一月から二月にかけて七週間で『アルファヴィル』を、六月から七月にかけて八週間で『気狂いピエロ』を、それぞれ『勝手にしやがれ』以来の相棒であるラウル・クタールのキャメラで、そしてさらに十一月から十二月にかけて四週間で『男性・女性』をウィリー・クラントのキャメラで撮った。その年の五月には『アルファヴィル』が公開され、十月にはオムニバス映画『パリところどころ』（一九六三年十二月から六四年一月にかけてアルバート・メイスルズのキャメラで撮られた第5話『モンパルナスとルヴァロワ』）が公開され、十一月には『気狂いピエロ』が公開された。『男性・女性』の完成は翌年一月、公開は四月になる。

絶好調のゴダールとは対照的に、フランソワ・トリュフォーは、一九六四年の『柔らかい肌』の不評と興行的失敗のあと、『華氏451』の企画が実現せずに低迷していた（フランスにおける製作が不可能になった『華氏451』がイギリス映画として映画化されるのは一九六六年になってからである）。この時期に、フランソワ・トリュフォー監督の自伝的処女作『大人は判ってくれない』（一九五九）の主人公、アントワーヌ・ドワネル少年の役でデビューしたジャン＝ピエール・レオーが、「ドワネルもの」の二作目になるオムニバス映画『二十歳の恋』（一九六二）のフランス篇「アントワーヌとコレット」のあと、トリュフォーの分身のイメージから抜け出て、いや、むしろそのイメージの連続としてゴダールの世界に接近することになる。『男性・女性』のなかで、ジャン＝ピエール・レオー扮するポールが電話で「ドワネル将軍だが……」と偽って内務省から迎えの車をださせるというギャグは言うまでもなくトリュフォーへの挨拶なのである。トリュフォーはアントワーヌ・ドワネルを主人公にしたシリーズを構想していたが、思うように映画が撮れず、ジャン＝ピエール・レオーをゴダールにあずける形になった。こうして、アントワーヌ・ドワネルはゴダールの映画にずれこむことになるのである。あるいは、アントワーヌ・ドワネルがゴダールによって引用されたのだとも言えよう。ジャン＝ピエール・レオーは『男性・女性』に次いでゴダールの『メイド・イン・USA』（一九六六）、『中国女』（一九六七）、『ウイークエンド』（一九六七）、『楽しい科学』（一九六七年に撮影、六九年に完成）に出演、すっかりゴダールの世界になじんだあと、一九六八年、「ドワネルもの」の第三作、『夜霧の恋人たち』でトリュフォーの世界にまた帰っていくのである――たぶん利息まで付けられて。ゴダールによって、ゴダールのおかげで、ジャン＝ピエール・レオーがトリュフォーの分身を演じる「ドワネルもの」のシリーズ化が逆に刺激され、決定的に促されたとも言えるかもしれないのだ。

ジャン＝ピエール・レオーは映画狂で、俳優をやりながら監督を志し（ヌーヴェル・ヴァーグの影響で誰もが映画作家になろうという熱い想いにかりたてられていた）、『柔らかい肌』ではトリュフォーの下で現場見習い（あるいは実習生というか、フランス語では「スタジエール」というのだが、助監督としては四番目になり、すでにちょっと述べたように、まずこの段階をへなければ正規のスタッフに入れないのである）につき、次いでゴダールの『恋人のいる時間』（一九六四）、『アルファヴィル』、『気狂いピエロ』の助監督のフォース《フォース》、サード、セカンドとして働いた。私が『アルファヴィル』の撮影を見学できたのも、ジャン＝ピエール・レオーの口ききのおかげだった。

一九六五年十二月には、「ゴダールに見出された」新鋭、ジャン・ユスターシュ監督がジャン＝リュック・ゴダールの製作でジャン＝ピエール・レオー主演の中篇映画『サンタクロースの眼は青い』を撮った。ジャン・ユスターシュは、その後、一九七二年にやはりジャン＝ピエール・レオー主演で長篇映画『ママと娼婦』を撮り、「最後のヌーヴェル・ヴァーグ」と絶讃されたが、一九八一年にピストル自殺をした。

ジャン゠ピエール・レオーのすばらしさは、いつもジャン゠ピエール・レオーそのものという感じで、映画のなかの役になりきってしまうというより、役のほうがジャン゠ピエール・レオーにとり憑いてしまうといった印象を与えることだろう。青春の息吹きなどといったありきたりの表現も、ジャン゠ピエール・レオーの息づかいによって心がふるえるような、生々しく、いきいきとしたものになる。『男性・女性』で、たとえば、ポールが遊戯場の「一分間であなたの声がレコードに」と書かれた自動録音ボックスで、コインを入れ、恋人のマドレーヌへの愛の言葉を吹き込んでいるうちに、語調につられて、突然、煙草の宣伝文句を口走ったり、高揚して「こちら管制塔、ボーイング737へ……ポールからマドレーヌへ！」と叫んだとたんに時間切れになるといった、せつないくらいのおかしさは、ポールというキャラクターなのか、アントワーヌ・ドワネルなのか、いや、ジャン゠ピエール・レオー自身なのかわからない見事さだ。

映画館で上映されている作品のフレームが正確でないと怒って映写室にかけこむところなども、映画狂のジャン゠ピエール・レオーそのものとしか思えないおかしさなのである。

4 『コケティッシュな女』からスウェーデン・ポルノへ

プロデューサーのアナトール・ドーマンの注文が「主題は自由に選んでいいということだったので」、ゴダールはかつて批評家時代に短篇自主映画として断片的に撮ったことのあるギー・ド・モーパッサンの二本の短篇小説、「ポールの恋人」と「合い図」を合わせて、『男性・女性』のプロットを組み立てる。ポールが恋をしたマドレーヌには同性愛の愛人がいたという話と良家の人妻の売春の話で、ポールとマドレーヌの話はジャン＝ピエール・レオー扮する「現代の若きヴェルテル」的な作家志望の青年とシャンタル・ゴヤ扮する歌手志望の女の子の話（シャンタル・ゴヤにはいつも同性愛らしいマルレーヌ・ジョベールがくっついている）になり、人妻の売春の話は「スウェーデンとの合作」だったので、スウェーデンのスタッフ・キャストで、一九五四年に初めて撮った記録映画『コンクリート作戦』に次ぐ劇映画第一作『コケティッシュな女』（一九五五）のリメーク（というよりむしろ続篇）としてパリの映画館で上映される「映画のなかの映画」、「スクリーンの劇中劇」になった。「ゴダールの世界」（前出）の著者リチャード・ラウドは、『コケティッシュな女』を見たという少数の幸運なひとりで、こんなふうに紹介している。

ある意味では、ゴダールのすべてが、当然未熟な形ながら、すでにそこに見出される。これは後に『男性・女性』に出てくるいわゆる《スウェーデン》エピソード、映画のなかの映画の源泉となった、あのモーパッサンの小説「合い図」が原作である。プロットは一人の良家の若妻が、売春婦が客を引くときの誘い顔に魅了されて、自分もやってみようという気になるという話である。ただ効果があるかどうかをためすだけだったのに、ほんとうに成功してしまう。見知らぬ男にアパートの戸口まで追ってこられて、彼女はついに負けてしまう。〔……〕この短篇はストーリーをひとすじにたどってゆくが、ずうずうしい男がむりやりアパートに入った瞬間ピタリと止まってしまって、奇異な感じを与えている。この後に起こることが、『男性・女性』のなかのエピソードの主題を形成している。

『コケティッシュな女』にはすでに「ゴダール的な」すばやい切り返し、手持ち《ハンディ》キャメラ、台詞がそのまま画面にもあらわれること、アメリカ製の大型乗用車、言葉《ナレーション》と映像のズレ、女優が頭をゆすって髪を波うたせること、等々が印象的で、「最後に、ゴダール自身が売春婦の客の一人となって映画に登場する」という。

そのつづき——寝室における男と女のセックス・シーン——が、『男性・女性』の映画館で上映されるスウェーデン映画のシーンになる。ミシェル・ヴィアネイ著「気狂いゴダール」（前出）によれば、「ゴダールがノートに書きつけた」そのシーンのシナリオは以下のようなものであった。

男の手で無理やりおし拡げられた女の脚。男は女に、ベッドに上がってひざまずき、頭にシーツをかぶるよう命令する。男は女を従わせるため、剃刀の刃をとりにゆく。女はスリップを脱ぎ、ベッドの端に腰をかける。女の前に男が股をひろげて立ちはだかる。男は女の頭を手でおさえ、下を向かせる。女はじっと動かない。それを見おろす男。女がもがく。男が唸る。女はもう動こうとしない……

スクリーンに上映されるのはもっと断片的なシーンばかりだが、ゴダールのシナリオそのままにポルノ的なイメージを強烈に喚起する。男が言葉ではなく「唸る」だけで女にいろいろな性的要求を迫るところが、いかにも女を見下した男のいじましくも率直な欲望の滑稽な表現にみえる。女は屈辱を押しつけられているようだが、金で身を売ったのだから、男の意のままになるのが当然というわけなのだろう。男はただ「ウー」と唸っては女に着ているものを脱がさせ、「ウー」と唸っては尻を突きださせて撫でまわし、「ウー」と唸っては股間に女の頭を突っ込んで押さえつける。そのものずばりを見せる当時のスウェーデン・ポルノ（などとよばれていたもの）のスタイルを借りて、それ以上にいやらしくエロな印象を与える。

映画館のシーンではなく、別のシーン――カフェのシーン――だが、例の与太者コンビ――『女は女である』（一九六一）では盲目の物乞いを演じた――アンリ・アタルとドミニク・ザルディがポルノ雑誌を交互に奪い合い、競い合ってあられもなく大声で読み上げるシーンもある。

愛の身振りなどといったロマンチックな甘いニュアンスは、もはや、ない。映像でも言葉でも性戯が描かれるだけ。それも、あえてフェミニズムや性的ジェンダーの問題を逆撫でし、挑発するように、男が女を金で買って言いなりにするのだ。そして、女のほうもあたりまえのように、それが自然の理にかなうかのように、売春をおこなう。カフェの奥で話がもつれ、夫に淫売《サロップ》とののしられて子供を奪われた妻はピストルをハンドバッグから取りだして追いかけ、夫を射殺するが、のちに、カフェでゆきずりの男をつかまえて金額の交渉をしていて、売春を生業にしているらしいことがわかる。深夜の地下鉄のなかでは白人の女が黒人の男ふたりに愛なんてふざけたことを言うな、この売女め、とののしられ、ハンドバッグからピストルをだして……夜の闇に銃声が轟く。当時パリでフランス語では「幽霊列車《メトロ・ファントーム》」の題で上演中だったリロイ・ジョーンズ作のヒット舞台劇「ダッチマン」の一場面の引用で、舞台と同じ俳優たちがそのまま引用されて出演していた（女優はシャンタル・ダルジェ、演出のアントワーヌ・ブールセイエの夫人だった）。

こうした売春と死の殺伐たる風景が次々にポール／ジャン＝ピエール・レオーの眼前に現出する。心理描写のようなものはまったくないのだが、ジャン＝ピエール・レオーという存在をとおして（おそらくジャン＝ピエール・レオーだからこそ）、多感な傷つきやすい青春の衝撃や動揺が伝わってくる。肺結核で咳きこむ伝説的娼婦、椿姫の成功の秘訣を友人のロベール／ミシェル・ドゥボールに露骨な猥談のように笑って指で演じてみせたりして話しながら、突然虚無的な表情になるところなど強烈に印象に残る。性と死が紙一重なのだ。ここもジャン＝ピエール・レオーの暗い絶望的な表情はまるでアントワーヌ・ドワネルだ。

パリ郊外ヌイイのアメリカ病院の前でベトナム戦争に抗議して焼身自殺する男、ゲームセンターで突然自分の腹にナイフを突き刺して死ぬ男（イヴ・アフォンゾ）……死のイメージが映画につきまとう。

5 世界の中心は…

ポール／ジャン＝ピエール・レオーは歌手志望のマドレーヌ／シャンタル・ゴヤに恋をしていて、とつとつと不器用にくどくのだが、突然、彼女に「世界の中心は？」と聞かれて、おどろき、戸惑いながらも、「それは愛だと思う」と真剣に答える。ところが、女のほうは自分が世界の中心だと確信している。そして、「人間はひとりで生きられると思う？」とも聞く。ポール／ジャン＝ピエール・レオーは「ひとりでは生きられない」と言う。「愛がなくては生きられない」と。「娼婦と寝たことある？」とも聞かれて、「うん、まあ……でも娼婦は嫌いだ。悲しくて、冷たくて……」としどろもどろに弁解口調のポール／ジャン＝ピエール・レオーに、「いいのよ、別に」と女は興味も示さない。もちろん、彼女は『大人は判ってくれない』の感化院の精神科医ではないのだ。

シャンタル・ゴヤは当時、あどけなく愛らしく、日本でもすごく人気のある歌手で、『男性・女性』のなかでも歌っている「乙女の涙」が大ヒットした。

ポールは二十歳から二十一歳になり、意を決してマドレーヌに結婚を申し込むのだが、マドレーヌはレコード吹込みの初日だから、いまは急ぐの、時間がないの、と素っ気ない。マドレーヌ／シャンタル・ゴヤはあくまでもあどけなく愛らしく、まるで気がない風情だ。

「MASCULIN（男性）」には少なくとも「MASC（マスク）」と「CUL（尻《ケツ》）」があるけれども、「FEMININ（女性）」には何もない、という台詞もあれば、メインタイトル『MASCULIN FEMININ（男性・女性）』の「FEMININ（女性）」の文字のなかの「EMIN」が銃声のような鋭い音とともに射ち落とされて、残った「FIN（終）」がエンドマークになるという、ここもあえて挑発的に女性蔑視ともとられかねない疎外感というか、排他主義は、アメリカの――最も知的な文芸週刊誌「ザ・ニューヨーカー」の――辛口評論家として知られたポーリン・ケイル女史などによってとくに強く非難されたが、純真で誠実なポール／ジャン゠ピエール・レオーに対するマドレーヌ／シャンタル・ゴヤの心ない仕打ちを見れば、かならずしもいわれないゴダール的マッチョイズム（とポーリン・ケイル女史は痛烈になじった）でもなさそうで、微妙に複雑な思いにとらわれよう。マドレーヌはポールと「寝てもいい」という気になり（「愛している」わけではない）、ベッドをともにして、ポール・エリュアールの「愛すなわち詩」の一節を口ずさむのだが（「愛よ、愛よ……」）、すぐポールのつぶやくような声が入る――「すべては最も残酷な星／地球の石より冷たい人間の物語」。そして、人形がギロチンにかけられる処刑玩具が出てきて、サディズムの元祖、マルキ・ド・サドの名前と引用がつづく――「フランス人よ！／共和主義者たらんとせば／いま一息だ」（「閨房哲学」、澁澤龍彦訳）。

「モグラは無意識に一定方向に土を掘って進む」というマルクスの名言（？）とか、相変わらずゴダールらしい多彩な引用にあふれてはいるのだが、そのつど、そのつど、思いつきのギャグのように刹那的に出てくるだけで、『気狂いピエロ』におけるように引用と引用がぶつかり合い、反射し合い、イメージをふくらませ、言葉を肥大させて、映画をまぶしいくらいにかがやかせ、豊かにし、ドラマの進行のリズムに加速度をつけるようなことはない。

いつも映画にこだわっているポール／ジャン＝ピエール・レオーの発する映画的引用だけが心に残る。『殺人狂時代』（一九四七）のチャップリンの有名な台詞とルイス・ブニュエルの映画の題名を合わせて「大量殺人なら英雄、皆殺しなら天使」といった類だ。

「幽霊列車《メトロ・ファントーム》」の題でリロイ・ジョーンズの戯曲「ダッチマン」を演出したアントワーヌ・ブールセイエが、ゴダールの『軽蔑』（一九六三）のヒロインを演じたブリジット・バルドーとともに、ベルギー生まれのフランスの劇作家、ジャン・ヴォーチエの戯曲「奇跡」の台詞の読み合わせをしているカフェのシーンも、ポール／ジャン

〟ピエール・レオーの目線でとらえられているようで、親密感あふれる引用だ。

ゴダールとアントワーヌ・ブールセイエの友情ある付き合いが始まったのは、一九六三年の二月に、ゴダールの企画で、アンナ・カリーナが主役を演じるドニ・ディドロ原作の「修道女」の舞台での上演をブールセイエが芸術監督としてひきうけたときからだった（演出はジャック・リヴェットが担当することになった）。その年、イギリス海峡に臨むフランス北西部のノルマンディーの夏の演劇祭では、アントワーヌ・ブールセイエ演出によるジャン・ジロドゥの戯曲「ルクレチアのために」の主役にアンナ・カリーナが起用された。その後、ゴダールがアンナ・カリーナと別れたあとも、ゴダールとブールセイエの友情はつづき、一九六七年の『中国女』はアントワーヌ・ブールセイエのアパルトマンで撮影された。ゴダールは――プロダクション「アヌーシュカ・フィルム」の代表としてブールセイエのためにテアトル・ド・ポッシュというパリのモンパルナスの小劇場に出資し、そこがブールセイエの芝居の拠点となった。『男性・女性』のなかで自分の腹にナイフを突き刺して死ぬ男を演じているイヴ・アフォンゾはブールセイエのテアトル・ド・ポッシュの俳優で、ゴダールの『メイド・イン・USA』（一九六六）にデイヴィッド・グーディスの役で出演したあと、ジャック・ロジエ監督の『メーヌ・オセアン』（一九八五）にも出演することになる。

『男性・女性』のポール／ジャン゠ピエール・レオーは、『気狂いピエロ』のあとのゴダール自身でもあるかのように、「マリリン・モンローが急速に年老いた」と感想を述べ（マリリン・モンローは一九六二年に急死する）、映画を見つづけるが、「ぼくらの夢みた映画」を見出すことができなかったとナレーションで語る――「ぼくらがつくりたい映画、ぼくらが心の底から生きたいと思う映画とは別のものばかりだった」。

「マルクスとコカコーラの子供たち」の青春白書も、ゴダールにとっては「心の底から生きたいと思う映画とは別のもの」だったのだろうか。一九六五年十二月に『男性・女性』を撮り終えたあと、ゴダールは「〔翌年の〕一月のある朝、私は若者たちからも映画からも遠く離れ、またひとりになっていた。両者から私の手元に残されたのは、一本の映画という、つねに不完全なこの調書、つまりたえず完全なものにしようとしつづけるべきこの調書である」と書いているのである（「ゴダール全評論・全発言Ｉ」、前出）――「したがって、また別の映画にとりかからなければならない」と。

『男性・女性』は一九六六年ベルリン国際映画祭に出品され、ジャン゠ピエール・レオーに主演男優賞が与えられた。

ザ・スパイ
L' ESPION / THE DEFECTOR (英語題名)

ラウル・レヴィ作品 (1966)。

フランス・西ドイツ合作。イーストマンカラー。上映時間　1時間46分。

製作・監督・脚本・台詞　ラウル・レヴィ。原作　ポール・トーマス「ザ・スパイ」。共同脚本　ロバート・ゲネット。撮影　ラウル・クタール。音楽　セルジュ・ゲンズブール。

出演　モンゴメリー・クリフト(アメリカの物理学者、ジェームズ・バウワー教授)、ハーディ・クリューガー (東ドイツ・ライプツィヒ市広報課部長、ペーター・ハインツマン)、ロディ・マクドウォール (ＣＩＡエージェント、アダムズ)、ハンネス・メッセマー (サルツァー博士)、マーシャ・メリル (サルツァー博士の診療所の女性、フリーダ・ホフマン)、ダヴィッド・オトパシュ (ロシア秘密諜報機関のボス、オルコフスキー)、ジャン゠リュック・ゴダール (オルコフスキーの側近で二重スパイ)。

フランス公開　1966年10月20日。日本公開　1967年3月4日。

ヌーヴェル・ヴァーグの伝説的プロデューサー

ラウル・レヴィはヌーヴェル・ヴァーグ（新しい波）を起こすきっかけをつくった『素直な悪女』（一九五六）の山師的プロデューサーとして伝説的な存在だったが、伝説につきまとういかがわしさのほうがむしろ不思議な光芒を放っていた。

それは一九五五年のカンヌ国際映画祭からはじまるのだが、そのころはまだ、赤いカーペットをこれ見よがしに敷きつめた長い石段がカジノのビルの入り口になっている現在のカンヌ映画祭の会場からは遠く離れた（と言いたいくらい）海岸通りと海と砂浜がきらめく黄金時代の国際映画祭だった。助監督経験しかないひとりの若い映画狂の男が自作のシナリオを持って、ありとあらゆるプロデューサーにかけあってはことわられて、ほとんど絶望的になっていた。男には可愛らしいブルネットの髪の妻がいたが、まだかけだしの女優で、あまりパッとせず、彼女自身女優なんかもうやめようかと悩んでいた。しかし、彼女が海岸通りや砂浜を裸足でひとり歩くのを見て、カンヌに停泊中の米空母エンタープライズ号の水兵たちがどっと感嘆の声を上げ、口笛を吹いた。

「街頭でこんなに男たちにもてはやされる女が、スクリーンでもてはやされないわけがない」とラウル・レヴィは考えたという。そして、当時まったく無名の映画監督志望の青年と、スター女優を夢みるあどけない、しかし肉体だけは立派で魅力的な若い娘を、一手にひきうけて映画製作にのりだすという大博奕を打つことになる。青年はロジェ・ヴァディム、若い娘はブリジット・バルドー、映画は『素直な悪女』だった。ラウル・レヴィは、そのとき、ほとんど無一文で、ポケットにはホテル代の十二万旧フランしか持っていなかったそうである。しかし、若いころからメキシコで街頭写真家をやったり広告代理店につとめたり、ハリウッドでB級映画会社の製作部にもぐりこんで製作助手をして働いたりして鍛え上げたこの生まれながらの山師的プロデューサーは、ハッタリと押しの一手で、アメリカ人のように話す英語を混じえながら、あちこちの資産家をくどき、説得し、ドイツでは当時大スターのクルト・ユルゲンス（すでにフランス映画、一九五五年のイヴ・シャンピ監督『悪の決算』などにも主演していた）の出演承諾を得て、配給業者や銀行から六千五百万旧フランの融資をうけることに成功した。

ハリウッド仕込みのプロデューサー、ラウル・レヴィは『素直な悪女』を真に「現代的」な映画にするために、ロジェ・ヴァディムのシナリオを自らすっかり書き直した。とにかくエロチシズムを盛ること――そのためにブリジット・バルドーの胸と尻を強調し、ブルネットの髪も輝くようなブロンドに染め、身だしなみ、身振り手振り、しゃべりかたに至るまで、すべて「可愛い女」よりも生意気に挑発的に「エロチックな女」にブリジット・バルドーを仕立て上げるのだ。ロジェ・ヴァディムは不器用なほどリアルに、エロチックに、ブリジット・バルドーの肉体をシネマスコープの画面いっぱいにさらけだしてみせた。

『素直な悪女』は不道徳きわまる映画として一大スキャンダルになり、一九五六年から五七年にかけて世界的な成功を博し（ハリウッドのコロムビア映画が世界配給をひきうけたのだった）、ラウル・レヴィの手には八億旧フランもの金が入った。「俺は奇跡の映画をつくった。莫大な金もうけのできる偉大な映画だ。今後は誰もがこういう映画を手がけることになるだろう」とラウル・レヴィは豪語した。ラウル・レヴィにつづけ、『素直な悪女』につづけ、ロジェ・ヴァディムにつづけ、ブリジット・バルドーにつづけ――というわけで、独立プロが次々に設立され、無名の新人監督と新人女優がチャンスを与えられることになった。「ラウル・レヴィの出現と『素直な悪女』の大成功によって、それまで長いあいだアカデミズムの崩壊を推し進めてきた映画界の新しい惑星たちは自己表現のための新しい財政手段を見出すことができたのだ」とミシェル・メニルは書いた（仲川譲訳、「ユニフランス・フィルム」日本語版第42号）。ルイ・マル監督の『死刑台のエレベーター』が一九五七年、フランソワ・

トリュフォー監督の『大人は判ってくれない』、次いでジャン＝リュック・ゴダール監督の『勝手にしやがれ』が一九五九年につくられる。ヌーヴェル・ヴァーグという呼称がフランス映画の若い映画の代名詞になり、ヌーヴェル・ヴァーグを装ったマルセル・カルネ監督の『危険な曲り角』（一九五八）が「若者の映画」として大ヒットする。

ラウル・レヴィは、その後もロジェ・ヴァディム監督作品、ブリジット・バルドー主演作品を次々と製作。ブリジット・バルドーをジャン・ギャバンと共演させた『可愛い悪魔』（クロード・オータン＝ララ監督、一九五八）、巨匠アンリ＝ジョルジュ・クルーゾー監督と組ませた問題作『真実』（一九六〇）なども企画・製作して、ブリジット・バルドーを名実ともに大スターに仕上げたのはラウル・レヴィだった。こうして飛ぶ鳥も落とす勢いのラウル・レヴィであったが、一九六二年、クリスチャン＝ジャック監督、アラン・ドロン主演の70ミリ超大作『マルコ・ポーロの冒険』の製作半ばにして破産、一生かかっても返却できない（！）借金を背負ったまま、プロデューサーとしての華麗なキャリアに終止符を打つことになる。「俺はギャンブラーだ。危険や損失を恐れていたら何もできない」と口先だけは勇ましかったが、ついにその後プロデューサーとしてカムバックをすることができなかった。一九六五年から六六年にかけて、起死回生の策として、かつてアメリカのB級映画会社、とくにRKO映画の製作部で学んだ経験を生かして、自らの脚本・監督で二本のフィルム・ノワールを撮った。エディ・コンスタンチーヌとヘンリー・シルヴァ競演の『二人の殺し屋』（一九六五）とモンゴメリー・クリフトの遺作となった『ザ・スパイ』（一九六六）である。どちらも異色のB級犯罪スリラーとして一部の批評家から称賛されたが、ヒットには遠くおよばなかった。『ザ・スパイ』にはジャン＝リュック・ゴダールがそのころの黒いサングラスよりもっと真っ黒な眼鏡をかけ、女物のような黒い毛皮のコートを着た二重スパイの役で特別出演している。一九六六年二月から四月にかけて冷戦当時の西ドイツの西ドイツでロケーション撮影されたこともあって、たぶんそのためにわざわざ西ドイツのミュンヘンまで出かけて行って特別出演している。ラウル・レヴィとゴダールは、ゴダールが批評家時代にラウル・レヴィの製作したロジェ・ヴァディム監督の『素直な悪女』や『大運河』（一九五七）を絶讃したときから親しい友人付き合いをしていた。それに、『二人の殺し屋』も『ザ・スパイ』も撮影はゴダール映画の常連のラウル・クタールだった。

『ザ・スパイ』の助監督にはイザベル・ポンスという仕事のよくできる若い女の子がついていたが、熱烈なゴダール・ファンで、監督のラウル・レヴィから紹介されて『メイド・イン・USA』（一九六六）の見習いスタッフに入り、『彼女について私が知っている二、三の事柄』（一九六六）では記録助手《スクリプター》につき、その後もゴダール映画の仕事をつづけて「ゴダール組」のメンバーになるのだが、そんなイザベル・ポンスに横恋慕したのかどうかわからないけれども、ラウル・レヴィはイザベル・ポンスを追いかけてゴダール映画の撮影現場にもしょっちゅう姿を見せるようになった。ゴダールの映画を製作しようという企画などもあったのだろうが、もはや、ラウル・レヴィに金をだしてくれる者はいなかった。

ラウル・レヴィは「結局のところ俺は十九世紀の人間だ。月の美しい晩に、海が見える庭園で、俺は自殺するだろう」と言っていたそうである。ゴダールが一九六六年七月から九月にかけて、『彼女について私が知っている二、三の事柄』と『メイド・イン・USA』を二本かけもちで撮影することになったとき、ラウル・レヴィは『彼女について私が知っている二、三の事柄』のほうにふたりの「売春主婦」、マリナ・ヴラディとアニー・デュペレーを相手に変態的な写真を撮ったりするアメリカ人の役で出演することになったが、そこで映画の記録助手《スクリプター》として働いていたイザベル・ポンスに突然のように狂ってしまう。

イザベル・ポンスは『メイド・イン・USA』のほうにチラッと出演もしている。

アンナ・カリーナ扮するポーラ・ネルソンがジャン゠クロード・ブイヨン扮するアルドリッチ刑事に捕らえられ、手錠をかけられてカフェの奥にすわっているところへひとりの若い女性記者がやってきて殺人事件についての質問をするのだが、その若い女性記者を演じているのがイザベル・ポンスである。

一九六六年十二月三十一日、ラウル・レヴィはイザベル・ポンスを追いつづけ、自殺する。南フランスのリゾート地、サンポール・ド・ヴァンスのデラックスなホテルで（海の見える庭園ではなかったが、美しい地中海に面したホテルで）、彼の愛を拒絶して閉じこもった二十一歳のパリジェンヌ、イザベル・ポンスの部屋のドアをたたきながら、「おまえなしでは生きていけない。このドアをあけてくれなかったら、すぐにでも死んでしまう」と懇願し、脅迫し、絶叫しつつ、まるで手がすべって引き金を引いてしまったかのようにぶざまに猟銃の弾丸を腹にぶちこんで血みどろになって息絶えた。四十四歳だった。たしかに、「十九世紀の人間」の敗北したロマンチシズムの残影をひきずったような死にざまだった。

メイド・イン・USA
MADE IN USA

「映像と音に関するわが敬愛する師、ニックとサミュエルに」(献辞)

ジャン゠リュック・ゴダール作品（1966)。
イーストマンカラー、テクニスコープ。上映時間　1時間30分。
監督・脚本・台詞　ジャン゠リュック・ゴダール。原作（小説）リチャード・スターク（「悪党パーカー／死者の遺産」)。撮影　ラウル・クタール。音楽　ベートーヴェン（「交響曲第五番」「ピアノ三重奏曲」)、シューマン（「交響曲第四番」)。挿入歌　マリアンヌ・フェイスフル「涙あふれて」、小坂恭子「私の詩集」。編集　アニエス・ギユモ。製作　ジョルジュ・ド・ボールガール。
撮影期間　1966年7月-8月。撮影場所　パリおよび郊外（フランス)。
出演　アンナ・カリーナ（ポーラ・ネルソン)、ジャン゠ピエール・レオー（ドナルド・シーゲル)、ラズロ・サボ（秘密警察の刑事リチャード・ウィドマーク)、マリアンヌ・フェイスフル（本人自身)、イヴ・アフォンゾ（帰らざる詩人デイヴィッド・グーディス)、ジャン゠ピエール・ビエス（殺し屋リチャード・ニクソン)、ジャン゠クロード・ブイヨン（アルドリッチ警部)、レモ・フォルラーニ（バーにいる労働者)、ジャン゠リュック・ゴダール（リシャール・ポ…の声)、シルヴァン・ゴデ（殺し屋ロバート・マクナマラ)、小坂恭子（ドリス・ミゾグチ)、フィリップ・ラブロ（本人自身)、リタ・メダン（ポーラに情報を流す女)、エルネスト・メンゼル（エドガー・ティフュス)、ジャン゠フィリップ・ニエルマン（取調べ官)、イザベル・ポンス（地方紙の女性記者)、ロジェ・シピオン（コルヴォ博士)。
フランス公開　1967年1月27日。日本公開　1971年1月15日。

1 ハンフリー・ボガート主演のウォルト・ディズニー映画

一九六六年、ジャン゠リュック・ゴダールは二本の長篇映画をかけもちで撮ることになる。かけもちとはいっても、まったく同時に企画がスタートしたわけではなく、最初はアナトール・ドーマン製作の『彼女について私が知っている二、三の事柄』を撮る準備をしていたが、その間にジョルジュ・ド・ボールガール製作の『メイド・イン・USA』が飛び入りで先に、何の準備もなしに撮影に入り、七月から八月にかけて四週間、まず『メイド・イン・USA』を、次いで、八月八日から二十七日まで『彼女について私が知っている二、三の事柄』を撮影、八月二十八日からは二本同時に別々の場所で撮り分けて九月八日に撮了。ダブって撮影したのは実質的に十二日間、同じスタッフで二本の映画を午前と午後に分けて撮ったという。「この二本の映画は、まさに同時につくられたのです」(「ゴダール／映画史Ⅱ」、前出)。

こんないいかげんな映画のつくりかたをしてもいいのかと話題になり評判になった。ゴダール・ファンにとっては痛快な出来事だった。まるで「たのまれれば何でも引き受ける」という「映画屋稼業」に徹した、わがマキノ正博／雅弘監督のごとし。

そもそもは、『男性・女性』に次ぐアナトール・ドーマンの製作で『彼女について私が知っている二、三の事柄』を企画していたところへ『勝手にしやがれ』(一九五九)

以来親密な付き合いをしていたプロデューサーのジョルジュ・ド・ボールガールから電話があり、ジャック・リヴェット監督、アンナ・カリーナ主演の『修道女』（一九六六）が公序良俗に反するとの理由で公開禁止になり（情報大臣による検閲が入り、公開は一九六七年になる）、「月末の支払いのための金に困って」いるので、「三週間以内に映画の撮影を始めてくれないかな。いや、どんな映画でもいいんだ。そうしてくれれば、その映画のための金を借りることができるし……」ということで、ゴダールは「じゃあ、少し時間をください。一日か……いや二時間でいい。その間に街角の本屋で探偵小説を一冊見つけてきますから。そしてその小説を脚色し、映画に撮ることにしましょう」ということになった。「この映画はこんなふうにして始められたのです」。

ゴダールにたのめば、とにかく、なんとか映画を、それも安く速くつくってもらえるという信頼がプロデューサー側にはあったのだろう。ゴダールのほうも、いつだって、思いつきで、どんな映画だってつくれるんだという自負のようなものがあったのだろう。とにかく、なんとか売れる映画をさっとつくろう、というわけである。まさに「間に合わせ」の名匠、早撮りの達人、マキノ正博／雅弘もかくやといったところ。「早い安い面白い第一主義」のゴダール的実践である。

ゴダールが「街角の本屋」で映画のネタとして見つけた一冊の「探偵小説」は、リチャード・スタークの「悪党パーカー／死者の遺産」であった。いつもながら、ゴダールはこのハードボイルド・ミステリーを、「映画化」するというよりは、単にきっかけとして、ベースにして、出発点にして、自分の問題——政治的な関心事——を映画にすることになる。ゴダールとしては「小説のあらすじにはきわめて忠実なつもり」だったが、プロデューサーは「かなり多くの変更が加えられているのだから、これでは作家も自分の小説を脚色したものとは思わないだろうと考え、原作料を払おうとはしなかった。その点については「原作者」リチャード・スタークが鈴木布美子氏のインタビューに答えて語っていることがじつにおもしろいので、ちょっと長くなるけれども、以下に引用させていただくと——

——あの映画（『メイド・イン・USA』）ではゴダールとトラブルがあったと聞いたことがあります。

スターク　ゴダール自身には問題はなかったんだ。最初、プロデューサーは作品の映画化権を買っていたんだが……。

——プロデューサーはジョルジュ・ド・ボールガールでしたね。

スターク　そうだ。当時彼は全財産を投じた『修道女』が発禁処分になって破産寸前だった。そこで救いの手をさしのべたゴダールに私の「悪党パーカー／死者の遺産」を見せて、これをもとに1本映画をつくることにしたんだ。ところがゴダールの脚本が原作とかなりかけ離れたものだったので、ボールガールは製作途中で映画化権の契約をキャンセルした。ゴダールには内緒にだ。ゴダールはそんなことは知らないので、イギリスの映画雑誌「サイト・アンド・サウンド」のインタビューで、「今、アメリカの作家のリチャード・スタークのハードボイルド小説を映画化している」と喋ってしまったんだよ(笑)。それで私は著作権侵害の裁判を起こした。結果は私の勝ちだった。

――損害賠償金をもらったのですか。

スターク　いいや。相手は文無しだったからね。代わりにあの映画の北米大陸における配給権を貰ったんだ。

――ゴダールはあなたのファンなのですか。

スターク　さあね。会ったことないから。

――『メイド・イン・USA』を見たときの印象はどうでしたか。

スターク　ゴダールは『彼女について私が知っている二、三の事柄』を午前中に撮影し、午後に『メイド・イン・USA』を撮影する。これを12日間やったんだ。だから雑な作品だということがよくわかる。例えばアンナ・カリーナが道を歩いてガレージに向かうとき、あるショットではブルーのドレスを着ているが、別のショットではオレンジのドレスを着ているんだ。

――ゴダールの映画は好きですか。

スターク　ああ。彼の映画ではいつも予期しないことが起きるからね。一番好きな作品は『ウイークエンド』だ。（「キネマ旬報」一九九九年六月下旬号）

ゴダール自身も、『メイド・イン・USA』は「よくできた映画とは言えない」「〈物語を語ろうとしたが〉まったく足が地についていなかった」「はっきり言って出来の悪い映画だ」とあちこちで堂々と発言している。『彼女について私が知っている二、三の事柄』に比べれば、「野心」を欠いた「純粋に商業的なやり方で組み立てられている」作品だというのだ（「ゴダール／映画史Ⅱ」、前出）。

『勝手にしやがれ』と同じことをまたやろうとした――つまりアメリカの犯罪映画を模倣した――退嬰的な作品だというのがゴダールの自己批評なのである。

リチャード・スタークの小説から発想を得たゴダールは、たまたまパリの映画館でハワード・ホークス監督の『三つ数えろ』（一九四六）がリバイバル上映されているのを見て、アンナ・カリーナを探偵にして、ハンフリー・ボガートのようにトレンチコートを着せ、拳銃を持たせ、不可解な謎の事件に取り組むという「ある種のリメーク」を考えた。しかし、これが退嬰的なのだとゴダールの自己批評はつづく。アンナ・カリーナが舞台で演じた「修道女」の映画化をプロデューサーのジョルジュ・ド・ボールガールに薦めたゴダールにしてみれば、映画が公開禁止になってプロデューサーを苦境に立たせ、しかもアンナ・カリーナをかつて自分が監督した『小さな兵隊』（一九六〇）と同じ憂き目に会わせることになってしまったことへの責任感のようなものもあったのかもしれない――と思ったら、そんなことはなく、まったくのなれあいから『メイド・イン・USA』のヒロインにはアンナ・カリーナを使うことになっただけだというのだ。だから、もはや愛もなく、不満だらけで、またも自己批評になる。

この映画でアンナ・カリーナをまたつかったのは……というか、私には、習慣から以外には、彼女をつかって映画を撮る理由はなにもありませんでした。このことは彼女にとっても、あまり誠実なこととは言えません。彼女に金の必要があったのなら別ですが（もっともその場合は、私が用立てることができたはずです）、でも、まずはじめに問題がそうした形で提起されたわけじゃありません。〔……〕それは習慣からのことだったからです。そしてそれが映画からも感じられるのです。もはやどちらにも、映画をつくりたいという……一緒に映画をつくりたいという欲望がなく、〔……〕だから、それは習慣だったのです。そうした映画が、軽蔑的な意味で明らかに商業的な映画であるのはそのためです。（「ゴダール／映画史Ⅱ」、前出）

撮影現場でも、ゴダールはアンナ・カリーナに冷たくつらく当たり、「彼女にあまりに意地悪なので、〔キャメラマンの〕ラウル・クタールでさえ、そんなにひどく接するべきではないとゴダールに意見したほどだったという」（コリン・マッケイブ「ゴダール伝」、前出）

アンナ・カリーナが初々しくいきいきとしていた幸福な（としか言いようのない）ゴダールの初のカラー作品『女は女である』（一九六一）にくらべようもないくらい、ぐっと成熟して肉感的になって、化粧もどぎつく、もちろん無邪気をよそおうことなどもなく、図太く、悪意にみちて、非情にふるまう。彼女の役は残酷な殺し屋なのだ。ハンフリー・ボガートの女性版なんてものじゃない。

2 明日に別れの接吻を

彼女は読みかけのポケットブックの一冊を胸にのせたまま、ホテルのベッドでうたた寝している。「さらば人生《アデュー・ラ・ヴィ》、さらば愛《アデュー・ラムール》」という本の題名からして映画そのもののすべてを予告しているかのようだが、それはホレス・マッコイの小説「明日に別れの接吻を」（一九五〇年にジェームズ・キャグニー主演のギャング映画になっている）のフランス語版の題名である。

片手にリボルバー、片手にウイスキーのグラスを持ち、そして外出するときには白いトレンチコートを着こみ、ハードカバーのぶ厚い「美食百科《グルメ》」のなかをくりぬいて拳銃をかくし、時がくると冷酷に容赦なく男たちを射ち殺す。ドナルド・シーゲルとして長いあいだB級ギャング映画を早く安く面白く量産していた初期のドン・シーゲル監督の傑作『殺し屋ネルソン』（一九五六）の主人公を思いださせるポーラ・ネルソンというのがアンナ・カリーナの演じるヒロインの名前だ。

血みどろの顔、ときには髑髏《どくろ》が、死のイメージを喚起する——といっても、ゴダール自身も言うように（「この映画はむしろ劇画なのです」）、当時流行のポップ・アート調のけばけばしい、爆発的な色彩が強烈に目を射るダイナミックなコミックスのような感じだ。「ウォルト・ディズニー＋《プラス》流血」というナレーションも入る。切り札は死、血の赤だ。ポーラ・ネルソン／アンナ・カリーナは血みどろの不思議の国のアリスといったところ。「ルイス・キャロルとともにアリスの国へ」という台詞（だったか、字幕だったか）も出てくる。

この映画のすべての人物が、アメリカ映画の、ハリウッドの、実在の俳優や監督やシナリオライターや、あるいは映画のタイトルやヒーローやヒロインの名前になっていて（映画だけでなく、アメリカ大統領になる以前のリチャード・ニクソンや国防長官ロバート・マクナマラが殺し屋として出てきたりするが）、まさにその意味でも題名どおりのメイド・イン・USAなのだが、そもそも映画そのものもニックとサミュエルに、つまりニコラス・レイ監督とサミュエル・フラー監督に捧げられ、これは「ハンフリー・ボガート主演のウォルト・ディズニー映画」なのだと定義され、〔ハワード・ホークス監督の『暗黒街の顔役』（一九三〇／三二）のシナリオライター〕ベン・ヘクト街や〔『堕ちた天使』（一九四五）や『歩道の終わる所』（一九五〇）などのフィルム・ノワールの監督〕オットー・プレミンジャー通りで殺人が起こる。『疑惑の渦巻』（オットー・プレミンジャー監督、一九四九）のホセ・ファラーが怪演した奇怪な催眠術師、コルヴォ博士が検死担当医になって（いや、医師は一九四九年の『怒涛の果て』の監督、エドワード・ルドウィグの名だったかもしれないが、演じるのは何という俳優だったか）、やがて『暗殺者の家』（アルフレッド・ヒッチコック監督、一九三四）の歯科医のシーンを想起させる検死台のような椅子に寝かされた男の顔に巻かれた血にまみれた包帯をとると血みどろの頭蓋骨がぬっと顔を出す等々、といったぐあいに、ゴダールが愛した数々のアメリカ映画の記憶を「劇画」的に誇張して合成したモザイク画をつくりあげることになる、とリチャード・ラウドは分析し、しかしながら「たとえてみれば、ばらばらになったモザイク画、あまり小さなはめ石でできているために像が浮かびあがらないモザイク画のようなもの」とも書くのだが（「ゴダールの世界」、前出）、そのとおりかもしれない。

3　色彩が歌っている

支離滅裂な印象を与えるのはしかたがないとしても、何もかもばらばらに散乱して筋道が立たない。雑然といえば雑然、混沌といえば混沌、デタラメといえばデタラメかもしれない。だが、なんという鮮烈な色彩の洪水、あざやかな原色の官能的な乱舞。そのなかをハードボイルド・ヒロイン、悪党カリーナが泳ぎまわり、闊歩する。

この映画に取柄があるとすれば、とくに色彩だろうとゴダール自身も言うのだ——謙虚に、率直に、「色彩に関してはある種の研究のあとが見られます」（「ゴダール／

映画史II」、前出）と。

カラー映画というだけで映画的快感があるのである。青、白、赤、それに黄色が、衣裳にも装置にも、建物の壁や窓枠にも、車やドラム缶にも、空や水にも、標識や広告やポスターや漫画やヌード写真にも、文字や風景にも、生々しく（ふれたら真っ赤な血のようにべっとり色がつきそうなくらい）塗られ、いつまでも乾かずに濡れているかのようだ。ゴダール自身が、いつものように、見事にその魅惑の秘密を解明してくれる。

ミケランジェロ・アントニオーニの『赤い砂漠』（一九六四）を見ると、色彩がキャメラの中にある、つまりこの映画をこしらえあげたのはキャメラそのものだという印象をうけるのです。わたしの『軽蔑』（一九六三）の場合は、一方にキャメラがあり、他方にはキャメラの前に存在する被写体があった。色彩は被写体とともにキャメラの外にあったわけです。わたしはアントニオーニのようにキャメラそのものによって映画をこしらえあげることができるかどうかわからないが、その欲望を感じはじめていた。その欲望の最初の表現が『メイド・イン・USA』だったのです。それゆえに、この映画はよく理解されなかったのです。観客はこの映画が何かを表現しているものと思いこんで見てしまったからです。なぜなら、何が表現されているのかを理解しようと努めたからです。じつは観客はたやすくすべてを感じていたはずなのに、逆に何も理解できないと思いこんでしまったわけです。

わたしがうれしかったのは、ジャック・ドゥミがこの映画をすごく好きになってくれたことです。実際、わたしはこの作品を「歌われた」映画と考えていました。『メイド・イン・USA』はジャック・ドゥミの『シェルブールの雨傘』（一九六四）に最もよく似た映画なのです。人物こそ歌いはしないが、映画は歌っているのです。（「カイエ・デュ・シネマ」誌一九六七年十月第194号所載のインタビュー、仲川譲訳、「季刊フィルム」一九六八年十月創刊号、前出）

まさに色彩という名の映画が歌っているかのような魅惑のファンタジーなのだ。不思議の国《ワンダーランド》の劇画的な（とゴダール自身も言っている）冒険活劇なのである。

4　ベン・バルカ事件

とはいえ、ゴダールはひとつの「明白な事実」、当時のフランスで大スキャンダルになった政治的事件、フランスとモロッコの両政府をゆるがすほどの暗黒事件にもとづく「きわめて現実的な映画」でもあるというのである。

なぜなら、この映画はベン・バルカ事件のある証人の失踪の物語だからです。その証人はフィゴンという名前で、事件のあと行方をくらまし、二週間後に警察に暗殺されました。それというのも、彼は生き残っていたごく少ない証人の一人だったからです。それにフィゴンには女が一人いて、私はその女にサンジェルマン・デ・プレで会ったことがあります。(「ゴダール／映画史Ⅱ」、前出)

ベン・バルカ事件というのは、フランスに亡命していたモロッコの左派の政治家——人民勢力全国同盟を組織してハッサン国王と対立して国外に逃れた——ベン・バルカが一九六五年十月、パリのサンジェルマン・デ・プレでモロッコの官憲により誘拐され(フランスの秘密警察もかかわっていたといわれる)、暗殺された事件。フィゴンというのはベン・バルカ誘拐に加わったフランスの秘密警察の手先であるやくざで、一九六六年一月、約束の金を払ってもらえなかったので、週刊誌「レクスプレス」に事件の一部始終を暴露してセンセーションを巻き起こした。その直後、フィゴンは逮捕される直前に自殺したと報じられたが、じつはモロッコとフランスの外交関係が一時途絶するほどの事件のあぶない証人になるので口封じのために殺されたともいわれた。

ゴダールはこのベン・バルカ事件を「まじめな政治的映画」としてつくろうとするなら、「実在のジャーナリストの登場人物をつかって一種のドキュメンタリー」にするほうがよかっただろうと言い、しかしそれではプロデューサーからの「商業的」要望には応じられそうにもないので、「何十億ものアメリカの探偵小説のなかで見つけることのできる、古典的な物語」を利用し、じつはフィゴンというのはベン・バルカ事件を調べていた「パリの大きな週刊誌の編集長」で、死んでおらず、身の危険を察知して「地方にのがれ、恋人を呼び寄せようとして手紙を書くというふうに想像した」というのである。「そして恋人は、指定された住所にやってきてはじめて彼が本当に死んでいるのを発見する」のだが、「彼女自身もその週刊誌の記者をしていたので、彼女は彼への愛から、探偵の役まわりを演じることになる」。

その恋人の女性記者がアンナ・カリーナだ。

こうして、ウイリアム・アイリッシュ原作、ロバート・シオドマーク監督の『幻の女』（一九四四）のヒロイン、エラ・レインズのように――のちにフランソワ・トリュフォー監督の遺作になったチャールズ・ウィリアムズ原作（「土曜を逃げろ」）による『日曜日が待ち遠しい!』(一九八三)でやはりファニー・アルダンが演じるように――アンナ・カリーナは単身、捜査にのりだすことになるわけだが、敵の巣窟に単身のりこむ、危険が身に迫る、ついに事件を解決する、といったアメリカ的なギャング映画やフィルム・ノワールによくあるようなパターンを踏襲して、たとえばラオール・ウォルシュ監督の『白熱』(一九四九)でエドマンド・オブライエンがFBIの密偵としてジェームズ・キャグニーを首領とする強盗団にギャング仲間として潜入するように、あるいはサミュエル・フラー監督の『東京暗黒街 竹の家』(一九五五)でロバート・スタックが同じようにFBIから、ロバート・ライアンがボスとして君臨する東京暗黒街にもぐりこむように、いや、それほどの目的やはっきりとした使命感があるとも思えないものの、「おまわりとやくざがからみ合う、ある秘密組織に捕えられたりし」つつ、謎の犯罪事件を起こした一味を殲滅するという役なのである。

アンナ・カリーナ扮するポーラ・ネルソンがやってきたフランスの地方都市は、アトランティック・シティという「アメリカナイズされた」原色の街だ。言うまでもなく、アトランティック・シティというのは、オーソン・ウェルズ監督の『市民ケーン』(一九四一)の堕ちたオペラ歌手、ケーンの二番目の妻だったスーザン・アレクサンダーのキャバレーがある都市の名で、ルイ・マル監督もアメリカ時代に――オーソン・ウェルズに敬意を表して――『アトランティック・シティ』（一九七九）という映画を撮っている。

謎の犯罪事件はポーラ・ネルソン／アンナ・カリーナをアトランティック・シティで待っていたはずの婚約者、リシャール・ポ……の死からはじまる。次々に現れては怪しげな言葉を口走る怪しげな人物たちはみな、リシャール・ポ……が暗殺されたことだけは知っているらしく、リシャール・ポ……のにぎっていた「秘密」やら暗殺の背後にある「政治的陰謀」やらをほのめかすものの、「マンハッタン計画、ロス・アラモス、トリニティ」という三語にすべてのヒントを秘めたロバート・アルドリッチ監督のハードボイルド映画『キッスで殺せ』（一九五五）さながら、リシャール・ポ……の名前そのものに――「ポ」は「ポリティック（政治的）」のポか、「ポリシエ（探偵もの）」のポか、「ポエティック（詩的）」のポか？　いや、もしかしたら（もしかしたらだが）、ポリス（警察）のポか……？――すべての「秘密」がかくされているらしいことはたしかなのに、その名前が映画のなかで誰かの口から発せられるたびに、ジョゼフ・フォン・スタンバーグ監督のロマンチック・スパイ・コメディー『ジェット・パイロット』（一九五五）のように、突如、電話のベルやら自動車のエンジンの音やらジェット機の轟音やらに妨げられ、リシャール・ポ……までしか聞こえないので、「ポ」が何の「ポ」かついにわからず、オットー・プレミンジャー監督のフィルム・ノワール『バニー・レークは行方不明』（一九六五）よろしく、死体の行方も秘密も不明のまま、ありとあらゆる、と言いたいくらい、さまざまなアメリカ映画のプロットやテクニックやキャラクターの寄せ集め、組み合わせ、コラージュによるメイド・イン・USA――アメリカ製――で、さらにまた、それだけでなく、やがてリシャール・ポ……が残した録音テープが発見され、ついにこれが、ビリー・ワイルダー監督のフィルム・ノワール『深夜の告白』（一九四四）のフレッド・マクマレーがディクタフォンに録音した告白のように事件の真相を明かす決め手になるかと思いきや、故意に――たとえばふたりいっぺんにしゃべって聞き取りを不可能にするシーンもあるように――すべてを攪乱して混乱させ、聞きづらくするために（としか思えない！）雑音を入れてうるさくしたような再生で、それもどなりちらすような政治演説集であり（フランス革命のときの恐怖政治のさなかに暗殺されたマラーや第一次大戦直前に暗殺された社会主義指導者ジャン・ジョレスの言葉などもふくむ引用とのことで、朗読する声の主は明らかにα60ならぬジャン゠リュック・ゴダールだ）、ゴダールが『気狂いピエロ』（一九六五）のきちんとした脚本を書いて提出するようにプロデューサーから求められたとき、完成した脚本を書いてしまうと撮る気が失せるという理由で何も書きたがらないゴダールのために勝手に代筆したという何でも屋――劇作家、放送作家、オペラ作家、漫画評論家、俳優――のレモ・フォルラーニが出演して、「ヘーゲル的」な理念の弁証法的発展とともにルイス・キャロルの「不思議の国の論理学」まがいの言葉遊び、数字遊びに興じるカフェのシーンのように、「秘密」が明かされるどころか、いよいよすべてが混乱をきたすばかり。犯罪事件も政治的陰謀も、リシャール・ポ……の死の謎も、まったく解明されることなく、わがアンナ・カリーナは、モロッコの情報屋とつながっていて「未完の小説」という題の小説を未完のままの作家デイヴィッド・グーディス（ハリウッドではサミュエル・フラーと同時代にシナリオを書いていた作家で、演じるのはアントワーヌ・ブールセイエの劇団出身の、ちょっとジャン゠ポール・ベルモンドになりそこねたようなイヴ・アフォンゾ）やドナルド・シーゲル――ドン・シーゲル監督――にはもちろん、ドナルドはドナルドでもあひる《ダック》にもなれないマザー・コンプレックスとおぼしきスパイ、ドナルド（この映画の助監督のサードについていたジャン゠ピエール・レオー）やサミュエル・フラー監督のハードボイルド・スリラー『拾った女』（一九五三）のリチャード・ウィドマーク気取りの秘密警察《ポリス・パラレル》の幹部リシャール（リチャード）・ウィドマーク（ラズロ・サボ）の死体を残しただけで、ロベール（ロバート）・アルドリッチ刑事（ジャン゠クロード・ブイヨン）

はどうなったやら、最後は、何人もの知識人たちにギャラの問題もたぶんあって（それほどの予算不足で）特別出演をことわられたゴダールが、『男性・女性』の撮影中に取材にきた気鋭のジャーナリスト、フィリップ・ラブロがヨーロッパNO.1放送局のために取材にやってきたついでにその車を使って特別出演してもらったということなのだが、映画のラストで「総括」の役を演じるには小物の印象がまぬがれず、のちに『刑事キャレラ 10＋1の追撃』（一九七二）、『相続人』（一九七三）、『潮騒』（一九七四）などの監督になるフィリップ・ラブロではあるものの単に運転しているだけという感じで、『アルファヴィル』（一九六五）のラストのように「帰還」するというラストシーンも、愛に向かっての旅立ちにはなりうべくもなく、まさに「さらば人生、さらば愛」の思いをかみしめてハリウッドを去ったニコラス・レイ監督のハードボイルド・タッチの戦争映画『にがい勝利』（一九五七）さながらの、にがい、といっても後味の悪いというわけでもない、中途半端なわりにはさっぱりした、素っ気ない幕切れだ。ポーラ・ネルソン／アンナ・カリーナはバルザック的「暗黒事件」から抜け出てきたと言葉では言うものの、何も解決されたわけでなく、シューマンの「交響曲第四番」が「希望」にみちたライトモチーフとして流れ、「左翼零年」の題字が画面いっぱいに出てくるのだが……その回答は（回答としてというよりは問題提起として）、このあと、もはやアンナ・カリーナが出てこない――その代わりにゴダールの第二の妻、アンヌ・ヴィアゼムスキーが新左翼の、毛沢東派《マオイスト》の女闘士として出てくる――『中国女』（一九六七）に見出されることになるということなのか。

5　アンナ・カリーナの犯罪

『メイド・イン・USA』には、イギリスの歌手マリアンヌ・フェイスフル（当時、ミック・ジャガーの恋人だった）が、突然、まるで、やがて『ワン・プラス・ワン』（一九六八）でローリング・ストーンズにゴダールが出会うことになるさきがけのように出てきて、一九六四年のデビュー曲「涙あふれて」をア・カペラで、ということは伴奏音楽なしで口ずさむ。同じように、『私の詩集』（一九六四）という知られざる日本の自主映画に出演した小坂恭子が、溝口健二へのめくばせとともにアルフレッド・ヒッチコック監督の『知りすぎていた男』（一九五六）に出演した歌手のドリス・デイをモジってドリス・ミゾグチの役名でギターを弾きながら日本語で一曲歌うシーンがあり、そこは寝室で、ベッドには死体が横たわっているのだが（リチャード・ラウドはこの「日本娘が歌う意味不明の歌」に「ゴダールの求めている不条理の感覚」を見出すのだ！）、それもじつは彼女にビリー・ワイルダー監督のハードボイルド・セックス・コメディー

『ねえ！キスしてよ』（一九六四）のレイ・ウォルストンのTシャツ（ベートーヴェンの肖像を大きくプリントしたもの）を着せるための口実だったように思える。

引用はゴダールの御家芸のようなものだが、『メイド・イン・USA』はタイトルそのままにアメリカ映画の通俗的な記憶――映画狂的記憶――の集大成、めくるめく尻取りゲームのようなゴダール映画なのである。そのすべてがアンナ・カリーナとともに去って行くかのようなラストシーンである。

彼女について私が知っている二、三の事柄
2 OU 3 CHOSES QUE JE SAIS D'ELLE

ジャン＝リュック・ゴダール作品（1966）。
イーストマンカラー、テクニスコープ。上映時間　1時間30分。
監督・脚本　ジャン＝リュック・ゴダール。原案　カトリーヌ・ヴィムネ（「ル・ヌーヴェル・オプセルヴァトゥール」紙掲載のルポ記事「団地における売春」）。撮影　ラウル・クタール。録音　ルネ・ルヴェール、アントワーヌ・ボンファンティ。記録　シュザンヌ・シフマン。製作進行　クロード・ミレール。音楽　ベートーヴェン（「弦楽四重奏曲第16番」）。編集　フランソワーズ・コラン、シャンタル・ドラットル。製作　アナトール・ドーマン。共同製作　フランソワ・トリュフォー／マグ・ボダール。
撮影期間　1966年8月8日－9月8日。撮影場所　パリ郊外（フランス）。
出演　マリナ・ヴラディ（ジュリエット・ジャンソン）、アニー・デュペレー（マリアンヌ）、ロジェ・モンソレ（ロベール・ジャンソン）、ジョゼフ・ジェラール（ジェラール氏）、ラウル・J・レヴィ（アメリカ人ジョン・ヴォーガス）、ジャン・ナルボニ（ジャンソン夫妻の友人ロジェ）、イヴ・ベネイトン（若い男）、ジュリエット・ベルト（ロベールに話しかける若い女）、クリストフ・ブールセイエ（クリストフ坊や）、マリー・ブールセイエ（ソランジュ嬢ちゃん）、ブランディーヌ・ジャンソン（女子学生）、ジャン＝ピエール・ラヴェルヌ（作家イワノフ）、クロード・ミレール（ブヴァール）、ジャン＝パトリック・ルベル（ペキュシェ）、ヘレン・スコット（ピンボールに興じる女）。
ナレーション　ジャン＝リュック・ゴダール。
フランス公開　1967年3月17日。日本公開　1970年10月3日。

1 パリという名の都会のスカートをめくればセックスが見える

「2」あるいは「3」の数字が交互にすばやく、くりかえして画面に出て、「2」か「3」かと迷い決めかねているというように「私が知っている事柄」がタイトルになる。『男性・女性』（一九六六）に描かれる現代の青春を「マルクスとコカコーラの子供たち」とずばり名づけたように、ジャン＝リュック・ゴダールは『彼女について私が知っている二、三の事柄』（一九六六）の主題あるいはテーマも見事にこんな惹句／キャッチフレーズに要約してみせる――「パリという名の都会のスカートをめくればセックスが見える」。

　映画のタイトルの「彼女」とは「〔パリ〕首都圏」のことをさすという字幕説明が出て、一九六四年に制定された地域都市開発整備計画にもとづいて建設進行中のパリ郊外の道路や公団住宅とその一帯――首都圏――が映画の主要な舞台であり、Région parisienne（パリ地域圏）は女性名詞なので「彼女」つまりヒロインになるというわけである。団地に住む主婦――マリナ・ヴラディ扮するジュリエット・ジャンソン――とその生活ぶり（それも一九五五年のゴダールの16ミリによる自主映画『コケティッシュな女』以来の強迫観念《オブセシオン》と言ってもいい売春である）も描かれるが、ゴダールによれば（シナリオ研究誌「ラヴァンセーヌ・デュ・シネマ」誌一九六七年五月第70号)、それは社会的・政治的な全体構造としての「大きな集合体」の部分のひとつであり、したがってマリナ・ヴラディ演じる「売春主婦」は主役ではないので、その売春行為も個人的な冒険のようには描かれない。もちろん、ロマンチックでもメロドラマ的でもなく、何でもない。それは社会的現実のひとつの事象、現代という「大きな集合体」の構成要素のひとつにしかすぎないというのだ。まだ歴史化されてはいない現代の流行を神話として分析しようという試みなのである。

『男性・女性』を撮り終えたあと、ゴダールは「私の手元に残されたのは、一本の映画という、つねに不完全なこの調書、つまりたえず完全なものにしようとしつづけるべきこの調書である。したがって、また別の映画にとりかからなければならない」と書いたが(「ゴダール全評論・全発言I」、前出)、その「別の映画」がこの『彼女について私が知っている二、三の事柄』という、「つねに不完全な」ために「たえず完全なものにしようとしつづけるべき」ひとつの「調書」だったことがわかる。

個人としての「人間」ではなく、「人間という基本的単位が、それを凌駕するいくつかの集団的法則によって支配されているような全体的構造」を描くことが映画の「真のテーマ」であり、その意味では最も「野心的な映画だ」とゴダールは語る。「現代の文明」論でもあり、「パリ地域圏の都市開発という問題をあつかっている意味ではドキュメンタリー」でもあり（最新のパリ考現学のようなものといったところか）、「映画のなかで、たえず、自分はなにをつくりつつあるのかを自分に問いかけているという意味では純粋な探求の映画」でもあるというのだ。単なる映画ファンとしてはもう、何が何だか……取り付く島がないという不安に駆られる。

工事中のブルドーザーの音が耳をつんざく。スイスのダム建設現場を撮ったゴダールの初の自主映画でドキュメンタリー『コンクリート作戦』（一九五四）に戻ってしまったようなはじまりである。建設現場の騒音、クレーンの動く音、道路工事の現場のざわめき……。「大きな集合体」である公団住宅の主婦、マリナ・ヴラディの演じるジュリエット・ジャンソンが紹介され、テラスに立っている姿がとらえられるが、逆光をうけて顔もよく見えない。

現代生活に必要不可欠なスーパーマーケットの日用品のパッケージや、婦人雑誌のページに氾濫する商品広告が、広告のうたい文句の文字とともに、大きく画面いっぱいにうつしだされ、人間よりも商品広告のようなイメージのほうが印象的なのである。フランスの国旗——青、白、赤の三色旗——のようにあざやかな原色のセーターやスカートが画面をよぎり、団地の主婦マリナ・ヴラディや彼女がよく行く美容院に

勤めていてやはり売春を副業にしているアニー・デュペレーのファッションという
より、そんな鮮やかな原色を身につけた女たちも商品として画面を彩るデザインの
素材みたいだ。

2 アンナ・カリーナの絵が……

壁という壁には無数の（と言いたいくらい）いろいろな、各国の主として航空会社や観光のポスターが所狭しとばかりに貼り付けられている。窓から子供たちが遊ぶ公園がすぐ目の前に見えるアパルトマンの二階が小さな託児所兼簡易売春ホテルになっていて、その壁にもポスターばかり。キャメラがパンすると、『女と男のいる舗道』（一九六二）の娼婦アンナ・カリーナを描いた絵が貼ってあったりする。『恋人のいる時間』（一九六四）の不倫の人妻マーシャ・メリルが女性週刊誌「エル」のモード情報欄を読んでいたように、団地の売春主婦マリナ・ヴラディも週刊誌「レクスプレス」のはさみこみの最新流行通信「マダム・エクスプレス」の愛読者だ。

変動、変貌する首都圏の環境や現代生活の考現学／ドキュメンタリーにゴダールのささやくような、つぶやくような声が果てしない自問自答のナレーションとして入ってくる。社会学者のレイモン・アロン（一九四五年にジャン＝ポール・サルトルを中

心に、メルロ゠ポンティらとともに「レ・タン・モデルヌ（現代）」誌を創刊した哲学者としても知られる）の著書、「変貌する産業社会」からの引用が数多くあり（本の表題も何度か画面に出てくる）、ゴダール自身のつぶやきのナレーションとともに現代社会に関する「情報」として「省察」として全篇に流れることになるのだが、まるで『アルファヴィル』（一九六五）の洗脳教室の頭が痛くなるような「一般意味論」講義のようだ。

『恋人のいる時間』では不倫だったものが『彼女について私が知っている二、三の事柄』では、たぶん個人的な次元から社会的次元に拡大されて、売春ということになるのだろう。週刊紙「ル・ヌーヴェル・オプセルヴァトゥール」に載ったパリ郊外の団地の主婦の売春についてのアンケートにもとづく映画化ということなのだが、売春は女だけの問題ではなく、「今日のパリの社会で生きていくためには、どんな生活水準にいる人であれ、またどんな社会的地位にいる人であれ、何らかのやり方で売春をせざるをえない」とゴダールは言うのである。つまりは労働もまた売春であるというのである。働かざる者は食うべからず。とすれば、「食う」ために働くように、「食う」ために売春せざるを得ないのだから、と。

現代の産業社会では誰もが「なんらかのやり方で売春をせざるをえない」――労

働者は工場で一日中身を売って働き、銀行でも郵便局でもみんなそうやって、つまり身を売って、「好きでもない仕事をやって、その報酬として給料をもらって」、売春と同じことをしているのだというのである。自主映画『コケティッシュな女』から、『女と男のいる舗道』（一九六二）をへて『未来展望』（『二〇〇一年愛の交換〝未来〟』、一九六七）に至るまで妄執のようにつきまとう「売春」のテーマが、もはや単なる物語としてではなく、ドキュメントとして、個人の生きかたとしてでなく、現実の事象として、物件として、社会的に「明白な事実」として、現代生活の本質として、追及され報告される。これは「フランスという国家についてのある報告書」であり「ニュース映画」なのだというのである。

3 売春主婦は語る

マリナ・ヴラディの演じる売春主婦は、個人としてはあつかわれないとはいうものの、個人的な意見を積極的に述べる。若い男を客に取って、セックスの前に裸になるところを男に見られたくない、「女はみな恥ずかしがり屋なのよ」と言う。「でも、性交渉で女だからといって恥ずかしがるというのも変ね」。そして、長々とこんな弁明をする。

「特別の男に性的に縛られるのはいいけど、不安だわ。でも自分を蔑《さげす》むのはよくないと思う。悲しいことね。恥ずかしがるのも同じことかもしれない。でも、羞恥心があると、相手との口論を避けたり、自分の行動を規制することができる。羞恥心を忘れて他人を非難したりするのは、やっぱり悲しいことだし、よくないわ。結局、自分を蔑むことになるのよ」。

こんなこともつぶやく――「セックスするにしても、幸福か無関心しか感じないというのでは恥ずかしい。男の性器がわたしの股をひらいて突っこまれる。ただ、それだけといえばそれだけ。腕には腕の重さがあるのと同じこと。夫と別れるべきかもしれない。出世欲がない人なの、現状に不満を持ったことがない。最初からそうだった……」。

薄汚れた壁に「美（BEAUTÉ）」の文字が逆さに（というか、裏返しに）書かれている。「人類学入門」という本の表題が画面いっぱいにとらえられる。女の手が若い男の髪を撫でる。「どんな体位がお好み？　イタリア式でいく？」と女の声。

マリナ・ヴラディはふてぶてしくたくましい、生活力のある、太めの体形の主婦そのものといった感じで、台所の流しに向かって立つ姿など堂々としているものの、「義務でない愛」を夢みるせつなさ、悲しさはまったく感じられない。

キャメラは、もちろん、マリナ・ヴラディだけでなく、失業中の女やら、田舎から出てきたばかりの若い娘やら、女物の服の売り場の案内係やら、ほとんど行き当たりばったりにとらえてインタビューをつづけるのだが、断片的で、とりとめがない印象をまぬがれない。ベートーヴェンの「弦楽四重奏曲第16番」がシーンの末尾に流れては断片がバラバラにならないようにまとめ、次のシーンに移る感じだ。

4 ゴダールのつぶやき

マリナ・ヴラディが夫の働くガレージにアニー・デュペレーと車でやってくる。洗車をするあいだ、ゴダールの低くつぶやくような、ささやくような、自問自答のナレーションが入る。

これらのことをいかに描くか？　彼女が夫の職場のガソリンスタンドに、彼女の女友だちとやって来た。このことをいかに言葉と映像で記述したらいいか？　意味と無意味、何が意味で何が無意味かを、いかに正確にとらえて表現できるか？　もちろん、ジュリエット（マリナ・ヴラディ）がいて、夫がいて、ガソリンスタンドがある。だが、なぜこの言葉か？　ほかにも記述の方法がありうるのではないか？　わたしのナレーションの声の強さは……キャメラによるわたしの視点の距離は……正確と言えるか、どうか？

「これは映画でなく、映画の試みなのだ」とゴダールは言うのだが、映画の試みどころか、試行錯誤しつつ、いや、もしかしたら試行錯誤をたのしみながら自問自答しているかのようだ。

キャメラはガソリンスタンドの隣のガレージの先にある小さな公園の緑ゆたかな樹木をとらえる。

たとえば木の葉がゆれる。それだけでウイリアム・フォークナーの小説「野生の棕櫚」のドラマが生まれるだろうが、彼女（ジュリエット／マリナ・ヴラディ）とは、直接、関係はない。

キャメラはガソリンスタンドのわきに立つ見知らぬ若い女性をとらえる。

彼女については何も語れない。しかし、彼女が前を見つめることをやめて、うしろを向けば、曇り空と壁の文字（「中古車買います」）が見えるだろう。

洗車の仕上がりの工程が描かれる。ふたりの女、ジュリエット／マリナ・ヴラディとマリアンヌ／アニー・デュペレーがたばこをすって待っている。つぶやきのゴダールのナレーションがつづく。

言語への疑いを招くしかない記号の氾濫で、わたしは意味と無意味の泥沼に首まで浸り、現実は想像力の洪水に溺れる。映像はよしあしを越えて自由だ。わたしの乱れた理性の前で良識が再出発する。人間よりも物《オブジエ》のほうを注意深くあつかう理由、それは物《オブジエ》のほうがより存在しているからだ。死んだ物《オブジエ》はつねに生きており、生きた人間は最も多くの場合、すでに死んでいる。

まったく、なぜこの言葉なのか、なぜこの映像なのか、と問わずにいられないが、その間もなく、「わたしは人間が幸福に生きる理由を探究しているのだ」とゴダールのナレーションが迫る。

問題を一歩進めると、人間が生きる理由はひとつしかないことがわかる。過去の記憶がまずあって、次に現在があり、現在を享受する能力があれば、生きていく過程で生きる理由をつかみ、個々の状況でそれが見出された数秒間が生きる理由を心にとめる瞬間なのだ。人間世界における最も単純なものの誕生、人間の精神によるその瞬間の所有、人間と物とが正しい融合を実現する新しい世界、それこそわたしの希求していたものだ。詩的であるとともに政治的なもの、それが表現の怒りを解き明かしてくれるだろう――作家にして画家たるわたしの怒りを。

「怒り」がすでにゴダールの内面に燃えたぎっていたのだろう。もうすぐ――「五月革命」とともに――その怒りは画面いっぱいに爆発しはじめ、つぶやきのゴダールよりも怒りのゴダールが表面化してくることになる。

『彼女について私が知っている二、三の事柄』は、まだ「怒り」を押さえて私たちに静かに話しかけてくる作品だ（と思う）。

ジュリエット／マリナ・ヴラディが樹木の下を急ぎ足で通っていく。木の葉が静かに風にそよぐ。ラウル・クタールのキャメラがさりげなくゆらぐ。ゴダールのつぶやきがとても「詩的」なナレーションになる。

午後四時四十五分。語るべきは、ジュリエットのほうか、木の葉のほうか。いずれにせよ、両方同時に語るのは無理だ。

（キャメラはそっと、さりげなく、ゆれる木の葉に近づいていく……）

だから、どちらも十月のある夕暮れにやさしくそよいでいたと言っておこう。

「詩的」なエモーションは、その前に、昼下りの静かなカフェのシーンで、エスプレッソ・コーヒーに砂糖とミルクを入れてスプーンでかきまぜると、ゆるやかに渦を巻くカップのなかのコーヒーが画面いっぱいにとらえられ、まるで「旧約聖書」の天地創造を想わせるような（「地は混沌《こんとん》であって、闇《やみ》が深淵《しんえん》の面《おもて》にあり、神《かみ》の霊《れい》が水《みず》の面《おもて》を動いていた」――「聖書」新共同訳、日本聖書協会）、何かが地殻変動のようにうごめく混沌のイメージに重なって（いや、もしかしたら、それは「ヨハネ黙示録」の永遠の闇に包まれた「底なしの淵《ふち》」のイメージなのかもしれないのだが）、ゴダール自身のささやくようなつぶやきのナレーションが、「兄弟よ、同胞よ」とよびかけ、ジャン＝ポール・サルトルの「聖ジュネ――殉教と反抗――」からの引用（「主観的な確信」と「客観的な真実」との乖離、孤独、自己欺瞞、革命の不可能性、等々をめぐる断想）を中心に果てしなくつづくところがある。ささやくとも、つぶやくとも言えぬ自問自答のナレーションである。

意識――すなわち、原理的に自己の肯定であるもの――にとっては、己の過誤と己の死とを納得することは困難なのだ。〔……〕社会関係は多義性をもち、つねに部分的挫折をはらんでいるがゆえに、個々の思想は結合の力とともに分裂させる力をもつものであるがゆえに、あらゆることばは、その表明するものによってひとびとを接近させ、その黙殺するものによってひとびとを孤立させるものであるがゆえに、一つの越えがたい深淵《しんえん》が、わたしたちがわたしたち自身についていだく主観的な確信と、他人たちに対してわたしたちがもつ客観的真実とを分つものであるがゆえに、わたしたちは、自分自身無垢《むく》であると自分では感じているときでさえも、自分自身に有罪の判断を下すことをやめないものであるがゆえに、偶然の出来事が歴史の上においてのみではなく、家庭生活のなかでさえもわたしたちの最も善意にみちた意図を罪ある意志に変貌《へんぼう》させてしまうものであるがゆえに、わたしたちは後になってふりかえってみて、決して裏切り者にならないという確信は誰一人いだきえないものであるがゆえに、わたしたちは、たえず意志をつたえ、愛し愛されることに失敗し、そしてその挫折のたびごとにわたしたちは孤独を骨身にしみて感じさせられるものであるがゆえに、わたしたちは、ある場合には、へり下って告白することによって、わたしたちの罪深い独異性を解消しようと夢見るかと思えば、またある場合には、その独異性を全的にわが身にひきうけようという空《むな》しい希望をもって、それを不遜《ふそん》な態度で肯定しようと夢見たりするものであるがゆえに、わたしたちは白白のもとでは順応主義者でありながら、他人に見えぬ魂の中では敗者の意識をもつひねくれた人間であるがゆえに、罪人のかけがえのない拠《よ》り所であり、そのただ一つの威厳であるものとは、梃《てこ》でも動かぬ強情さ、ふてくされ、自己欺瞞《ぎまん》、および怨恨《えんこん》の情であるがゆえに、結局、わたしたちは、どんな場合においても、実現不可能の無価値性であるがゆえに。（白井浩司／平井啓之訳、人文書院／新潮文庫）

しかし、主観を排除した事物描写の極致をきわめる「物の味方」の詩人フランシス・ポンジュ的な「描写の試み」からメルロ゠ポンティ的な「哲学的記述」に至る回路は、そんなに単純なものではなさそうだ。

5 映画と哲学の同期性

『彼女について私が知っている二、三の事柄』を撮るにあたってゴダールが最も刺激をうけたというメルロ゠ポンティの難解にして晦渋な哲学書「意味と無意味」（邦訳、みすず書房）のなかの「人間のうちなる形而上学的なるもの」（木田元訳）と題する論考に、こんな一節がある。

もしわれわれがゲシュタルト（形態）心理学の哲学的意味を先入見なしに定義しようと思うなら、この心理学は、「構造」とか「ゲシュタルト（形態）」というものが存在の還元不可能な成分であることを示すことによって、「物としての存在」か「意識としての存在」かという古典的な二者択一をふたたび疑問に付し、客観的なものと主観的なものとの交流やそのいわば混淆物とでもいったものの存在することを確証し、もはやこうしたもろもろの類型的な全体を解体するのではなく、むしろそれらにもう一度生気を与えることによって、それらの動きに身を合わせ、それらを理解することを本領とするような心理学的認識を新たな仕方で構想するものだ、と言わねばなるまい。

メルロ゠ポンティには「映画を主題的に論じた」（一九四五年にパリの高等映画学院IDHECでおこなわれた講演だという）「映画と新しい心理学」と題する論考もある。これも難解ながら、ゴダールが『彼女について私が知っている二、三の事柄』において提示してみせる哲学と映画の同期化、その反省と技術的作業がいかに同じ方向に進むべきかという問題に対応する論考かと思われるので、以下に結論だけを引用させていただくと――

映画は、精神と身体との、また精神と世界との合一を顕わにして、一方の中で他方が表現されるありさまを示すのにとりわけ適している。だから、ある映画に関して、批評家が哲学を思い起させることがあるとしても驚くには当らない。〔……〕芸術は観念を説明するために作られているのではないし〔……〕、現代哲学の本領が概念をつないでゆくことではなく、意識の世界の混淆、意識の身体への自己拘束《アンガージュマン》、その他の意識との共存を記述することにあり、そしてこの主題こそはすぐれて映画的だからである。

最後に、もしわれわれがいったいなぜこの現代哲学がまさに映画の時代に発達したのかを反省してみるなら、映画がその哲学に由来しているなどとは言ってはならないことは明らかであろう。映画は何よりもまず技術的な発明であって、そこでは哲学は何ものでもないのだ。かといって、この哲学が映画に由来し、映画を観念の平面で翻訳するのだと言ってもならないであろう。というのも、われわれは映画をうまく利用できないということだってありうるし、また本当の映画が作れるようになるためには、一度発明された技術的道具を、再度発明された道具でもあるかのように芸術的意志によって改めて捉え直さなければならないからである。したがって、もし哲学と映画が同調しており、反省と技術的作業が同じ方向に進んでいるとすれば、それは、哲学者と映画人が共通に一つの世代に属する或る在り方、或る世界観をもっているからである。思想と技術が互いに呼応し合い、ゲーテの言葉を借りれば、「内にあるものはまた外にある」ことを検証するもう一つの機会がここにあるわけである。（滝浦静雄訳）

「哲学を遊泳する」（とバルテレミー・アマンガルが評した）ゴダールの無数の、あるいはむしろ無限の引用と「反省」の渦に溺れるか、さもなくば遠くの岸辺に呆然とたたずむしかない私たちに、檄を飛ばすかのように、ゴダールはこうも言うのだ——

「これから前進しようとする者は過去の自分をもはや存在しないものとみなす。過去にこだわる者は、老人の大半がそうだが、衰えたくないので時の流れを拒むのだ」と。ゴダールは老いることなく、衰えることなく、「前進」しつづけるのである

6　ブヴァールとペキュシェ

いつもながらのゴダールならではの豊富な（過剰な？）引用のなかで、傑出したおもしろさとして印象に残るのは、単なるダジャレと言えばそれまでだが、フローベールの未完の遺作として知られる「ブヴァールとペキュシェ」を模した（と言うべきか、モジったと言うべきか）ふたりのナイーブで気のいい（率直といえば率直な、誠実といえば誠実な）ブルジョワ俗物青年、ブヴァール君（クロード・ミレール）とペキュシェ君（ジャン゠パトリック・ルベル）がカフェの奥で、書物の山を前に「知」のミステール（謎／神秘）とは何かを探求していくが、途中で、ミステールという実際にその名称で人気のあった（いまもたぶんあると思う）特製のアイスクリームを注文すると品切れで、「ミステール（謎／神秘）はありませんよ！」という答えが返ってきて、ふたりとも自分たちのやっていることの愚劣さをあばかれ、知らされたかのように愕然とするところ。ゴダールの映画のなかの豊富な引用をあれもこれもと漁ってみ

たところで何のミステール（謎／神秘）もないんだと突如どやされたようなものである！　まさに、ブヴァール君とペキュシェ君はすべての学問を身につけようと努力するものの身も心もくたびれ果てて、むなしくあきらめるフローベールの小説の主人公そのものといった感じだ。「知」の迷路に入りこんでいくことを自覚しているかのようなゴダールの自己批評／自己批判的ギャグとも思えるほどである。ブヴァール君とペキュシェ君に扮するクロード・ミレールもジャン＝パトリック・ルベルも俳優ではなく、ゴダールの映画のスタッフ――製作進行係――だった。クロード・ミレールはのちに監督になり、『なまいきシャルロット』（一九八五）、『小さな泥棒』（一九八八）などの作品が日本でも公開された。

マリナ・ヴラディとアニー・デュペレーをホテルによんで惜しげもなく金を払って、頭からすっぽりアメリカの航空会社のバッグをかぶらせて顔を隠し、8ミリ・キャメラで全裸のふたりを撮影したあと変態セックスをたのしむらしい（というのも、おしゃべりも好きらしくて、よくわからない）アメリカ人（星条旗をプリントしたTシャツを着て、といっても、いかにもアメリカ人であることをひけらかしているといったような、これ見よがしのいやらしい感じもなく礼儀正しい、休暇中のサイゴン特派員）を演じているのは、ロジェ・ヴァディム監督とブリジット・バルドーを売りだして名高いプロデューサーのラウル・レヴィだが（かつてハリウッドのRKO撮影所で働いていたくらいだから、もちろん、英語はペラペラだった）、そのころは破産して、ラウル・クタールのキャメラで『二人の殺し屋』（一九六五）と『ザ・スパイ』（一九六六）という二本の監督作品（ともに知られざる傑作である！）を撮り、イザベル・ポンスという若い女の子に狂ったように恋をしていた。イザベル・ポンスはゴダールのファン（という以上に信奉者）で、『彼女について私が知っている二、三の事柄』の助監督のセカンドにつき、同時撮影の『メイド・イン・USA』では取材記者の役で出演もしているのだが、ラウル・レヴィは彼女を追いかけてゴダールの撮影につきっきりだった——といったようなことはすでに述べたとおりだ。そんなこともあって、『彼女について私が知っている二、三の事柄』に特別出演することになったのだろうが、ゴダールもラウル・レヴィ監督の『ザ・スパイ』にロシア人のスパイの役で特別出演しているので、おたがいになれあいの友情出演をして、たのしみながら付き合っていたのかもしれない。

ラウル・レヴィは『ザ・スパイ』を撮ったあと、イザベル・ポンスを追いかけた果てに、愛を得られずに猟銃自殺をした。イザベル・ポンスは、ゴダールの短篇『愛』（イタリアのオムニバス映画『愛と怒り』の第4話、一九六七）の助監督のセカンドについたり、『ウイークエンド』（一九六七）のゲリラの女戦士のひとりとして出演したりしたが、その後、テレビ作品のプロデューサーになった。
なお、『彼女について私が知っている二、三の事柄』には、マリナ・ヴラディの団地妻の子供たちの役でアントワーヌ・ブールセイエの息子クリストフと娘マリーも出演している。

7 決別の時代

「どこからはじめればいいのか……どこから何をはじめればいいのか」と口ごもるゴダールのモノローグがつづく。といっても、迷いのようなものがあるのではなく、新しい方向への決意を述べているだけのように思える。プロダクション「パルク・フィルム」が作成した映画のプレス・ブックには、ゴダールのこんな――新しい映画マニフェストとも言うべき――一文が掲げられている。

すべては新しい無垢な眼で再発見されなければならない。映画は生まれ変わるべきときなのである。そのためには、ただひとつの解決法しかない――それはアメリカ映画との決別である。わたしたちはこれまで映画というあまりにも狭少な世界のなかで生きてきたと思う。映画は映画によってのみ育ってきた。映画は自ら映画を模倣して成長してきただけなのである。これはわたし自身の初期の作品に対する自己批評でもある。たとえば、わたしの映画のなかで刑事がポケットから拳銃をだして撃つところを描いたのは、わたし自身が描こうとしている状況の論理《ロジック》から必然的に生まれてきたアイデアではなくて、要するに、それまで見てきたほかの映画――アメリカ映画――のなかで同じような状況でやはり刑事が拳銃をそんなふうにして撃ったシーンの記憶があったからにほかならないのだ。

絵画においても同じことが起こった。模倣の時代があり、次いで決別の時代があった。いま、映画は決別の時代に来ているのである。澄みきった新しい眼で現代社会のなかへ、実人生のなかへ、突入してゆくべきときである。

『彼女について私が知っている二、三の事柄』には、キャメラが芝生のなかにならべられたスーパーマーケットの商品のなかで、「ハリウッド」という雑誌のカバーをとらえるシーンがある。「ゼロ地点に戻った。これから再出発だ」とひそかな決意を伝えるゴダールのひとりごとのようなナレーションが入る――ハリウッド／アメリカ映画とそのすべての記憶への決別を告げるかのように。それが映画のラストシーンになるのである。

8 ラウル・クタールに聞く（10）

――『気狂いピエロ』に次ぐジャン゠リュック・ゴダール監督の長篇第十一作『男性・女性』（一九六六）の撮影はウィリー・クラントで、クタールさんはそのころトニー・リチャードソン監督、ジャンヌ・モロー主演の『ジブラルタルの追想』（一九六七年に完成）の撮影中だったと思うのですが、一九六六年には、クタールさんの親密な協力を得て、ジャン゠リュック・ゴダールは長篇第十二作『メイド・イン・USA』と第十三作『彼女について私が知っている二、三の事柄』を同時進行で撮っていますね。

クタール　そうそう。『メイド・イン・USA』の終わりごろから、『彼女について私が知っている二、三の事柄』をはじめました。二本同時にスタートしたわけではありません。『メイド・イン・USA』をその年の七月から八月にかけて撮りはじめ、そのまま八月中にダブって『彼女について私が知っている二、三の事柄』を撮りはじめ、九月の初めまで撮影をつづけました。スタッフもみんな同じですから、連続した仕事でした。同じキャメラで撮りましたが、フィルムのマガジンは同じものを使いませんでした。作品は別ですから、同じフィルムは使わないように。

——なぜ二本同時撮影になったのですか。ゴダールの言うところによれば、『彼女について私が知っている二、三の事柄』はすでに企画と準備が進んでいたものだけれど、『メイド・イン・USA』は、プロデューサーのジョルジュ・ド・ボールガールがその年に公開予定だったジャック・リヴェット監督の『修道女』（一九六六）のスキャンダル騒ぎと公開禁止で破産状態におちいり、その苦境を救うために急きょ「間に合わせ」で撮ることになり、八月にクランクインする『彼女について私が知っている二、三の事柄』の前に撮り上げるつもりが、多少ずれ込んでしまったということなのですが……。

クタール　ジャン゠リュックがそう言っているのなら、そのとおりなのでしょう（笑）。たしかなことは、プロデューサーがふたり別々にいたということです。ジョルジュ〔・ド・ボールガール〕は、たぶん資金繰りに追われて苦しかったとは思いますが、それよりも、『修道女』のできが悪かったので、じつはそのまま公開してもヒットは望めず、赤字を覚悟していました。スキャンダルでもなかったら、どうしようもない結果に終わっていたでしょう。いったんは公開禁止になったものの、このスキャンダルをむしろもっけのさいわいとジョルジュは考えていましたよ（笑）。もしかしたら、ジョルジュのほうから当局を挑発し、ジャーナリズムを刺激して、ひそかにこのスキャンダルを煽り立てたようなところもあるな（笑）。このスキャンダルのおかげで、『修道女』は多くの観客をよびました。スキャンダルでもなかったら、人の興味をひく作品ではなかった。そうだ、思いだした。『彼女について私が知っている二、三の事柄』のほうが先に企画が進んでいて、スタッフ・キャストも決まっていて、撮影に入りかけていたところへ、突然、『メイド・イン・ＵＳＡ』の撮影がとびこんできたんだ（笑）。

――『メイド・イン・ＵＳＡ』と『彼女について私が知っている二、三の事柄』を同時進行で撮影しながら、いろいろな混乱は起こらなかったのですか。

クタール　いや、まったく混乱などありませんでした。なるべくロケ地も近い所にして、移動するのにも時間がかからないようにしました。ときには同じ場所で撮りましたよ。要領よく、スムーズに、二本の撮影をこなしました。スタッフもみんな張り切っていた。いっぺんに二本の作品を撮るなんて体験はめったにありませんからね。みんな、よろこんで、たのしんでやりましたよ。かつてない活気のある撮影だったと思います。

未来展望
ANTICIPATION

(オムニバス映画『愛すべき女《め》・女《め》たち(のちこの邦題にはさらに『女性欲情史』という副題が追加される)』第6話「二〇〇一年愛の交換“未来”」)
POUR / CEUX / QUI / DESIRENT / SAVOIR COMMENT / JEAN-LUC GODARD / A / IMAGINE / LE / PLUS / VIEUX / METIER / DU MONDE / A / L' ERE INTERPLANETAIRE / VOICI: / ANTICIPATION
(宇宙時代における「世界最古の職業(「愛すべき女・女たち」の原題)」をジャン=リュック・ゴダールが、どのように想像したかを知りたい人々のために、ここに供するは「未来展望」)

ジャン=リュック・ゴダール作品(1967)。
イーストマンカラー・ヨーロッパ　ビスタ・サイズ。上映時間　20分。
監督・脚本・台詞　ジャン=リュック・ゴダール。撮影　ピエール・ロム。録音　ルネ・ルヴェール。音楽　ミシェル・ルグラン。編集　アニエス・ギユモ。製作　ジョゼフ・ベルコルツ(仏独伊合作)。
撮影期間　1966年11月。撮影場所　パリ・オルリー空港。
出演　ジャック・シャリエ(銀河系宇宙飛行士ディックあるいはジョン・ディミトリウス)、アンナ・カリーナ(「心の愛」専門の娼婦　ナターシャ)、マリルー・トーロ(「肉体の愛」専門の娼婦　マルレーネ)、ジャン=ピエール・レオー(給仕)、ジャン=パトリック・ルベル(娯楽サービス委員)。
フランス公開　1967年5月。日本公開　1971年12月。

1 最後のアンナ・カリーナ

『アルファヴィル』（一九六五）のラストで、アンナ・カリーナ扮するナターシャはやっと「愛する」という言葉を口にするのだが、その後日譚と言ってもいいような短篇だ。『未来展望』のヒロインもまたナターシャという名である。

キャメラはピエール・ロム（同じ年にクリス・マルケル監督の『美しき五月』などの撮影にも参加している）。イーストマンカラーで撮影し、未来の感じをだすために多少現像処理がおこなわれたらしいのだが、まったくの白黒画面とは違って何か色素の欠如したような沈んだ冷たい画調と鋭い不安をかきたてる光がきらめく2001年宇宙の旅をへてたどり着いた夜の――おそらく昼というものはないのだろうと思われる――空港である。クリス・マルケル監督の白黒のSFフォト・ロマン『ラ・ジュテ』（一九六二）の空港を想起させもするが、静止画でなく、あわただしく索漠たる光景だ。

ひとりの男とひとりの女が税関のチェックでひっかかり、控えの間で男は女のどぎついヌード写真を見せられ、女は男のどぎついヌード写真を見せられ、やがて女はどこかへ連れ去られ、男は外国のVIPとして政府直営の売春宿のような高級ホテルの一室に案内される。売春も国家／政府によって管理され、公認され、制度化されているのである。女たちは、男たちのために慰安婦としてすべて公認の、ライセンスを持った娼婦なのである。男たちは診察の結果、処方箋にしたがって、「肉体の愛」か「心の愛」か、どちらかの売春婦があてがわれる。「肉体の愛」の慰安婦はアルファヴィルにおける「誘惑婦」に相当するのだろう。

男（ジャック・シャリエ）は「時間の流れが遅い」銀河系の惑星からやって来た「ソビエトアメリカ」軍の一員で、しゃべりかたもゆっくりと、まるで片言のように一節《ひと》一節、発音する。そういえば、『アルファヴィル』のエディ・コンスタンチーヌも、「フィガロプラウダ」紙の特派員として、片言というほどではないにしても、ゆっくりとしゃべっていた――もっとも、エディ・コンスタンチーヌはアメリカ人で、フランス語は「あまり得意ではない」のでゆっくりと正確にしゃべるようにしていたらしいのだが。

しかし、映画のほうは早口に、スピーディーに、あっという間に、ひとつの愛の寓話を語ってしまう。それは、「愛し合う」ことが禁じられた世界で、愛の自由を回復し、失われた「やさしさ」を見出すに至る物語なのである。

愛とは、もちろん、アンナ・カリーナだ。「心の愛」である。

これがゴダールの「アンナ・カリーナ時代」をしめくくる、一九六〇年代のゴダール／カリーナ映画の最後になるのである。

「愛とは対話なのだ」とゴダールは言いつづけてきたが、この未来都市では、「肉体の愛」と「心の愛」が分業化されているように、愛と対話がバラバラに、セックスという肉体的な行為と愛を語る言葉に、完全に分割され、分裂してしまっているのである。

マリルー・トーロ扮する「肉体の愛」は首から背中にかけられた貞操帯もどきの枷《かせ》に錠が付けられていて、鍵であけて枷をはずしてもらうと、ものも言わずに、さっさと全裸になり、無表情のままベッドにもぐりこむ。男は何もしゃべらない女と寝る気になれず、対話のできる女を要求する。

そして……こんなに清楚な感じのアンナ・カリーナが登場したことはなかった。

「心の愛」、ナターシャ／アンナ・カリーナは、旧約聖書のなかの愛と性の抒情詩「雅歌」を詠じながら、窓ぎわに立って、大きな長い櫛を竪琴のように爪弾く。清らかな純白の衣裳で、けっしてぬがず、男になれなれしくふれることもなく、静かにしゃべるだけ。いかなる性的な挑発のしぐさも見せない。それだけに男は心を動かされ、近寄って言う——身体にはしゃべるだけでなく、愛することもできる部分がひとつだけある、それは口《くち》なのだ。ふたりは口と口を合わせ、キスをする。すると、それまではモノクロームの殺伐とした画面が、最初は口唇《くちびる》がちょっとふれ合うだけで小さな火花のようにパッパッと色彩が散るかに見えて、ついに深くキスし合い、愛の交換によって息づき、あでやかな美しいオールカラーになるのだ。

ラストは愛の記憶を取り戻した『アルファヴィル』のナターシャをノスタルジックに、センチメンタルに想起させるとともに、「あたしは女よ」といたずらっぽくうそぶいてみせた『女は女である』（一九六二）のアンジェラをも想起させるあだっぽく謎めいたかすかな微笑みのクローズアップだ。

みじかくも美しく燃えたゴダール／カリーナの愛のメロドラマの残り火もここで消える。

2 アンナ・カリーナに聞く（9）

——もうゴダール／カリーナ映画は見られないのでしょうか。

カリーナ　無理でしょうね。『メイド・イン・USA』が長篇映画としてはわたしたちの最後の作品になります。そのあと、すぐ彼はアンヌという名の女性と再婚しました。

——アンヌ・ヴィアゼムスキーですね。

カリーナ　ジャン＝リュックの女たちはみなアンヌという名です。わたしといっしょになる前の恋人はアンヌ・コレット。ジャン＝リュックの最初の短篇映画（『男の子の名前はみんなパトリックっていうの』一九五七、『シャルロットとジュール』一九五八）のヒロイン。わたしといっしょのときにも何人か愛人がいたけど、みんなアンヌという名でした。それから、アンヌ・ヴィアゼムスキー。『中国女』のヒロイン。

――いまは、女優ではありませんが、映画作家のアンヌ＝マリー・ミエヴィルといっしょですね。

カリーナ　じつに奇妙。いつもアンヌという名のつく女性ばっかり。

中国女

LA CHINOISE

「いま、まさにつくられつつある映画（Un film en train de se faire）」（副題）。
「ひとつのはじまりの終わり（Fin d'un début）（エンドマーク）」

ジャン゠リュック・ゴダール作品（1967）。
イーストマンカラー、スタンダード。上映時間　1時間36分。
監督・脚本・台詞　ジャン゠リュック・ゴダール。撮影　ラウル・クタール。録音　ルネ・ルヴェール。記録　シュザンヌ・シフマン。音楽　シュトックハウゼン、シューベルト（「ピアノ・ソナタ」）、ヴィヴァルディ。挿入歌　クロード・ジャンヌ（「われらの毛沢東《マオ・マオ》！」）。編集　アニエス・ギユモ。製作　マグ・ボダール。
撮影期間　1967年3月6日-4月11日。撮影場所　パリのアパルトマンおよび郊外ナンテール（フランス）。
出演　アンヌ・ヴィアゼムスキー（ヴェロニク・シュペルヴィエル）、ジャン゠ピエール・レオー（ギヨーム・メストル）、ジュリエット・ベルト（イヴォンヌ）、ミシェル・セメニアコ（アンリ）、レックス・デ・ブルーイン（キリロフ）、オマール・キオップ（オマール）、フランシス・ジャンソン（本人自身）、ブランディーヌ・ジャンソン（ブランディーヌ）。
1967年ヴェネチア国際映画祭審査員特別賞。
フランス公開　1967年8月30日。日本公開　1969年5月30日。

1 アンヌ・ヴィアゼムスキーとともに

『中国女』（一九六七）の前に撮られた『彼女について私が知っている二、三の事柄』（一九六六）のラストシーンで、ジャン゠リュック・ゴダールはひとりごとのように小声で口ごもりながらも、新しい旅立ちへの決意を告げた――「ゼロ地点に戻った。これから再出発だ」。

『中国女』はさらに確固たる決意とともにしめくくられる。FIN D'UN DÉBUT――ひとつのはじまりの終わり。黒地に白ぬきの字幕がエンドマークならぬ、映画の最後に出る新しいマニフェストなのである。「これから再出発」という予告どおり、そこから、「ひとつのはじまり」になるのだ。そこから、すべてがふたたびはじまるのだ。ジャン゠リュック・ゴダールの新しいエポックの決定的な幕開けになるのだ。

そのはじまりのはじまりは、一九六六年六月のある日、かつて批評家時代のゴダールとヌーヴェル・ヴァーグの拠点になった映画研究誌「カイエ・デュ・シネマ」の編集部気付でジャン゠リュック・ゴダール宛に届いた一通の手紙だった。『気狂いピエロ』（一九六五）と『男性・女性』（一九六六）を見て、そのすばらしさに感動して監督に恋をしてしまったという女優からの熱烈なファンレターだった。女優といっても、彼女はまだ大学に在学中で、十九歳になったばかり。半年前に、まったくずぶの素人のまま、ロベール・ブレッソン監督に見出されて、『バルタザールどこへ行く』（一九六六）のヒロインを演じただけであった。アンヌ・ヴィアゼムスキーである。

まるで『無防備都市』（一九四五）と『戦火のかなた』（一九四六）を見て熱狂した女優のイングリッド・バーグマンがアメリカからイタリアのロベルト・ロッセリーニ監督宛に「わたしのすべてを捧げます」と書いたラブレターもこんなだったにちがいないよ、と当時ゴダールの絶対的信頼を得て個人的秘書をやっていて「カイエ・デュ・シネマ」誌に送られた郵便物などもすべて開封して調べ、整理していたパトリシア・フィナリーが興奮して話していたのを思いだす。

アンヌ・ヴィアゼムスキーは、こうして、一九六〇年代のゴダール映画の「永遠のヒロイン」かと思われたアンナ・カリーナに代わって、ゴダールの新しいヒロインに、そして妻になるのである。

新しい映画、『中国女』のヒロインになる彼女の役名はヴェロニク・シュペルヴィエル。アンナ・カリーナがゴダールの映画で初めて演じた『小さな兵隊』のヒロイン、ヴェロニカの名を一見ひきずっているかのようだし、シュペルヴィエルという姓も「オーヴァーラップの詩人」と映画用語（イメージを重ね合わせ、ダブらせてつなぐ手法）を使ってクロード・ロワがよんだジュール・シュペルヴィエルに由来するものなのだろうが（「シュペルヴィエルの持って生まれた手法は、映画を編集するときに使うオーヴァーラップによる場面転換である」）、アンナからアンヌへのオーヴァーラップによるつなぎはまったくないように思われる。

アンヌ・ヴィアゼムスキーは第二のアンナ・カリーナになったわけではなかった。むしろ、アンナ・カリーナと別れて「再出発」したゴダールの新しい路線、第二のキャリアのはじまりのきっかけになった新しい伴侶であった。亡命ロシア人の貴族の娘で、ノーベル賞作家フランソワ・モーリアックの孫娘という名門の血筋でもあった。が、それ以上に、何よりも、彼女が、「五月革命」の発火点になる学生運動の拠点、パリ大学ナンテール分校に在籍する女子学生であったことが運命的なきっかけになったにちがいない。パリの紅衛兵を自任する学生革命家たちを描く映画『中国女』がそこから生まれるのだ。

ゴダール自身もこんなふうに語っている。

この映画はどのようにしてつくられたかという点から考えれば、この映画は私にとってはドキュメンタリーです。それというのも、私は当時、ナンテール〔分校〕で勉強していたアンヌ・ヴィアゼムスキーに惚れこんでいて、よくナンテールを調査しに出かけたからです。そして彼女に、仲間はいるかと聞いたわけです。私は当時、ひとから教えこまれたり自分で自分の頭に入れたりした、左翼的だったり右翼的だったりなんとか的だったりするいくつかの漠然とした観念をもっていたのですが、でも私がまずしようとしたのは、自分がよく知っている場所に行くということです。あるいは少なくとも、自分が知りたいと思っている場所に行くということです。そして、自分がよく知っている人たちをたよってそこに行ったわけです。かりにアンヌ・ヴィアゼムスキーが当時、ナンテールの学生でなかったとすれば、あるいはまた、フランシス・ジャンソンが彼女の哲学の教授の一人でなかったとすれば、この映画はつくられなかったでしょう。

『中国女』はある意味では、ナンテールのある種の学生たちを内部からとらえたドキュメントです。あるいはまた、ある種の運動が始まった……あるいはむしろ、その運動が通過した社会的場所のひとつについてのドキュメントです。その運動は始まったばかりで……

それにまた、黒人の役で自分自身を演じた、オマール・キオップという名の学生もいました。私が彼を知ったのは、やはりナンテールの大学の学生だったアンヌ・ヴィアゼムスキーを通してです。私は彼に、映画のなかで自分自身を演じてくれとたのみました。そしてあるシーンで、まさに黒人として、ほかの人物たちに対する講義をさせました。（「ゴダール／映画史Ⅱ」、前出）

アンヌ・ヴィアゼムスキーが『中国女』で演じるのは彼女自身とも言えるパリ大学ナンテール分校の哲学科の学生である（「五月革命」の火付け役になる社会学部のアナーキスト、赤毛のダニーことダニエル・コーン゠ベンディットが組織した「三月二十二日運動」などには参加していなかったらしいけれども）。「哲学サークルの同志オマール」として実名で出演する毛沢東派《マオイスト》の黒人学生オマール・キオップも出るし、アンヌ・ヴィアゼムスキーの哲学科の教師だったフランシス・ジャンソン教授もやはり実名で――「生きた知性」として――特別出演する。いつものように新しい挑戦を「これはドキュメンタリーなのだ」とゴダールが言う所以でもある。

パリからナンテール行の郊外電車におけるフランシス・ジャンソン教授とアンヌ・ヴィアゼムスキーの「対話」のシーンは、『女と男のいる舗道』（一九六二）のカフェでアンナ・カリーナが哲学者のブリス・パランと「対話」するシーンのように印象的だが、それはアンヌ・ヴィアゼムスキーがフランシス・ジャンソン教授のもとで「哲学を学んで」いて、「よく知っていた」ので、「二人は話し合うことができたんだ」とゴダールも認めている。ただ、「人々がジャンソンに対し、『女と男のいる舗道』のブリス・パランに対して《この爺《じじい》はなんておしゃべりなんだ》などとつぶやいたのとおなじようなことをつぶやき、彼をばかにしたりはしないかと恐れていた」ともゴダールは語っている。即興の、というか、同時録音撮影によるインタビューなので（周知のように、質問はイヤフォンでゴダールからアンヌ・ヴィアゼムスキーに伝えられ、それをアンヌ・ヴィアゼムスキーが彼女の言葉としてフランシス・ジャンソン教授に問いかけ、教授がすぐそれに答えて「対話」のようにみせるというやりかただったから）、『アルファヴィル』（一九六五）のときにはロラン・バルトに、『ウイークエンド』（一九六七）のときにはフィリップ・ソレルスに、「笑いものになってしまうんじゃないかと恐れ」られ、特別出演をことわられたということである。

ジャン゠ポール・サルトルにもことわられたことがあり、「たかが映画じゃないか」というヒッチコックの名言どおり「映像は映像にすぎない」のに、ということは特別出演もひとつの役にしかすぎないのに、その役をたのしむ「心の寛《ひろ》さ」を持った知識人がほとんどいないとゴダールはくやしがる。『中国女』の「対話」のシーンに特別出演したフランシス・ジャンソン教授のことを「ただ単に間抜けとみなしている連中もいる」が、「フランシス・ジャンソンはただ単に演じることを引き受けただけ」なのに、というのだ。とはいえ、もちろん、「対話」のなかでフランシス・ジャンソンの実際の政治活動にふれ、その引用の効果をひきだすところがゴダールならではの映画的手腕と言えるだろう。フランシス・ジャンソンはアルジェリア戦争のときにFLN（アルジェリア民族解放戦線）を援助する「ジャンソン機関」を組織し、「カフェを爆破したジャミラという女性闘士を擁護した」。アンヌ・ヴィアゼムスキーは、紅衛兵による文化大革命を推進した中国――中華人民共和国――の偉大な指導者、毛沢東の思想にかぶれて「ラ・シノワーズ（中国女）」とよばれている女子大生、ヴェロニクの役を演じ、グループで討論《ティーチ・イン》を重ねて、ある要人――フランスを公式訪問するソビエトの文化相（「静かなるドン」の著者と同じショーロホフという名前である）――の暗殺を計画し、テロリズムによる暴力の正当性をめぐって、フランシス・ジャンソン教授と「対話」することになるのだが、ここはあたかも現実と虚構が交錯して、ちょっとスリリングなシーンになる。「ジャミラの背後には民衆がいた」というジャンソン教授のひとことに、ヴェロニク／アンヌ・ヴィアゼムスキーは動揺する――「先生、わたし、間違ってます？」

「ぼくは二十歳だった。それがひとの一生でいちばん美しい年齢だなどとだれにも言わせまい」という一行からはじまるポール・ニザンの青春と闘争宣言の書「アデン・アラビア」（篠田浩一郎訳、晶文社）から「アデン・アラビア細胞」と名づけられた二十歳の若者たち五人のグループが、一九六七年の夏のパリで、赤いポケットブック「毛主席語録」を教科書に、修正主義者を除名処分し、マルクス＝レーニン主義にもとづく「真の」プロレタリア革命をめざしてティーチ・インをおこなう。言葉が映像のように躍動する魅力がゴダール映画の特色ではあったものの、それにしても、言葉、言葉、言葉、言葉の洪水である。黒板に書かれる文字や字幕に出る文字つまり「読む」言葉と同時に、登場人物の台詞つまり語られる言葉あるいは本などを朗読する言葉、ということは「聴く」言葉が絶え間なく出て、横溢し、氾濫する――外国人である私たちにとってはその「聴く」言葉もスーパー字幕になって「読む」言葉になるのだが。

映画がはじまると、いきなり、ひとりの青年（ミシェル・セメニアコ扮するアンリ）が一冊の本を読み上げる――当時の「現代《レ・タン・モデルヌ》」誌の編集長、アンドレ・ゴルツの著書「困難な革命」からの引用である。次いで、新左翼の哲学者ルイ・アルチュセールの著書「甦るマルクス」やアルチュセール監修の「マルクス＝レーニン主義手帖」（のちにゴダールと「ジガ・ヴェルトフ集団」を結成する若きジャン＝ピエール・ゴランが編集していた）からの引用、サルトル、レイモン・アロンとともに

「現代《レ・タン・モデルヌ》」誌を創刊した社会哲学者メルロ＝ポンティの著書「意味と無意味」のなかの論文「マルクス主義と哲学」からの引用、そしてもちろん、「毛主席語録」からの引用。

引用、引用、引用である。ラジオで聴く「北京放送」からの引用もある。

2 「五月革命」を予感した映画

なんだ、革命を論じて興じているだけのブルジョワのインテリお嬢さん、インテリお坊ちゃんの集会にすぎないではないかと『中国女』は一九六七年八月にパリで公開されるや、揶揄と野次に近い批判を浴びる。その年の三月から四月にかけて撮影を終え、五月に婚約し、七月に結婚した三十六歳のジャン＝リュック・ゴダールと十九歳のアンヌ・ヴィアゼムスキーを「流行の新左翼の映画監督と最右翼のブルジョワ一族の令嬢」あつかいしてジャーナリズムが皮肉っぽく書き立てた直後だったのである。ゴダールって奴は過激なアナーキスト気取りだが、じつはスイスの銀行家の大ブルジョワの息子なんだというようなこともあばかれ、ブルジョワ出身のくせに貧しいプロレタリアぶっている「優雅な左翼《ゴーシュ・エレガント》」というわけさ、と皮肉られたりした。

『中国女』という映画も、一九六六年の文化大革命の影響で毛沢東の造反有理のマニフェストを掲げて激化する学生運動を単なる流行の風俗現象としてあざとくインテリふうに描いた軽薄な「政治映画」にすぎないという見解が一般的であった。そんな風潮のなかで――もちろん「カイエ・デュ・シネマ」誌だけはとことんゴダールを支持していたが（当時パリに住んでいて「カイエ・デュ・シネマ」誌の仲間たちと付き合っていた私もその影響でゴダールのやること、なすこと、語ること、何もかもすばらしく、興味深く、心からゴダールを支持し、信奉していた）――とくにクリス・マルケル監督が『中国女』を「一九六〇年代の最も重要なフランス映画になるだろう」と熱烈に評価していたのが印象的であった。その予言どおり、一九六八年になると、『中国女』のすべてがにわかに時局性を帯び、「五月革命」を予感した映画として脚光を浴びることになる。

しかしながら、フランスに文化大革命を計画する――そして無残に挫折する――パリの紅衛兵グループを描いた『中国女』は、新左翼とよばれた政治団体からは「バカにするな」という怒りの抗議をうけ、「五月」の学生たちからも、壁のラクガキに書かれたように、「ゴダール――親中派のスイスの映画監督の最低野郎」とか「芸術は死んだ。ゴダールには何もできまい」とかいったふうに罵倒され、揶揄された。

夏のバカンスのあいだ、知り合いのアパルトマンを借りて（実際にゴダールが親友付き合いをしていたアントワーヌ・ブールセイエのアパルトマンを借りて撮影したという）、「毛沢東が文化大革命の武器とした理論的かつ実践的な方法を自分たちの生きかたに応用しようと試みる五人の若者たちの冒険」（『中国女』のオリジナル・シナリオ序文）は、結局、唯一の実践――要人暗殺計画――もハワード・ホークス監督の『教授と美女』（一九四一）のパロディーにもならないような部屋番号の読み間違いで――いや、もしかしたら、それはソ連のレフ・クレショフ監督の『ボリシェヴィキ国におけるウェスト氏の異常な冒険』（一九二四）で車のナンバーが9ならびから6ならびに（あるいはその逆だったか）にひっくりかえるギャグへのはるかな挨拶だったのか――別人を殺してしまい、またやり直すといったぶざまなオチだし、革命の理論のほうも、いわゆる新左翼の思想家たちの著書やマルクス＝レーニン主義の教典からの引用があまりにもストレートに確信犯的に、ほとんど紋切り型に、教条主義的に、ためらいもなく次々に映画の登場人物の誰の口からも出てくるので、そのままあっさりと鵜呑みにしてもいいものかどうか、にわかに信じがたいくらいである。ゴダール自身も『中国女』のシナリオの序文に、パリの紅衛兵気取りのこれらのナイーブな若者たちを「マルクス＝レーニン主義に幼稚に熱狂し、のめりこんだロビンソン・クルーソーたち」と呼んでいるくらいなのである。孤島のような「アデン・アラビア細胞」のロビンソン・クルーソーたちも、夏のバカンスが終われば、アパルトマンから出て、またごくありきたりのブルジョワ文明に、市民生活に戻らなければならないのである。ルイス・キャロルの「不思議の国のアリス」のジョン・テニエルの挿絵――アリスがカーテンをめくると小さなドアがあり、ドアをあけると暗い通路があって、その向こうに色あざやかな明るい別世界がひろがっているというくだりのシーン――が「アデン・アラビア細胞」の片隅に見える（いや、画面にも大きく出てくる）のだが、その小さなドアを誰もあけずに閉じこもって、ひと夏をすごしただけなのかもしれない。

ブルジョワのインテリ左翼青年たちの革命ごっこなどという揶揄的な批判に対して、ゴダールは、そんなことは言われるまでもなく、「すでに映画のなかで明確に語られている」と笑って（としか思えないような口調で）答えているし（「ゴダール全評論・全発言Ⅱ」、前出）、のちにまた、こんなふうに語ってもいる。

この『中国女』という映画は、当時は、おかしな映画……ばかげた映画とみなされました。「政治というのはこんなものじゃない。だいいち、この学生たちはブルジョワじゃないか。それにこれらの言葉は、これはいったいどういうつもりなんだ？　ばかばかしい」というわけです。私としては、この映画はむしろ、民族学的な映画のつもりでした。私は、自分がまだよく知らなかった、ある種の人たちを研究しようとしたのです。その人たちというのは、パリのマルクス＝レーニン主義の小さな党派に属していた人たちです。私はその人たちがどういう人たちなのかよく知らなかったのですが、でも、たとえば共産党の組織活動家といった連中よりはむしろ――それに、かりに連中を研究しようとしたとしても、連中は私には撮影させなかったでしょう――、かれらの方に心をひきつけられていました。かれらには、むしろ初期のキリスト教徒に似たところがあって、私の好奇心をそそったのです。私はそうやってジャン＝ピエール・ゴランを知りました――それが私と彼の最初の出会いです。〔当時、彼は二十四歳ぐらいでした。〕彼はあるサークルのメンバーとして、〈マルクス＝レーニン主義ノート〉という題の雑誌を発行したり、ある学会に参加したりしていて、私にいくらかの助言を与えてくれたのです。そのために彼はサークルのほかのメンバーにつるしあげられたりしていました。なぜなら、私とつきあっていたからです。かれらの考えでは、漠然と似而非《えせ》アナーキスト的なところとか似而非《えせ》なんとか的なところとかをもった〔私のような〕ブルジョワの映画作家とは、つきあうべきじゃなかったのです。

この映画の真の現実性《リアリティ》は、この〔「アデン・アラビア細胞」の〕人物たちはばかげたことをしているというところにあります。それに私は、自分の生まれを通して知っていることだけをとりあげようと心がけました。つまり、良家の息子や娘たちに、バカンスの期間中にマルクス＝レーニン主義ごっこをさせようとしたわけです。かれらはあそこで、子供たちがインディアンのテントをつくって遊ぶのと同じように、マルクス＝レーニン主義ごっこをして遊んでいるのです。あるいはこう言ってよければ、中国人ごっこをして遊んでいるのです。当時は赤い小さな本（『毛主席語録』）が登場したばかりのころです……この映画は、大きなアパルトマンに閉じこもり、そこで二カ月間にわたって——ほかの人たちが街頭で、これとはいくらか違ったやり方でしていたのと同じように——マルクス＝レーニン主義ごっこをして遊ぶある娘についての話です。この映画には、同時に真実なものとにせものとがあったのです。（『ゴダール／映画史Ⅱ』、前出）

ティーチ・インのために若者たちが集うアパルトマンの壁には、最初から最後まで、「漠然とした思想を明確な映像と対決させなければならない」というスローガンが大きく書かれており、アパルトマンのなかでおこなわれるティーチ・インの情景を外のテラスから一定の距離を保って横移動で、『快楽』（一九五二）のマックス・オフュルス的な長回しの横移動で、長々と撮影して、まるですべてを舞台のドラマのように眺めているだけといわんばかりの異化の視線を感じさせたり、それどころか、しょっちゅう映画の撮影風景を描いたメイキングのように人物の前でカチンコが打たれて本番スタートの合図が入ったり、ラウル・クタールがキャメラのファインダーをのぞいているところがとらえられたりする。『中国女』という映画が、そもそも、冒頭の字幕に出てくるように「いま、まさにつくられつつある映画」なのであり、『気狂いピエロ』でもすでに言及されていたようなジェイムズ・ジョイス的な「進行中の作品」にすぎないということなのだろう。

ヴェロニク／アンヌ・ヴィアゼムスキーとその恋人のギヨーム／ジャン＝ピエール・レオーが毛沢東の提唱した「ふたつの戦線の闘争をおこなう」というテーマで、愛の終わりを真に迫った芝居で演じるところもある。それもマックス・オフュルス監督の『快楽』の第3話「モデル」の画家（ダニエル・ジェラン）がモデルで愛人のシモーヌ・シモンに冷たく別れ話を告げるシーン、そして男と女の立場を逆転させたシーンの再現である。「もう愛してない」と言い放つ画家の台詞を言うのはヴェロニク／アンヌ・ヴィアゼムスキーのほうだ。ギヨーム／ジャン＝ピエール・レオーは

「どうして急にそんなことを」とドギマギし、すっかりしょげ返ってしまう。そのあと、すべてが芝居だったことがわかっても、ギヨーム／ジャン＝ピエール・レオーは、「そうだったのか……でも、こわかったよ」とつぶやくだけ。ヴェロニク／アンヌ・ヴィアゼムスキーのほうも「わたしだって、こわかった」と言うものの、自分から仕掛けた芝居のリハーサルを無事終えてホッとひと息つき、満足しているような顔つきだ。『男性・女性』のポール／ジャン＝ピエール・レオーに対するマドレーヌ／シャンタル・ゴヤのような沈着ぶりだ。

3　ゴダールの映画史

映画作家としてのゴダールが若い世代についての調査報告に焦点を絞りはじめた『男性・女性』につづいて、ジャン＝ピエール・レオーだけが、冷たく素っ気なく描かれてはいるが、ゴダールの分身としてのイメージのいくばくかを反映しているような気がする。たとえばギヨーム／ジャン＝ピエール・レオーがプーシキンの「オネーギン」の一節を読むところがある。木村浩訳（集英社「世界文学全集11」）から引用させていただくと――

血気さかんな若者は、なにひとつつつみかくしができないものである。その憎しみも、愛情も、哀《かな》しみも、よろこびも、のこらずしゃべらずにはいられないものだ。恋にかけてはもはや廃兵をもって任じているオネーギンは、真情の告白を好んでする詩人のうちあけ話を、もったいぶって聞いていた。

ヴェロニク／アンヌ・ヴィアゼムスキーは、ここでも冷静に、「オネーギン」（ギヨーム／ジャン＝ピエール・レオーが「オニーギン」と発音してしまう）の発音を正しく直してやるだけ。ギヨーム／ジャン＝ピエール・レオーが『気狂いピエロ』の主題曲のメロディーを口笛で吹くところもあり、『気狂いピエロ』のジャン＝ポール・ベルモンドの顔写真が画面にも出てくるのだが、ゴダールはもうそれ以上「愛の物語」にはかかわりたくないと言うのである。

あれだけで、かれらもほかのすべての人がかかえているのと同じ問題をかかえているということがわかるし、その問題についてぼくはほかの映画のなかですでに語っている。それに、あれは深刻に考えなければならないようなことじゃないし、

だからあれを一本の映画にするには及ばないわけだ。(「ゴダール全評論・全発言Ⅱ」、前出)

もはや、愛は「深刻に考えなければならないようなことじゃない」のだ。オネーギンのように「恋にかけてはもはや廃兵をもって任じている」ゴダールなのだろう。だからこそ、ゴダールは別の方向へ――アラゴンの詩のように「愛と政治が同じ涙を流す」ことなく、ということは、愛ではなく、政治のほうへ、あるいはむしろ、ハンナ・アレント的な政治哲学のほうへ――「再出発」したのだとも言えるのだろうけれども。

ギヨーム／ジャン゠ピエール・レオーには、それでも、失われた愛の名残りが感じられる。『中国女』という映画のなかでも、最も感動的な存在なのである。いくつかのティーチ・インのなかでも(「西欧左翼の展望」というテーマでアフリカ黒人の闘士オマール／オマール・キオップのみちびくティーチ・イン、「階級闘争の現在の傾向」というテーマで修正主義者とののしられるアンリ／ミシェル・セメニアコのみちびくティーチ・イン、「芸術史における諸問題」というテーマで画家のキリロフ／レックス・デ・ブルーインがみちびくティーチ・イン、「政治と犯罪」というテーマでヴェロニク／アンヌ・ヴィアゼムスキーがみちびくティーチ・インなどがおこなわれるのだが）、「ニュース映画」の起源をめぐってギヨーム／ジャン゠ピエール・レオーのみちびくティーチ・インが最も興味深く刺激的で、実際、のちに『ゴダールの映画史』（一九八八－八九）として体系化されることになる「真の映画史への序説」とも言うべき根底的《ラジカル》な「理論」が展開するのである。

ニュース映画は生々しい現実を記録したフィルムだが、それに関しては「間違った観念」が映画史を歪んだものにしたとゴダールはギヨーム／ジャン゠ピエール・レオーの口を借りて語りかける。「季刊フィルム」一九六八年十月創刊号所収の仲川譲訳による採録シナリオから引用させていただくと――

まず、ニュース映画を発明したのはリュミエールだというのが通説になっている。リュミエールは記録映画をつくったのだといわれている。同時代にメリエスという名のもうひとりの映画人がいたが、彼は劇映画《フィクション》をつくっていたと誰もが言う。メリエスは夢想家で、夢幻劇を撮っていた、と。しかし、じつは、逆だったと思うのだ。

それは明らかにゴダール自身の体験を語っているかのようである。

「証明しろ」と全員に迫られて、ギヨーム／ジャン゠ピエール・レオーはつづける。

二日前、シネマテークでアンリ・ラングロワ氏のリュミエールについての映画を見たんだ。ラングロワ氏はシネマテークの館長だ。で、この映画を見ると、リュミエールは画家だったことがはっきり証明されている。リュミエールは同時代の画家たち、ピカソやマネやルノワールとまったく同じものを描いていた。つまり、彼は駅を撮った。公園を撮った。工場の出口を撮った。カードで遊ぶ人たちを撮った。

そこでヴェロニク／アンヌ・ヴィアゼムスキーが「つまり、当時の印象派の偉大な画家の最後のひとりだったというわけね」と合いの手を入れる。ギヨームは答える。

そのとおり、リュミエールはプルーストと同時代の人間だったんだ。

スクリーンに上映された世界最初の映画、「シネマトグラフ・リュミエール」の興行がおこなわれたのが一八九五年十二月二十八日、翌一八九六年にはリュミエールの最も有名な、最初の傑作として知られることになる『列車の到着』が上映される。同じ年に、マルセル・プルーストの最初の著作「楽しみと日々」が出版されている。印象派の画家というなら、メリエスのほうがむしろ同じことをやっていたのではないかという反論に対して、ギヨーム／ジャン＝ピエール・レオーはこう答える。映画史の「読み直し」に挑むゴダールの、ここはまさに、独壇場といったところである。

それはちがう。メリエスが当時やっていたことは何か。彼は月世界旅行を撮った。ユーゴスラヴィア国王のフランス大統領訪問を撮った。今日、時間的なへだたりとともに見ると、それこそ当時のニュース映画だったことに気づく。メリエスはニュース映画をつくっていたんだ。それはたぶん、再現されたニュース映画だったろうけど、つまり、それがメリエスなりのつくりかただったわけだけれども、それは正真正銘のニュース映画だったんだ。

再現映像でつくられた「ニュース映画」はジョルジュ・メリエスお得意の「時事的情景（vue d'actualités)」で、一九〇二年につくった『エドワード七世の戴冠式』なども、式典の撮影許可を得られなかったメリエスが事前にロンドンに行って調査と取材をおこない、それをもとにウエストミンスター寺院のセットをつくり、エドワード七世のそっくりさんを使って撮った――いわば、あらかじめ再現された――「ニュース映画」で、実際に式典がおこなわれている時間に実況中継のように上映されたという。同じ一九〇二年の『月世界旅行』なども、もしかしたら、今日の、一九六五年のアメリカの宇宙船ジェミニ4号の乗組員の宇宙遊泳や一九六九年の宇宙船アポロ11号の月面着陸のニュース映画のように当時の観客には見られたのかもしれないということなのである。時空を超えた映画史なのである。

4 ひとつのはじまりの終わり

ギヨーム／ジャン゠ピエール・レオーはさらに、ジョルジュ・メリエスは「ブレヒト的」なのだと言い、現実の矛盾を分析して真実を追究する異化効果を映像の基本にしなければならないという結論に達する。アラゴン、サルトル、モンテルラン、マルロー、デカルト、ゲーテ、ボードレール、コクトー……とほとんどありとあらゆる文学者の名前が黒板に書かれていて、「あれを消せ」「これを消せ」という全員の声に応じてひとつずつ、ギヨーム／ジャン゠ピエール・レオーが歴史から抹殺するかのように消していくのだが、ブレヒトの名前だけは最後まで消さずに残すのである。

サルトルの名は真っ先に消される——「サルトルは日和見主義者だ」という「五月革命」のパリの学生たちが書いた壁のラクガキを予告するかのように。「アラゴンはエルザに狂っただけの男だ」と手厳しい。モンテルランは「闘牛士」の作者として揶揄されるだけ、といったぐあいに、ゴダールは自分を形成した過去の教養、文化を次々に自ら葬り去っていくかのようである。

『小さな兵隊』の遅れて来た青年、ブリュノ・フォレスチエはこう嘆いていたものだった。——「一九三〇年代の若者たちには革命があった。マルローやドリュ・ラ・ロシェルやアラゴンには。だが、ぼくらには何もない。彼らにはスペイン戦争があった。だが、ぼくらには、ぼくら自身の戦争さえないのだ」。世代は変わったというだけの問題ではなさそうだ。

黒板にも書かれなかった哲学者で、流行の人文科学の名著「言葉と物」のミシェル・フーコーなども「言葉と物を混同し、反動思想の僕《しもべ》になりさがっている」とこきおろされる。

ベルトルト・ブレヒトだけは、「アデン・アラビア細胞」の解散後もギヨーム・メストル（というのがジャン゠ピエール・レオーの演じる人物のフルネームで、それはゲーテの小説の主人公、ヴィルヘルム・マイスターのフランス語訳、フランス名である）の「修行時代」に「真の社会主義演劇に至る」手本として生きつづける。ギヨーム／ジャン゠ピエール・レオーがインタビューに答えて語るブレヒト的異化効果が批評の方法として実践されることになるのである。

ギヨーム／ジャン゠ピエール・レオーは、自分は役者であり、「芝居とは何か」をこんなふうに語るところがある。まず白い包帯を顔全体に巻きつけて――

中国人の若い学生たちがスターリンの墓の前でデモをやったときだ。ロシアの警官隊が襲いかかり、棍棒で殴った。翌日、学生たちは中国大使館の前に欧米各紙の記者やカメラマンをよんで抗議集会をひらいた。一人の中国人学生が包帯でおおわれた顔を見せて叫んだ。「見てくれ。奴ら、卑劣な修正主義者どものやったことを」。包帯をとりはずしはじめた中国人学生にカメラのフラッシュが集中した。記者たちは、傷だらけで血まみれになっている青年の顔を期待した。（包帯をとりはずす）青年が包帯をとった顔には何の傷も血の痕もなかった。記者たちは怒った。「この中国人のイカサマ野郎め！　何のまねだ！」

誰も何も理解しなかったのだ――それが芝居であることを。現実についての省察であることを。つまり、ブレヒト的なものであることを。そしてまた、シェイクス

ピア的なものであることを、誰もまったく理解しなかったのだ。（仲川譲訳による採録シナリオ、前出）

ニコラス・レイ監督の評伝、「ニコラス・レイ　ある反逆者の肖像」（ベルナール・エイゼンシッツ著、吉村和明訳、キネマ旬報社）にはこんな興味深い指摘がある。

硫酸による文字通りの腐食の危険に曝されるヴィッキー（シド・チャリシー）の顔――そして包帯が解かれ、顔がまだ無傷であることがゆっくりと明らかになる。その強烈なイメージはゴダールの『中国女』のなかに、政治的寓話のかたちで同じ話が移し変えられている。

「その強烈なイメージ」は『暗黒街の女』（一九五八）のクライマックスと言ってもいいワンシーンである。ニコラス・レイ監督のテクニカラーによる異色の「遅れて来た」ギャング映画で、「古めかしい」と悪評を浴びたが、忘れがたい傑作で、とくに美しいシド・チャリシーの顔が硫酸をかけられてただれているのではないかという恐怖と不安のサスペンスをかきたてる包帯が解かれるシーンがゴダールの記憶にあったことは感動的だ。

おそらくは『中国女』という映画そのものが「芝居」であり、「現実についての省察」であり、「ブレヒト的なもの」であり、「そしてまた、シェイクスピア的なもの」だったのだ。ジャン・ルノワール監督の映画（『ジャン・ルノワールの小劇場』、一九六九）のように、『中国女』のラストシーンも、すべての登場人物が――ピストル自殺した画家のキリロフ／レックス・デ・ブルーインも、修正主義者として除名追放されたアンリ／ミシェル・セメニアコも、貧しい地方の農村からパリに出てきて売春をやったり家事手伝いをやったりしていたところをアンリにひろわれて「アデン・アラビア細胞」の台所仕事や掃除などをひきうけ、ティーチ・インに耳を傾けているうちに無知無学からエミール的自然教育の独学で過激な革命家に変身していくイヴォンヌ／ジュリエット・ベルトも、「真の社会主義的演劇」をめざして修行の旅に出たギヨーム／ジャン゠ピエール・レオーも――みんなまた「アデン・アラビア細胞」のひと夏のアパルトマンに集まって、舞台から幕切れのお辞儀をするかのように、キャメラに向かって最後の挨拶をするはずだったのかもしれない。因みに、ギヨーム役のジャン゠ピエール・レオーとイヴォンヌ役のジュリエット・ベルトは、このあと、十八世紀のフランスの啓蒙思想家、ジャン゠ジャック・ルソーの小説体の自由教育論

「エミール」を映画化した『楽しい科学』（一九六七−六九）に、ジャン゠ジャック・ルソーとパトリシア・ルムンバを想起させる（ルムンバはアフリカのコンゴ民族解放運動の指導者パトリス・ルムンバを想起させる）の役で共演するのである。

映画『中国女』は、わびしくアパルトマンの二階のテラスの鎧戸が閉じられ（そのとき、テラスでヴェロニク／アンヌ・ヴィアゼムスキーに「反省したら？」と言う女友だちがフランシス・ジャンソンの娘、ブランディーヌ・ジャンソンである）、「すべてが反省され」、「闘争の再開」と「大長征のひそやかな一歩」を確認するヴェロニク／アンヌ・ヴィアゼムスキーのナレーションでしめくくられる――エンドマークではなく、「ひとつのはじまりの終わり」にすぎないという字幕とともに。

ゴダールの「大躍進」の静かな、しかしそれだけに確信にみちたはじまりに心打たれ、圧倒されたまま、その後の――「五月革命」以後の――映画から遠く遠く離れていく（としか思えない）ゴダールの変貌ぶりにはどうしてもついていけず、置き去りにされた恰好で、ただ呆然と立ちつくすだけなのだが、まだ、その前に、映画的な、あまりに映画的な、破茶滅茶なおもしろさにあふれかえった最後の一本（『ウイークエンド』）を見ることができるだろう。

カメラ・アイ／カメラの眼

CAMERA EYE（英語題名）／CAMÉRA－ŒIL

(集団オムニバス映画『ベトナムから遠く離れて』LOIN DU VIÊTNAM 第6章)

ジャン＝リュック・ゴダール作品（1967）。

16ミリ（イーストマンカラー・スタンダード）。上映時間　15分。

監督・脚本・出演　ジャン＝リュック・ゴダール。撮影　アラン・ルヴァン。

製作　SLON集団（クリス・マルケル）。

撮影期間　1967年6月。撮影場所　パリ。

その他の参加監督は、ヨリス・イヴェンス、ウィリアム・クライン、クロード・ルルーシュ、クリス・マルケル（企画・総編集も）、アラン・レネ、アニエス・ヴァルダ。

フランス公開　1967年12月13日(配給　フィルム13／クロード・ルルーシュ)。日本公開　1968年4月6日。

ベトナムから遠く離れて――カメラ・アイ

ゴダールは、一九六七年には、記録映画作家クリス・マルケルのよびかけにいちはやく応じて、『ベトナムから遠く離れて』の製作に参加する。アメリカの帝国主義的侵略に対する闘争をつづけるベトナム人民への連帯を表明する政治的パンフレットとも言うべき、共闘精神にもとづく集団映画である。ゴダールが担当したエピソードは『カメラ・アイ』(『カメラの眼』のタイトルで知られる)、キャメラのファインダーをのぞいているゴダールが「パリの北ベトナム政府代表部に手紙を書いてベトナムの取材を申し入れたがことわられた」ことから、やむを得ず、ベトナムから遠く離れたパリで「ベトナムのことは具体的には何も知ることなく」抽象的な闘争をつづけるしかないとつぶやきつづける。そこ(現場)にいないこと、「ここ(ヒア)」と「よそ(ゼア)」、現場で戦士として闘士としてたたかえず、そこから遠く離れて、映画作家として問題にぶつかるしかないことが、たぶん、果てしない独語になるのだろう。そのつぶやきもすぐ怒りに爆発することになるのだが……。

アモーレ（愛）

AMORE

（オムニバス映画『愛と怒り』AMORE E Rabbia　第4話）

ジャン＝リュック・ゴダール作品（1967）。

イーストマンカラー・テクニスコープ。上映時間26分。

監督・脚本　ジャン＝リュック・ゴダール。撮影　アラン・ルヴァン。音楽　ジョヴァンニ・フスコ。録音　ギー・ヴィレット。編集　アニエス・ギユモ。

撮影期間　1967年8月。撮影場所　パリ。

出演　クリスチーヌ・ゲホ（ブルジョワの娘）、ニーノ・カステルヌオーヴォ（革命の息子）、カトリーヌ・ジュールダン（女の立会人）、カルロ・ポツェージ（男の立会人）。

伊仏合作（カルロ・リッツァーニ／ジャン＝リュック・ゴダール）。

当初、『放蕩息子たちの出発と帰還』L'ALLER ET RETOUR ANDANTE E RITTORNO DES ENFANTS PRODIGUES DEI FIGLI PRODIGHI（フランス語とイタリア語で交互にだぶってつなげてある）のタイトルで、ベルナルド・ベルトルッチ、ジャン＝リュック・ゴダール、カルロ・リッツァーニ、ピエル・パオロ・パゾリーニ、ヴァレリオ・ズルリーニの監督作品から構成されるはずであったが、ヴァレリオ・ズルリーニ篇が長すぎたため、はずされ、代わりにマルコ・ベロッキオが加わり、『福音書'70』VANGELO 70、『異議申し立て』LA CONTESTATION　などのタイトル変更のあと、公開時のタイトルは『愛と怒り』になった。

フランス公開　1970年6月3日。日本未公開。

愛と怒り――アモーレ（愛）

たぶん一日で撮り上げたものかと思われるオムニバス映画『愛と怒り』第4話『アモーレ（愛）』にはフランス人の「ブルジョワの娘」（クリスチーヌ・ゲホ）とイタリア人の「革命の息子」（ニーノ・カステルヌオーヴォ）のカップルが出てくるのだが、フランス娘はフランス語だけで、イタリア青年はイタリア語だけで語り合う。そんな「アモーレ（愛）」を演じる男女のカップルとともにふたりの結婚の立会人の男女ふたりが出てくるのだが、やはり男のほうはイタリア語だけで、女のほうはフランス語だけで語り合う。男の立会人は映画評論家らしいのだが、「映画はまだ存在していないのだ」と強調する。『彼女について私が知っている二、三の事柄』（一九六六）のラストで、すべては「ゼロ地点に戻った」と再出発の覚悟を決めるゴダールがさらに自らに念を押すかのようである。

ウイークエンド
WEEK END

「宇宙のなかで行方不明になった映画（Un film égaré dans le cosmos）」「屑鉄（廃品）処理場に見出された映画（Un film touvé à la ferraille）」（副題）

ジャン＝リュック・ゴダール作品（1967）。

イーストマンカラー、シネマスコープ。上映時間　1時間35分。

脚本・監督　ジャン＝リュック・ゴダール。撮影　ラウル・クタール。録音　ルネ・ルヴェール、アントワーヌ・ボンファンティ。音楽　アントワーヌ・デュアメル、モーツァルト（「ピアノ・ソナタ K576」）。挿入歌　ジャン＝ピエール・レオー（ギー・ベアール作詞作曲「もしもし聞こえるかい？」）。編集　アニエス・ギユモ。製作　モーリス・ジャカン／レイモン・ダノン。撮影期間　1967年9月－10月。撮影場所　パリとその近郊（フランス）。

出演　ジャン・ヤンヌ（ロラン・デュラン）、ミレーユ・ダルク（コリンヌ・デュラン）、ジャン＝ピエール・カルフォン（ヒッピー・ゲリラの隊長）、イヴ・アフォンゾ（ふとっちょ親指小僧）、ブランディーヌ・ジャンソン（エミリ・ブロンテ／譜めくりの若い娘）、ジュリエット・ベルト（事故に遭ったブルジョワ娘／女性戦士）、ジャン・ユスターシュ（ヒッチハイクの男）、ポール・ジェゴーフ（ピアニスト）、ジャン＝クロード・ギルベール（浮浪者）、ヴァレリー・ラグランジュ（ヒッピー・ゲリラのリーダーの妻）、ジャン＝ピエール・レオー（サン＝ジュスト／電話ボックスで歌うブルジョワ青年）、エルネスト・メンゼル（料理人）、サンヴィ・パヌー（黒人）、ダニエル・ポムルール（ジョゼフ・バルサモ）、イザベル・ポンス（女性戦士イザベル）、ヘレン・スコット（車のなかの婦人）、ジョルジュ・スタッケ（トラクターの運転手）、ラズロ・サボ（アラブ人）、ヴィルジニー・ヴィニョン（マリー＝マドレーヌ）、アンヌ・ヴィアゼムスキー（農場に来た娘）、ミシェル・クルノー（農場に来た男）。

フランス公開　1967年12月29日。日本公開　1969年10月25日。

1 「六〇年代ゴダール」最後の映画

『ウイークエンド』はジャン゠リュック・ゴダール監督の長篇第十五作で、六〇年代ゴダール――一九六〇年代のゴダールの劇場用商業映画――の最後の作品になる。商業主義などものともせずに、響きと怒りにみちた、型破り、大暴れのゴダール映画の快作（痛快無比の傑作と言いたいくらい）だが、一年後、一九六八年の「五月革命」とともに、商業主義から遠く離れて、「革命的闘争映画」に突っ走るゴダールは、その後また一時的に劇場用商業映画に戻るけれども、二度とこんなにおもしろい（などと言っては失礼かもしれないけれども）作品をつくることはないのである。

週末になると田舎に出かけるパリのマイカー族の生態と「集団的ヒステリー」を描いた『ウイークエンド』は、この世も終わり、愛も終わり、映画も終わりという、すべての終わりを告げるゴダールのあらゆる意味での終末論とも言うべき怪作だ。

冒頭、いきなり、画面いっぱいに真っ赤な文字で「十八歳未満禁止」と出てくる。「宇宙のなかで行方不明になった映画」、そして「廃品処理場に見出された映画」というふたつの字幕が副題のようにすばやく出て、メインタイトルが黒地に赤、青、白のアルファベット文字で出てくるのだが、『ウイークエンド』と一語になっておらず、ウイーク（WEEK）とエンド（END）が別々に、バラバラに、まず

ENDからはじまってWEEKに終わる文字が七行になって出てくる。一行目がEND（赤）WEEK（青）END（白）、二行目がWEEK（赤）END（青）WEE（白）、三行目がそのつづきで、K（赤）END（青）WEEK（白）EN（赤）、四行目がまたそのつづきで、D（青）WEEK（白）END（赤）WE（青）、五行目がまたそのつづきで、EK（白）END（赤）WEEK（青）E（白）、六行目がまたそのつづきで、EEK（青）END（白）WEEK（青）END（白）W（赤）、七行目がまたそのつづきで、ND（赤）WEEK（白）WEEK（赤）というパズルのような構成である。映画のタイトルからして「終」の意味の「END」からはじまるのだ。

映画そのものの終わりも、フランス語で「終」の意味のFINが大きく出てきて、エンドマークかと思うと、その下に「コント（cont）」と「シネマ（cinéma）」という文字が出てきて、「オトギ話と映画の終わり」と読ませるのだが、「コント」はじつはコントロール／検閲（contrôle）という名詞の一部、「シネマ」はシネマトグラフィック（映画の）という形容詞の一部だったことがわかり、つまりは、物語もこれでおしまい、映画検閲もこれでおしまい、劇場用商業映画にもおさらばだ、といった感じなのだ。

ヒッチハイクのシーンでは、「これは映画か、現実か？」と問われた男が、「もちろん、映画だ」と答えると、「この大ボラ吹きめ！」とののしられて、乗せてもらえないというギャグもある。「マオとジョンソンではどっちと寝たいか?」と問われて、「ジョンソンにきまってる」などと答えようものなら、「このファシストめ！」とののしられ、もちろん乗せてもらえない。マオは中国の文化大革命の指導者、毛沢東《マオ・ツオトン》、ジョンソンはベトナム戦争拡大政策を取って長期化、泥沼化させたアメリカの大統領、リンドン・ジョンソンなのだから、しかたがない。車のなかからこんな問いかけをするのは特別出演、といってもゴダールの映画では、たとえば『彼女について私が知っている二、三の事柄』ではカフェでピンボールに夢中になっている婦人の役で出たりしている、おなじみのヘレン・スコット女史だ。「映画術　ヒッチコック／トリュフォー」の同時通訳をして以来、フランソワ・トリュフォーの親友になり、私がパリに滞在していた一九六〇年代にはパリに住んでいて、私も何度か会ったことがある。

　フランク・キャプラ監督のロマンチック・コメディー『或る夜の出来事』（一九三四）で女（クローデット・コルベール）がスカートをちょっとめくって足を見せ、見事に車をとめるという有名なヒッチハイクのほほえましいギャグがあるけれども、その残酷な（としか言いようのない）パロディーもある。女がいくら車をとめようとしてもとまらないので、男が女を道のまんなかにひっぱっていって、「ズボンをぬげ！　仰向けに寝ろ！　膝を立てろ！　股をひらけ！」と強要するのだ。

ヒッチハイクがうまくいかず、歩き疲れて、女はひと休みしたいと草むらに寝転び、男は道端に腰をおろして、たばこを一服すう。そこへ浮浪者が通りかかって、草むらをのぞきこみ、「女がいるぞ」と言って、たちまち犯してしまうところがある。浮浪者を演じるのは、ロベール・ブレッソンの映画にしか出ていないジャン＝クロード・ギルベールで、『バルタザールどこへ行く』（一九六六）ではキリスト的なイメージを背負った浮浪者を、『少女ムシェット』（一九六七）では十六歳の少女を強姦する森番を演じただけ。まさにそうした「ブレッソン的人物」として登場するのだが、なんともそっけなくリアルで残酷な引用だ。女はただ犯されるだけ。女はヒロインのミレーユ・ダルクである。男はジャン・ヤンヌで、ふたりはパリのお屋敷街、十六区に住むブルジョワの夫婦。にくみ合い、いがみ合い、ののしり合い、主役のカップルがこんなに下劣で鼻持ちならないキャラクターの映画もないだろう。

一九七三年にミレーユ・ダルクが来日したとき（ユニフランス・フィルム主催の「フランス映画の夕べ」でイヴ・ロベール監督、ミレーユ・ダルク主演の一九七二年の洒落た軽快なコメディー『ノッポで金髪で片一方だけ黒い靴をはいた男』が上映された）、インタビューをするチャンスがあったので、『ウイークエンド』のこともいろいろ聞きたかったのだが、急に不愉快な顔をして、吐き捨てるようにこんなふうに答えてくれただけだった。

——ジャン゠リュック・ゴダール監督の『ウイークエンド』に出演することになったのは、ミレーユ・ダルクさんご本人からの企画と要望だったとのことですが……

ミレーユ・ダルク　ええ、たしかに。当時、わたしは『恋するガリア』(ジョルジュ・ロートネル監督、一九六六)のような自由でファッショナブルに生きる現代女性といった役ばかりで、そんなイメージから脱皮するチャンスとして、ゴダールを監督に選んだのです。わかるでしょ、ゴダールの映画は月並みじゃないんです。

——ゴダールとの仕事はかなりきつかったとのことですが……

ミレーユ・ダルク　撮影中、あんなにつらかったことはありません。それに、不愉快でした。ジャン゠リュック・ゴダールは撮影中、ああしろ、こうしろと一方的に指示をするだけで、どういうふうにやればいいのか、なぜそうするのか、まったく説明してくれない。会話のようなものができない。誰とも何も話さない。ただ、俳優をいろいろなシチュエーションのなかに投げこんで、反応を試してみるだけ。俳優はまるで実験動物なみ。あるいは、ただ物としてしかあつかわないこともある。だから、彼の映画に出る俳優は相当マゾヒストでなければ耐えられないと思いますね。監督と俳優のあいだにはまったく何のコミュニケーションもコンタクトもない。シナリオもない。何もない。その役柄や演技にどんな意味があるのか、俳優はいったい何をやっているのか、まったく何もわからない。これからどんなシーンを撮るのか、どんな役なのか、どんなふうに演じればいいのか、監督からは何の説明もない。ただ、左を向け、右を向け、進め、とまれ、と命令するだけ。俳優にとって、あれほどおもしろくない撮影もないんじゃないかと思います。俳優だって人間ですから、監督と親密に理解し合って、一種の共謀者になりたい、そうやって作品に参加したいと思うのが当然です。いっしょに映画をつくっているのですから。でなければ、やり甲斐がないと思うのです。

――しかし、『ウイークエンド』は衝撃的な、すばらしい作品でした。もうゴダールの映画に出る気はありませんか？

ミレーユ・ダルク　ありません。二度といっしょに仕事などしたくないですね。

（インタビュー集「映画とは何か」、草思社）

といったぐあいで、それ以上何も聞き出せず、ちょっとつらいインタビューになってしまった。

ゴダールとともに、すべてがこれで終わりになるのだ。映画の週末は映画の終末になるのだ。

2 皆殺しの天使、カリオストロ

キリスト教神学の終末観ではキリストの来臨が世界を救済するものの、映画『ウイークエンド』の終末に現れるのは「神とアレクサンドル・デュマのあいだにできた息子」で、デュマはもちろん「モンテ・クリスト伯」や「三銃士」を書いた小説家だが、女性ではなく、その息子とはいっても、「椿姫」を書く心やさしいデュマ・フィスとは大違いで、世界の救済どころか、ルイス・ブニュエル監督の一九六二年のメキシコ映画のタイトルと同じ「皆殺しの天使」(という字幕が出る)なのである。「神は年老いたホモだ。それは万人の知るところだ。神はデュマと寝て、俺をつくったのだ。ゆえに、神とは俺のことだ」とジャン・ジュネならぬジョゼフ・バルサモと名のる、黒い帽子をかぶった、ヒッピーふうの、画家がアトリエで着ているような、しかし白ではなく赤い上っ張りを着た青年は豪語する。エリック・ロメール監督の『コレクションする女』(一九六七)にも出ている画家のダニエル・ポムルールが演じているのだが、ジョゼフ・バルサモは架空の人物ではなく、イタリア名ではジュゼッペ・

バルサモ（本名である）、通称カリオストロ（名はアレッサンドロで大デュマのアレクサンドルと同じ）としてロンドン、パリ、ウィーンを股にかけた大詐欺師で、つい最近、イアン・マカルマンによる歴史物語「最後の錬金術師　カリオストロ伯爵」（藤田真利子訳、草思社）なども出た。（ドイツではゲーテの「大コフタ」やシラーの「見霊者」のモデルになり、モーリス・ルブランの「アルセーヌ・ルパン」シリーズにも「カリオストロ伯爵夫人」という珍品があり、日本でも種村季弘による評伝「山師カリオストロの大冒険」があり、周知のように宮崎駿のアニメーション、一九七九年の『ルパン三世　カリオストロの城』にも登場するといった奇怪な人物である）、眼科医、マジシャン、催眠術、錬金術、降神術なども駆使し変幻自在、不老長寿の霊薬を売り歩き、死者蘇生をおこなうと称して一世を風靡するが、フランスで王妃マリー＝アントワネットの名をかたった「首飾り事件」（アレクサンドル・デュマの同名の小説で語り伝えられることになる）でフランスから国外追放され、その後ローマでヴァチカン宮より終身刑を言い渡され、一七九五年、牢死した。そんな男が、キリストの受難と復活に立ち会った聖女、マグダラのマリアならぬマリー＝マドレーヌという名の真紅のエナメルのコートを着た若い娘（ヴィルジニー・ヴィニョン）と連れ立って、現代の週末に——殺意の週末に——突如出現して、野原に捨てられたままの車の残骸の山を一瞬にして羊の群れに変えてしまうという奇跡を起こしたりする。その羊の群れのなかに、真っ黒な羊が一頭いるのだが、「黒い羊（mouton noir）」といえばフランス語では（英語の「black sheep」と同じように）一家の不良、教室のワル、世間の持て余し者、組織の厄介者つまりは異端者の意味に使われるので、映画界の毛色の変わったきらわれ者としてのゴダールの自覚症状がこんな形で表現されているのかもしれない。

饒舌な「皆殺しの天使」、ジョゼフ・バルサモは、ジャン＝ポール・サルトルがシモーヌ・ド・ボーヴォワール、メルロ＝ポンティ、レイモン・アロンらとともに創刊した月刊誌「現代《レ・タン・モデルヌ》」にひっかけて、あるいはむしろその命名の元になったチャップリンの映画『モダン・タイムス』（一九三六）にひっかけて、「俺は現代に文法の時代の終末を告げにやってきた」と言い、「あらゆる分野でかがやかしい新しい世界がはじまる。とくに映画の分野でな」などという予言をのたまう。古い「文法」にもとづく商業主義映画との決別を、こんなふうにゴダールはすでに揶揄的に予言（あるいはむしろ総括）しているかのようである。小津安二郎のこんな言葉も思いだされる――「映画には文法がないのだと思う。だから、思いのままに撮ればいいのだ。すぐれた映画ができれば、それが文法になる」。とはいえ、自分の「文法」を一途にまもり、洗練、完成させ、巨匠の名をほしいままにした小津安二郎とは対照的に、ゴダールは自らその「文法」を破壊し、惜しげもなくかなぐり捨ててしまうのだ。

映画の冒頭に、宇宙（cosmos）――秩序と調和の世界――では行方不明になってしまった映画だが、廃品処理場に捨てられているのが見つかった映画、といった意味の二枚の字幕が出てくるように、『ウイークエンド』という映画そのものをスクラップあつかい、クズあつかい、廃棄物あつかいした「くたばれ映画」「さらば映画」のマニフェストなのである。

こうして、パリのブルジョワ夫婦、ロラン／ジャン・ヤンヌとコリンヌ／ミレーユ・ダルクは、時を超えた週末（＝終末）旅行に出かける――というよりも、迷いこむ――ことになるのである。

3 究極のドタバタ喜劇

夫婦はおたがいに愛のかけらも持ち合わせておらず、それどころか、おたがいに殺意を抱き、ただ、ただ、いがみ合っていて、できたら相手が交通事故で死ねばいいのにとおたがいの死をねがっているほどである。男にはもちろん若い愛人がいて、ひそかに電話をしている。そのあいだに、女は愛人の精神科医に悪夢のような異常な快楽の性体験を告白しているのだが（逆光で顔の表情なども見えず、暗く重苦しいイメージだ)、どうやらそれはジョルジュ・バタイユのポルノ(?)小説「眼球譚(目玉の話)」からの引用らしい。ときどき音楽がうるさく高鳴り、告白の大部分が聞き取りにくいのだが、断片的にそれと推測される淫らで猥褻な表現が不意にもれる(というか、露呈、露出する)からなのである。「ANALYSE(分析)」という字幕がインサートされ、ANALとYSEに分けられて上下に出てくるために、ANAL(肛門)の文字がきわだって目にとびこんでくる。生卵を割るのはオムレツをつくるためでなく、セックスの小道具に使うということからも、それと察せられる。生卵は映画のラストの森のなかにこもったテロリストの革命ゲリラの性と虐殺の儀式にも使用される。

女の母親が住んでいる田舎で週末をすごすために(じつは週末ごとに訪ねて毒を飲ませてきた甲斐あって寝たきりの父親の死が近づいているので、その遺産をねらって)、夫婦は自家用車で出かけることにするのだが、その矢先、隣家のうるさい子供《がき》(一九五二年のオムニバス映画『人生模様』のハワード・ホークス監督篇『赤酋長の身代金』に出てくるにくたらしいガキを想起させる)にいたずらされて、発車しようとしてバックした拍子に隣家の自家用車にぶつけてしまい(わざとぶつけたようでもある)、早くもいざこざが起こる。最初は生意気でうるさい子供《がき》の水鉄砲から、つかまえたら逃がすものかというしつこい母親がテニスのラケットを振り回して追いかけ、ついにはその父親がライフル銃を持ちだしてきてぶっぱなすという、ドタバタ調の喧嘩騒ぎにエスカレートする——バルザック的な「パリ生活の情景」という字幕が入る。「土曜日、午前十一時」という字幕が入る。一本道に、えんえんと長蛇の列をなす車の大渋滞である。自家用車、オープンカー、動物（ライオンの檻、ラマの檻など）をのせたトラック、秣を積んだ馬車、石油会社のタンクローリー、観光バスなども。なぜか一台だけ、逆方向になって車と車のあいだにきっちりおさまっている自家用車がある。身動きひとつできないくらいのものすごい渋滞で、ドライバーたちはみな、いらだたしげにクラクションを鳴らしている。一台の自家用車が車と車のあいだに割り込もうとすると、うしろの車がすっと前につめて割り込みを妨害する。それでも、やっとなんとか割り込むと、うしろからつめてきた車が後部にぶつけたりする。主人公の夫婦の車は、そんななかを、巧妙に、狡猾に車の列をぬって前へ進んでいくが、わきをすれすれに通過するごとにドライバーたちにがみがみ文句を言われる。

暇つぶしに、車に積んだ自家用ヨットの白帆を掲げている男、車から出て子供とボール投げをしている男、道端にすわりこんでトランプやチェスをしている人たち。キャメラはゆるやかに渋滞の列に沿って全長三百メートルもの長い、長い移動撮影をつづける。途中、「午後一時四十分」「週末《ウイークエンド》」「午後二時十分」という三つの字幕が入るが、その緊迫した持続力は失われることがなく、本来はワンカット撮影であることがわかる。

アメリカ喜劇、とくにサイレント時代のスラップスティック・コメディーの傑作中の傑作と言ってもいい、ローレル&ハーディの『極楽交通渋滞』（一九二八）の残酷なパロディーである。キャメラが渋滞の先端にたどりつくと、地獄絵のように血にまみれた路上には衝突して転覆した二台の自家用車、道端の草の上には親子らしい一家の死体が横たわっている。

警官がひとり、呼子を鳴らして交通整理をしているのだが、そこを通り抜けて、主人公夫婦の車はその先で、本道からそれて迂回するほうが早道とばかりに右折して小さな道に入り、畑地のかなたへ消えていくのだが、このあたりもローレル&ハーディの映画にそっくりなのである。

日本では極楽コンビの名でよばれたチビのスタン・ローレルとデブのオリヴァー・ハーディのコメディー・チームはヌーヴェル・ヴァーグに愛され、とくにジャン゠リュック・ゴダールとフランソワ・トリュフォーはローレル&ハーディの大ファンだった。ゴダールの『女は女である』（一九六一）でローレル&ハーディのようにふざけながら女（アンナ・カリーナ）を競い合うジャン゠ポール・ベルモンドとジャン

〝クロード・ブリアリ、『気狂いピエロ』（一九六五）のガソリンスタンドのドタバタ調の喧嘩のシーンではアンナ・カリーナが「ローレル＆ハーディがよくやる手があるわ」と言って、アンリ・アタルとドミニク・ザルディの与太者コンビの一方に対して、左手で上方を指さし、相手がつられて上を見上げたすきに、右手で腹部に一発かまして倒してしまう。トリュフォーの『突然炎のごとく』（一九六二）の冒頭のタイトルバックでローレル＆ハーディのようにふざけあうジュール（オスカー・ウェルナー）とジム（アンリ・セール）、『夜霧の恋人たち』（一九六八）ではスタン・ローレルとオリヴァー・ハーディのお面をつけた双子の子供が出てきたり、『家庭』（一九七〇）では夫婦のベッドのなかでアントワーヌ・ドワネル（ジャン〓ピエール・レオー）が妻のクリスチーヌ（クロード・ジャド）のネグリジェのなかの乳房をのぞきこんで、「大きさが違う、ローレル＆ハーディみたいだ」などとちょっと悪い冗談を言ったりする。

　ゴダールは、『気狂いピエロ』でジャン〓ポール・ベルモンドとアンナ・カリーナが逃走の旅のあいだその豪華な復刻版を持ち歩くルイ・フォルトンの漫画「ピエ・ニクレ」（第一次世界大戦前夜に生まれたフランスのドタバタ喜劇の原点になった）の感覚で『ウイークエンド』を撮ったのだという。周知のように、ドタバタ喜劇が最初に生まれたのはフランスにおいてであり、フランス語ではコメディー・ビュルレスク

(comédie burlesque)というのだが、アメリカではburlesque(バーレスク)はストリップの意味になり、いわゆるスラップスティック・コメディーが生まれるのは、喜劇の王様マック・セネットも言うようにフランスのドタバタ喜劇の影響からだった。『ウイークエンド』は、いわばフランス映画の原点――思えばスクリーンに上映された世界最初の映画の一本であるルイ・リュミエールの『水を撒かれた水撒く人』(一八九五)もジョルジュ・メリエスのトリック映画もドタバタ喜劇だった――に立ち戻ってそこから現代的な感覚でつくり直したポスト・モダン的コメディー・ビュルレスク、ゴダールならではの「映画とは何か」を問いつづけながら撮った究極のドタバタ喜劇だったのである。こんな喧騒と雑音の絶えないなかでは、せっかくの『気狂いピエロ』に次ぐアントワーヌ・デュアメルの音楽の静かに抒情的な高まりも耳に入らない。

『極楽交通渋滞』はローレル&ハーディの自動車が最後にトンネルをくぐり抜けようとして前から直進してくる列車に押し潰され、「オネジムもの」(一九〇八)などで知られるフランスのコメディー・ビュルレスクの元祖、ジャン・デュランお得意のギャグさながら、タテに車ごとぺしゃんこになって押し返されてくるというのがオチになるのだが、『ウイークエンド』のタフな夫婦は、死にかけの父親の遺言に間に合うように、ぐいぐい突き進み、いよいよ運転のスピードを上げ、追い抜き合戦、追い越しごっこ、衝突事故が起こらないほうが不自然なくらいだ。車と車が激突する瞬間、映写ミスでフィルム送りの目がズレてフレームがぶれてしまったかのようにコマがひっかかって（パーフォレーションのズレというか、映写機のアパーチュアにフィルムのフレームが合わずに、映画編集の用語で言えば目ちがいになって）映像が上下に切断されてフレームからはみ出てしまうところもある——映画そのものが衝突事故を起こして画面が一瞬、こわれてしまうのだ！

車は走る兇器どころか、まさに響きと怒りにみちた狂気そのものになる。事故現場は虐殺のあと、殺戮のあとのようだ。阿鼻叫喚、燃え上がる車、血みどろの道路に死屍累々、惨劇に次ぐ惨劇である。

4　フランス革命から現代の週末に至る

「万国労働歌」をほがらかに口ずさみながら爆走してくる農夫（ジョルジュ・スタッケ）のトラクターとパリから来たブルジョワの若者のスポーツカーが衝突して、運転していたサングラスの若者が即死、その恋人の若い娘（『中国女』ではパリに出てきた田舎娘イヴォンヌに扮していたジュリエット・ベルトがグリーンのセーターと黄色のミニ・スラックス姿のおしゃれなハイティーン娘を演じている）が農夫を「田舎者の人殺し」とののしりつづけ、農夫も若い娘を「パリの売女《ばいた》」と罵倒し、激烈な「階級闘争」（と赤の字幕で出る）の果てに、「万国労働歌」のメロディーとともに仲良く記念写真におさまるのだが、それは「にせ写真」（フランス語で写真を意味するフォトグラフィーPHOTOGRAPHIEのフォにあたるPHOが発音は同じだが「偽《にせ》の」「真実を偽った」という意味のFAUXになって、青の字幕で出る）にすぎないというような小さな田舎町の出来事から、野原のまんなかでジャン゠ジャック・ルソーの「社会契約論」を大声で朗読するフランス革命の立役者のひとり（ジャコバン党ロベスピエール派の強力な闘士）として知られたサン゠ジュストの出現に至って（「フランス革命から現代の週末《ウイークエンド》に至る」という字幕が出る）、時空を超えた不思議の国の黙示録的週末旅行は急速に革命劇の様相を帯びてくる。十八世紀の大革命当時の服装をしたサン゠ジュストの役を演じるのはジャン゠ピエール・レオーで、『中国女』でも同じ服装でサン゠ジュストの役を演《や》るシーンがあり、大劇場（たぶんコメディーフランセーズのような国立劇場）の桟敷で、「こんなブルジョワ芝居はもうたくさんだ」と叫んでいたが、『ウイークエンド』では、いよいよ真の革命劇の舞台への出番だとばかりに、長い羽毛のついた帽子をかぶり、腰にはフランスの国旗と同じ青、白、赤の三色旗を型取った帯を垂らし、おおらかに、さっそうと演じている。すぐそのあと、同じジャン゠ピエール・レオーが現代の週末《ウイークエンド》で、もちろんサン゠ジュストとしてではなく、現代の若者として、二役で出演し、野原の真ん中にポツンと設置された公衆電話ボックスで恋人にギー・ベアールのシャンソン（「もしもし聞こえるかい？」）を歌って長電話をしているのだ。

ここで電話と車を奪い合って、ジャン・ヤンヌ、ミレーユ・ダルクの夫婦とジャン゠ピエール・レオーがドタバタ調の大喧嘩をするのだが（ジャン゠ピエール・レオーが最後に奥の手として空手チョップを使うところがじつにおかしい）、ジャン゠ピエール・レオーが出ているというだけで、ゴダールの演出もなんとなくうきうきとしてたのしそうだ。ジャン゠ピエール・レオーも、フランソワ・トリュフォー監督の『夜霧の恋人たち』（一九六八）の兵役から解放されたアントワーヌ・ドワネルの軽快なイメージをすでに予告するように動きまわる。

森の小径で書物人間のカップルに出会うシーンもトリュフォーの映画、『華氏451』（一九六六）を想起させる。「不思議の国のアリス」みたいな少女のなりをした「嵐が丘」の女流作家、エミリ・ブロンテとシャルル・ペローの童話から抜け出てきたような子供っぽく腹の出た太っちょの親指小僧。『中国女』のラストシーンにチラッと出ていたブランディーヌ・ジャンソン（『中国女』に「生きた知性」として特別出演したフランシス・ジャンソン教授の娘）がエミリ・ブロンテを、『メイド・イン・USA』（一九六六）でデイヴィッド・グーディスの役を演じていたイヴ・アフォンゾが腹の出た太っちょの親指小僧を演じていて、本を読みながら歩く乙女っぽいエミリ・ブロンテと小石をひろってはポケットに入れて集めている親指小僧のカップルはいかにもメルヘンっぽい詩的な美しいイメージなのに（実際、ふたりは「ルイス・キャロル家のほうへ」向かう途中なのだ）、ロラン／ジャン・ヤンヌとコリンヌ／ミレーユ・ダルクの散文的夫婦は遺産相続のためにコリンヌの実家のあるワンヴィルの方向を教えてもらえないので、頭にきて、太っちょ親指小僧には石を投げつけ、ルイス・キャロルの「記号論理学」を読みつづけるエミリ・ブロンテにはライターで火をつける。エミリ・ブロンテは燃え上がり、やがて燃えつきる。残酷なパロディーだ。『華氏451』のトリュフォーへのめくばせというよりは、最後の挨拶のようだ。『ウイークエンド』のラストのテロリスト・ゲリラの森は『華氏451』のラストの書物人間の森の残虐なパロディーになる。

「アリゾナ・ジュール」という字幕とともに、西部活劇「アリゾナ・ジム」という新聞連載漫画を描いている主人公（ルネ・ルフェーヴル）のドラマを追うジャン・ルノワール監督の『ランジュ氏の犯罪』（一九三五）とトリュフォーの『突然炎のごとく――ジュールとジム』（一九六一）とを合わせて皮肉ってあたかも決別の挨拶をするところもある。

ゴダール自身のパロディーもある。たとえば『カラビニエ』（一九六三）でパルチザンの少女の帽子《キャスケット》をカラビニエのひとりが取ると金髪がこぼれ落ちるところをロングで、次いでそのままアップで見せるのでイメージがダブり、つなぎ間違いと非難されたシーンの自己パロディーのように、森のなかの銃撃戦で女性戦士（ヴァレリー・ラグランジュ）が撃たれて死ぬところでは彼女のアップがうつり、「つなぎ間違い」という字幕が三度も揶揄するような調子で入るところなど、どうだとばかりこれ見よがしだ。

エミリ・ブロンテとして焼きつくされたはずのブランディーヌ・ジャンソンが、そのあと、農家の中庭でモーツァルトの「ピアノ・ソナタ」を弾く「音楽行動」のピアニスト（一九五九年のエリック・ロメール監督『獅子座』の主人公のモデルとなり、とくにクロード・シャブロルの映画のシナリオライターとして知られるポール・ジェゴーフが特別出演している）のわきに立って譜めくりをしている（らしい）若い娘の役で蘇生《よみがえ》っているのを見ると、ホッとする。もちろん、これは映画なのだし、彼女は二役をやっているだけということではあるのだが――。

ラストの森のなかの革命ゲリラ部隊の解放区には、「階級闘争」のシーンで農夫と仲直りしたブルジョワのハイティーン娘を演じていたジュリエット・ベルトも、また出てくる――二役ではなく、本当にブルジョワ娘が（パトリシア・ハースト嬢のように?!）本物のテロリストになってしまったのかもしれないのだが。

5 マルドロールの歌

農家の中庭でポール・ジェゴーフが「音楽行動」の巡回ピアニストとしてモーツァルトの「ピアノ・ソナタ」を弾きながら、古典（伝統）と現代（新しさ）について論じるところは、『はなればなれに』（一九六四）でダニエル・ジラール扮する英語学院の女教師がシェイクスピアの芸術を「クラッシック（古典的）＝モダン（現代的）」と説き、生徒（アンナ・カリーナ）に「新しさとはつねに伝統にもとづく」というT・S・エリオットの定義を引用させるシーンを想起させる。

ピアニスト／ポール・ジェゴーフは語る。弾き語るのである。

要するに、二種類の音楽がある。誰もが耳を傾ける音楽と傾けない音楽だ。モーツァルトは、もちろん、みんなが耳を傾ける音楽だ。

誰も耳を傾けない音楽とは、猫も逃げだす深刻で退屈な「現代音楽」というやつだ。しかし、真に現代的な音楽は、実はモーツァルトの古典的な和音にもとづく。ダリオ・モレノもビートルズもローリング・ストーンズもモーツァルトの和音にもとづいている。しかるに、かの深刻なる「現代音楽」の一派は、モーツァルトを葬ろうとして、たぶん芸術史上類例のない不毛におちいった。（「季刊フィルム」一九六九年二月第2号所載の採録シナリオ、前出）

田舎の交通渋滞のシーンの長いワンカットの移動撮影とならぶ、これもワンカットの長い移動撮影のシーンなのだが、ピアノ曲とやさしい語りだけの静かなシーンで、たぶん一本のレールが敷かれていてキャメラがゆるやかに行ったり来たりする。その途中、歩いている人物に出会うと、その歩調に合わせるかのようにキャメラはパンしつつ移動をつづける。立ちどまって耳を傾ける農婦が三人、シャベルをかついでいく若い農夫（カール・ドライヤーの映画に出てくる墓掘り人のようにもみえる）、腰を曲げてトボトボ歩き去る老人、退屈そうにあくびをしているロラン／ジャン・ヤンヌとコリンヌ／ミレーユ・ダルクの夫婦……そしてこのシーンにやってきた（たぶん撮影中のゴダールを陣中見舞にきた）特別出演の熱狂的なゴダール支援派の映画評論家ミシェル・クルノーと『中国女』のヒロインからゴダール夫人になったばかりのアンヌ・ヴィアゼムスキーがフレーム・インしてくるところから、キャメラはふたりを迎えて案内するかのように方向転換して戻りはじめる。百八十度パンをくりかえすようなワンカットの移動撮影で、回り舞台のようなマックス・オフュルス監督の映画（『輪舞』、一九五〇）を想起させるシーンだ。

フランツ・ファノンやマルコムXやストークリー・カーマイケルなどの第三世界やブラック・パワーのメッセージを伝えるアラブ人（ラズロ・サボが演じている）と黒人（名前はわからないが）の清掃人の演説をえんえんと聞かされたあげく（エンゲルスの「家族・私有財産および国家の起源」やL・H・モーガンの「古代社会」からの引用もある）、ゴミ清掃車に乗せてもらって、夫婦はやっとワンヴィルの実家に到着するが、バルザック的な「地方生活の情景」という字幕とともに描かれるのは、埃まみれ、汗まみれ、血まみれのドライブのあと、コリンヌ／ミレーユ・ダルクが浴槽につかるのもつかの間（入浴中のミレーユ・ダルクの裸は見えないが、浴槽の上のほうには片方の乳房をさらけだした女を描いたティントレットのようなルネサンスのヴェネツィア画派の古典的な絵画が貼り付けられている）、すでに老父は死んだあとで、老母が遺産の相続を頑固にことわるので、殺害してしまうというすさまじいシーンである。そして、死体を車にのせ、グライダーが突っこんだ大木の根っこにぶつけて、ガソリンをまいて火をつけ、事故にみせかけるのだ。これで遺産はがっぽり手に入るはずだったのだが、夫婦は最後に革命ゲリラ軍にとらえられて森のなかの解放区に連行され、夫は豚とともに屠殺され、妻はゲリラの一員になって、豚肉と夫の肉をミックスした骨付きばら肉を食う。屠殺者／料理人を演じているのが、ゴダール映画の傍役の常連で、年齢不詳のチビで猫背のエルネスト・メンゼルである。

映画は現代の時間から、いつのまにか、テルミドール（熱月）とかプリュヴィオーズ（雨月）とかヴァンデミエール（葡萄月）とかいった、革命暦（フランス大革命中に制定、施行された共和暦）に変わって字幕に出てくる。

一九六八年の「五月革命」がもう間近に迫っていた。『ウイークエンド』は一九六七年の九月から十月にかけて撮影され、十二月末にパリでロードショー公開された。ゴダールはのちにこんなふうに（誇らかに？）語っている。

この映画は、公開のときにはあまりヒットしませんでした。でも『中国女』の場合にいくらか似て、その六ヵ月後に……七、八ヵ月後に、ある種のこと〔「五月革命」〕

がおこりました。といっても、それがこの映画をよりすぐれたものにしたということじゃありません。ただ単に、私はまだ完全には存在していなかった出来事から着想を得ていたということです。〔……〕私はいつも、ものごとがおこる以前に、そのものごとに関心をよせていました。旅に出発する前にその旅について語るようなものです（「ゴダール／映画史Ⅱ」、前出）。

過去からの「引用」の映画から未来への「予感」の映画にゴダールは飛翔していく。とはいえ、『ウイークエンド』には無数の引用が、過去からの引用が、映画的引用が、ちりばめられている。森のなかの解放区では、革命ゲリラ軍の若い隊員たちが無線で連絡し合う――「戦艦ポチョムキンより捜索者へ」「こちら大砂塵、どうぞ」といったぐあいに。革命の映画であり映画の革命でもあったセルゲイ・M・エイゼンシュテイン監督の『戦艦ポチョムキン』（一九二五）とともに、ゴダールの愛してやまなかったジョン・フォード監督の西部劇『捜索者』（一九五六）やニコラス・レイ監督の西部劇『大砂塵』（一九五四）のタイトルが無線連絡のコードネームとして引用されているのである。

『ウイークエンド』は「豊饒な六〇年代ゴダール」の終焉、ゴダールの白鳥の歌とすらみなされることになる。だが、ラストの森のなかの解放区で、ゲリラ戦士のリーダーで革命家チェ・ゲバラとＬＳＤ文化の開拓者でヒッピーのアイドルであったティモシー・リアリーを信奉するジャン゠ピエール・カルフォン扮する隊長が、海原に見立てた湖水に向かってドラムをたたきながら、誇らかに朗誦するロートレアモンの「マルドロールの歌」の一節が、あたかもその頂点をきわめたゴダール自身のキャリアに背を向けて去っていくゴダールの捨て台詞のように、心に残る。

おれはこれから感動を抑えて、真剣で冷静な詩の一節を大声で読み上げて、諸君に聞かせよう。諸君、それが内に含んでいるものに用心したまえ、そして、諸君の混乱した想像の中に罪の烙印のように残るに違いない苦々しい影響を警戒したまえ。おれが死にかけているなどと信じてはいけない。おれはまだ一介の骸骨にはなっていないし、老いがおれの額に張りついているわけでもない。だから、今まさに生命がとび去ろうとしている瞬間の白鳥と比べるなどという考えは捨てようじゃないか。そして、ただ一個の怪物を眼前に描いてみたまえ、その顔が諸君に見えないのは幸いだが。と言っても、その顔はその魂ほどに恐ろしいわけではないんだ。（渡辺広士訳、「ロートレアモン詩集」、思潮社）

「怪物」ゴダールの魂の歌のようだ。その不敵な面魂が見えるようだ。『ウイークエンド』を撮り終えたとき、ジャン＝リュック・ゴダールはまだ三十六歳だったのである。

6 ラウル・クタールに聞く（11）

――一九六七年にもジャン＝リュック・ゴダール監督は精力的に長篇映画第十四作『中国女』と第十五作『ウイークエンド』を、同時撮影ではありませんが（笑）、矢継ぎ早に、やはり二本ともクタールさんのキャメラで撮りますね。『メイド・イン・USA』がアンナ・カリーナ主演の最後のゴダールの長篇映画で、その後はゴダールがより純粋に「政治的な」方向へ、「五月革命」へと向かっていく過渡期に入るわけです。それはアンナ・カリーナの出ない、そしてクタールさんのキャメラではない一九六五年の『男性・女性』からすでにいっきょにその方向に向かいはじめたような気もするのですが、それはともかく、約束の予定された時間もだいぶ超過しましたので、一九六〇年代のゴダール／クタール映画の最後になった『中国女』と『ウイークエンド』について、急いでおうかがいしたいと思います。

『中国女』でアンヌ・ヴィアゼムスキーが特別出演のフランシス・ジャンソン教授にインタビューをするシーンについては、『女と男のいる舗道』のときにちょっとおうかがいしましたが、アンナ・カリーナがカフェのなかで哲学者のブリス・パランにインタビューするときと同じように、実際にはゴダールがインタビューをしているわけですね。

クタール　そうです。列車のなかだったので、轟音がうるさくて、アンヌ・ヴィアゼムスキーがゴダールに「こういう質問をするように」とか「こういうふうに答えて」とか言われてもなかなか聴き取れなくて、必死にレシーバーに耳を傾けているのがわかります（笑）。

――同時録音で、ゴダールが質問や答えをレシーバーをとおしてアンヌ・ヴィアゼムスキーに耳打ちし、それを聴き取った彼女が自分の言葉でフランシス・ジャンソンと対話しているように演技をしていたわけですね。

クタール　そうです。

――『ウイークエンド』は、まず、なんといっても、田舎道で事故のために交通渋滞におちいったシーンを長い、長いワンシーン＝ワンカットでとらえた移動撮影におどろかされます。途中、「午後一時四十分」「週末《ウイークエンド》」「午後二時十分」という三つの短い字幕が入って、三か所だけ流れを一瞬中断する形になりますが、あの移動撮影は本来はワンカットですね。

クタール　もちろん、そうです。マガジン一本分のフィルム三百メートルをまるまる使って十分間のワンカット撮影でした。道路に沿ってレールを敷いてね。あんな長い移動撮影は初めてでした。その後もやっていません。三百メートルも移動撮影用のレールを集めるのがそもそも大変でしたよ。フランスじゅうあちこちからかき集めて、一本につないだのです（笑）。レールを敷くのに一週間かかりました。というのも、道路に沿ってレールを敷くわけですが、あの道路が少しずつ坂になっているのです。その傾斜に合わせてレールを敷いていかなければならない。でないと、同じ高さで平行に移動撮影ができないからです。撮影そのものは一日ですみましたが。

十分間のワンカット撮影が話題になり、プロデューサーも大威張りで、まるで自分が考えた画期的な撮影であるかのごとく吹聴してまわりました（笑）。ジャン゠リュックはこのプロデューサーが大嫌いで、このワンカットの長い移動撮影のシーンをわざと途中で三つの字幕を挿入してちょん切ってしまった。プロデューサーへの単純ないやがらせです（笑）。

――ゴダールは交通事故のシーンのために何台もの車を壊したり燃やしたりして、故意に予算を浪費したそうですが、ひょっとしてそれもプロデューサーへのいやがらせだったのですか（笑）。

クタール　そうです（笑）。飛行機まで墜落させて車の群れのなかに突っ込ませた（笑）。といっても、ジャン＝リュックが金を浪費したわけではない。ジャン＝リュックはいつもながらのむだのない映画づくりで、的確に撮影を進めました。すべての発想は、要するに、ジャン＝リュックがこの映画のプロデューサーを毛嫌いしていたというこことなのです（笑）。何と言う名前だったか……。最初から、ジャン＝リュックはこのプロデューサーにあからさまにいやがらせをするために金をむだづかいすることに決めたのです。「一週間は撮影しないことにする」と宣言（笑）。「それなら、スタッフも二週目から契約することにしよう」とプロデューサーが言うと、「いや、一週目に撮ることもありうるから、全員おさえておいてほしい」とジャン＝リュック。結局、最初の一週間は何も撮らなかったので、スタッフを雇った分だけむだづかいです（笑）。二週目にやっと撮影をはじめたけれども、「今週は午前中だけにしよう」（笑）。二日目か三日目に、プロデューサーが白い背広に白い帽子という粋なスタイルで金ピカのロールスロイスに乗って、正午ごろに撮影現場にやってくると、撮影はもう終わっていて、スタッフが機材をしまいこんでいる。「なんだ、どうしたんだ」とプロデューサーがどなると、ジャン゠リュックはけろりとして、「これからみんなで昼食をとって、それで終わりです。撮影は午前中だけと言ったでしょう」。「そんなこと、聞いてないぞ」とプロデューサーはカンカンだった（笑）。

それから、あの交通事故で渋滞の田舎道の長い移動撮影です。あのプロデューサーは何という名前だったか……コマシコという会社の代表取締役社長だった。ええと……思いだせない。

――レイモン・ダノンですか。

クタール　いや、レイモン・ダノンは彼の娘婿です。リラ・フィルムの代表ですね。その義理の父親のほうです。アフリカで映画をつくっていて、黒人から搾取して大もうけをして、それからフランスの映画界にのし上がってきた（笑）。第二次世界大戦中はドイツのユダヤ人と問題を起こして……なんという奴だったか、名前が思いだせない。『ウイークエンド』はリラ・フィルムとコマシコの合作で、コマシコの代表がジャカン……そうだ、モーリス・ジャカンだ。ジャン゠リュックはこのプロデューサーが大嫌いだったのです。このプロデューサーが女優のミレーユ・ダルクと契約して、ヒロイン役に押しつけてきた。ジャン゠リュックはミレーユ・ダルクも気に入らなかった（笑）。ミレーユ・ダルク主演の企画だったから、しかたなく使った。だから、とても意地悪に使っている。ヒッチハイクのシーンで、ミレーユ・ダルクを道路のまんなかにひっぱりだして、「仰向けに寝ろ」「ズボンをぬげ」「膝を立てろ」「股をひらけ」って（笑）。

――『或る夜の出来事』（フランク・キャプラ監督、一九三四）の有名なヒッチハイクのシーンの残酷なパロディー（笑）。ミレーユ・ダルクにインタビューをしたときにも、「ゴダールは残酷で、あんなひどい撮影はなかった」と吐き捨てるように言っていました。

クタール　そう……たしかに、思えば、「アンナ・カリーナ時代」のジャン＝リュックにはなかった残酷さかもしれないな。『メイド・イン・USA』のときは別だったけれども。アンナ・カリーナにもひどく当たり散らしていた。でも、ミレーユ・ダルクには徹底的に悪意をこめて、いやがることを無理矢理やらせていた。

――ミレーユ・ダルクは素直にゴダールの言うことを聞いて演じていたのですか。

クタール　いや、いや、大変でしたよ（笑）。ゴダールはわざと彼女がいやがることをやらせた。

――彼女もゴダールはもう二度とまっぴらごめんだと言っていました。

クタール　そうでしょう（笑）。がまんできないくらい不愉快な顔をしていましたからね。よくこらえたものだと思いますよ。

——プロデューサーはそんなゴダールのやりかたを黙認していたわけですか。ミレーユ・ダルクは当時の人気女優で、プロデューサーにとっては大事なスターですよね。そんなにまでされても、プロデューサーがゴダールの映画を製作しようとしたのはなぜでしょうか。

クタール ジャン゠リュック・ゴダールは当時すでに神話的な存在だったのです。ルイ・ド・フュネスやブールヴィルのお笑い映画のようなヒット作を飛ばしている商業主義の大プロデューサーにとって、金に糸目をつけずにゴダールの映画を製作することは最高のぜいたく、最高のスノビズムだったのです。ゴダールとか、いまで言うとフィリップ・ガレルとか、神話的な「作家の映画」を自分の製作カタログに加えることが虚栄心をくすぐるのでしょう。大金持ちの、成金の、わがままなぜいたくですね。わしは商業映画しか製作していないと言われてきたが、それなら、こんどジャン゠リュック・ゴダールの映画を製作してやろうじゃないか、わしにだって「作家の映画」はわかるんだ、ということなのでしょう（笑）。

——ゴダール神話の絶頂でもあったのですね。

クタール そうとも言えるかもしれません。

――ヌーヴェル・ヴァーグとは何だったのかという問いに、クタールさんなら、いま、どう答えられるでしょうか。

クタール　ずばり映画における革命だったと思います。それ以前は映画というものは撮影所のなかでつくられていた。それが初めて街のなかに出たということですね。街の風景に至るまですべてが撮影所のなかにつくられていたのに、ヌーヴェル・ヴァーグとともに、街路は街路で、歩道は歩道で、現実にあるがままに撮られることになった。それが革命です。

　ヌーヴェル・ヴァーグ以前、人びとは映画のなかですべて「つくられたもの」を見なれていました。リアルなセットと見事なライティングによってすべてが自然に、それらしく見えた。暗闇も本当の暗闇ではなく、微妙なライティングによって暗闇らしく見せた暗闇でした。それは「つくられた」暗闇だったのです。ライティングによって、黒はいかにも黒く、赤はいかにも赤く、それふうにリアルに見せた。それは美しい。そのことに、もちろん、文句があるわけではありません。それが悪いというわけではありません。しかし、あるとき、現実の、日常の、あるがままのものをそのままとらえて見せたのが、ヌーヴェル・ヴァーグだったのです。それが、いまは毎日、テレビで見られるようになってしまった。だから、もうヌーヴェル・ヴァーグは不用のものになってしまったのです。別の言いかたをすれば、ヌーヴェル・ヴァーグはテレビのなかに生きているのかもしれません。

――「ヌーヴェル・ヴァーグはゴダール・スタイルのことだ」というジャン゠ピエール・メルヴィル監督の定義がありますね。

クタール　それはジャン゠リュック・ゴダールだけが真に新しかったということでしょう。ジャン゠リュックのやりかたを見て、自由奔放に何でもデタラメに撮るのがヌーヴェル・ヴァーグだとみなされてきたきらいがあるけれども、ジャン゠リュックは天才だってことをみんな忘れている。ジャン゠リュックがいかにも気ままに、思いつくままに撮っているように見えるので、みんながまねをしようとした。それは誰にもまねできない真にユニークな天才の神業であることがわからなかったのですよ。ゴダール流につくろうとして、ひどい映画ばかりだった。ジャン゠リュックはデタラメに映画をつくったのではない。そのつくりかたには、つねにある種のロジックがあった。映画の何たるかに精通し、技術のこともよく知っていて、その深い知識と教養にもとづく論理的一貫性が彼の撮りかたにつらぬかれていたので、間違えることがなかったのです。その場の思いつきでデタラメをやっているようで、そうではない。筋道の立ったやりかただったのです。

（一九九七年十月、東京にて）

後記に代えて――そもそもは…

大学卒業後、一九六四年末から六七年半ばまで、私はパリに滞在し（すでに日本で公開されていたジャン゠リュック・ゴダール監督の『勝手にしやがれ』『女は女である』『女と男のいる舗道』を見たあとだが）、その間、「カイエ・デュ・シネマ」誌の同人たちと知り合って映画についての文章を書いたりインタビューを試みたりするかたわら、古川勝巳社長時代の日本ヘラルド映画のためにフランス映画の買付の仕事を手伝うことになって、何よりもまずゴダールの『気狂いピエロ』の日本公開のために古川社長を説得しようといろいろな資料を集めたり、外国販売の代表に会って打診したり、その成果を日本側にレポートを書いたりした。その後も、アニエス・ヴァルダ監督の『幸福』、ジャン゠ピエール・メルヴィル監督の『ギャング』、クロード・ベリ監督の『老人と子供』、ジョゼ・ヴァレラ監督の『風もひとりぼっち』、アルーン・タジエフ監督の『地球は燃える』などの買付に成功したものの、ゴダールの『中国女』と『ウイークエンド』はとても商売にならないというので、帰国後、草月アートセンターの延長としてのフィルムアート社の設立に加わり、学生時代からアシスタントとして働いていたユニフランス・フィルム（フランス映画海外普及機関）極東代表部のマルセル・ジュグラリス氏とフィルムライブラリー助成協議会（のち川喜多記念映画文化財団）代表の川喜多かしこさんのお力添えで、日本アート・シアター・ギルド／ATG（「市場に恵まれない芸術作品の上映を押し進める」という趣旨で一九六二年に発足したが、いまはない）の常設館（日劇文化と新宿文化）における自主配給の形で公開にもちこんだ（『中国女』は草月ホールで上映されただけだったかもしれない）。日本語字幕スーパーの翻訳もやり、広報活動にも力のかぎりつくした。若気の至りの意気込みだけとはいえ、その苦闘の記録も、今は昔の思い出話としてではなく、重要なドキュメントとして、本書とは別の一冊の本にはなり得るだろう。

しかし、本書は、純粋に一介の映画ファンとして、『女は女である』以来のわが心の女優、アンナ・カリーナと一九六〇年代のゴダール映画への私なりの思いをとことん披歴し、といっても単に個人的な真情を吐露するというのではなく、あくまでもメイキング・ドキュメンタリーのように記録し、再現し、まとめたものである。

多くの方々の協力をいただいた。とくにゴダールの「引用」の出典に関しては、その解明に至るまでの経緯とともにお世話になった各氏のご尽力について、本書のなかで、そのつど、幾多の参考文献と同じく、感謝の意をこめて記した。

写真、図版に関しては、その使用の権利の問題もあって、結局、私自身が撮った『アルファヴィル』の撮影現場のスナップ・ショットとそのあと、アンナ・カリーナのパリのアパルトマンを訪ねて撮った写真が何枚かあり、その写真展を、二〇一〇年六月、東京・神田神保町近くのギャラリー「メスタージャ」で写真家の渡辺兼人氏と外久保恵子さんの企画で催すことになったので、そのアイデアをもとに、スチール写真の類はなくても、気は心で、ジャン＝リュック・ゴダールの「アンナ・カリーナ時代」へのオマージュが多少とも伝わることを期待して、ファンとしての一念で撮った素人写真ながら図版はそれだけでいくことになったのである。

（二〇一〇年五月五日記）

文庫版あとがき――アンナ・カリーナ追悼

アンナ・カリーナの死（二〇一九年十二月十四日、享年七十九）をきっかけに、追悼の意もこめて本書が文庫化されることになり、全面的に手直しをし、書き下ろしも加えて、ようやく一周忌に向かって仕上げることができた。その間にアンナ・カリーナの自伝的回想のドキュメンタリー、『アンナ・カリーナ君はおぼえているかい』（デニス・ベリー監督、二〇一七）が公開された（二〇二〇年六月）。

「アンナ・カリーナはわれらの時代のルイズ・ブルックスになるだろう」と『革命前夜』（ベルナルド・ベルトルッチ監督、一九六四）に本人自身として出演している映画批評家のジャンニ・アミーコ（ベルナルド・ベルトルッチの親友で『革命前夜』の共同シナリオライターでもあった）は熱っぽく語る。ルイズ・ブルックス——『パンドラの箱』（G・W・パプスト監督によるヴェデキントの舞台劇の映画化、一九二九）のルル、女性の化身そのもの、美しく妖しいファム・ファタール、運命の女である。

『アルファヴィル』で「エディ・コンスタンチーヌが見つけるほこりを被った本の山と、本のページがパラパラとめくられるなかに、あっと息をのむほど美しく出現するハンス・ベルメールのデッサン（ベルメールのエロティックなデッサンが、アンナ・カリーナの出現を予告するのである）……」という作家の金井美恵子さんの一文も想起される。私は『アルファヴィル』を初めて見たとき、ハンス・ベルメールの「ファム・ファタール」のデッサンを知らなかったので見落としてしまった。

「アンナ・カリーナ時代」とよばれる（あるいはむしろゴダール自身がそう名づけたという）一九六〇年代のゴダールの忘れがたい作品群は、まさにゴダールにとって「運命の女」にほかならなかったアンナ・カリーナとともに生まれたのである。

批評家時代にゴダールは、「映画とは何か」というなら「それは美しい感情の表現である」と書いた。「アンナ・カリーナ時代」の、少なくともゴダール／カリーナの映画には、「美しい感情」が横溢していた。ゴダール／カリーナの夢はふくらみ、愛の蜜月は深く、深く、深く、『気狂いピエロ』のラストシーンではついに見出された「永遠」が、ふたりを祝福するかのように、太陽が海にとけこむ水平線に美しくかがやいていた。

すばやいフェイド・アウトとともに、「アンナ・カリーナ時代」は終わり、ゴダールは姓名のイニシャル（ジャンのJ、リュックのL、ゴダールのGだけの）ＪＬＧという記号と化してしまったかのように、冷たく厳しく、ぶつぶつつぶやくか、怒り狂ってどなりちらすか、どちらかで、もちろん「アンナ・カリーナ時代」の、夢も愛も「美しい感情」も消え失せてしまったかのようだった。ただ、つぶやきのゴダール作品には、ときとして、見えつ隠れつ、たとえばつい最近の『イメージの本』（二〇一八）などにも、失われた愛の記憶や夢の名残りや「美しい感情」の残滓が、混沌としてぼやけたイメージのなかに――過去をひきずるように――色濃く刻まれ、浮き出しているのが印象的だった。ニコラス・レイ監督の『大砂塵』（一九五四）の、あの、西部の男らしからぬ脆弱な、見かけは屈強だがうじうじとしたジョニーというギター弾き（スターリング・ヘイドン）がかつて愛した女、いまは酒場と賭博場を経営している実業家の女（ジョーン・クロフォード）に再会して、夜、地下のキッチンで、「いまでも俺を愛しているか？」「俺のほかに何人の男と寝たんだ？」「何でもいいから、やさしいことを言ってくれ」「嘘でもいいから、ずっと俺を待っていたと言ってくれ」などとしつこく泣かんばかりに嘆願するシーン。未練がましくみっともないが、男の真実の叫びなのだとゴダールはまるで「アンナ・カリーナ時代」を偲びつつ言わんとしているかのようだ。『大砂塵』は監督のニコラス・レイと女優のグロリア・グレアムの愛と別れと再会の瞬間を描いた真実の物語だと批評家時代のゴダールが書いていたことが思い出される――「この〔『孤独な場所で』のラストで別れざるを得なかった〕二人の恋人は六年後に、男はギター弾きとして、女は西部の賭博場の経営者として、再会することになるのである」(「イマージュ・エ・ソン」誌一九五六年七月号)。

しかし、ゴダール/カリーナの再会の映画はなかった。

本書が出来上がるまでご尽力いただいた増原譲子さん(編集協力)、関佳彦氏(校閲)、岡田博氏(企画・出版)に心からの感謝を――そして今回の文庫化にあたって再編集から装丁・レイアウトに至るまで全面的にお力添えをいただいた田中ひろこさんに。

付記――アンナ・カリーナのインタビューとともにラウル・クタールのインタビューを採録した全文は(ピエール・ブロンベルジェ、ジャン゠ポール・ベルモンドのインタビューもふくめて)インタビュー集「映画はこうしてつくられる」(草思社)に収録されています。

(二〇二〇年九月十三日記)

人名

さ

か

映画タイトル

索引

ジャン＝リュック・ゴダール監督作品

山田宏一（やまだ・こういち）

映画評論家。1938年、ジャカルタ生まれ。東京外国語大学フランス語科卒。1964～1967年パリ在住、その間「カイエ・デュ・シネマ」誌同人。著書に「トリュフォー　ある映画的人生」（第1回Bunkamuraドゥマゴ文学賞、平凡社）、「映画　果てしなきベストテン」（草思社）、「ハワード・ホークス映画読本」（国書刊行会）、「日本映画について私が学んだ二、三の事柄Ⅰ、Ⅱ」（ワイズ出版）など。

増補新版　ゴダール、わがアンナ・カリーナ時代

発行日　2020年12月14日　第1刷

著者　山田宏一

発行者　岡田博
ブックデザイン　田中ひろこ
協力　関佳彦　増原譲子　横山俊雄　鈴村たけし　阿部陽子

写真撮影　山田宏一

発行所　ワイズ出版
〒160-0023　東京都新宿区西新宿7-7-23-7F
Tel 03-3369-9218 / Fax 03-3369-1436
http://www.wides-web.com

印刷・製本　中央精版印刷株式会社

本書は、二〇一〇年に刊行された「ゴダール、わがアンナ・カリーナ時代」を全面的に改稿し、さらに新たな文章も加え、書名も「増補新版　ゴダール、わがアンナ・カリーナ時代」と改題したものです。